KB061691

베트남화교와
한반도화교 마주보기

이 저서는 2019년 대한민국 교육부와 한국연구재단의 지원을 받아 수행된 연구임
(NRF-2019S1A6A3A02102843)

This work was supported by the Ministry of Education of the Republic of Korea and the National Research Foundation of Korea (NRF-2019S1A6A3A02102843)

중국관행
연구총서
0 2 0

베트남화교와 한반도화교 마주보기

인천대 중국학술원 중국·화교문화연구소
기획

이정희·송승석·정은주·심주형
송우창宋伍强·보민부Võ Minh Vũ
지음

學古房

『중국관행연구총서』 간행에 즈음하여

한국의 중국연구 심화를 위해서는 중국사회에 강하게 지속되고 있는 역사와 전통의 무게에 대한 학문적·실증적 연구로부터 출발해야 한다. 역사의 무게가 현재의 삶을 무겁게 규정하고 있고, '현재'를 역사의 일부로 인식하는 한편 자신의 존재를 역사의 연속선상에서 발견하고자 하는 경향이 그 어떤 역사체보다 강한 중국이고 보면, 역사와 분리된 오늘의 중국은 상상하기 어렵다. 따라서 중국문화의 중층성에 대한 이해로부터 현대 중국을 이해하고 중국연구의 지평을 심화·확대하는 연구방향을 모색해야 할 것이다.

이러한 문제의식에서 우리 인천대학교 중국학술원 중국·화교문화연구소는 10년간 근현대 중국 사회·경제관행에 대한 조사와 연구를 수행하면서, 인문학적 중국연구와 사회과학적 중국연구의 독자성과 통합성을 조화시켜 중국연구의 새로운 지평을 열고자 했다. 그리고 이제 그동안 쌓아온 연구를 기반으로 새로운 단계에 접어들어 「중국적 질서와 표준의 재구성에 대한 비판적 연구」라는 주제로 인문한국 플러스사업을 수행하고 있다.

우리 연구소는 그동안 중국적 관행과 타 사회의 관행이 만날 때 어떤 절합과 변형이 이루어지는지, 그것이 중국적 모델의 재구성으로 이어지는지 아니면 새로운 모델이 만들어지는지를 연구하고, 역사적으로 축적한 사회, 경제, 문화적 자원을 활용하여 만들어가고 있는 중국식 발전 모델의 실체와 그 가능성을 해명하고자 해왔다. 우리는 연구를 수행하며 중국적 관행과 모델이 중국 국경을 넘어서 다른 지역들에서 어떤 식으로 변용되며 새로운 의미를 가지는지에도 주목해 왔고, 이번에 발간하는 이 책은 바로 이러한 의미를 지닌다.

이정희 교수가 총괄 기획한 이 책은 오랜 시간동안 여러 나라의 학자들과 공동으로 작업하며 교류한 성과물을 차근차근 축적하는 과정을 거쳐 나온 책이라는 점에서 커다란 의미를 가진다. 2019년 나온 『한반도화교사전』은 세계 화교·화인학계에 공백으로 남겨져 있던 한반도 화교·화인 연구 부분에 기여하며 국제적으로 주목받았고, 필자들은 한반도 화교의 객관화 작업을 하려는 문제의식으로 타 지역 화교와의 마주보기를 다음 아젠다로 잡고 동남아 화교, 그 중에서도 베트남 화교를 선택하여 본격적 작업을 시작하였다. 필자들은 2020년부터 2022년까지 3년간 국제회의를 기획하여 베트남 화교 연구자들과 교류하였고, 특히 2022년 학술회의는 국내에서 처음으로 한중 수교 30주년과 한베 수교 30주년을 동시에 기념하며 거시적·비교적으로 망라하는 학술회의로서 중요한 함의를 지녔다. 이정희 교수는 이 과정에서 번역서 『베트남, 왜 지금도 호치민인가』도 출간하였다. 이러한 풍부한 교류와 관점·방법론 개발 그리고 지속적 토론과 자료수집에 기반하여 마침내 『베트남화교와 한반도 화교 마주보기』라는 책이 나오게 되었다. 이 책이 화교·화인 연구자와 동남아 및 중국 연구자 그리고 이주와 이민 연구자 등 많은 분야의 연구자들에게 도움이 되길 기대한다.

『중국관행연구총서』는 인천대학교 중국·화교문화연구소가 인문한국사업과 인문한국플러스사업을 장기간 수행한 연구의 성과물로서,

그동안 중국 철도, 동북지역의 상업과 기업, 토지와 민간신앙, 중국 농촌의 거버넌스와 화교 등 다양한 주제에 대해 연구서와 번역서를 발간하였다. 앞으로도 꾸준히 낼 우리의 성과가 차곡차곡 쌓여 한국의 중국연구가 한 단계 도약하는 데 일조할 수 있기를 충심으로 기원한다.

2022년 4월

인천대학교 중국학술원 중국·화교문화연구소

(인문한국플러스사업단)

소장(단장) 장정아

목차

일러두기

1. 베트남어 고유명사와 지명·인명은 베트남어 원음에 가깝게 표기하는 것을 원칙으로 했다.
2. 베트남어의 음절은 띄어쓰기를 원칙으로 하지만, 이 책에서는 그렇게 하지 않고 붙여쓰기를 했다.
3. 프랑스령 인도차이나 가운데 코친차이나, 통킹, 안남 정주 중국인을 '프랑스령 인도차이나 화교' 혹은 근대 '베트남화교', 1954년 제네바협정 이후부터 베트남전쟁 종결 때까지 북위 17도선 이남 정주 중국인을 '남베트남화교', 이북 정주 중국인을 '북베트남화교'로 통칭했다. 북베트남이 1975년 남베트남을 '통일'한 이후 베트남 정주 중국인을 현대 '베트남화교'로 지칭했다. 근대 이후 베트남 정주 중국인을 모두 아우를 때는 '베트남화교'로 통칭했다.
4. 1882년 10월 조청상민수륙무역장정 체결 이후부터 1945년 8월 해방까지 조선 정주 중국인은 '조선화교', 남북 분단 후 한국 정주 중국인을 '한국화교', 북한 거주 중국인을 '북한화교'로 지칭했고, '조선화교', '한국화교', '북한화교'를 모두 아우를 때는 '한반도화교'로 통칭했다.
5. 중국의 지명과 인명은 원음에 가깝게 표기했다. 단, 한반도화교의 이름은 한국어 발음으로 표기 했다.

들어가면서

이정희

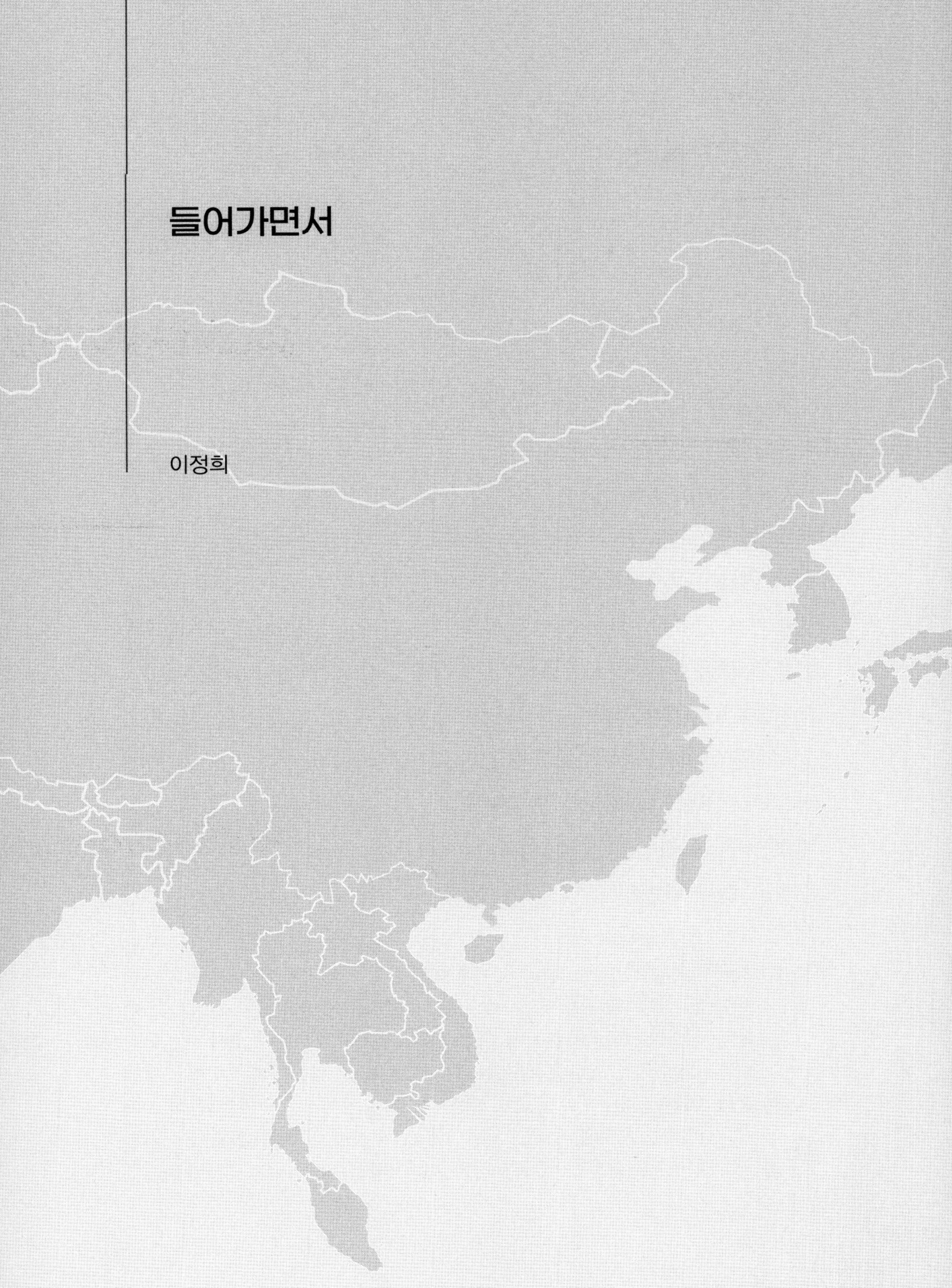

1. 간행에 이르기까지의 여정

이 책은 긴 시간과 여러 과정을 거쳐 세상에 나오게 되었다. 중국·화교문화연구소는 2019년 6월 지난 10년간의 한반도화교 연구의 성과와 학계의 성과를 종합하여 《한반도화교사전》을 편찬한 바 있다.[1] 중국, 일본, 싱가포르에서 간행된 화교·화인 사전은 중국과 국경을 접하면서 기나긴 인적·물적 교류가 지속되어 온 한반도 거주 화교와 관련된 내용은 담아내지 못하거나, 게재된 내용은 빈약할 뿐 아니라 오기誤記도 많았다. 이런 이유로 세계 화교·화인 학계는 한반도화교·화인의 연구가 '공백' 상태에 있다고 인식하고 있었다. 이러한 때에 편찬된 《한반도화교사전》은 한반도화교의 인물과 한반도 주재 중국 외교관, 화교 경영의 상점·회사·중화요리점, 화교의 사회단체, 학교, 그리고 화교 관련의 조약·사건·법률·법령 등을 망라한 내용이었기

1) 이 책에서 사용하는 화교 관련 용어에 대해 간단히 설명해 두고자 한다. 화교는 해외에 이주한 중국인 및 그 자손으로서 중국 국적을 그대로 보유하고 있는 자를 말한다. 화인은 해외에 이주한 중국인 및 그 자손으로서 거주국의 국적을 취득한 자를 말한다. 원래는 화교와 화인으로 구분하여 용어를 사용해야 한다. 하지만 국내에서 화교와 화인을 모두 포괄해서 일반적으로 '화교'의 용어를 사용하기 때문에 이 책도 이를 따랐다. 따라서 이 책의 '화교' 용어에는 화인의 의미도 포함하고 있다는 점을 미리 밝혀둔다.

에 한반도화교 연구의 공백을 일정 부분 메우는 데 기여했다는 평가를 국내외에서 받고 있다.

그런데 《한반도화교사전》 편찬 과정에서 늘 따라다니는 의문이 하나 있었다. 한반도화교에 치중하다 보니 절대적 자기본위에 빠져버린 것은 아닌지, 한반도화교의 특징은 무엇일까라는 의문이었다. 이러한 의문을 풀려면 한반도화교의 객관화 작업이 필요한데 그러기 위해서는 타 국가 혹은 타 지역 화교와 '마주보기' 작업을 통해 가능하지 않을까 생각했다. 한반도화교의 '마주보기' 대상으로 동남아화교가 떠올랐다. 동남아화교 인구가 세계 화교 인구에서 차지하는 비중은 근대는 8할~9할로 절대다수를 차지했고, 개혁개방 이후 중국에서 미국과 유럽 등지로 '신이민'이 급증하면서 그 비중이 2008~2009년에 7할로 줄어들기는 했지만, 여전히 다수를 점하고 있다(이정희. 2021, 365-368). 동남아화교는 인구뿐 아니라 화교의 경제 규모와 사회단체, 화교학교의 양적인 측면에서도 세계 화교의 중심적인 존재이다. 이러한 이유로 한반도화교의 '마주보기' 대상을 동남아화교로 정하는 데 어려움은 없었다. 이에 따라 중국·화교문화연구소는 2019년 11월 연구소 내에 '동남아화교연구회'를 조직하여 본격적으로 동남아화교 연구를 시작했다.

그런데 동남아라 하더라도 아세안 가맹국이 10개국에 이르고, 동남아의 도서부에 자리한 인도네시아, 말레이시아, 싱가포르, 브루네이, 필리핀과 내륙부에 자리한 태국, 베트남, 미얀마, 캄보디아, 라오스는 역사와 문화적 측면에서 상당한 차이가 난다. 동남아화교도 동남아의 도서부와 내륙부 어느 쪽에 거주하는지, 어느 나라에 거주하는지에 따라 역사적, 사회·경제적, 문화적 특성이 각각 다르다.

'동남아화교연구회'는 이처럼 다양한 동남아화교를 모두 연구하기에는 역부족이라 판단하여 베트남화교를 선택하여 연구 역량을 집중하기로 했다. 베트남화교를 선택한 배경에는 한반도와 베트남이 지리적으로 중국과 육지와 바다로 접하고 있어 역사적으로 중국과 밀접한 관계를 맺어왔고, 같은 한자문화권과 유교문화권에 속해 있다는 공통점이 있어서 한반도화교의 '마주보기' 대상으로 적합하다는 점이 고려되었다. 또한 연구회의 심주형 선생님이 베트남 사회·문화 연구자라는 것과 정은주 선생님의 적극적인 동의, 송승석 선생님의 응원이 베트남화교 선택의 동인動因이 되었다.

'동남아화교연구회'는 한 달에 한 번 개최하면서 연구를 심화해 갔다. 이와 동시에 연구소가 한 달에 한 번 발행하는 '관행중국웹진'에 '한반도화교와 베트남화교 마주보기' 코너를 마련하여 독자에게 연구 성과를 소개했다. 2020년 2월부터 현재까지 게재된 글 가운데 양 지역 화교의 '마주보기'를 주요한 내용으로 한 글은 다음과 같다.

- "황조유민과 명향明鄕"(2020년 2월호)
- "복건성 출신 베트남화교의 삶이 깃든 온랑회관"(2020년 3월호)
- "근대 조선화교와 베트남화교의 인구"(2020년 4월호)
- "베트남화교와 한반도화교의 출신성 별 분포"(2020년 6월호)
- "경계인 '응아이Ngai'"(2020년 8월호)
- "베트남화교의 방장幇長제도"(2020년 10월호)
- "제2차 세계대전 종결 직후 하이퐁과 인천의 차이나타운"(2020년 12월호)
- "제1차 인도차이나전쟁 시기 베트남화교의 피해 상황"(2021년 1월호)
- "호찌민의 '이유 있는' 베트남화교 사랑"(2021년 3월호)

- "조선과 청조 간 상민수륙무역장정이 청조와 프랑스 간의 통상조약에 미친 영향"(2021년 4월호)
- "베트남 호이안 중화회관에 13명 화교 초상화가 걸린 비밀"(2021년 5월호)
- "베트남화교·화인의 '친일'활동, 생존을 위한 선택이었을까?"(2021년 6월호)
- "베트남북부의 1945년 대기근을 둘러싼 논쟁과 화교 미곡 상인"(2021년 7월호)
- "조선화교배척사건과 하이퐁화교배척사건의 비교"(2021년 8월호)
- "화교 난민, 쩐 응옥 란陳玉蘭의 베트남 탈출기(1)"(2021년 10월호)
- "화교 난민, 쩐 응옥 란陳玉蘭의 베트남 탈출기(2)"(2021년 11월호)

한편, 중국·화교문화연구소의 내부 연구자만으로 베트남화교의 다양한 측면을 연구하기는 역부족이어서 국내외 베트남 및 베트남화교 연구자의 힘을 빌리기로 했다. 연구소가 2020년 12월 12일 영상으로 개최한 《코로나19와 동아시아의 차이나타운》 국제회의 3개 세션 가운데 하나를 '동남아의 차이나타운 세션'으로 했다. 베트남화교를 인류학적으로 접근하는 세리자와 사토시芹澤知廣 텐리대 교수(당시 일본화교화인학회장)는 "호찌민시와 메콩 델타지역 베트남 화인의 역사문화유산"을 주제로 발표했고, 호찌민시국가대학 인문사회과학대학의 응우옌티탄하Nguyễn Thị Thanh Hà 교수는 "세계문화유산 공간인 차이나타운에서 보는 중국계 베트남인 '명향' 재구축의 역사와 그 실상"을 주제로 발표했다. 두 교수의 발표에서 베트남 남부와 중부지역 화교의 역사와 문화를 파악하는 데 큰 도움을 받았다. 그리고 연구소가 2021년 8월 5일 영상으로 개최한 《만보산사건·조선화교배척사건 90주년 국제회의》에서는 보민부Võ Minh Vũ 하노이국가대학 인문사회과학대학 교수가 "제2차 세계대전기 일본의 베트남화교 정책"을 주제로 발표했다. 일본이 1940년 9월부터 패망할 때까지 프랑스와 베트남을 공동통치 및 단독통치를 할 때 베트남화교를 어떻게 인식하고 있었고 어떤 정책을 추진했는지 잘 보여준 발표였다.

베트남의 근현대사를 상징하는 인물이 호찌민Hồ Chí Minh이라는 데 이의를 달 사람은 없을 것이다. 그는 1930년 창당된 베트남공산당의 설립을 주도하고 1945년 9월 2일 베트남민주공화국의 독립을 선언했으며, 제1차 인도차이나전쟁에서 프랑스에 대항하여 승전으로 이끌었고, 베트남전쟁 승리의 정신적인 지주 역할을 했다. 그런데 '호찌민胡志明'이란 이름이 1942년 8월 베트남에서 중국으로 월경할 때 사용하던 신분증에 기재되어 있던 베트남화교의 이름이었다는 사실을 아는 이는 적다. 그의 본명은 응우옌신꿍Nguyễn Sinh Cung, 阮生恭, 프랑스에서 공산당 활동을 할 때는 응우옌아이꾸옥Nguyễn Ái Quốc, 阮愛國이라는 이름을 사용했다. 중화인민공화국 건국 후 베트남과 중국 간의 관계나 베트남화교의 처우와 관련해 호찌민의 영향력은 매우 컸다. 연구소는 베트남근현대사와 베트남화교를 연구하는 기초 작업의 하나로 세계적인 호찌민 전문가인 후루타 모토오古田元夫 베트남 일월대학 총장의 책을 번역해, 2021년 6월에 《베트남, 왜 지금도 호찌민인가》를 펴냈다.

연구소는 이 번역서 간행을 계기로 2022년 1월에 《한·중 한·베 수교 30주년 국제학술회의》를 영상으로 개최했다. 2022년이 한·중수교와 한·베수교 30주년이 되는 해라는 점에 착안하여 양국 간 30년 교류의 역사를 이주와 이민의 관점에서 상호 '마주보기'하여 정리하는 장이었다. 한국은 1992년 8월과 12월 사회주의 국가인 중국, 베트남과 각각 역사적인 수교를 했다. 지난 30년간 한·중, 한·베 관계는 모든 영역에서 '격변'의 양상을 보였다. 특히, 경제 분야에선 중국은 한국의 최대 무역상대국으로, 베트남은 제4의 무역상대국으로 부상했다. 양국 간 경제 관계의 심화는 양국 간 이주를 촉진했으며, 상대국에 자국민의 이민 사회를 각각 형성하게 되었다. 한국인은 중국에 약 30만 명, 베트남에 약 20만 명이 장기거주하고 있다. 반면 국내 중국 국적자는 약 83만 명, 베트남인은 약 20만 명이 각각 장기거주하고 있어, 한국 장기 거주 외국인의 6할을 차지하고 있다. 한·베 수교 30주년 세션에서는 후루타 모토오 일월대학 총장을 초청하여 "베트남의 현재와 호찌민사상"을 주제로 기조강연하는 자리를 마련했다. 채수홍 서울대 문화인류학과 교수는 "베트남 한인의 초국적 삶, 사회경제적 분화, 그리고 문화정치", 응우옌티탐Nguyễn Thị Thắm 베트남사회과학원 동북아연구센터장은 "베트남인의 한국 이민 30년 추세: 평가와 전망"을 주제로 각각 발표했다. 이 국제회의는 베트남화교를 주제로 한 것은 아니지만 한·베 사이의 이주와 이민의 패턴을 베트남화교와 '마주보기'할 수 있는 좋은 기회였다.

마지막으로 중국학술원이 발행하는 학술지 《비교중국연구》가 이 책 발행에 큰 도움이 되었다는 것을 밝혀두고 싶다. 《비교중국연구》가 상정하는 '중국'은 중국대륙뿐 아니라 홍콩, 마카오, 타이완, 그리고 화교를 포함하는 'Greater China'이다. 본 학술지는 이러한 3극으로 이뤄진 '중국'을 서로 비교하는 것을 지향하고 있어 2020년 1월 창간 이래 화교 관련 논문이 다수 투고되었다. 게재된 논문 가운데 송우창宋伍强 중국 광둥외어외무대廣東外語外貿大 교수의 북한화교 관련 글과 보민부 하노이국가대학 인문사회과학대학 교수의 베트남화교 관련 글을 이 책에 수록하게 되었다.

2. 각 장의 내용

한국의 베트남화교 연구는 1998년이 시점始點인 것 같다. 전경수는 1996년도 서울대학교 '해외연수특별지원'의 일환으로 1997년 3월부터 1998년 2월까지 일본 오사카의 국립민족학박물관에서 베트남화교를 연구했으며, 1998년 12월 발간된 《비교문화연구》 제4호에 "베트남 화인사회의 종족성과 신 소수민족론"의 제목으로 연구 결과물을 발표했다(전경수. 1998, 217-294). 이 논문의 원형은 서울대학교 중점연구소 지원과제 1995년 제1차 연도 과제 보고서인 《동남아의 화교 6개국 비교연구》 가운데 실린 "베트남 화교: 역사적 접근(1)"의 글이다. 그는 국립민족학박물관에서 추가 문헌 조사를 통해 기존의 글을 대폭 수정·보완하여 낸 것이 위의 논문이다.

그는 베트남화교를 종족성의 관점에서 접근하고 베트남 내에서 원주민으로 살아온 원주소수민족原住少數民族과 구분하여 월경소수민족越境少數民族으로 자리매김했다. 그런 후 베트남의 화교학자인 쩐카인 Tran Khanh 등의 베트남화교 역사 시기 구분을 참고하여 8단계로 구분했다. ① 중국 식민지하의 베트남 중국인 시대. ② 10세기 중엽부터 17세기 중엽까지 베트남이 독립 국가로 존재할 때 중국에서 이주해 온 중국인의 시대. ③ 17세기 후반부터 19세기 전반까지의 중국인의 호이안 상권과 베트남 남부 개척 시대. ④ 19세기 말부터 프랑스 식민 통치 시대. ⑤ 탈식민주의와 베트남공산당 운동 시기(1930~1954년). ⑥ 1955년부터 1975년까지의 분단 상황에서 남베트남 화교의 매판자본 시대. ⑦ 1975년 공산화 통일 후의 사회주의화 시대. ⑧ 1986년 도이머이 정책 이후의 개혁개방 시대. 전경수는 이러한 시기 구분에 근거하여 베트남화교의 역사를 연대기적으로 서술했다. 하순도 전경수와 같이 종족성의 관점에 서서 베트남화교의 역사를 개략적으로 분석한 후, 베트남화교의 종족성 유지와 변화가 각 역사 단계에서 어떻게 일어났는지 분석했다(하순. 1998, 65-87).

전경수와 하순의 선구적인 연구가 이뤄진 이후 후속 연구 성과가 한동안 나오지 않았다. 그런 가운데 김현재가 기본적으로 전경수의 시기 구분에 근거하여 베트남 화교사회 형성 과정을 살펴본 후, 형성의 원인이 경제활동에 있다는 것을 강조했다(김현재. 2010, 193-235). 또한 그는 전경수의 제3기의 시기에 베트남화교가 응우옌 왕조의 남진 정책에 협조하면서 사이곤Sài Gòn의 도시 형성과 개발을 주도하여 원주민 사회보다 경제적 우위를 점하게 되었다고 설명했다(김현재. 2012, 101-126). 그리고 최병욱은 19세기 중반 베트남 남부의 해외 교역에서 화교 상인이 크게 활약한 것을 소개하면서 베트남 상인층이 그들과 함께 성장하는 모습을 밝혀냈다(최병욱. 2002, 201-233). 윤대영은 프랑스 통치하의 베트남 하이퐁Hải Phòng의 도시 형성 과정에서 화교사회와 경제가 어떻게 발달했는지, 그 과정에서 베트남인과 어떤 충돌이 일어났는지 분석했다(윤대영. 2014, 137-180). 노영순은 1978년 중월분쟁 시기 베트남화교 난민 송환선을 둘러싼 양국 간의 외교적 마찰에 대해 고찰했다(노영순. 2019, 99-124).

이처럼 국내에선 베트남화교와 관련해 의미 있는 연구가 이뤄지긴 했지만, 양적인 측면에서 볼 때 아직 초보 단계에 머물러있음을 알 수 있다. 이 책은 위의 국내 선행 연구를 참고하면서 해외 연구 성과를 반영한 베트남화교 관련 논문 4편을 실었다. '베트남화교'의 제목이 들어간 전문서의 출판은 이 책이 처음인 것 같다. 물론 '한반도화교 마주보기'의 제목이 함께 들어가긴 했지만 말이다. 이하 이 책에 실린 4편의 베트남화교 관련 논문과 4편의 한반도화교 관련 논문의 내용을 간단히 소개하고자 한다.

제1장 "1927년 하이퐁Hải Phòng 화교배척사건의 발단, 전개, 대응의 제 양상"은 하이퐁에서 1927년 발생한 화교배척사건과 관련된 논문이다. 이 사건과 관련해서는 아직 그 전모가 구체적으로 밝혀지지 않은 상태에 있다. 이 논문은 '중국국민당중앙해외부주월판사처'가 간행한 1차 자료《民國十六年 八一七越南海防慘殺華僑案紀》를 활용해 이 사건의 발단, 전개, 그리고 중국 정부·하이퐁 화교사회·베트남인 사회의 대응을 구체적으로 분석했다. 베트남에선 이 사건이 발생했다는 사실 자체도 아직 잘 알려지지 않았고, 세계 화교학계도 이 사건을 제대로 파악하고 있지 못한 사정을 고려해 보면, 상당히 가치 있는 논문이라 할 수 있다.

제3장 "제2차 세계대전기 일본의 베트남 화교정책"은 일본이 프랑스령 인도차이나를 프랑스와 함께 공동통치 및 단독통치할 때의 시기를 다룬 글이다. 일본의 외무성 및 국립공문서관 소장의 1차 자료를 활용하여 일본정부가 베트남화교의 충칭국민정부 지원 차단과 베트남화교의 상업네트워크와 경제력을 이용하여 미곡 확보를 도모하려는 정책을 폈다는 것을 밝혀냈다.

제4장 "제1차 인도차이나전쟁 시기 베트남 난교難僑 문제-중월국경 지역을 중심으로"는 1946년 12월 발발한 프랑스와 비엣밍Việt Minh 군대 간의 전쟁 때 발생한 베트남화교 난민의 실태와 중화민국정부가 화교 난민 문제를 어떻게 처리했는지를 다뤘다. 중월국경 지역의 윈난성雲南省과 광시성廣西省으로 피난한 화교 난민은 제2차 국공내전으로 인한 중국 국내 정정 불안과 피난지에 생활기반이 없는 관계로 베트남의 원 거주지로 복귀를 희망해 중화민국 중앙정부와 지방정부가 프랑스 측과 외교교섭을 벌여 문제를 해결하는 과정을 중화민국의

당안 자료를 통해 분석했다.

제6장 "경합과 통합의 정치: 베트남 분단체제의 형성과 화교·화인 경관"은 1955년 제네바협정으로 북위 17도선을 기준으로 남베트남과 북베트남으로 분단된 이후부터 1975년 북베트남에 의해 통일되기까지의 시기를 주로 다뤘다. 이 시기에 양 지역 화교사회가 어떻게 재편되었는지, 그 실태를 구체적으로 분석했다. 베트남 전공자에 의한 베트남화교 분석이라 그 폭이 넓고 깊이가 깊다.

다음은 한반도화교와 관련된 4편의 논문을 소개하도록 한다. 제2장 "1931년 조선화교 배척사건의 근인近因과 원인遠因"은 1931년 7월 조선 전역에서 발생한 화교배척사건을 다각도로 분석한 논문이다. 조선총독부의 내부 자료뿐 아니라 중국 측의 당안 자료를 모두 활용해 이 사건의 발단, 전개 과정을 입체적으로 밝히고, 사건 발생의 원인도 근인과 원인으로 나눠서 검토한 것이 특징이다. 이 논문은 제1장 하이퐁 화교배척사건과 '마주보기'할 수 있는 좋은 대상이 된다. 조선화교와 베트남화교는 당시 모두 일본과 프랑스의 식민통치 하에 있었고, 상인과 노동자가 거주지 사회에서 원주민을 압박할 정도의 경제활동을 전개하고 있었다는 공통점이 있다. 통치자인 프랑스 식민당국과 조선총독부는 화교와 베트남인, 화교와 조선인을 이간하여 분할통치하는 정책을 펴서 베트남인과 조선인이 각각 중국인과 연대해 독립운동을 전개하는 것을 막으려 했다. 이런 상황 속에서 화교와 베트남인, 화교와 조선인 사이의 모순과 상호 갈등이 표면화된 것이 베트남인과 조선인에 의한 화교배척사건이었다.

제5장 "해방 초기 북한의 화교학교 재건과 중국공산당 및 북한정부의 역할"은 남북 분단 후 형성된 북한화교의 화교학교 재건 과정에서

중국공산당과 북한정부가 어떤 역할을 했는지 다루었다. 남북 분단으로 한국화교와 북한화교가 형성된 상황과 제네바협정으로 남베트남 화교와 북베트남 화교가 형성된 상황은 매우 유사하다. 북한화교와 북베트남 화교는 사회주의체제 하에 있었고, 한국화교와 남베트남 화교는 자유진영의 자본주의체제 하에 있었다. 북한화교와 북베트남 화교는 북한과 중국, 북베트남과 중국 사이는 사회주의 이념을 공유한 동맹관계에 있었기 때문에 북한화교와 북베트남 화교는 거주국 정부로부터 상대적으로 우호적인 처우를 받았다.

제7장 "한국과 타이완 사이에서 한국화교의 '줄타기'"는 화교 지도자인 진위광이 쓴 한국화교 관련 글을 통해 그들의 정체성이 한국과 타이완 사이에서 어떻게 흔들리는지 분석했다. 한국화교는 타이완 여권을 보유하고 있지만, 그들 조상의 고향은 대부분 산둥성山東省인 관계로 타이완과 직접적인 관련성이 없다. 이 논문은 이처럼 애매한 한국화교의 정체성이 진위광의 글에서 어떻게 표출되는지 다루었다.

제8장 "차이나타운 아닌 중국인 잡거지"는 해방 이후 서울 화교의 집거지가 일제강점기와 서울의 도시개발 과정에서 어떤 변화를 겪게 되는지 분석했다. 서울 화교는 기존의 차이나타운인 지역에서 벗어나 한성화교중고등학교가 자리한 서대문구 연희동과 연남동 일대에 집거하는 현상과 그들의 정체성을 각종 자료와 서울 화교 인터뷰 등을 통해 검토했다.

이 책에서는 제7장과 제8장에서 다룬 내용의 '마주보기' 대상으로 베트남화교의 정체성과 차이나타운 관련 논문을 수록하지 못한 것은 아쉽다. 앞으로 연구를 통해 보완하고자 한다.

참고문헌

노영순. 2019, "1978년 난교(難僑)송환선 사건을 통해 본 중국과 베트남 난민", *중국근현대사연구 81*, 서울: 한국중국근현대사학회, pp.99-124.

하순. 1998, "베트남 거주 중국인 종족 집단에 관한 연구", 아시아지역연구 제1호, pp.65-87.

전경수. 1995, "베트남 화교: 역사적 접근(1)", *동남아의 화교 6개국 비교연구(서울대 중점연구소 지원과제 1995년 제1차 연도 과제 보고서)*, pp.1-25.

전경수. 1998, "베트남 화인사회의 종족성과 신 소수민족론", *비교문화연구 4*, 서울대학교비교문화연구소, pp.217-294.

김현재. 2010, "베트남 화인(華人) 사회의 형성 과정, 그 역할과 특징에 대한 고찰", *인문논총 25*, 경남대 인문과학연구소, pp.193-235.

김현재. 2012, "17~19세기 초 화인의 베트남 남부로 이주와 사이공의 형성", *동남아연구 22(1)*, pp.101-126.

최병욱. 2002, "19세기 중반 남부베트남의 대외교역과 베트남 상인층의 성장", *동양사학연구 78*, pp.201-233.

윤대영. 2014, "식민지 베트남의 열린 바다－근대 하이퐁의 형성과 굴절", *동양사학연구 127*, 동양사학회, pp.137-180.

이정희. 2021, "중국정부의 일대일로 정책 추진과 신화교·화인사회", *중앙사론 54집*, 중앙대학교 중앙사학연구소, pp.361-407.

제1장

1927년 하이퐁Hải Phòng 화교배척사건의 발단, 전개, 대응의 제 양상

자료 《民國十六年 八一七越南海防慘殺華僑案紀》를 중심으로

이정희

Ⅰ. 서론

본고는 프랑스령 인도차이나의 하이퐁에서 1927년 발생한 화교배척사건의 발단과 전개 상황 그리고 하이퐁 화교사회, 중국정부 및 베트남인 사회의 대응에 대해 분석한다.

프랑스령 인도차이나는 1887년부터 1954년까지 일본에 의한 일시 점령 시기[1])를 제외하고 프랑스의 통치를 받고 있던 인도차이나반도의 동부지역을 말한다. 그 영역은 코친차이나(현재의 베트남 남부) 직할 식민지, 통킹 보호령(현재의 베트남 북부), 안남(현재의 베트남 중부) 보호국, 캄보디아와 라오스 보호국으로 구성되어 있었다. 코친차이나, 통킹, 안남의 세 지역을 합하면 현재의 베트남의 영토와 거의 같으므로 본고에서는 '베트남'이라는 명칭을 사용하고자 한다.

프랑스 식민정부가 통치하는 베트남의 화교와 관련된 선행 연구는

1) 일본은 프랑스령 인도차이나 진주(進駐)를 감행했던 1940년 9월부터 1945년 3월까지 군정(軍政)을 시행하지 않고 프랑스 식민정권과 그 통치기구를 그대로 두고 프랑스와 공동지배를 했다. 그러나 1945년 3월 9일 일본군이 쿠데타로 프랑스 식민지 정권을 타도하여 8월 15일 패전 때까지 실질적으로 단독지배를 했다. 이 시기 일본의 대 베트남화교 정책에 대해서는 보민부(2022)를 참조 바람.

통치자인 프랑스인과 원주민 베트남인 사이에서 경제적 중개 역할을 담당하면서 상당한 존재감을 드러낸 화교의 경제활동에 주목했다. 베트남화교의 인구가 각 지역 전체 인구에서 차지하는 비중은 1936년 당시 코친차이나 4%, 통킹 0.4%, 안남 0.2%에 불과했지만(Marsot. 1993, 99-100), 상업과 무역을 중심으로 농업, 제조업, 광산과 공장 노동자 등의 분야에서 베트남인을 압박하는 경제적 세력을 형성하여 프랑스 식민정부로부터도 경계의 대상이 되었다. 베트남화교 경제의 핵심은 미곡의 유통업과 수출업이었고 화교의 중심 도시는 코친차이나의 쩌런Chợ Lớn과 사이곤Sài Gòn, 통킹의 하이퐁Hải Phòng이었다.[2)]

프랑스 식민지하 베트남화교의 상당한 경제력과 중간자적 역할은 프랑스 식민정부와 베트남인과의 관계에 있어 기본적으로 모순을 안고 있었다. 프랑스 식민정부는 자신들의 통치에 화교가 유용했지만, 프랑스 자본을 압박할 정도로 경제력이 신장되는 것과 중국 및 화교가 베트남인의 독립운동에 영향을 주는 것을 경계했다. 또한 베트남인은 자신들의 통치자는 아니지만, 경제적으로 자신들의 상위에 자리한 화교를 곱지 않게 인식하고 있었다.[3)] 이러한 두 가지 모순이 극명하게 드러난 사건이 1927년 8월 하이퐁에서 발생한 화교배척사건이었다.

1927년 하이퐁 화교배척사건과 관련한 선행 연구성과를 살펴보면 다음과 같다. 프랑스령 인도차이나의 식민경제를 분석한 Robequain은 베트남인과 화교 간에 가끔 충돌이 발생했는데 충돌에서 폭동으로 고조된 사건이 1927년 하이퐁 화교배척사건이며, 수명이 사망하고 수십

2) 프랑스령 인도차이나의 베트남화교 관련 대표적인 연구성과는 다음과 같다. Robequain. 1974, 32-44.; Ky Luong Nhi. 1963.; Purcell. 1965.; Marsot. 1993.; Tran Khanh. 1993.; 華僑志編纂委員會 編. 1958.; 徐善福·林明華. 2016.

3) Robequain. 1974, 34-41.; Marsot. 1993, 114-115.; Woodside. 1976, 65-66.

명이 다쳤다고 간단히 언급했다.[4] 이어 Woodside는 이 사건이 베트남인 여성과 화교 여성이 물을 뜨는 과정에서 발생했다는 점과 장제스蔣介石 난징국민정부南京國民政府가 이 사건에 상당한 관심을 가지고 대응했다고 간단히 소개했다(Woodside. 1976, 66-67). Ungar는 프랑스 식민당국의 이 사건 관련 자료를 활용해 사건의 전개 상황, 하이퐁 화교사회에 미친 영향, 그리고 난징국민정부의 대응을 개략적으로 검토했다.[5] 張金超는 하이퐁 화교배척사건만을 주제로 한 최초의 연구 성과로 중국 측의 자료를 활용하여 사건의 경과와 난징국민정부가 이 사건 해결을 위해 벌인 외교적 노력이 좌절됐다는 것을 부각해 논의했다(張金超. 2011, 147-153). 윤대영은 근대 하이퐁의 형성 및 발전 과정을 검토하는 가운데 '굴절'된 역사의 하나로 이 사건을 자리매김하면서 당시 국내 언론에 보도된 기사를 바탕으로 분석했다.[6]

위와 같은 선행 연구는 이 사건의 발생 경위와 전체의 피해 정도 그리고 난징국민정부의 사건 대응 양태를 어느 정도 밝혀냈다고 볼 수 있지만, 다음과 같은 과제가 남아있다. 이 사건이 하이퐁 화교의 사회경제에 어떤 영향을 미쳤는지 정확히 살펴보려면 그 전 단계로서 사건 전후 하이퐁 화교사회 및 경제의 실태를 제대로 파악할 필요가

4) Robequain. 1974, 40. 원래 이 책은 1939년 프랑스어로 출판이 되었으며, 1944년 Isabel A. Ward에 의해 번역되어 Oxford University Press에서 출판되었다. 그 후 1974년 미국 뉴욕의 A.M.S Press에서 재판으로 출판되었다.

5) 그가 활용한 자료는 다음과 같다. Resident-supérieur au Tonkin, 'Rapport sur les evenements survenus à Haiphong au cours de la 2emc quinzaine du mois d'Aout 1927 entre Chinois et Annamites'. Hanoi 9 September 1927. AN.DOM. Indochine nouveau fonds 271/2395(Ungar. 1989, 100-105).

6) 윤대영. 2014, 164-170. 윤대영은 근대 인천과 하이퐁의 역사 전개 과정에서 유사한 점과 차이점을 비교분석을 한 다음과 같은 연구성과도 있다. 윤대영. 2009, 43-75와 윤대영. 2010.

있다. 프랑스령 인도차이나의 화교 연구는 화교 인구와 경제력의 중심인 코친차이나에 집중되어 있고, 통킹 화교에 관한 연구는 상대적으로 미미한 실정이다.7)

그리고 선행 연구는 이 사건으로 인한 화교의 전체적인 인적 및 물적 피해만 언급하는 데 그쳐, 어떤 화교가 어디에서 어떤 피해를 보았는지, 그리고 어떤 화교 상점이 어떤 손해를 입었는지 등과 같은 구체적인 피해 상황이 제시되어 있지 않았는데, 이 문제는 당시의 하이퐁 화교사회의 실태를 분석하는 데도 상당히 큰 의미가 있다. 그리고 중국 측의 이 사건 대응과 관련해서도 난징국민정부 차원의 대응에 집중하고 있어 하이퐁 화교사회, 중국국민당, 하이퐁 화교의 교향僑鄕의 지방정부 차원의 대응에 대한 검토가 부족해 이 부분에 대한 검토도 필요하다. 또한 당시 베트남인과 그들의 정치단체는 이 사건을 어떻게 인식하고 있었고, 어떻게 대응했는지 검토하는 것은 이 사건을 종합적으로 분석하는 데 필요하다.

본고는 이러한 문제의식에 근거하여 중국국민당해외부주월판사처中國國民黨中央海外部駐粵辦事處가 1928년 이 사건의 조사 결과를 정리하여 발간한 《民國十六年 八一七越南海防慘殺華僑案紀》(이후 《참살안기》로 약칭함) 자료를 근거로 분석하고자 한다. 위의 張金超가 난징국민정부와 프랑스 간 외교 교섭의 양상을 분석하기 위해 이 자료의 일부를 활용한 적이 있지만, 그 이외에 이 자료를 활용한 연구성과는 없는 것 같다.

《참살안기》의 발행기관인 중국국민당중앙해외부주월판사처는 중

7) 근대 하이퐁 화교를 대상으로 한 대표적인 연구성과는 Martinez. 2007과 Becker. 2020이 있다. 두 연구성과는 하이퐁 화상의 경제활동을 주요한 연구대상으로 삼았다.

국국민당중앙의 부서 가운데 하나인 해외부의 광둥성廣東省 소재 판사처를 말한다. 중국국민당중앙해외부는 중국 이외의 외국에 설치된 중국국민당의 지부 등을 관리하는 조직이었다. 해외의 지부는 대체로 각지의 화교사회에 의해 설립된 것이 일반적이어서 화교에 대한 당무 지도와 화교 보호 활동이 주요한 업무였다. 해외부주월판사처는 해외 거주 화교 가운데 광둥성 출신 화교와 관련된 당무를 관장했다. 해외부주월판사처가 왜 이 자료를 편집 간행하게 되었는지는 하이퐁 화교 가운데 가장 인구가 많고 커뮤니티가 가장 큰 것이 광둥방廣東幇이기 때문인데 이에 대해서는 본론에서 상세히 검토하고자 한다.

《참살안기》의 분량은 120쪽에 달한다. 자료의 목차는 삽화, 서언, '817베트남하이퐁참살화교안', 국민정부 외교부의 참안 관련 왕래 공문, 광둥성 신문의 여론, 베트남 단체의 선언, 프랑스 신문에 게재된 기사, 부록의 차례로 구성되어 있다. 그런데 이 자료는 리한성黎熯生이라는 인물에 의해 직접 집필되거나, 중국국민당하이퐁지부에서 보내온 피해 조사 보고가 체계적으로 정리됐다. 리한성이 《참살안기》를 편집했다고 할 수 있다(黎熯生 編. 1928, 1). 그는 1892년 광둥성 난하이현南海縣 출신으로 일찍부터 쑨원의 혁명 활동과 중국국민당 활동에 적극적으로 참여했다. 프랑스령 인도차이나에서 오래 거주한 관계로 프랑스어와 베트남어에 정통했다.[8] 《참살안기》는 이러한 리한성에 의해 편집된 것인 만큼 신뢰할 수 있는 자료라 할 수 있다.

8) 張文光. 1947, 11. 또한 그는 프랑스령 인도차이나의 프랑스 식민정부가 발행한 우표의 수집가로 알려져 있으며, 광저우우표연구회(廣州郵票硏究會)의 회원으로서 이 연구회가 1947년 2월 창간한 《廣州郵刊》에 참가했다. 그리고 광저우에서 발간된 《夏教建設月刊》의 발행인으로 일했다. 1947년 제1차 민선 난하이현 참의원에 당선되어 활동했다.

II. 하이퐁 화교배척사건 발발의 경위와 전개

1. 사건 발발 전후 하이퐁 화교사회의 상황

곧바로 1927년 하이퐁 화교배척사건을 검토하기 전에, 사건의 배경을 파악하기 위해 먼저 하이퐁 화교의 경제와 사회가 어떠한 상황에 있었는지 살펴보고자 한다.

하이퐁은 개항 이전인 1870년대 초반 껌강Sông Cấm과 땀박강Sông Tam Bạc이 합류하는 지점에 시장이 있는 베트남인 마을이 있었을 뿐이었다(Robequain. 1974, 117). 1874년 제2차 사이곤조약의 체결로 개항과 외국인의 상업 활동이 보장되게 되었으며, 이듬해인 1875년 하이퐁이 정식 개항하고, 1888년에는 외국인을 위한 조계가 설치되었다. 하이퐁은 프랑스령 인도차이나의 식민정부가 자리한 하노이Hà Nội의 관문이자 육로와 해로로 중국과 연결되는 유리한 지리적 위치로 프랑스 식민정부에 의해 개항 초기부터 '개발'되기 시작했다. 1885년에는 하이퐁의 요새화 작업과 도시 정비 사업이 개시되었고, 이와 동시에 땀박강과 껌강을 연결하여 도시를 관통하는 쎙뛰르운하 건설도 승인되어 추진되었다. 1890년부터 하이퐁과 하노이, 사이곤, 다낭Đà Nẵng, 꾸이년Quy Nhơn 간의 연안항로가 개설되었고, 1891년부터는 홍콩 간에 국제항로가 개설되어 증기선이 운항했다. 인도차이나·운남프랑스철도회사는 1906년에 하이퐁과 라오까이Lào Cai 노선(384km)을 완성하고, 1910년에는 이 노선이 중국 윈난성雲南省의 쿤밍昆明까지 연장되었다. 이러한 하이퐁의 근대 도시화와 항만건설, 그리고 철도와 정기항로 개설로 중국 및 홍콩 등지와 연결됨으로써 통킹 최대의 상업 및 무역항으로 발전해 나갔다(윤대영. 2014, 137-180).

중국인의 하이퐁 이주는 이러한 하이퐁의 '개발'과 발전 과정에서 전개되었다. 1885년 6월 체결된 톈진조약天津條約은 중국인의 베트남으로의 자유로운 이주와 상업 활동을 할 수 있는 권리를 부여함으로써 중국인의 하이퐁 이주를 법률적으로 보장했다. 그리고 이 조약에는 베트남화교 보호를 위해 하이퐁과 사이곤에 청조의 영사관 설치가 조문에 포함되어 있었지만, 프랑스 식민정부는 영사관 설치가 화교의 경제활동을 보다 강화해 줄 우려가 있다는 이유로 반대함으로써 실현되지는 못했다.[9] 하이퐁의 화교 인구는 1883년 1,500명, 1886년 4,700명, 1890년 5,600명으로 각각 증가했다. 프랑스 식민정부는 하이퐁의 화교 인구가 증가하자 광둥성 출신자를 중심으로 한 광둥방廣東幇을 설치해 화교 지도자인 방장幇長을 통해 화교를 간접 관리했으며, 푸젠방福建幇은 1899년 광둥방에서 분리하여 설립됐다. 광둥방의 화상 40명은 1894년 화상 단체, 푸젠방의 화상 18명은 1896년 각각 화상 단체를 설립했다(Martinez. 2007, 87-88).

하이퐁 화교의 경제는 미곡의 유통과 수출업이 중심이었다. 베트남은 미곡의 생산과 수출에서 태국, 미얀마와 함께 3대 생산국이자 수출국이었다. 인도차이나 미곡의 수출량과 수출액은 1914~1919년 연평균 1,348천t · 76.4백만 프랑, 1920~1929년 연평균 1,490천t · 125.6백만 프랑이었다(太平洋協會 編. 1940, 186-187). 프랑스령 인도차이나의 전체 수출액에서 미곡 수출이 차지하는 비중은 1920년 70%를 최고로 1920년대는 대체로 60%대를 유지했다(高田洋子. 2001, 196-197). 베트남 내 미곡의 유통과 수출은 1920년대까지는 화상에 의해 거의 독점되어 이뤄졌으며, 코친차이나의 쩌런, 통킹의 하이퐁에 거대 화상 미곡상이 밀집

9) Marsot. 1993, 114-115. 1887년 청조의 영사관 설치 보류 결정의 경위와 관련된 양국의 외교 교섭에 대해서는 青山治世. 2014, 77-120을 참조 바람.

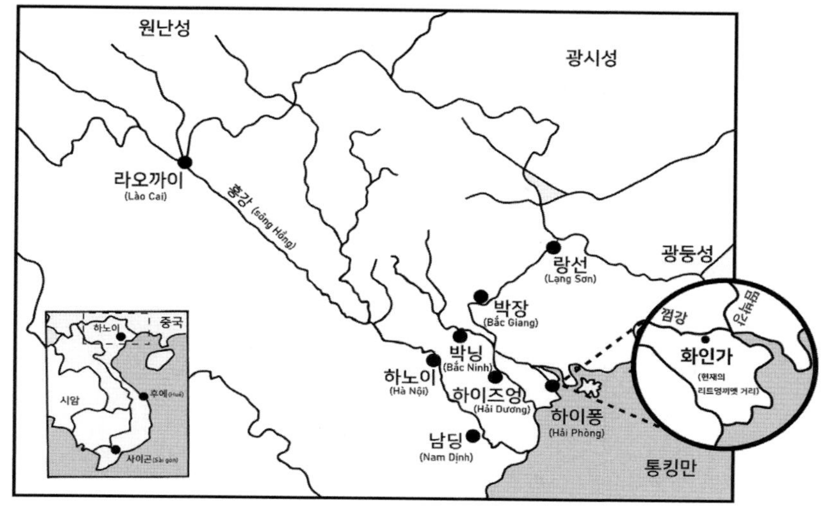

〈그림 1〉 통킹의 화교 주요 거주지 출처: 필자 작성.

되어 있었다. 하이퐁의 화상 미곡상과 정미공장은 쩌런에 비해 적었지만 안남과 통킹 생산 미곡을 주로 홍콩, 중국 등지로 수출했다.[10]

하이퐁의 화상 미곡상과 정미공장은 대부분 차이나타운이라 할 수 있는 화인가華人街(Rue Chinoise)[11]와 부근의 하리Hạ Lý에 자리했다. 1914년 인도차이나은행 하이퐁지점과 하노이출장소와 거래관계에 있던 화교 미곡 상관은 Kong Wo Cheng, Kong Wing Cheong, Tong Tai, Yec Sang, Luong Voune Ky, Kong Sun Yune 등이었다.[12]

10) 통킹의 미곡 수출액은 코친차이나 미곡 수출액의 대체로 5분의 1에서 6분의 1 수준이었기 때문에 하이퐁의 미곡상과 정미공장은 쩌런의 정미공장에 비해 5분의 1에서 6분의 1의 규모였을 것으로 추정된다(Becker. 2020, 947).

11) 이 거리의 프랑스어 명칭은 'Rue Chinoise'이었다. 이것을 번역하면 '중국인거리'가 되지만, 당시 하이퐁 화교는 이곳을 '화인가(華人街)'로 불렀기 때문에 이 글에서도 그렇게 부르기로 한다.

하이퐁 화교의 인구는 하이퐁과 화교 경제 발전과 함께 1910년대와 1920년대 급증하는 추세를 보였다. 1913년 8,532명에서 1923년에는 13,538명으로 1.6배나 증가했다. 1929년에는 20,186명으로 2만 명을 넘어섰다. 하이퐁 도시 인구에서 화교가 차지하는 비중은 20.7%로 베트남인 76.4%에 이어 두 번째로 많았으며, 유럽인은 2.2%에 불과했다. 하이퐁의 화교 인구는 1890년과 1902년에도 전체 인구의 37.1%와 28.9%를 각각 차지해 도시 전체에서 화교가 차지하는 비중이 높았다. 그리고 하이퐁은 통킹에서 화교가 가장 많이 거주하는 도시이기도 했다. 1913년 통킹 화교 인구 32,000명 가운데 8,500명이 하이퐁에 거주하여 전체의 27%를 차지했다. 당시 하노이에는 2천 명의 화교가 거주하고 있을 뿐이었다(Marsot. 1993, 95-96). 그리고 1929년은 43%, 1931년은 37%를 각각 차지했다. 통킹에서 하이퐁 이외에 화교가 많이 거주하는 지역은 하노이, 랑선Lạng Sơn, 남딩Nam Định, 박장Bắc Giang, 라오까이Lao cài 등이었다.[13)]

중국 대륙에서 인도차이나로 이주하는 중국인은 이민국의 출장소가 개설된 사이곤과 하이퐁을 통해 주로 입국했다. 1925~1930년 연평균 중국인 입국자 수는 62,717명인데 이 가운데 사이곤을 통한 코친차이나 입국자 수는 39,500명으로 전체 입국자의 63%에 달했다. 하이퐁을 통한 통킹 중국인 입국자 수는 1931년부터 1937년 사이 연평균

12) 權上康男. 1985, 206-207. 1933년의 화교 미곡 상관은 Cheong-Fat-Yuen(昌發源), Kwong-Wo-Hing, Lam-Tac, Nam-Lou, Shun-Tai(順泰), Tac-Fong(德豊), Tchong-Yane, Tchung-Kai Poui 등이 있었다(윤대영. 2014, 159). 예를 들면, 昌發源의 주소는 'No.16 Rue Chinoise'이었다(臺灣拓殖株式會社 編. 1939, 171).

13) 1920년의 《인도차이나총연감》에 기재된 통킹 각 지역의 화교 인구는 다음과 같다. 라오까이 1,625명, 박장 5,000명, 랑선 3,160명, 하노이 3,377명, 남딩 1,065명이었다(徐善福 · 林明華. 2016, 194-195).

15,814명이었으며 전체 입국자 수의 연평균 33.0%를 차지했다. 같은 시기 사이곤을 통한 중국인 입국자 수는 전체의 60.7%였기 때문에 대체로 전체 입국 중국인의 3할이 하이퐁을 이용한 것으로 볼 수 있다.[14] 이처럼 하이퐁은 통킹 화교 최대의 거주지일 뿐 아니라 중국인 인구 유입의 관문이었다.

〈**표 1**〉 하이퐁 거주자의 민족 별 인구 구성 (명, %)

연도	베트남인	화교	유럽인	기타	합계
1890	8,700(57.6)	5,600(37.1)	600(4.0)	200(1.3)	15,100(100)
1902	12,000(65.5)	5,300(28.9)	950(5.2)	75(0.4)	18,325(100)
1913	45,385(81.3)	8,532(15.3)	1,822(3.3)	72(0.1)	55,811(100)
1923	63,578(81.0)	13,538(17.0)	1,766(1.7)	208(0.3)	78,090(100)
1929	74,599(76.4)	20,186(20.7)	2,130(2.2)	705(0.7)	97,620(100)

출처: Martinez. 2007, 88.

2. 사건의 발단과 전개 상황

하이퐁 화교배척사건의 발단은 1927년 8월 17일 오후 화인가 부근의 공중취수장에서 베트남인 부녀자와 화교 부녀자 사이에 물을 긷는 과정에서 말다툼에서 시작됐다.

하이퐁에서 이 사건의 발단을 목격하고 홍콩으로 되돌아온 한 중국인의 증언은 이러했다. "나는 17일 하노이에서 하이퐁에 도착하여 곧 티엔란객잔天然客棧에 숙박하게 되었다. 사건의 시작 지점은 티엔란객잔 부근에서 멀지 않은 도로변 측면에 공중취수장이 있었다. 그날 오

14) 高田洋子. 1993, 115.; Ky Luong Nhi. 1963, 55.; 華僑志編纂委員會 編. 1958, 43-44. 이민국의 출장소가 사이곤에 1874년, 하이퐁에 1884년 각각 설치되었다.

후 3시 화교 부녀자와 베트남 부녀자가 물을 뜨다가 서로 욕하며 구타하기에 이르렀다. 한 베트남인이 베트남 부녀자를 도와 화교 부녀자를 구타해 중상에 이르렀다. 당시 이를 구경하는 자가 매우 많았다. 우리 화교가 크게 못마땅히 여겨 이에 대해 시비를 걸자, 원주민(필자 주: 베트남인)은 다짜고짜로 화교를 보고 때렸다. 3시부터 4시까지 구타가 이어졌다. 원주민은 갈수록 많아져서 무리를 지어 화교를 구타했다. 우리는 이 참상을 목도하고 심히 분노했다. 그때 화교들이 나와서 도와주자 싸우는 자가 많아졌다. 오후 5시에 이르자 원주민이 흩어지기 시작했다."[15]

그런데 《참살안기》에 리한성이 쓴 '참안 발생 지점 및 그 원인'의 글에서 밝히고 있는 발생 지점과 사건 발생 시간은 위의 중국인 증언과 약간 차이가 난다. "8월 17일 오후 6시 북녕가北寧街 공중취수장에서 화교 부녀자 1명과 베트남 부녀자 1명이 물을 먼저 뜨려다가 서로 말싸움을 하고 이어서 무력을 행사했다. 부근 거주자 및 길을 지나가던 베트남인과 화교가 각각 같은 나라 사람의 편에 동조하여 서로 싸움을 했다."[16] 즉, 발단 시간은 오후 3시가 아니라 오후 6시라는 점이며, 공중취수장이 북녕가에 있었다는 사실이다. 또 다른 중국 측 자료에는 8월 17일 오후 8시 화습로華習路와 파극차가巴克叉街의 경계 지점의 공중취수장으로 되어 있다(黎熯生 編. 1928, 83). 일반적으로 해외의 차이나타운은 타운 내 거리 명칭을 중국식 명칭을 사용하는 사례가 많은데,[17] 북녕가·화습로·파극차가는 그러한 거리명으로 보인

15) "海防土人排華之經過", *申報* 9면, 1927.9.3.(토요일).

16) 黎熯生 編, *民國十六年 八一七越南海防慘殺華僑案紀*, 中央海外部駐粵辦事處, 1928, p.2.

17) 예를 들면, 근대 인천차이나타운 내 길거리 명에는 西横街, 中横街, 界後街

다. 그리고 광시성정부위원회廣西省政府委員會 황샤오시옹黃紹雄 주석이 우차오슈伍朝樞 난징국민정부南京國民政府 외교부장에 보낸 공문에는 사건 발단 시간을 '8월 17일 저녁'으로 기재했다. 프랑스 식민당국도 '저녁'으로 하고 있어서,[18] 현재로서는 8월 17일 저녁 쪽이 신빙성이 더 높다.[19]

하이퐁 화상회관 및 중국국민당하이퐁지부가 조사한 결과에 의하면, 8월 17일 당일의 사건 피해는 부상자 8명, 부상자이면서 재산손실을 당한 자 4명, 미확인(추정) 부상자 20명, 피약탈자 5명, 재산손실액 6,121.80원元이었다(〈표 2〉 참조). 이 사건 전체의 인적·물적 피해에서 볼 때 이날의 피해는 그렇게 심각한 정도는 아니었다. 리한성이 이날 프랑스 식민당국이 경찰력을 동원하여 신속하게 진압했더라면 대참사로 이어지지는 않았을 것이라고 아쉬워했는데(黎熯生 編. 1928. 2-3), 이 주장에는 일리가 있어 보인다.

18일은 17일과 거의 비슷한 상황이 이어졌다. 앞에서 언급한 한 중국인의 증언 가운데 18일의 상황은 이러했다. "다음날(필자 주: 18일) 화상회華商會가 연대하여(필자 주: 프랑스 식민) 정부와 교섭했지만, 그들은 상황을 정확히 판단하지 못하고 있었다. 화교들은 스스로 위험을 감지하여 각자가 경비에 나섰다. 그날 밤 원주민은 또 화인가를 공격했다. 핑안잔平安棧 부근 각 상점의 유리창을 모두 파손했고, 티엔란커

등이 있었다(이정희·송승석. 2015, 29-30).

18) 廣西省政府委員會주석 黃紹雄이 외교부장 伍朝樞에 보낸 공문. 1927.8.24. (黎熯生 編. 1928, 48).

19) Resident-supérieur au Tonkin, *'Rapport sur les evenements survenus à Haiphong au cours de la 2emc quinzaine du mois d'Aout 1927 entre Chinois et Annamites'*. Hanoi 9 September 1927. AN.DOM. Indochine nouveau fonds 271/2395(Ungar. 1989, 100).

〈표 2〉 하이퐁 화교의 인적 및 물적 피해 상황

발생 일자	사망자	부상자	부상 및 재산손실자	미확인 부상자	투옥 화교	피약탈자	재산손실액(元)
8.17	-	8	4	20	-	5	6,121.80(2.1%)
8.18	-	-	3	2	1	10	2,813.00(1.0%)
8.19	8	14	5	-	9	8	51,759.77(17.9%)
8.20	4	26	9	-	-	100	206,707.04(71.5%)
8.21	-	3	4	-	-	12	10,202.01(3.5%)
8.22	-	-	-	-	7	6	9,534.28(3.3%)
8.23	-	-	-	-	-	4	792.90(0.3%)
8.24	-	-	-	-	-	1	1,000.00(0.4%)
소계	12	51	25	22	17	146	288,930.8(100%)
화상 회관	회관 수용 난민 4백여 명 및 변호사 선임 비용				-	-	15,343.36
합계	12	51	25	22	17	146	304,274.16

출처: 黎熯生 編. 1928, 25를 근거로 필자 작성.

잔天然客棧에 방화를 했다. 당시 우리는 네덜란드제 물단지를 무기로 하여(2층에는 물단지 수백 개가 있었다) 던지니 원주민은 감히 접근하지 못했다. 다행히 화재가 발생하지는 않았다. 우리는 생명이 매우 위급한 것을 깨닫고 급히 이곳을 떠나지 않으면 안 된다고 생각했다."[20] 중국국민당하이퐁지부가 "18일에 풍조가 약간 잠잠해지더니, 밤이 되자 베트남인이 수백 명을 규합하여 사방에서 공격해 죽이려 했다. 화교는 저항할 힘이 없었다."라고 보고한 사실과 일맥상통한다.[21] 그런데 프랑스 식민당국은 이날 역으로 화교가 집단 폭력을 행사했다고

20) "海防土人排華之經過", *申報* 9면, 1927.9.3.(토요일).

21) 중국국민당하이퐁지부가 중국국민당중앙해외부주월판사처 · 정치회의광저우분회 · 외교부에 보낸 공문. 1927.9.■.(黎熯生 編. 1928, 95).

화교사회의 진정을 요구했다. 2천여 명의 화교가 이날 화상회관 내 광둥회관에 집합하여 대책을 논의하고, 광둥방 방장幇長을 하이퐁 시청으로 파견해 화교 보호를 요청했다. 더욱이 양자의 충돌 과정에서 체포된 화교의 석방을 요구했다(Ungar. 1989, 100-101).

18일의 화교의 인적·물적 피해는 부상 및 재산 손실자 4명, 미확인 부상자 2명, 피약탈자 10명, 재산손실액 2,813원이었다. 17일의 피해 규모와 거의 비슷했다. 17일과 18일의 피해 화교는 노동자, 상인, 학생, 점원 등이었고, 머리, 손 등의 신체에 타박상을 입었다. 부상자 가운데 4명이 중상을 입었다.

이 사건의 절정은 19일과 20일에 발생했다. 중국국민당하이퐁지부는 "19일에 풍파가 약간 잠잠해졌지만, 밤이 되자 방화와 살인, 재물 약탈, 생명과 재산을 더는 지켜낼 도리가 없었다. 화교는 미력하나마 정당한 방위를 하지 않을 수 없었다. 그러자 프랑스(필자 주: 경찰)는 닥치는 대로 체포했다."라고 그날의 참상을 전했다.[22] 이날 사망자가 다수 발생했다. 차오저우潮州 출신으로 상인인 陳烈堂(54세)을 비롯하여 모두 8명이 사망했고, 확인된 중상자만 4명에 달했다. 부상자는 모두 19명이었다(〈표 2〉참조). 부상자는 다리, 머리, 얼굴, 머리 등의 신체 부위의 타박상과, 楊秀綸(40세, 차오저우 출신, 상업)과 劉恩記(점원)는 칼로 인한 상처를 입었다. 楊士隆(노동자)는 돌에 맞아 입은 부상, 張亞水(노동자)는 곤봉에 맞아 부상을 당했다(黎熯生 編. 1928, 5-13). 이날 약탈당한 화교는 8명이었고, 재산손실액은 5만 1,759.77원이었다. 이날의 피해액은 사건 전체 피해액의 17.9%에 달해, 17일과 18일을

22) 중국국민당하이퐁지부가 중국국민당중앙해외부주월판사처·정치회의광저우분회·외교부에 보낸 공문. 1927.9.■(黎熯生 編. 1928, 95).

훨씬 넘어섰다. 특히 주목되는 점은 화교와 베트남인 간의 충돌 과정에서 화교 9명이 경찰에 체포되었다는 점이다.

이러한 상황에서 하이퐁의 프랑스인 시장은 화교가 자위단을 조직했다는 소식을 듣고 광둥방 방장을 시청으로 불러 베트남인을 자극하지 말도록 자제를 촉구했다. 하이퐁 화교사회는 시장이 19일까지 이 사건을 양 민족 간의 사소한 싸움에서 빚어진 폭력 정도로 인식하고 있었다고 판단했다(Ungar. 1989, 101).

20일도 19일과 같은 상황이 이어졌다. 중국국민당하이퐁지부는 20~23일의 피해 상황에 대해 "참사는 차마 말할 수 없을 정도였다. 대낮에 방화와 살인이 자행되었다. 곡성哭聲이 3일간 이어졌고, 큰 소리로 구원을 요청하는 소리가 귀를 울렸다. 집합한 베트남인은 모두 2천~3천명에 달했다."[23]라고 전했다. 20일은 특히 화인가의 화교 상점과 주택 등의 약탈이 대량으로 이뤄졌다. 약탈당한 화교는 100명에 달했고, 그들의 피해액은 206,707.04원에 달해 사건 기간 전체 재산손실액의 71.5%를 차지했다. 사망자는 4명, 부상자는 35명에 달했다(〈표 2〉 참조).

하이퐁 시장은 이때 경찰 300명 이상을 증원해 투입했다(Ungar. 1989, 101). 그 결과 21일에 들어 사태가 진정국면에 들어갔다. 이날의 부상자는 7명, 피약탈자는 12명, 피해액은 10, 202.01원으로 20일에 비해 훨씬 줄어들었다. 22~24일에도 피약탈자가 각각 6명, 4명, 1명이 발생했지만 산발적인 것이었고, 사망자와 부상자는 발생하지 않았다.

중국 측과 프랑스 측은 하이퐁 사건이 17일부터 21일 사이에 집중적으로 발생했다는 데에는 일치된 견해를 보였다. 《참살안기》의 자료

23) 중국국민당하이퐁지부가 중국국민당중앙해외부주월판사처 · 정치회의광저우분회 · 외교부에 보낸 공문. 1927.9.■(黎熿生 編. 1928, 95).

에 하이퐁 사건으로 인한 화교 사망자는 12명, 부상자는 51명, 부상 및 재산 손실자는 25명, 미확인 부상자 22명으로 부상자 총수는 88명, 체포되어 투옥된 화교는 17명으로 파악되었다. 이러한 인적 피해 규모는 프랑스 식민당국이 파악한 사망자 15명(그 중 1명은 베트남인), 부상자 60명인 것과 큰 차이는 없었다. 또한 당국에 체포된 자는 201명(그 중 17명은 화교)이고 이 가운데 120명이 기소됐다.[24)]

하이퐁 화교사회와 난징국민정부는 프랑스 식민당국이 베트남인의 폭동을 초기에 제대로 진압하지 않으면서 방조한 것이 이번 사건을 확대시킨 원인으로 간주했다.[25)] 하지만, 프랑스 식민당국은 그러한 주장을 수용하지 않았다. 주광저우프랑스영사는 8월 25일 이 사건에 대해, "당지 관청이 적절한 처치를 하여 화교의 재산과 생명을 보호했으며, 현재 질서를 완전히 회복했다. 해당 경찰서는 수모자首謀者를 체포했다. 베트남인 43명, 화교 9명을 법률에 근거하여 처분했다. 화교 주택을 약탈한 자는 형사 법정으로 송치하여 신문하여 처벌했다."라고 프랑스 식민당국이 충분한 진압과 조치를 했다고 주장했다.[26)] 이처럼 양자의 사건 발발과 확대 원인에 대한 양자의 주장에는 차이가 존재하고 있는 만큼 프랑스 측 자료를 발굴하여 이 부분에 대한 더욱 면밀한 검토가 필요하다.

---

24) 徐善福·林明華 編. 2011, 217. 체포된 화교는 모두 석방되었기 때문에 기소된 자는 모두 베트남인이었다.

25) 莫子材, "莫子材調査之報告"(黎熯生 編. 1928, 90).; 黎熯生, "華僑組織慘案善後委員會亦遭法當局之禁止"(黎熯生 編. 1928, 26).

26) "海防土人殺戮華僑之交涉", *申報* 7면·8면, 1927.9.2.(금요일).; 黎熯生 編. 1928, 36.

3. 하이퐁 화교의 상세 피해 상황

앞에서 살펴본 대로 이 사건은 다수의 하이퐁 화교에게 인적, 물적 피해를 초래했다. 여기서는 어떤 화교와 상점 및 시설이 어떤 피해를 봤는지 구체적으로 살펴보고자 한다.

《참살안기》에 일부라도 신상 정보가 기재되어 있는 화교 피해자(일부는 상점 이름으로 기재된 것도 있음)는 218명이었다. 사망자가 12명, 부상 및 재산 손실자는 25명, 체포 투옥된 자는 17명, 부상자는 164명이었다. 피해 화교 가운데 연령 미기재자는 119명, 기재 화교는 99명이었다. 99명을 연령대별로 살펴보면 다음과 같다. 1~9세 2명, 10~19세 7명, 20~29세 16명, 30~39세 18명, 40~49세 26명, 50~59세 15명, 60~69세 10명, 70~79세 5명이었다. 청장년층인 20대부터 50대가 75명으로 전체의 76%를 차지했다. 60대 이상의 노인은 15명, 1~19세는 9명이었다.

화교 피해자 가운데 출신지가 기재된 자는 88명이었다. 광둥성 출신이 61명으로 전체의 69%를 차지했다. 광둥성 내의 현별 분포는 南海(현재의 佛山市 南海區) 14명, 新會(동 江門市 新會區) 9명, 高州(동 高州市) 5명, 東莞(동 東莞市) 5명, 番禺(동 廣州市 番禺區) 4명, 中山(동 中山市) 3명, 順德(동 佛山市順德區)·台山(동 台山市)·化縣·雷州·開平(동 江門市) 각 2명, 廣州·廣海·欽縣·潮陽·茂名 각 1명, 그리고 광둥성 어느 지역 출신지 불분명한 화교가 2명이었다. 이들 피해자의 출신 현은 현재의 광저우시 주변 지역으로 마카오와 홍콩에서 가까운 지역이었다.

광시성廣西省 출신 피해 화교는 16명으로 전체의 18.2%를 차지했다. 광시성 가운데서도 合浦(현재의 北海市 合浦縣) 7명, 北海 6명, 東興 1명, 미상 2명이었다. 이들 지역은 대체로 베트남과 중국의 접경지역이었다. 그 이외는 차오저우潮州 2명, 하이난섬海南島의 瓊州 1명, 海口 1명, 후난성湖南省의 新寧 2명, 장시성江西省의 南康 2명, 윈난성雲南省 1명, 푸젠성福建省 1명이었다. 그런데 하이퐁 화교사회에는 광둥방에서 분방한 푸젠방이 존재하고 있었는데도 푸젠성 출신 피해자가 1명에 불과한 것은 납득하기 어렵다. 그 원인은 피해자 조사가 광둥방 주도로 이뤄져 광둥성 피해자 파악이 상대적으로 쉬웠다는 점과 전체 피해자 가운데 출신지가 판명된 것은 불과 4할에 불과하므로 푸젠성 출신자가 상대적으로 적게 판명되었을 가능성이 있다.

코친차이나 지역 화교의 경우 방언을 기준으로 한 출신지 통계는 있지만, 근대 통킹 화교의 출신지별 통계는 확인되지 않고 있다. 1924년 코친차이나 지역 거주 화교 226,000명을 사용하는 방언별로 분류하면, 광둥어 35%, 차오저우어 22%, 푸젠어 24%, 하이난어 7%, 객가어 7%, 기타 5%의 순이었다(Lynn Pan. 1999, 230). 이러한 결과는 타이완총독부가 코친차이나 거주 화교의 출신지별 인구를 추계한 결과인 광둥성 47.8%, 차오저우 19.6%, 푸젠성 17.4%, 객가 8.7%, 하이난 4.3%, 기타 2.2%와 비슷했다.[27] 그러나 코친차이나 지역 화교의 출신지 별 분포를 그대로 통킹 화교의 출신지별 분포로 치환할 수는 없다. 코친차이나는 18세기 초부터 중국인 이민으로 개발되기 시작했으며, 중국인 상인과 일부 베트남인 상인에 의해 코친차이나 지역과 동남아와 중국 간의 무역이 활발히 이뤄졌다. 쩌런과 사이곤은 화상이 집단 거주하면서 무역항으로 발전했다(최병욱. 2020, 65-100).

하지만 통킹은 사정이 달랐다. 중국인의 이 지역으로의 본격적인 이주는 톈진조약 체결 이후 프랑스가 식민통치를 하기 시작한 이후였

27) 本刊資料室. 1947, *"越南華僑簡況"*, *上海共報*, 1947年(第1卷第2/3期), pp.14-15.

다. 코친차이나 지역은 통킹에 비해 인구밀도가 낮고 프랑스 식민정부에 의해 메콩삼각주가 개간되어 미곡 생산이 급증하자 상업적 기회를 노린 중국인의 이주가 급증했다. 물론 중국 국내의 정치·경제적 혼란도 중국인의 베트남 이주를 촉진하는 요인이었다. 통킹은 인구밀도가 높았고, 미곡 생산량이 코친차이나 지역에 비해 적어 상업적 기회가 적었을 뿐 아니라 상업 분야에선 베트남인 상인 세력이 강했기 때문에 중국인의 이주는 코친차이나보다 상대적으로 많이 이뤄지지 않았다(逸見重雄. 1941, 73-75). 1929년의 경우, 베트남화교 인구의 81.7%는 코친차이나, 15.5%는 통킹, 2.8%는 안남에 각각 거주했다. 다른 연도도 상황은 비슷했다(〈표 3〉 참조). 통킹의 출신지별 분포는 통계가 확인되지 않고 있어 파악할 수가 없지만, 코친차이나 화교와 비교해 통킹과 국경을 접하고 있는 광시성 출신자가 상대적으로 많았던 것은 위의 피해자 분포를 봐도 분명하다.[28]

〈표 3〉 근대 베트남화교의 지역별 인구 추이 (명, %)

연도	코친차이나	통킹	안남	합계
1889	56,528	-	-	-
1908	90,000(76.9%)	22,000(18.8%)	5,000(4.3%)	117,000(100%)
1921	156,000(80.0%)	32,000(16.4%)	7,000(3.6%)	195,000(100%)
1929	248,995(81.7%)	47,246(15.5%)	8,679(2.8%)	304,920(100%)
1931	205,000(76.8%)	52,000(19.5%)	10,000(3.7%)	267,000(100%)
1936	171,000(78.8%)	35,000(16.1%)	11,000(5.1%)	217,000(100%)
1943	396,955(85.3%)	52,518(11.3%)	16,119(3.4%)	465,592(100%)

출처: 華僑志編纂委員會 編. 1958, 46-47.; 福田省三. 1940, 190-194.; Ky Luong Nhi. 1963, 41.

28) 참고로 제1차 인도차이나전쟁 때 베트남 북부에서 중국으로 피난 간 화교의 출신지는 광시성과 윈난성이 대부분이었다(이정희. 2020, 361-405).

다음은 피해자의 직업별 분포이다. 피해자 가운데 직업이 기재된 인원은 148명이었다. 상인이 88명으로 전체의 59%로 가장 많았고, 노동자는 26명(17.6%), 선원 8명, 학생 7명, 점원과 직원이 각각 6명, 기타 7명이었다. 근대 베트남과 캄보디아, 라오스를 포함한 프랑스령 인도차이나 화교의 직업별 분포는 상업 종사자가 전체 화교 인구의 56%, 노동자를 포함한 광공업종사자 28%, 농업 및 어업 종사자 16%를 각각 차지했다(福田省三. 1940, 87-88). 이 통계는 프랑스령 인도차이나 전체를 대상으로 한 것이기는 하지만, 하이퐁의 피해자 직업 분포로 볼 때 상인의 비중이 가장 높은 것은 같았다.

화교 피해자 가운데 학생 7명이 포함된 것은 하이퐁에 화교학교가 있었기 때문이다. 사건 당시 하이퐁에는 화교소학교 3개소와 여학교 2개소가 개설되어 있었다. 화교소학교는 僑英學校, 時習學校(1911년 설립), 東安學校, 여학교는 慕賢學校와 潔貞學校였다.[29] 피해 학생의 나이는 8세 2명, 14세 1명, 16세 1명, 19세 1명이었다. 이 가운데 16세의 학생 李翠蘭은 사망했다. 그런데 사건 발생 당시 하이퐁에는 화교 중학교가 아직 개설되어 있지 않았는데, 1935년에 僑英學校와 時習學校가 통합하여 하이퐁화교중학이 설립되었다.[30]

선박 피해와 선원 관련 부상자가 많은 것이 주목된다. 거룻배 소유자인 謬亞長의 선박, 何文英의 선박, 廖芳德의 선박은 모두 큰 피해를 보았으며, 선박운수업 회사인 振興公司는 습격을 당했다. 선원 8명이 부상을 입었다(黎熯生 編. 1928, 72·85). 이러한 피해의 배경에는 하이퐁 화인가의 지리적 위치와 관련이 있다. 화인가는 현재의 리트엉

29) 黎熯生, "海防華僑狀況"(黎熯生 編. 1928, 2).; 徐善福·林明華. 2016, 230-239.
30) 徐善福·林明華. 2016, 117. 1935년에는 하노이에도 中華中學이 설립되었다.

끼엣Lý Thường Kiệt 거리와 그 뒤편의 땀박강 연안을 중심으로 형성되어 있었다.(〈그림 1〉 참조) 화교는 땀박강 연안에 배를 정박해 두고 사람과 물건을 수송했기 때문에 습격 대상이 되었다.

화교 경영의 상점과 거주 주택이 습격을 받아 파손당하거나 약탈당한 사례도 많았다. 하이퐁은 앞에서 본 대로 통킹 최대의 화상 미곡상과 정미공장이 자리한 곳이다. 하이퐁 사건 기간 중 10여 개의 정미공장은 가동을 멈추었으며, 각 물류 요충지의 미곡 상점에 전보를 보내 나락 매입을 중지했다.[31] 이번 사건에서 피해가 확인된 화교 정미공장은 豐利成, 合隆, 順泰였으며, 약탈로 인한 재산손실액은 각각 1,400원, 100원, 384원이었다. 미곡 상점 裕豐과 미곡 상인 黎聯根은 습격을 당했다. 이 가운데 順泰는 하이퐁을 대표하는 정미공장이자 미곡 수출상이었다. 順泰의 설립자인 譚植三은 광둥성 新會 출신으로 그의 고향에서 다수의 동향인을 하이퐁으로 데리고 온 관계로 하이퐁에는 新會 출신 화교가 많았다. 그는 하이퐁 화교사회의 유능한 지도자이자 광둥방의 실력자로 활약했다(Becker. 2020, 957-956). 하지만, 그가 하이퐁 사건 당시 어떤 역할을 했는지는 분명하지 않다.

그밖에 습격을 당해 피해를 본 화교 소유 건물과 상점은 다음과 같다. 義和館은 화교 노동자를 소개해 주는 쿨리방苦力房이었다. 甘潤之는 新會 출신의 석탄상인이었고, 陳利木廠과 廣豐欄은 제재소, 廣和興과 昌榮은 화물 창고, 壽來와 生記는 벽돌공장이었다. 화인가 소재의 富滇銀行의 숙소도 습격을 당했는데, 이 은행은 1911년 윈난성 정부에 의해 쿤밍昆明에 설립된 관립은행으로, 하이퐁

31) "海防土人殺戮華僑之交涉", *申報* 7-8면, 1927.9.2.(금요일).

에 1916년 지점이 개설되어 주로 화교를 대상으로 영업을 하고 있었다.32)

Ⅲ. 하이퐁 화교사회와 중국의 중앙 및 지방정부의 대응

1. 하이퐁 화교사회의 대응

다음은 이러한 화교배척사건에 직면한 하이퐁 화교사회는 어떻게 대응했는지 살펴보고자 한다. 화교사회의 구체적인 대응을 살펴보기 전에 당시 어떤 화교사회단체가 있었는지 보도록 하자. 리한성은 사건 발발 당시 하이퐁 화교사회의 내부 구성을 다음과 같이 기술했다. "최근 조사에 의하면 항구 거주 화교는 약 15,000여 명이다. 미곡업, 운수업, 機器業, 잡화업을 하는 자가 많다. 평시에는 화상회관이 있어 화교 집합의 장소가 되었다. 두 개의 幇으로 나뉘어 있었다. 이른바 광둥방과 푸젠방이다. 각 방은 방장幇長, 부방장副幇長 각 1명을 선거하여 해당 방 공공의 사무를 처리했다."33)

그의 기술로 볼 때 하이퐁 화교사회에는 동향단체인 광둥방과 푸젠방이 2개 존재했다는 점, 각 방은 별도의 회관이 존재하지 않고 화상회관이라는 건물을 공동으로 사용하고 있었다는 점, 각 방이 선거를 통해 방장과 부방장을 선출하여 그들을 통해 각 방 공공의 사무를 처리했다는 점이다. 방장과 부방장은 각 방의 방원幇員에 의해 선출되지만 그들의 임명권자는 프랑스 식민정부였다. 프랑스 식민정부는 화

32) "富滇銀行(中華民國)",維基百科(https://zh.wikipedia.org/wiki/富滇銀行(中華民國), 2022.1.28.열람).

33) 黎熯生, "海方華僑狀況"(黎熯生 編. 1928, 2).

교 관리를 직접 하지 않고 방장 제도를 통해 간접 통치하는 방식을 취했다. 방장은 방원 관련된 입출국을 비롯한 각종 행정사무, 세금과 방비幇費 청구권의 권한을 가지고 있었고, 당국에 보고할 의무가 있었다.[34)]

한편, 화상회관 내에는 華僑閱書報社가 설치되어 있었다. 이 조직은 중국국민당 계열의 도서관으로 홍보 역할을 겸했다. 하이퐁 사건에서 중요한 역할을 담당하고 있던 중국국민당하이퐁지부도 화상회관 내에 설치되어 있었다. 회관 내에는 일종의 간이 병원인 普濟醫院이 부설되어 있었으며, 하이퐁 사건 발발 전에 화교가 기부하여 설립한 대형 大留病院을 건축했다.[35)]

이러한 단체와 조직과 시설을 갖춘 하이퐁 화교사회는 이 사건에서 어떻게 대응하고 기능했는지 살펴보도록 하자. 앞에서 살펴본 대로 화상회관은 8월 17일 사건 발발 후 회관에서 각 단체의 대표를 모아 회의를 개최하고, 프랑스 식민당국에 곧바로 병력을 파견하여 구원을 요청하는 전보를 100통 보냈다.[36)] 그러나 식민당국이 별다른 반응을 보이지 않고 사건이 확대의 양상을 띠자 화상회관에서 회의를 개최하여 참안선후위원회慘案善後委員會를 조직하고, 이 위원회에 피해자 구호, 질서유지, 선후 조치 등의 모든 업무를 위임하기로 했다. 하이퐁 화교사회를 대표하는 명망가 9명이 동 위원회의 위원으로 선

34) 太平洋協會 編. 1940, 459-463.; Marsort. 1993, 102-129. 방장의 임기는 2년이었다. 프랑스 식민정부는 1885년 응우옌 왕조의 방장 제도를 답습하여 5개 방을 설치했다. 5개 방은 광둥방, 푸젠방, 차오저우방, 객가방, 하이난방이었다. 방장 제도는 1946년 중국과 프랑스 간의 협정으로 폐지됐다.

35) 黎熯生, "海方華僑狀況"(黎熯生 編. 1928, 2).

36) 黎熯生, "慘案死傷人數之調查"(黎熯生 編. 1928, 5).

임됐다.

하지만 식민당국은 동 위원회를 불법단체로 규정하고 직원을 파견해 위원회의 회의 개최를 방해했다. 그래서 동 위원회는 비밀회의를 개최하여 사상자나 재산 손실자의 조사를 진행했다. '정당방위'를 하는 과정에서 체포되어 투옥된 화교 17명의 석방 운동을 전개했다. 동 위원회는 피해자 구호와 석방 운동을 위한 자금 마련을 위해 거주 화교를 대상으로 모금 활동을 전개, 12일 사이에 2만여 원을 모금했다. 동 위원회는 위원을 하노이에 파견하여 변호사를 선임하고 식민당국과 투옥된 화교 석방을 위해 노력했다. 동 위원회의 노력으로 1달여 만에 17명의 투옥 화교 모두 석방되었다. 동 위원회는 화상회관에 수용된 400여 명의 화교 난민 가운데 일부는 고향으로 돌려보냈다.[37] 동 위원회가 이러한 활동에 사용한 금액은 15,343.36원이었다(〈표 2〉 참조).

하이퐁 화교사회의 이번 사건 관련 대외 연락창구는 화상회관과 중국국민당하이퐁지부였다. 화상회관은 廣州市華僑協會와 越南東京華僑同志社에 사건의 피해 상황이 매우 심각함을 전달한 후, "(필자 주: 외교적) 교섭은 지금도 진행 중이고 (필자 주: 당국이) 선후 조치를 해줄 보장도 없다. 무고하게 투옥된 동포는 여전히 감금 영어의 상태에 있다. 각 기관 단체는 한층 더 분발하여 정부에(필자 주: 프랑스와) 엄중히 교섭하도록 촉구하기를 바란다."라고 요청했다.[38] 하이퐁 화교사회는 중국국민당해외부주월판사처과장인 莫子材가 9월 4일 비밀리에 화상회관을 방문했을 때 이번 원인은 식민당국의 사주에 있다

37) 黎熯生, "華僑組織慘案善後委員會亦遭法當局之禁止"(黎熯生 編. 1928, 26).

38) 東京海防華商會館이 광저우시화교협회와 越南東京華僑同志社에 보낸 전문(黎熯生 編. 1928, 98).

면서 난징국민정부가 비행기와 함대를 파견해 도와줄 것을 호소했다(黎糢生 編. 1928, 90-91).

그런데 하이퐁 사건 대응 및 해결 과정에서 광둥방과 푸젠방의 방장이나 부방장의 활동이 거의 확인되지 않는 점이 주목된다. 그 이유는 광둥방과 푸젠방의 방장과 부방장이 기본적으로 식민당국으로부터 임명받은 자로 식민당국과 상하 종속관계에 있다는 점에 있었다. 예를 들면, 식민당국은 하이퐁 사건을 조기에 종결시키기 위해 하이퐁, 하노이, 남딩 3개 도시의 방장에게 자신들이 만든 평화적 해결안에 서명을 요구했다. 3명의 방장이 이에 동의하지 않자, 식민당국은 각 방장에게 전보를 보내, "이번 사건은 화교와 베트남인 주민들 사이에 서로 구타하였고, 양자 모두에 사상자가 발생했다. 사건은 이미 진정되어 종결되었다."라는 내용에 서명하도록 강요했다. 방장은 식민당국과의 관계상 이러한 당국의 요구를 거절하기는 힘들었다.[39]

이런 상황 속에서 중요한 역할을 담당한 것은 중국국민당하이퐁지부였다. 하이퐁은 중국국민당의 당원이 상당히 많은 곳으로 알려져 있었고, 프랑스 식민당국은 그들의 활동을 금지하고 있었다(黎糢生 編. 1928, 81). 하이퐁에 중국국민당지부가 개설된 것은 1920년대 초반으로 보인다. 중국에서 신해혁명이 발발하기 전인 1900년대 쑨원은 베트남 화교로부터 혁명 활동 지원을 받기 위해 하이퐁과 하노이를 방문했다. 그리고 하이퐁의 화교는 중국혁명동맹회에 가입하여 쑨원의 혁명 활동을 적극적으로 원조했다(윤대영. 2014, 160-161). 하이퐁과 하노이의

39) 중국국민당하이퐁지부가 국민당중앙해외부주월판사처 · 정치회의광저우분회 · 외교부 · 중국국민당해외지부집행위원회에 보낸 공문. 1927.9.■(黎糢生 編. 1928, 96-97).

화교는 1919년 창당된 중국국민당의 활동에 우호적이었고, 1923년 광둥방의 전임과 현임 방장幇長과 주요 화상은 중국국민당의 적극 지지자로 활동하고 있었다(Ungar. 1989, 101). 동 지부는 중국국민당중앙해외부주월판사처 등의 기관에 방장과 부방장은 신뢰할 수 없으니 특파원을 파견해 달라고 요청하고,[40] 9월 1일 하이퐁 사건의 경과와 사건 관련 조사표를 동 판사처에 보냈다(黎熯生 編. 1928, 92).

하이퐁과 함께 통킹 화교 집단 거주지인 하노이의 화교사회도 하이퐁사건 해결을 위해 움직였다. 하노이의 粤東會館은 8월 21일 광시성 정부에 사건의 심각성을 보고하면서 광시성 주재 프랑스영사관에 연락하여 식민당국에 속히 폭동 진압을 요구하라고 요청했다(黎熯生 編. 1928, 30-31). 중국국민당하노이지부는 8월 22일 외교부에 하이퐁 사건의 심각성을 전달하고 프랑스 영사와 엄중히 외교교섭하여 화교를 보호해 달라고 요청했다(黎熯生 編. 1928, 30).

2. 중화민국 중앙정부와 하이퐁 화교 출신 지방정부의 대응

중국의 난징국민정부는 하이퐁 화교배척사건의 보고를 접하고 이 사건 해결을 위한 외교적 해결에 나서게 된다. 이와 관련해서는 張金超(2011)가《참살안기》자료를 활용해 검토한 바가 있다. 당시 하이퐁을 비롯한 프랑스령 인도차이나에는 중국의 영사관이 존재하지 않아 현지에서의 중국과 프랑스 식민정부 간의 외교 교섭은 이뤄질 수 없었다. 그래서 난징국민정부 외교부는 난징 주재 프랑스영사관과 교섭

40) 중국국민당하이퐁지부가 국민당중앙해외부주월판사처 · 정치회의광저우분회 · 외교부 · 중국국민당회외지부집행위원회에 보낸 공문. 1927.9.■(黎熯生 編. 1928, 96-97).

을 벌였다. 8월 22일 하이퐁 사건을 보고 받은 후, 프랑스영사관에 23일 화교 보호를 요청하고, 24일에는 무력 진압, 가해자 처벌, 재발 방지 보장을 골자로 한 세 가지 사항을 요구했다.[41] 이러한 강력한 요구에 대해 주광저우프랑스영사관은 24일에 18일~21일 사건이 발생한 사실을 인정하면서도 21일에 이미 질서를 회복했으니 염려하지 말라는 답신을 보냈다.[42]

외교부는 프랑스 측이 위의 요구 사항에 응할 기미가 보이지 않자, 주광저우프랑스영사관에 외교부의 韋玉 국장을 하이퐁 현지에 파견하여 피해 조사를 할 것이라고 협조를 요청했지만 거절당했다.[43] 다시 외교부는 중국국민당중앙해외부와 협의하여 중국국민당해외부주월판사처과장인 莫子材를 국민당중앙특파 베트남당무조사지도원의 직함으로 파견했다. 그는 9월 4일 하이퐁에 도착하여 화상회관에서 피해 교민을 위로하고 피해 실태와 화상의 요구 사항을 경청하는 활동을 전개했다(黎墣生 編. 1928, 90-91). 프랑스 식민당국은 그의 파견 사실을 뒤늦게 파악하고 9월 23일 하노이에서 莫子材를 체포하여 국외로 추방했다.[44] 그리고 외교부는 10월 24일 이번에는 외교부의 과장인 廖光羲와 沈炳光을 하이퐁에 파견할 뜻을 주광저우프랑스영사

41) 伍朝樞외교부장이 주광저우프랑스영사에 보낸 공문. 1927.8.23.(黎墣生 編. 1928, 34).

42) 주광저우프랑스영사가 伍朝樞외교부장에 보낸 공문. 1927.8.24.(黎墣生 編. 1928, 37-38).

43) 주광저우프랑스영사가 伍朝樞외교부장에 보낸 공문. 1927.9.8.(黎墣生 編. 1928, 40).; 伍朝樞외교부장이 주광저우프랑스영사에 보낸 공문. 1927.9.12.(黎墣生 編. 1928, 41).

44) 伍朝樞외교부장이 주광저우프랑스영사에 보낸 공문. 1927.9.30.(黎墣生 編. 1928, 42-43).

관에 전달하고 비자 발급을 요청했지만, 아무런 답변이 없었다.[45] 이처럼 난징국민정부의 외교적 해결 노력은 결국 수포가 되었다.

한편, 난징국민정부의 외교적 해결 노력과 별개로 하이퐁 화교의 교향僑鄕 지방정부와 사회단체도 이 사건 해결을 위한 대응에 나섰다. 하이퐁 화교 가운데 광둥성 출신이 많은 것을 보았는데, 그런 관계로 광둥성의 사회단체가 하이퐁 사건 해결을 위해 적극적으로 나선 것을 확인할 수 있다. 駐粤華僑協會, 越南東京華僑同志社, 國民黨越南總支部駐粤辦事處, 國民黨海防支部駐粤通訊處의 4개 단체가 광저우에 있는 각 단체를 소집하여 하이퐁 화교를 원조하기 위한 회의 개최를 발기했다. 8월 22일 4개 단체 이외에 기타 화교 단체 대표 수십 명이 참석한 회의가 개최됐다. 이 회의에서 선출된 4명의 대표는 난징국민정부 외교부와 광둥성 정부를 방문해 프랑스 정부에 항의할 것을 청원했다. 그리고 4개 단체는 9월 6일 광저우에서 개최된 20여만 명 참석의 민중대회에서 하이퐁 사건의 경과를 보고하고 화교의 울분을 풀어주자고 호소했다.[46]

하이퐁 화교배척사건에서 광둥성 다음으로 피해자가 많이 발생한 광시성의 뤼환옌呂煥炎 독판督辦은 8월 23일 중국국민당하노이지부의 연락을 접수하면서 하이퐁 사건의 소식을 처음으로 접했다. 뤼환옌 독판은 그날 곧바로 주룽저우龍州프랑스영사관에 하이퐁 사건의 조회를 하고 화교 보호를 요청했다.[47] 뤼환옌 독판은 24일에도 다시 조회

45) 陳長樂廣東交涉員이 주광저우프랑스영사에 보낸 공문. 1927.10.22.(黎熯生 編. 1928, 44-45).

46) 黎熯生, "駐粤華僑團體之援助"(黎熯生 編. 1928, 27-28).

47) 광시성 呂煥炎 독판이 주룽저우프랑스영사에 보낸 공문. 1927.8.23.(黎熯生 編. 1928, 31).

하고 영사의 답변을 촉구했다.[48] 뤄환옌 독판이 하이퐁 사건의 내용을 광시성정부위원회에 전달하자, 동 위원회의 황샤오시옹 주석은 24일 우차오슈 외교부장에게 프랑스 측에 사건 발생에 대해 항의하고 철저한 화교 보호를 요청했다.[49]

주룽저우프랑스영사는 뤄환옌 독판의 두 번의 조회에 대해 26일 주광저우프랑스영사와 똑같이 이미 질서가 완전히 회복되었다는 점과 베트남인 200여 명을 체포하여 심문하고 있다는 내용을 회신했다.[50] 그 이후 문제해결의 진전이 보이지 않자, 황샤오시옹 주석은 9월 21일 우차오슈 외교부장에게 조속히 파견원을 하이퐁에 보내 피해를 조사하고 프랑스 측에 배상을 요구할 것과 투옥된 화교의 전원 석방을 요청했다.[51]

國民黨龍州協定支部와 베트남 북부 중월국경 소재의 國民黨諒山分部는 9월 5일 난징국민정부 국부 비서처祕書處에 베트남에서 배화사건으로 참살된 화교가 1천여 명에 달한다며 즉각 프랑스 영사관과 교섭하고 병력과 군함을 파견해 줄 것으로 요청했다.[52] 하이난섬海南島의 충저우瓊州 교섭원 陳長樂은 하이커우시상회海口市商會의 보

48) 광시성 呂煥炎 독판이 주룽저우프랑스영사에 보낸 공문. 1927.8.24.(黎熯生 編. 1928, 31-32).

49) 광시성정부위원회 黃紹雄 주석이 伍朝樞외교부장에 보낸 공문. 1927.8.24.(黎熯生 編. 1928, 48-49).

50) 주룽저우프랑스영사가 광시성 呂煥炎 독판에 보낸 공문. 1927.8.26.(黎熯生 編. 1928, 32).

51) 광시성정부위원회 黃紹雄 주석이 伍朝樞외교부장에 보낸 공문. 1927.8.24.(黎熯生 編. 1928, 47-48).

52) 주룽저우협정지부·량선분부가 국부비서처에 보낸 공문. 1927.9.5.(黎熯生 編. 1928, 46).

고 등을 근거로 주충저우프랑스영사관과 교섭하여 베트남 각지 화교의 생명을 보호하고 안전을 도모할 것, 화교를 적대시하여 살해하지 못하도록 할 것, 향후 사건 재발 방지의 보증을 할 것을 요구했다.[53] 國民黨海口市黨部改選委員會는 하이퐁에서 기선 大華丸을 타고 하이커우에 도착한 화교의 보고를 근거로 화교 보호를 중국국민당중앙에 요구했다.[54] 한편, 룽저우총상회龍州總商會도 8월 25일 주룽저우프랑스영사관을 방문하여 하이퐁 화교 보호를 요청했다.[55]

이처럼 광둥성과 광시성의 지방정부, 중국국민당지부, 각종 사회단체가 하이퐁 사건의 당지 출신 화교 보호를 위해 다양한 활동을 펼친 것을 볼 수 있다. 화교는 보통 이주지에서도 자신의 출신지인 교향僑鄉과 다양한 네트워크를 형성하면서 활동하는 것이 일반적인데, 이번 하이퐁 사건에서도 그러한 연계가 작동하고 있었다는 것을 확인할 수 있다.

Ⅳ. 베트남인 정치단체의 사건 인식과 대응

지금까지는 주로 하이퐁 사건에 대한 하이퐁 화교사회와 중국 측의 인식과 대응을 중심으로 살펴봤다. 여기서는 베트남인 사회, 특히 베트남인 정치단체의 이 사건 관련 인식과 대응 방식을 검토하고자

53) 陳長樂칭저우교섭원이 伍朝樞외교부장에 보낸 공문. 1927.9.24.(黎熯生 編. 1928, 50).

54) 중국국민당하이커우시黨部改選委員會가 중국국민당중앙에 보낸 공문. 1927.10.28.(黎熯生 編. 1928. 56-57).

55) 주룽저우프랑스영사가 광시성 呂煥炎 독판에 보낸 공문. 1927.8.26.(黎熯生 編. 1928, 32).

한다.

《참살안기》의 자료에는 '피압박민족연합회베트남지부'와 '베트남혁명청년회' 공동명의로 이 사건에 대한 성명서가 두 건 게재되어 있다. 두 단체가 중국국민당중앙으로 보낸 성명서로 보이는데 하나는 '화교동지'에 보내는 성명서이며 다른 하나는 '베트남인 동포'에 보내는 성명서이다. 또 다른 하나는 정치단체인 '베트남혁명당중앙집행위원회'가 중국국민당중앙에 보낸 성명서이다.

'피압박민족연합회베트남지부'는 1925년 7월 9일 광저우에서 성립된 '피압박민족연합회'의 베트남지부를 말한다. 이 연합회는 1924년 제1차 국공합작과 1925년 5월 30일 상하이에서 일어난 반제국주의 민중운동의 영향을 받아, 광저우에서 중국국민당의 인사와 조선인, 베트남인, 인도인 등의 혁명가가 참가하여 조직된 단체이다. 이 단체의 설립 취지는 중국 거주 아시아인에 대한 제국주의 국가의 압박을 항의하는 활동, 중국 국민혁명 지원과 참가, 식민지 혁명운동에 대한 지원 및 연대 등이다. 연합회의 회칙에 각 식민지에는 지부를 개설한다는 규정이 있어 베트남지부가 설립되었다(水野直樹. 1992, 309-350).

'베트남혁명청년회'('베트남청년혁명동지회'라고도 함)는 1925년 6월 광저우에서 결성된 베트남인의 청년혁명단체이다. 호찌민이 같은 해 2월 베트남인의 청년 혁명가와 함께 조직한 공산단共産團을 토대로 만든 단체로 설립 목적은 "생명, 권리, 사상을 바쳐 민족혁명(프랑스를 쳐부수어 고향을 독립시킨다)을 도모하고, 그런 연후에 세계혁명(제국주의를 타도하여 공산주의를 실현한다)을 도모한다."라는 것이었다. 이 단체는 1930년 베트남공산당이 창당되기 이전에 베트남인 급진적 공산주의자 청년을 양성하는 역할을 담당했다.[56]

그런데 두 정치단체는 장제스가 1927년 4월 12일 일으킨 반공 쿠데타로 인해 광저우에서의 활동을 중단했다. 두 정치단체의 지도자였던 호찌민은 체포를 피해 광저우를 떠나 모스크바로 돌아갔다. 두 혁명단체의 공동 성명서는 하이퐁 사건이 발발 한 8월 17일 이후가 되므로 성명서 작성에 호찌민이 직접 관여했을 가능성은 작아 보인다. 하지만 두 정치단체가 호찌민이 주도하여 설립하고 지도했기 때문에 그가 가르친 '제자'가 관여했을 수는 있다.

그리고 '베트남혁명당'은 1920년대 중반 안남에 설립된 정치단체의 하나로 하노이의 고등사범학교 학생 및 석방된 정치범 등이 조직한 정치단체였다. 단체의 구호는 반프랑스를 기본으로 한 개량주의적 성향의 단체였다(陳鴻瑜. 2018, 391).

그러면 위의 세 정치단체의 성명서 내용을 보도록 하자. '피압박민족연합회베트남지부'와 '베트남혁명청년회' 공동명의의 '화교 동지'에 대한 성명은 먼저 이번 사건에 대해 다음과 같은 내용으로 기술되어 있다. "본년 8월 17일부터 20일까지 하이퐁의 원주민과 화인 사이에 살해하는 일이 발생했다. 이것은 매우 통탄할 일이다."(黎熯生 編. 1928, 76) 중국 측은 앞에서 살펴본 대로 이 사건을 프랑스 식민당국의 방임·방조로 베트남인에 의한 일방적 화교 습격 및 학살이 자행되었다고 보았지만, 양 베트남인 정치단체는 일방적이 아니라 상호 간에 살해가 이뤄졌다는 식으로 기술한 것을 보면 중국 측과는 다른 사건 인식을 하고 있었다는 것이 확인된다.

베트남혁명당중앙집행위원회의 성명서에는 베트남인의 화교배척

56) 후루타 모토오 저·이정희 역. 2021, 82-83.; 윌리엄 J. 듀이커 저·정영목 역. 2001, 200-207. 이 단체의 코친차이나지부의 활동과 관련한 연구성과로는 Engelbert. 2010. 와 노영순. 2001.의 연구를 참조.

사건의 원인과 관련하여 중요한 기술이 등장한다. "이 사건이 발생하기 전, 프랑스인이 금전으로 일반인을 첩자와 깡패로 꾀어 다음과 같은 유언비어를 퍼뜨렸다. 화교가 베트남에 와서 장사를 독차지하고, 베트남인의 금전을 탈취한다. 화교가 베트남에 하루 체류하면 베트남인이 하루 고통을 당하게 된다. 또한 화교는 공갈 수단에 익숙하여 베트남인을 기만한다. 만약 프랑스가 베트남을 대우하여 성심으로 보호하지 않는다면 이런 폐해는 사라지지 않을 것이다. 무식한 평민은 이런 터무니없는 유언비어를 듣고 사리 분별하지 못해 진실로 믿었다."(黎熯生 編. 1928, 80)

위의 성명서에 기재된 '유언비어'의 내용은 터무니없는 거짓이라고 기술되어 있지만, 꼭 그렇지는 않았다. 베트남인의 화교에 대한 감정은 복잡했다. 베트남인 상인은 화교 상인을 자신들보다 경제적으로 부유하고 현명한 경쟁자로 시기하고, 베트남인 농민은 그들을 탐욕스럽고 난폭한 채권자로 인식하는 경향이 강했다.[57] 또한 베트남에서 번 돈을 현지에서 소비하지 않고 교향僑鄕의 가족에게 송금하는 것에 대해 못마땅하게 여겼다. 베트남인과 프랑스 식민당국은 화교의 사회경제 활동에 대해 법망을 약삭빠르게 빠져나가는 무책임한 자, 프랑스인이 닦아놓은 사회간접자본과 안전보장에 편승하여 자신들의 이익만 채우고 사회적 부를 창출하지 않는 기생충, 금융 시장이 불안한

57) Robequain. 1974, 39-40. 화교 나락 매입 상인은 베트남인 소작농과 자작농을 상대로 미래의 수확물을 담보로 자금과 상품을 고리대로 빌려주고 추수 때 나락을 인도받았다. 화교 상인은 대출금을 늘려 막대한 수입을 올렸다. 그래서 베트남인 농민은 그들에 대해 대체로 좋은 감정을 가지고 있지 않았다. 통킹에서는 이러한 화교 나락 매입 상인을 항사오(Hang Sao)라 불렀다(太平洋協會 編. 1940, 433-437).

때 교묘하게 수익을 올리는 투기꾼으로 여기기까지 했다(Robequain. 1974, 39-40). 물론 이러한 인식은 베트남인과 프랑스 식민당국이 화교의 왕성한 사회경제 활동을 시기하고 경계하는 마음에서 생성된 다소 편향된 것이기는 하지만, 당시 베트남인 사회에 널리 공유되고 있었던 것은 분명하다.

하이퐁 사건 발발 이전 이미 베트남인의 화교에 대한 불만은 행동으로 표출되고 있었다. 1919년 8월 코친차이나의 사이곤에서는 베트남인이 상업 부문을 장악하고 있던 화상을 대상으로 '북화배척운동北貨排斥運動'('북화'는 중국 제품을 의미한다. 베트남인은 중국을 북국, 중국인을 북인이라 불렀다)을 전개했다. 베트남인 상인은 화교 경영 상점과 커피숍을 이용하지 않거나 베트남인 상인이 화상에 대항해 연합하여 상점을 개설하는 등의 활동을 펼쳤다(徐善福 · 林明華. 2016, 216). 이러한 운동은 1926년에도 발생했다(Ungar. 1989, 99). 프랑스령 인도차이나 최초의 공식 정당인 입헌당은 코친차이나에서 1920년대 초반 설립됐는데, 당시 지역의 상업경제에서 큰 영향력을 행사하고 있던 화상의 경제적 세력을 억제하는 것을 목표로 삼기조차 했다(윌리엄 J. 듀이커 저 · 정영목 역. 2001, 192-193).

그런데도 베트남혁명당 중앙집행위원회가 굳이 이와 같은 '사실'을 유언비어로 간주해 버린 것에는 정치적인 의도가 깔려 있었다. 베트남혁명당, '피압박민족연합회베트남지부', '베트남혁명청년회'는 하이퐁 사건 발생 시점에서 베트남의 독립을 위해 당시 중국 및 중국국민당의 협력이 필요했다. 이런 상황에서 발생한 하이퐁 사건은 이들 단체를 굉장히 당혹스럽게 했다. 베트남혁명당 중앙집행위원회의 성명서와 '피압박민족연합회베트남지부'와 '베트남혁명청년회'가 보낸 '베트남 동포에게 고하는 글'에서 중월 인민 연대, 화교와 연대를 강조한

것은 이 사건이 자신들의 혁명 활동에 지장을 초래해서는 안 된다고 판단했기 때문이다.[58)]

V. 결론

우리는 위에서 중국국민당중앙해외부주월판사처가 간행한 자료 《民國十六年 八一七越南海防慘殺華僑案紀》에 근거하여 하이퐁 화교배척사건의 발단, 전개, 대응의 제 양상을 검토했다. 분석 결과를 정리하면 아래와 같다.

첫째, 하이퐁 사건의 발단은 1927년 8월 17일 저녁 화인가의 공중취수장에서 베트남인 부녀자와 화교 부여자 간에 물 뜨는 과정에서 말싸움으로 시작되어 하이퐁 거주 양 민족 간의 충돌로 확대되었다는 점이다. 하이퐁 화교사회와 중국 측은 프랑스 식민당국이 조기 진압을 철저히 하지 않고 방관 및 방조하는 자세를 취해 사태를 악화시켰다고 보았지만, 프랑스 측은 적절한 조치를 했다는 태도를 보였다. 또한 하이퐁 화교사회는 하이퐁 사건을 베트남인에 의한 일방적인 화교 폭력 사태로 보았지만, 프랑스 식민당국과 베트남인 사회는 양자의 충돌에 의한 피해 발생으로 보았다. 중국 측은 화교 사망자는 12명, 부상자는 88명, 프랑스 식민당국은 사망자 15명, 부상자 60명으로 각각 파악했다. 사망자 15명 가운데 1명은 베트남인이었다. 피해의 정도로 볼

58) '베트남혁명청년회'를 이끌고 있던 호찌민은 1926년 집필한 《혁명의 길》에서 베트남인 노동자와 화교 노동자가 같은 노동조합에 가입되어 있다면 모두 형제라고 기술했다. 또한, '베트남혁명청년회'는 장제스의 4.12 군사쿠데타 발생 이후 체포된 베트남 혁명가 39명의 석방을 위해 베트남화교에게 난징국민정부에 전보를 치도록 요청했다. '베트남혁명청년회'는 당시 베트남화교를 혁명에 활용하는 전략을 폈다(古田元夫. 1985, 64).

때 화교의 피해가 훨씬 컸던 만큼 이 사건은 베트남인에 의한 일방적 폭력으로 전개되었을 가능성이 높다. 특히, 8월 20일 화인가의 상점과 주택을 소유한 화교 100명이 약탈을 당하고 막대한 재산손실을 입었다는 사실은 이를 뒷받침 한다.

둘째, 하이퐁 사건의 원인遠因은 베트남인은 화교가 자신들의 통치자는 아니지만 경제적으로 자신들의 상위에 자리하고 있고, 자신들의 이익만 챙기고 교향僑鄕에 송금하는 화교를 달갑지 않게 여기고 있었다는 점이다. 그리고 프랑스 식민당국은 화교의 경제력이 프랑스인 자본을 위협하는 것과 중국 및 화교가 베트남인의 독립활동에 영향을 주는 것을 경계하고 있었다. 베트남인 정치단체와 경제계는 하이퐁 사건 발발 이전 화교의 경제활동에 대항해 '북화배척운동'을 전개하고 있었다.

셋째, 난징국민정부는 주광저우프랑스영사관을 통해 이 사건의 외교적 해결을 시도했으며, 하이퐁 화교의 교향인 광둥성과 광시성의 지방정부, 중국국민당지부, 각종 사회단체도 화교 보호를 중앙정부와 프랑스영사관에 요청했다. 하지만 이러한 외교적 시도는 프랑스 식민당국이 이 사건을 적절히 처리하여 진압했고, 쌍방이 충돌했다는 관점으로 일관, 모두 실패로 끝났다.

넷째, 하이퐁 화교사회는 중국국민당하이퐁지부와 화상회관 주도로 피해 화교 보호와 피해 조사, 구금 화교 석방 운동을 전개했다. 광둥방과 푸젠방의 동향단체는 식민당국과 상하 종속관계에 있었기 때문에 이 사건 해결에 적극적으로 나서지 못하는 한계를 드러냈다. 한편, 베트남인 정치단체는 하이퐁 사건으로 독립운동을 위해 필요한 중국 및 중국국민당의 협력을 받지 못할 것을 우려해 중국국민당중앙으로 성명서를 보내 베트남인과 화교의 연대를 강조했다.

참고문헌

1. 사료

黎㵾生 編. 1928, *民國十六年 八一七越南海防慘殺華僑案紀*, 中央海外部駐粵辦事處.

2. 논저

〈한국어〉

노영순. 2001, "1928년 사이 공 바르비에 거리 5번지 살인사건과 베트남청년혁명동지회 남부지부", *동남아시아연구 11권*, 한국동남아학회, pp.241-268.

보민부. 2022, "제2차 세계대전기 일본의 베트남 화교정책 – 현지 정권을 통한 통제와 협력의 확보 시도 – ", *비교중국연구 3-1*, 인천대학교 중국학술원, pp.3-38.

윌리엄 J. 듀이커 저 · 정영목 역. 2001, *호찌민평전*, 서울: 푸른숲.

유인선. 2012, *베트남과 그 이웃 중국 – 양국관계의 어제와 오늘*, 서울: 창비.

윤대영. 2009, "1874~1945년, 하이퐁(Hải Phòng, 海防)의 '開港'과 한국사회", *인천학연구 10*, 인천대학교 인천학연구원, pp.43-75.

윤대영. 2010, *마주보는 두 역사, 인천과 하이퐁*, 인천: 인천문화재단.

윤대영. 2014, "식민지 베트남의 열린 바다 – 근대 하이퐁의 형성과 굴절", *동양사학연구 127*, 동양사학회, pp.137-180.

이정희. 2020.12, "제1차 인도차이나전쟁 시기 베트남 난교(難僑) 문제 – 중월 국경지역을 중심으로", *중앙사론 52집*, 서울: 중앙대학교 중앙사학회, pp.361-405.

이정희 · 송승석. 2015, *근대 인천화교의 사회와 경제*, 서울: 학고방.

전경수. 1998, "베트남 화인사회의 종족성과 신 소수민족론", *비교문화연구 4*, 서울대학교비교문화연구소, pp.217-294.

최병욱. 2020, *베트남 근대사의 전개와 메콩 델타*, 서울: 도서출판 산인.

후루타 모토오 지음 · 이정희 옮김. 2021, *베트남, 왜 지금도 호찌민인가*, 서울: 학고방.

〈중국어〉
陳鴻瑜. 2018, *越南史 史記概要*, 臺北: 臺灣商務.
華僑志編纂委員會 編. 1958. *華僑志: 越南*, 臺北: 華僑志編纂委員會.
徐善福·林明華. 2016, *越南華僑史*, 廣州: 廣東高等教育出版社.
張金超. 2011, "海防慘案與南京國民政府的交涉", *廣東社會科學 2011年第5期*, 廣州: 廣東省社會科學院歷史研究所, pp.147-153.
張文光. 1947, "郵人紹介(續)二 黎熯生", *廣州郵刊 第四期*, 廣州: 廣州郵票研究會.

〈일본어〉
青山治世. 2014, "中國在ベトナム領事の設置をめぐる對佛交涉－清朝による領事裁判權要求と'屬邦'論", *亞細亞大學國際關係紀要, 23卷1號*, 東京: 亞細亞大學國際關係學會, pp.77-120.
權上康男. 1985, *フランス帝國主義とアジア－インドシナ銀行史研究－*, 東京: 東京大學出版會.
太平洋協會 編. 1940, 佛領印度支那: 政治·經濟, 東京: 河出書房.
高田洋子. 1993, "ベトナムにおけるフランス植民地支配衰退期の華僑統治と中國", *東南アジア華僑と中國: 中國歸屬意識から華人意識へ* 東京: 日本貿易振興機構(ジェトロ)アジア經濟研究所, pp.105-131.
臺灣拓殖株式會社 編. 1939, *支那事變と華僑*, 臺北: 臺灣拓殖株式會社.
高田洋子. 2001, "インドシナ", *東南アジア史6: 植民地經濟の繁榮と凋落*, 東京: 岩波書店, pp.105-131.
福田省三. 1940, *華僑經濟論*, 東京: 巖松堂書店.
逸見重雄. 1941, *佛領印度支那研究*, 東京: 日本評論社.
水野直樹. 1992, "東方被抑壓民族聯合會(1925~1927)について", 狹間直樹 編, *中國國民革命の研究*, 京都: 京都大學人文科學研究所, pp.309-350.
古田元夫. 1985, "ベトナム共産主義者の対華僑政策－1920年代~1955年を中心に－", *教養學科紀要, 第17號*, 東京: 東京大學教養學部教養學科, pp.61-83.

〈영어〉

Becker, Bert. May 2020, "The Haiphong Shipping Boycotts of 1907 and 1909-1910: Business interactions in the Haiphong-Hong Kong rice shipping trade", *Modern Asian Studies, Vol. 54(3)*, London: Cambridge University Press, pp.930-969.

Engelbert, Thomas. 2010, "Chinese Politics in Colonial Saigon (1919–1936): The Case of the Guomindang", *Chinese Southern Diaspora Studies, Volume 4*, Melbourne: Australian National University, pp.93-117.

Ky Luong Nhi. 1963, "The Chinese in Vietnam: A Study of Vietnamese-Chinese Relations with Special Attention to the Period 1862-1963", the Degree of Doctor Dissertation, University of Michigan.

Lynn Pan(general editor). 1999, *The Encyclopedia of the Chinese Overseas*, Cambridge: Harvard University Press.

Marsot, Alain G. 1993, T*he Chinese Community in Vietnam Under the French*, New York: The Edwin Mellen Press.

Martinez, Julia T. 2007, "Chinese rice trade and shipping from the North Vietnamese Port of Hai Phong", *Chinese Southern Diaspora Studies, Volume 1*, Melbourne: Australian National University, pp.82-96.

Purcell, Victor. 1965, *The Chinese in Southeast Asia*, London: Oxford University Press.

Robequain. Charles. 1974, *The Economic Development of French Indochina*, New York: A.M.S Press.

Tran Khanh. 1993, "The Ethnic Chinese and Economic Development in Vietnam," *Journal of Southeast Asian Studies*, Singapore: Indochina Unit, Institute of South East Asian Studies.

Ungar, Esta S. 1989, "The Nationalists and an Overseas Chinese Community: Vietnam, 1927", in John Fitzgerald(ed.), *The Nationalists and Chinese Society 1923-1937: A Symposium, History Department, University of Melbourne*, pp.94-106.

Woodside, Alexander B. 1976, *Community and Revolution in Modern Vietnam*, Boston: Houghton Mifflin Company.

3. 신문 및 잡지

本刊資料室. 1947, “越南華僑簡況”, *上海共報*, 1947年(第1卷第2/3期), pp.14-15.

“越南土人慘殺華僑 粤交涉員向法領抗議”, *申報* 4면, 1927.8.24(수요일).

“海防排華風潮和解中”, *申報* 6면, 1927.8.26(금요일).

“海防土人殺戮華僑之交涉”, *申報* 7면 · 8면, 1927.9.2(금요일).

“海防土人排華之經過”, *申報* 9면, 1927.9.3(토요일).

“富滇銀行(中華民國)”, *維基百科*(https://zh.wikipedia.org/wiki/富滇銀行(中華民國), 2022.1.28.열람).

부표

〈부표 1〉 체포 투옥된 화교 17명의 목록

성 명	연 령	출신 지역	직 업	체포된 일시	부상 정도
陳貴友	18	廣西	공업	8.19	왼손 부상
曾 開	34	番禺	점원	8.19	-
杜守春	28	南海	기계공	8.19	-
劉貴心	16	南海	점원	8.19	-
張福成	31	北海	선원	8.19	-
何其元	19	番禺	기계공	8.21	-
簡 祿	23	番禺	소상인	8.21	-
李壽民	17	東莞	기계공	8.19	-
羅勝全	-	-	점원	8.19	-
何 鏡	-	-	점원	8.19	-
盧婆帶	22	合浦	소형선노동자	8.19	-
陳壽忠	41	廣海	소형선소유주	8.21	-
趙你典	16	東興	기계공	8.21	-
香 生	26	合浦	보트집	8.21	-
林 保	-	-	선원	8.18	-
盧 喜	18	北海	선원	8.21	-
郭 榮	-	-	-	8.21	-

출처: 黎熯生 編. 1928, 4-5.

〈부표 2〉 하이퐁 화교배척사건으로 인한 화교 사망자 및 재산 손실액 목록

발생월일	보고인 성명	사망자성명	연령	직업	출신지	재산손실액
8.19	黃 氏	陳烈堂	54	상인	潮州	4,000.00
8.20	蘇亞湖	蘇永芹	-	상인	北海	1,250.00
	林英甫	廖瑞球	42	노동자	南康	350.00
	李 特	林 氏	65	상인	廣東	67.00
	蘇 關	蘇 樂	-	노동자	-	150.00
8.21	黎會榴	錢 榴	32	-	三水	651.03
	李子石	李六妹	-	임신부	-	300.50
	李殿動	李翠蘭	16	학생	-	828.60
	亞 嬌	羅瑞記	-	-	-	564.00

발생월일	보고인 성명	사망자성명	연령	직업	출신지	재산손실액
8.21	嚴鄭氏	嚴日生	-	-	-	948.00
	-	嚴玉生	-	-	-	-
	廣發祥	梁　根	-	-	-	-
재산 손실액 합계						9,109.13

출처: 黎熯生 編. 1928, 6-7.

〈**부표 3**〉 하이퐁 화교배척사건 부상 겸 재산 손실 화교 목록

발생월일	보고자성명	부상자성명	연령	직업	출신지	부상부위	재산손실액
8.17	黃　全	黃　全	16	노동자	順德	왼손	18.80
	-	徐康明	-	상인	-	신체	30.00
	-	徐國章	-	학생	-	타박상	55.00
	-	鄧　桂	-	선원	-	중상	5.00
8.18	-	耀　光	25	점원	-	타박상	73.00
	-	莊寶川	-	-	-	부상	13.00
	-	黃　氏	30	상인	-	左脅·심장	15.00
8.19	-	關榮記	-	상인	-	왼쪽다리	720.00
	-	陸　滔	41	상인	欽縣	머리	8,340.00
	-	楊秀綸	40	상인	潮州	칼·망치 수족부상	3,380.00
	義和館	裴亞右	-	노동자	-	부상	254.33
	-	鄭北常	42	선원	合浦	머리·수족	2.00
8.20	林英甫	陳　晚	46	상인	-	타박상	220.00
	-	梁少田	48	상인	新會	머리·등	50.40
	農文田	農汝霖	66	상인	廣西	머리·어깨· 다리·팔뚝	6,602.00
	張　保	陳　貴	-	노동자	-	신체	35.00
	-	張承孔	65	노동자	台山	중상	27.00
	-	關華枝	-	-	-	손	17.00
	-	曾　有	-	상인	-	칼상처	10,310.00
	-	黃　汝	-	노동자	-	신체부상	232.20
	-	張　才	-	선원	-	머리신체	5.00

발생월일	보고자성명	부상자성명	연령	직업	출신지	부상부위	재산손실액
8.21	廣發祥	楊　彬	62	상인	-	머리·허리·발	300.00
	-	吳達彬	24	상인	-	눈·손	35.00
	-	馮才東	22	상인	高州	머리·사지	918.00
	太和堂	姜　文	63	상인	新會	머리·손·발	466.18
합 계							32,124.11

출처: 黎墣生 編. 1928, 7-9.

〈**부표 4**〉 하이퐁 화교배척사건의 화교 부상자 목록

발생월일	보고자성명	부상자성명	연령	직업	출신지	부상부위
8.17	王　耀	陳金釵	-	-	-	타박상
	-	邱　雲	-	선원	-	중상
	張明山	鍾　氏	63	-	-	상처
	-	黎聯根	-	미곡상	-	중상졸도
	-	陳亞成	8	학생	-	머리
	-	楊亞九	19	-	-	머리
	-	黃　三	-	-	-	양손
	陳榮典	馮士元	-	점원	-	중상졸도
8.19	西與和	店　伴	-	-	-	머리
	-	亞　金	-	-	-	얼굴
	陸　滔	陸黃氏	-	-	-	머리·다리
	-	陸美華	-	-	-	중상·머리
	炳記公司	謝新安	-	노동자	-	얼굴
	-	張亞水	-	노동자	-	몽둥이상처
	-	楊士隆	-	노동자	-	돌타격상처
	-	劉恩記	-	점원	-	머리·옆구리칼상처
	-	梁　源	-	점원	-	중상
	-	張義順		점원	-	중상
	-	梁　亭	27	노동자	三水	중상
	黃　三	黃乃就	-	선원	-	허리상처
	-	楊　珍	-	선원	-	손
	源泰淋	洪財康	-	노동자	-	머리

발생월일	보고자성명	부상자성명	연령	직업	출신지	부상부위
8.20	林英甫	潘肇錦	-	-	南康	타박상
	怡 安	吳 始	61	노동자	南海	부상
	-	吳 松	56	노동자	南海	부상
	怡 茂	吳 勝	59	노동자	南海	부상
	錦泰	黎 氏	28	-	中山	다리
	平安棧	李舫蓀	-	-	-	타박상
	吳泰	鄧 氏	-	-	-	부상
	-	黃 氏	-	-	-	부상
	陳發霖	林 氏	40	상인	-	타박상
	曾有	鄭蘭芳	-	-	-	칼·돌상처
	-	春 梅	-	-	-	칼·돌상처
	-	馮 氏	-	-	-	유리상처
	梁均	梁和生	-	-	-	머리눈다리
	-	梁和春	-	-	-	머리눈전신
	雷如柏	鄧用適	18	상인	順德	다리
	-	雷李氏	-	-	-	중상
	-	雷彩盛	-	-	-	머리다리
	全安堂	鄧立初	-	-	-	머리
	-	伍文容	43	-	新會	얼굴칼상처
	-	蘇偉東	62	노동자	-	右足중상
	陳生	陳 南	8	학생	-	오른팔
	-	吳 達	-	-	-	머리
	鄒賀	林 均	-	상인	-	부상
	-	陳 有	17	노동자	合浦	몸·머리
	福榮興	楊金秋	14	학생	福建	머리
	-	葉 氏	50	-	-	허리·눈
	-	凌亞福	-	-	竹山	머리·다리
8.21	-	林澤南	-	학생	-	머리몸손
	-	李十六	-	-	-	등

출처: 黎熯生 編. 1928. 9-12.

〈부표 5〉 하이퐁 화교배척사건 피약탈 및 방화 피해 화교 및 피해액 목록

발생월일	보고자	피약탈자 성명	연령	직업	출신지	재산손실액
8.17	王　權	王　耀	-	상인	-	2,222.90
	順興隆	蘇鑑池	27	상인	東莞	3,595.00
	林　記	朱林記	-	상인	-	85.10
	-	梁秀衡	-	노동자	-	80.00
	-	張明山	37	-	-	30.00
8.18	-	陳子浩	30	점원	潮陽	105.00
	-	江煥芳	41	상인	化縣	65.00
	東發號	嚴　基	-	상인	-	1,200.00
	鍾興利	謬亞長船	-	보트집	-	248.00
	梁　氏	均　記	43	상인	南海	120.00
	何文英	何文英船	44	보트집	-	505.00
	-	禮　昌	-	-	-	52.00
	李康來	李　五	74	상인	高州	292.50
	-	麥　棟	28	노동자	-	24.30
8.19	炳記公司	楊　四	-	상인	-	151.00
	-	順興祥	-	상인	-	16,000.00
	-	詹福安	30	노동자	高州	200.00
	陳　氏	林　敎	36	상인	-	86.85
	-	廣　隆	-	상인	-	726.00
	-	列　明	-	-	-	280.00
	-	祿祿公司	-	상인	-	140.00
	-	陳　寬	28	-	番禺	400.00
	-	萬興居	-	상인	-	1,400.00
	-	福　記	-	상인	-	966.25
	-	黃　氏	-	-	-	50.00
	-	陳　氏	52	-	-	20.00
	-	興德泰	-	상인	-	4,536.60
	鄭其彭	萬　興	-	상인	-	2,030.00
	蕭謝森	榮興公司	-	상인	高州	1,094.00
	-	趙弼卿	-	상인	新會	136.50

발생월일	보고자	피약탈자 성명	연령	직업	출신지	재산손실액
8.19	-	鄧瑞生	-	상인	-	201.64
	何氏以	寶來號	41	상인	東莞	2,230.20
	馮　江	裕　豐	22	미곡상	茂名	2,500.00
	-	陳唐階	41	상인	南海	56.00
	-	黃生福	19	학생	東莞	96.00
	-	榮　利	-	상인	-	60.00
	-	鍾榮耀	-	-	-	651.80
	鄭　氏	洪興公司	44	상인	雷州	1,006.40
	張冠廷	周　氏	-	-	-	10.50
	-	石　養	40	노동자	-	32.50
8.20	-	李　時	45	상인	廣東	750.00
	-	梁　臣	-	-	-	188.00
	-	周　氏	-	-	-	175.00
	-	西興和	-	상인	-	284.00
	怡　安	吳　源	55	상인	南海	1,500.00
	怡　茂	怡　茂	55	상인	南海	10,000.00
	錦　泰	劉少寶	28	상인	中山	2,094.00
	-	平安旅店	-	상인	-	415.00
	-	吳　泰	-	-	-	328.40
	-	陳發霖	64	상인	東莞	956.00
	-	梁長海	-	상인	-	1,427.07
	-	雷如柏	20	상인	新寧	900.00
	-	梁　均	-	상인	-	6,710.00
	全安堂	徐錦之	28	상인	合浦	3,500.00
	太和堂	姜　文	-	상인	-	2,000.00
	-	義和館	-	십장	-	270.00
	-	陳文吾	51	노동자	北海	92.50
	-	鄧　理	54	상인	新會	1,685.00
	-	江禮基	-	辦房	-	8,048.00
	-	南　華	-	상인	-	1,500.00
	-	程　才	-	辦房	-	160.00

발생월일	보고자	피약탈자 성명	연령	직업	출신지	재산손실액
	-	梁任臣	-	辦房	-	2,600.00
	-	富滇銀行숙소	-	-	-	80.00
	-	李應琛	-	직원	-	172.00
	-	郭潤甫	-	직원	-	1,123.00
	-	咸逸輿	-	직원	-	985.00
	-	張華甫	-	직원	-	440.00
	-	吳　熾	-	직원	-	600.00
	-	陳建章	-	직원	-	450.00
	-	黃嘉祥	28	상인	雲南	1,100.00
	-	甘潤之	45	석탄상	新會	9,278.00
	-	豐利成	-	정미공장	-	1,400.00
	張藝記	匯源祥	50	상인	高州	4,097.00
	福輿昌棧	梁保安	30	상인	開平	744.20
	梁萬全	陳利木廠	45	목재창고	雷州	20,500.00
	-	廖芳德船	-	선박	-	120.00
8.20	-	廣和輿	-	화물창고	-	1,254.00
	-	梁樓初	77	-	廣州	1,500.00
	-	吳甫東	37	선원	北海	28.00
	壽來磚窯	黃金榮	74	벽돌공장	台山	1,093.00
	-	潘容記	61	상인	南海	1,048.10
	-	黃福成	-	-	-	291.00
	吳乾牲	吳乾銃	-	-	-	250.00
	-	錢少剛	44	상인	三水	185.00
	-	張玉堂	-	-	-	15.00
	-	崔　維	-	상인	-	857.00
	-	聯　昌	-	상인	-	1,812.00
	-	邱榮記	-	상인	-	1,800.00
	-	陳江氏	-	-	-	536.00
	-	公安榮棧	-	상인	-	40.00
	陳華保	祥利祥發	-	상인	-	3,790.50
	-	朱銀田	-	-	-	85.00

발생월일	보고자	피약탈자 성명	연령	직업	출신지	재산손실액
8.20	-	梁秀容	-	-	-	964.00
	-	李廣貞船	-	-	-	24.90
	江門船	振興公司	-	선박운수업	-	828.00
	-	吳　坤	50	상인	南海	300.00
	-	李　石	71	-	新會	1,500.00
	-	潘　煜	35	-	南海	1,400.00
	-	周瑞祺	-	상인	-	800.00
	-	昌　榮	-	화물창고	-	1,260.00
	-	陳　捷	33	노동자	-	293.00
	-	鄭林基	-	상인	-	1,000.00
	-	尹達福	27	상인	-	193.00
	-	梁　昌	48	상인	開平	800.00
	-	蒙　氏	51	-	南海	520.00
	-	鍾　能	-	-	-	40.00
	-	廣豊欄	-	목재창고	-	1,900.00
	-	祥泰號	-	상인	-	250.00
	-	蘇成芬	-	-	-	644.00
	-	鄭必交	-	상인	-	1,500.00
	陳喜桂	長安堂	36	상인	新會	1,200.00
	陳沛時	黃月英	-	-	-	242.50
	-	余家保	42	선원	新寧	100.00
	-	簡　松	38	-	中山	200.00
	合成	譚若雄	-	상인	-	300.00
	順興	源　氏	28	상인	-	1,918.00
	黃子雲	生成發	-	상인	-	1,475.32
	-	張　文	38	-	-	194.80
	-	梁　氏	-	-	-	182.60
	-	朱　銳	-	노동자	-	390.00
	寶榮	均安船	-	-	-	135.30
	-	陳　氏	-	상인	-	30.00
	-	羅　超	-	-	-	250.00

발생월일	보고자	피약탈자 성명	연령	직업	출신지	재산손실액
8.20	-	黃靜晃	53	-	新會	152.50
	-	呂　氏	-	-	-	304.00
	-	陳左昆	-	-	-	650.00
	-	陳　彬	-	-	-	120.00
	-	茂德豐	-	상인	-	1,524.30
	-	合　隆	-	정미공장	-	100.00
	-	順　泰	-	정미공장	-	384.00
	-	陳　東	-	업주	-	33,624.10
	-	關笑廷	36	상인	南海	450.00
	-	生　記	-	벽돌공장	-	1,940.50
	-	廣安隆	-	상인	-	600.00
	-	蘇家珍	36	-	瓊州	200.00
	-	鄧少恒	41	노동자	三水	90.00
	-	陳　氏	-	-	-	600.00
	-	黃德發	-	-	-	200.00
	-	陳柱坤	35	-	海口	150.00
8.21	黃奠鼎	郭　氏	-	-	-	211.00
	-	林　石	49	工商	合浦	80.00
	-	梁榮威	-	-	-	1,446.00
	-	陳　氏	49	-	-	150.00
	-	義　姊	-	-	-	255.00
	-	順興祥	-	상인	-	1,521.00
8.18	陳氏	桂花樓	-	상인	-	295.00
8.20	-	喜　大	40	노동자	合浦	100.00
8.21	保平安	終兆欽	-	상인	-	252.00
	-	陳東棧	-	-	-	322.00
	-	阮美光	-	-	-	300.00
	-	曾亞銀	-	-	-	30.00
	李傑	趙　氏	-	-	-	80.00
	-	廣隆昌	-	-	-	500.00

발생월일	보고자	피약탈자 성명	연령	직업	출신지	재산손실액
8.22	蕭兆容	同昌號	-	상인	-	7,855.28
	吳壽堯	吳　氏	43	-	-	50.00
	-	明　亮	-	-	-	1,016.00
	-	羅　安	70	-	北海	250.00
	-	黎　氏	37	-	三水	100.00
	-	胡蓮記	-	상인	-	263.00
8.23	-	廖世瑞	53	상인	化縣	143.00
	林子蔡	陳　氏	25	-	-	428.00
	-	陳乾星	35	행상	-	26.80
	-	阮氏田	-	-	-	15.00
8.24	濟生堂	譚銳輝	50	상인	合浦	1,000.00
합계		164명				247,697.56

출처: 黎熯生 編. 1928, 13-24.

제2장

1931년 조선화교 배척사건의 근인近因과 원인遠因

이정희

Ⅰ. 머리말

1931년 조선화교 배척사건(이하 1931년 화교배척사건)은 1930년대 초 중일관계를 조감해 볼 때, 만보산사건萬寶山事件 → 1931년 화교배척사건 → 일본상품 불매운동 → 나카무라中村대위사건 및 그로 인한 일본 내 반중감정 악화 → 만주사변으로 이어지는 선상에 위치, 중일관계를 악화시킨 하나의 연결고리로 작용했다. 또한 이 사건의 여파는 조선, 만주, 중국, 일본에 걸친 동아시아 전 지역에 파급되어 동아시아 근대사에서 중요한 한 페이지를 차지했다. 그러나 이 사건 발생의 원인을 비롯한 진상은 80여 년이 지난 지금까지도 충분히 밝혀지지 않았다.

이 사건에 관한 연구는 처음에는 사건 그 자체보다도 일본의 만주 침략과 관련지어 주목하면서 시작됐다. 미도리카와 가츠코綠川勝子는 만보산사건과 1931년 화교배척사건은 일본이 만주 침략과 조선 지배의 강화를 위해 의도적으로 일으킨 사건으로 자리매김하고 양 사건 사이에는 암묵적으로 깊은 연관성이 있다고 주장했지만, 그것을 뒷받침할만한 구체적인 근거를 제시하지는 못했다(綠川勝子. 1969).

박영석朴永錫은 기본적으로 미도리카와의 관점에 서서 양 사건의 실태 파악 및 양 사건 이전 만주 거주 조선인과 중국인 간의 관계를 고찰, 이 분야 연구의 선구적인 역할을 했다. 그러나 박영석은 만보산사건 및 1931년 화교배척사건의 원인에 대해 일본이 대륙침략을 위해 날조한 사건이라고 주장하면서도 그 역시 양 사건의 연관성을 입증하지는 못했다(박영석. 1970; 박영석. 1978; 朴永錫. 1981). 위신춘兪辛焞은 박영석의 연구 성과를 토대로 만보산사건 → 1931년 화교배척사건 → 만주사변으로 이어지는 과정을 각 사건 간의 상호 연관성을 중일 외교사의 문맥에서 파악하려 했지만, 사건 그 자체를 분석하지는 못했다(兪辛焞. 1986).

또한 미도리카와, 박영석, 위신춘은 모두 1931년 화교배척사건의 원인 및 만보산사건과의 연관성의 주요한 근거로서 『조선일보』의 1931년 7월 2일 자 및 7월 3일 자 호외 기사를 제시했다. 즉, 장춘長春 일본영사관이 『조선일보』 의 장춘 주재 김이삼金利三기자에게 만보산사건을 과장보도 시킬 의도로 잘못된 정보를 제공, 조선총독부 당국이 이 기사를 의도적으로 검열을 통과시켜 1931년 화교배척사건을 일으켰으며, 일본은 이것을 구실로 만주 침략을 감행했다는 것이 그들의 기본적인 구도이다. 그러나 이러한 구도는 사실史實에 근거하여 입증된 것이 아니라 추측에 불과한 것이었다. 따라서 현재로선 세 명의 연구자가 추론한 것처럼 1931년 화교배척사건을 일본이 계획적으로 일으킨 사건으로 판단하기에는 근거가 매우 빈약하다 할 수 있다.

한편, 최근 1931년 화교배척사건에 관한 연구가 여러 방면에 걸쳐 상당히 진전되고 있다. 총청이叢成義는 주로 중국국민당이 편집한 『革命文獻』을 이용하여 이 사건을 둘러싼 중일 양국 간의 외교교섭, 조선화교의 대응을 중심으로 고찰했다(叢成義. 2002). 장세윤은 이 사건이 처음으로 발생한 인천지역에 초점을 맞춰 사건이 지역에서 어떻게 전개되었는지 그리고 사건 후 조선인 가해자의 재판이 어떻게 이뤄졌는지 검토했다(장세윤, 2003). 기쿠치 가즈타카菊池一隆는 피해자인 조선화교 및 중국 측의 시점에서 주로 중국 측의 잡지 및 신문기사를 활용하여 이 사건의 실태를 파악했다(菊池一隆, 2007).

이상의 선행연구를 토대로 1931년 화교배척사건이 발생한 원인遠因에 주목한 연구 성과도 나오고 있다. 조경달趙景達은 일제강점기 조선사회를 민중사적 관점에서 파악하는 가운데 일탈한 민중의 폭력의 한 사례로서 이 사건을 거론했다. 그는 이 사건의 원인으로 상업과 노동시장에서 조선인과 화교 간에 발생한 일상적 마찰, 그리고 조선총독부 치안 당국의 의도적인 사보타주sabotage를 들었다(趙景達, 2008, 123-128). 손승회孫承會는 1920년대 화교인구의 급속한 증가, 조선인의 화교에 대한 문화적 멸시의 만연, 빈발하는 양 민족 간의 물리적 충돌이 이 사건을 일으킨 원인이라고 지적하고, 최대의 피해지역인 평양 사건을 사례로 피해자 및 중국 측 사료에 근거하여 폭동의 비참함을 서술하고 조선총독부 및 조선인의 책임을 강조했다(손승회, 2009, 141-164).

〈그림 1〉 평양화교배척사건으로 폐허가 된 화교 상점가
출처: アジア民衆法廷準備會 編, 1992, 81.

이상과 같은 선행연구로 베일에 가려있던 이 사건의 진상은 조금씩 밝혀지고 있지만, 아래와 같은 연구과제가 남아 있다.

첫째, 조선총독부 치안 당국이 이 사건에 대해 구체적으로 어떻게 대응했는지에 대해 해명되지 않았다는 점이다. 조경달은 치안 당국이 이 사건의 진압에서 '과실'이 있었다고 언급하고 있는데 그와 같은 과실이 어떠한 구조하에 이뤄졌고, 이 사건에 어떤 영향을 미쳤는지 구체적으로 해명할 필요가 있다. 또한 손승회는 이 사건의 원인遠因으로 사건 이전 조선사회와 조선화교 간의 관계에 대해 서술하고 있지만, 그러한 관계가 이 사건에 어떻게 연결되고 있었는지에 대해서는 검토가 이뤄지지 않았다.

둘째, 선행연구의 대부분은 중국 측의 문서, 특히 중국국민당의 『革命文獻』제33집 및 중국에서 발행된 잡지와 신문을 이용했기 때문에 중국 측의 시점에서 이 사건을 분석한 경향이 있었다. 그러나 이 사건의 성격상 중국 측의 사료뿐 아니라 사건의 책임을 져야 할 조선총독부의 내부 문서도 참고할 필요가 있다. 쌍방의 자료를 서로 대조하면서 이 사건을 검토해야 사건의 진상이 더욱 분명히 밝혀질 것이다.

본고는 이러한 자료의 한계를 극복하기 위해 지금까지 그다지 활용되지 않았던 조선총독부경무국 발간의 "鮮內に於ける支那人排斥事件ノ概況"(조선 내 지나인 배척사건의 개황)[1]과 "鮮支人衝突事件ノ原因狀況及善後措置"(조선인 지나인 충돌사건의 원인 상황 및 선후조치)[2]

1) 朝鮮總督府警務局. 1931.7, "鮮內に於ける支那人排斥事件ノ概況", 朝鮮總督府.

2) 朝鮮總督府警務局. 1932, "鮮支人衝突事件ノ原因狀況及善後措置", 朝鮮總督府.

와 이 사건 당시 조선총독부 치안 책임자의 일기 및 회고록을 새로 발굴했다. 또한 중국 측 자료 가운데 지금까지 거의 활용되지 않았던 타이완 국사관國史館 소장의 《外交部檔案》(외교부당안) 가운데 "朝鮮暴動排華"(조선폭동배화) 당안과 타이완 중앙연구원근대사연구소中央研究院近代史研究所 소장의 《駐韓使館保存檔案》(주한사관보존당안) 가운데 "韓民排華暴動案(1)~(3)"(한민배화폭동안)과 "損失調查(1)~(2)"(손실조사)의 당안을 활용했다.

II. 조선총독부의 1931년 화교배척사건에 대한 공식 견해

리톤조사단Lytton Commission이 1932년 만주사변 조사를 위해 일본, 중국, 만주를 방문하여 조사 활동을 전개한 것은 잘 알려져 있지만, 그때 조선을 방문한 것을 아는 사람은 드물다. 조사단은 일본을 1932년 2월 29일부터 3월 11일 사이에 방문한 것을 시작으로 중국 및 만주를 3월 14일부터 6월 30일까지 조사한 후, 경성역京城驛에 도착한 것은 7월 1일 오전 8시 50분이었다.

경성에 도착한 리톤조사단은 영국의 리톤Victor Bulwer-Lytton경卿을 위원장으로 5명의 조사위원, 조사위원의 수행원 및 부인 등 17명으로 구성되어 있었다. 여기에 일본 측은 리톤조사단의 일본 참여위원인 요시다 이사부로吉田伊三郎(당시 주터어키일본대사)를 비롯하여 17명이 동행했다. 리톤조사단은 경성역 도착 후 숙소인 조선호텔로 이동하여 호텔에서 루춘팡盧春芳 주경성중화민국총영사와 오전 9시부터 5분간 환담했다. 그 후 우가키 카즈시게宇垣一成 조선 총독을 방문하여 10시 40분부터 11시 30분까지 회담했다. 이후 각 조사위원은 각자 자유 일

정을 소화하고 다음 날 아침 경성에서 출발했다.[3)]

이러한 일정 가운데 리톤 위원장이 루춘팡 총영사와 단시간의 회담을 가진 것, 리톤조사단과 우가키 총독과 가진 50분간의 회담이 주목된다. 조선의 각 신문은 리톤조사단의 조선 방문에 대해 "조선은 귀로歸路에 통과할 뿐이므로 조선서는 별로 조사할 것이 없으나 작년 평양에서 생긴 중국인 피해 사건은 日中 양국 분쟁의 원인이 된 것이므로 이 사건의 서면보고나 구두 설명을 청취할는지 모르겠다고 하야 경무국에서는 보고재료를 작성하였다."라고 보도했다.[4)] 즉, 리톤조사단의 조선 방문은 1931년 화교배척사건의 조사를 포함하고 있었다는 것을 엿볼 수 있다. 따라서 리톤 위원장이 루춘팡 총영사와 짧은 회담을 가진 것은 이 사건에 관한 내용이었을 것으로 추정된다.[5)] 이번 리톤조사단의 방문에는 중국 참여위원인 구웨이쥔顧維鈞, Wellington Koo(전 외교부장)이 동행하지 않았기 때문에 총영사로서 이 사건에 대한 중국 측의 입장 및 새로운 정보를 리톤 위원장에게 보고한 것으로 보인다.

리톤조사단의 경성 방문은 1932년 6월 초순 결정되어 조선총독부에 전달되었다. 조선총독부는 외사과外事課 중심으로 방문 시 중국 참여위원 구웨이쥔으로부터 제기될 예상 질문 12개를 선별, 조선총독부의 관계 국局 및 부部가 예상 질문의 회답을 준비했다. 12개 예상 질문

3) "천하의 시청을 집중한 국련조사단 입경", *동아일보*, 1932.7.2. 5명의 조사위원은 다음과 같다. 영국의 리톤 백작, 미국의 맥코이 소장, 프랑스의 크로델 중장, 독일의 슈네 박사, 이탈리아의 아우도로반디(전 외교관).

4) "국련조사단 1일 경성착", *동아일보*, 1932.6.30.

5) 조선어 신문에서도 그 가능성을 언급한 기사를 실었다("중영사 방문 5분간 밀담", *동아일보*, 1932.7.2.).

가운데 하나가 1931년 화교배척사건이었으며, 그 이외는 만주 거주 조선인에 관한 것이었다. 즉, 조선총독부는 리튼조사단의 경성 방문 시 중국 참여위원이 1931년 화교배척사건에 관해 질문할 것이라고 예상하고 그것에 대해 답변을 준비한 것이다.

1931년 화교배척사건에 관한 예상 질문의 답변자료 준비는 조선총독부의 치안을 책임지고 있던 경무국이 담당했다. 경무국이 준비한 답변자료가 바로 앞에서 언급한 "조선인 지나인 충돌사건의 원인 상황 및 선후 조치"이다. 이 문서는 리튼조사단의 경성 방문에 맞춰 사건 발발 1년이 지난 1932년 6월에 준비한 것이기 때문에 일본정부 및 조선총독부의 이 사건에 관한 공식 견해로 받아들여도 좋을 것이다. 이 문서의 일부를 발췌한다.

> "작년 길림성吉林省 만보산 삼성보三姓堡에서 발생한 지나支那 관민의 조선인 농민 압박 문제는 가슴 아픈 일이다. 이 문제가 조선 내 일반 조선인의 감정을 자극하고 있던 차 7월 2일 양자의 관계가 완전히 위기에 직면했다는 소식이 전달되면서 조선 전역에 이상異常한 충동衝動을 불러일으켰다. 울분의 복수심은 결국 폭발하여 조선 전역에 보복적 폭동을 야기하기에 이르렀다. … 본부本府는 최근 지나 관민의 조선인 농민 압박의 소식이 빈번히 전달되어 조선인 일반의 공기 점차 악화하는 조짐을 미리 알아차리고 있었다. 특히, 만보산사건이 발생하자 모든 예방을 위한 경계警戒를 엄격히 하여 재류 지나인의 보호에 노력했다. 그러나 재류 지나인은 조선 각지에 분산 분포되어 있고 그 대부분은 단시일에 여기저기 이동하는 자들이었다. 그들의 보호는 상상 밖으로 매우 어려웠다. 게다가 이 사건은 돌발적으로 발생한 것이기 때문에 우리의 보호 경계에 적지 않은 고심과 곤란을 느끼고 있었다. 이런 때에 사건이 발발하자 각지에 산재한 지나인을 집단으로 보호하기 위해 학교, 병원, 신사 및 사찰 등의 공공건물을 개방하여 수용했다. 도道, 부府, 면面 등

의 공공단체 혹은 일본인, 조선인 독지가의 기부로 무료급식과 금전을 지급했다. 특히, 경찰관을 배치하여 보호 경계에 온 힘을 다했다. 이 사건으로 인한 사망자는 정중한 의식으로 각각 매장해 주었다. 또한 본부에서는 구휼금救恤金 145,000원을 지출하여 조난자遭難者 또는 그 유족에게 증여贈與했다. 그들은 기꺼이 이를 받았으며 우리 관헌의 후의에 감사해했다."(朝鮮總督府. 1932a)

경무국은 이번 사건의 발생 원인에 대해 만보산 삼성보의 중국 관민에 의한 조선인 농민 압박과 중국 관민과 조선인 농민 간의 '위기에 직면한 소식의 전달'을 거론했다. 이러한 주장은 일본 외무성이 이 사건을 둘러싸고 중국 외교부와 교섭할 때, 이 사건의 원인은 만주 중국 관민의 조선인 농민 압박 및 구축에 있다고 주장한 것과 같다.6) 경무국은 '위기에 직면한 소식의 전달'이 도화선이 되었다고 인식하고는 있었지만, 『조선일보』의 7월 2일 자 및 7월 3일 자 호외 기사가 과장되었다거나 오보였다는 언급은 일절 하지 않았다.

경무국은 이 사건의 예방 및 진압에 대해 '예방을 위한 경계를 엄격히' 했지만, 화교가 '조선 각지에 분산 분포'되어 있었다는 점과 이 사건이 '돌발적으로 발생한 것이기 때문에' 사건이 확대되었다며 어쩔 수 없었다는 점을 강조했다. 더욱이 조선총독부는 '구휼금救恤金 145,000원을 지출하여 조난자遭難者 또는 그 유족에게 증여贈與했다.' 라며 책임을 다했다는 것을 강조했다.

한편, 경무국은 위의 문서 제일 뒤쪽에 '事件被害表'(사건피해표)를 첨부했다. 필자가 이 표를 알기 쉽게 작성한 것이 〈표 1〉이다. 〈표 1〉

6) 南滿洲鐵道株式會社. 1931.7.25., "再び萬寶山問題起り之に因して朝鮮事件勃發す", *滿蒙事情*, p.17.

은 화교의 사상자뿐 아니라 조선인과 경찰관의 사상자를 동시에 게재하고 있다는 것에 주목할 필요가 있다. 조선총독부가 이 사건을 '선지인충돌사건', 즉 조선인과 화교 간의 충돌 사건으로 자리매김하고 있다는 것을 엿보게 한다.

〈표 1〉 조선총독부 발표의 1931년 화교배척사건의 피해 상황(1932년 6월 현재)

도 별	화교			조선인			경찰관		
	사망	중상	경상	사망	중상	경상	사망	중상	경상
경기도	2	4	13	1	0	2	0	0	0
경성부	0	2	10	1	0	1	0	0	0
인천부	2	2	3	0	0	1	0	0	0
경상남도	0	0	1	0	0	0	0	0	0
황해도	0	0	11	0	0	2	0	0	3
평안남도	112	33	72	1	5	24	0	9	41
평양부	96	33	63	0	5	22	0	9	30
진남포부	0	0	7	0	0	0	0	0	0
기타	16	0	2	1	0	2	0	0	11
평안북도	2	7	44	0	0	0	0	0	0
강원도	1	0	7	0	0	0	0	0	0
함경남도	2	1	2	1	0	0	0	0	0
합계	119	45	150	3	5	28	0	9	78

출처: 朝鮮總督府. 1932a.

경무국이 사건 직후인 1931년 7월 24일 현재 종합한 화교의 사망자 수는 118명, 부상자 수는 45명, 경상자 수는 150명(부상자 수 합계 195명)이었다(朝鮮總督府警務局. 1931.7, 別紙第一號 p.7). 〈표 1〉과 비교하면 사망자 수가 1명 증가했을 뿐 부상자 수는 같았다. 1명 증가한 사망자는 평양의 조난자로 7월 24일 이후 새롭게 사망이 확인된 것으로 추정된다. 또한 경무국의 1931년 7월의 자료인 '조선 내 지나인 배척사건의 개황'에 나와 있는 폭행 협박 565건, 방화 104건, 투석 기물 파손 849건,

호떡비 미지불 도망 22건, 채소 탈취 도둑 23건은 경무국의 리톤조사단 답변자료에서 제외되었다(朝鮮總督府警務局. 1931.7, 別紙第一號 p.7).

그런데 리톤조사단과 우가키 총독 간의 회담에서 조사위원이 1931년 화교배척사건 관련 질문을 했는지는 분명하지 않지만, 만약 했다고 한다면 우가키 총독은 경무국이 준비한 위의 자료를 근거로 설명했을 것이다. 리톤보고서는 1932년 10월 1일 국제연맹 이사회에 제출되어 그다음 날 공표되었다. 이 보고서는 1931년 화교배척사건과 관련해 일본 측이 "민족적 감정의 자연적 폭발에 의한 것으로 일본 관헌은 이 폭동을 가능한 한 빨리 진압했다.", "일본정부는 7월 15일 회답을 발신하고 이 폭동의 발생에 대해 유감의 뜻을 발표하고 사망자의 가족에게 배상금을 지급했다."라는 주장을 그대로 게재했다(中央公論社. 1932.11, p.75.). 이 내용은 경무국의 리톤조사단 예상 답변자료와 같다는 것을 알 수 있다.

그러나 리톤보고서는 이 사건으로 인한 사망자 수 127명, 부상자 수 392명, 재산손실액 250만 원으로 게재하고 있어 경무국의 자료를 그대로 반영하지는 않은 것으로 보인다. 한편, 중국정부가 리톤조사단에 제출한 화교의 사망자 수 142명, 부상자 수 546명(중상자 수 120명, 경상자 수 426명), 재산손실액 416만 3,103.07원도 그대로 반영되지 않았다.[7] 결국, 리톤조사단은 일본 측의 피해조사 통계는 과소평가, 중국 측의 피해조사 통계는 과대평가된 것으로 판단, 그 중간치를 기재한 것으로 추측된다.

이상과 같이 조선총독부는 이 사건에 대해 예방 조치를 철저히 했

7) 顧維鈞. "參與國際聯合會調查委員會中國代表處設帖"(羅家倫 主編·中國國民黨中央委員會黨史史料編纂委員會 編輯. 1978, 672-673).

으며, 재빨리 진압했다는 견해를 제시했지만, 그것이 사실인지 이하의 검토에서 살펴보기로 한다.

Ⅲ. 조선총독부 초기대응의 문제점

1. 『조선일보』 호외 기사에 대한 대응

『조선일보』 호외 기사가 이 사건에 미친 영향에 관해서는 중국과 일본 측 모두 이 사건의 도화선이 되었다는 것에는 일치된 견해를 보였다. 따라서 조선총독부의 『조선일보』 호외 기사의 검열, 발행 직후 조선총독부의 경비 태세, 이 기사의 파급효과에 대해 검토하는 것은 사건 진상규명의 하나의 단서가 될 수 있다.

『조선일보』 7월 2일 자 호외의 제목은 '중국 관민 8백명 습격 다수 동포 위급 장춘 삼성보 문제 중대화 日 주둔군 출동'이었고, 기사는 "2일 새벽 삼성보의 중국 관민 8백여 명이 동원되어 조선 농민과 충돌하여 조선 농민이 다수 살상되었다."라는 내용이었다.[8] 이 신문의 7월 3일 자 호외는 조선인 농민이 살상되었다는 말은 없지만, 제목은 '삼성보 日中 관헌이 삼성보 동포를 포위, 사태 점점 험악화'와 같이 조선인을 자극하는 내용이었다(高等法院檢事局思想部. 1932.10, 68-69).

일본어 신문인 『京城日報』의 만보산사건 관련 보도의 제목은 '협약을 깨고 만보산 수로水路 파괴 지나 측의 폭거에 문제는 또다시 분쟁'(7월 2일 자), '지나 폭민 또 만보산을 습격 일본 경관을 현지에 파

---

8) 이 기사는 원래 조선어로 쓰인 것인데 해당 호외 기사를 찾을 수 없어 일본어 번역본인 高等法院檢事局思想部. 1932.10, *高檢 思想月報*, 67을 다시 한국어로 번역한 것이다.

건'(7월 3일 자). 『東京朝日新聞』의 보도 제목은 '조선인 농민과 지나인 만보산에서 대충돌'과 '경관대 백명 급파'(7월 3일 자)로 두 신문 모두 만보산사건으로 인한 긴박한 상황을 전하고 있지만, 조선인이 살상되었다는 내용은 어느 곳에도 나오지 않는다. 조선에서 발행되던 다른 조선어 신문도 똑같았다. 결국, 양측 간에 실제 충돌은 있었지만, 쌍방 모두 부상자도 발생하지 않았기 때문에 살상되었다고 보도한 『조선일보』 7월 2일 자 호외 기사는 명백한 오보였다.

그렇다면 왜 『조선일보』는 이같은 오보를 내고 말았던 것일까? 호외 기사를 전송한 『조선일보』 창춘지국장이자 기자인 김이삼金利三이 작성한 것으로 일컬어지는 '조선일보 기자의 사죄 성명서'가 중국어 신문인 『吉長日報』의 1931년 7월 15일 자 신문에 게재되었지만, 이 가운데 "신속한 보도를 할 필요가 있어 창춘의 일본 각 기관의 선전 재료를 채용했다"라는 것, "이 재료는 사실과 다른 것이 많았다."라고 기재되어 있다.[9] 앞에서 언급한 미도리카와, 박영석, 위신춘의 연구는 모두 이 점을 만보산사건과 1931년 화교배척사건의 연관성 및 양 사건을 일본의 계획적 기도의 유력한 증거로 삼고 있다.

그러나 '조선일보 기자의 사죄 성명서'라는 것은 만주 거주 조선인 항일단체인 지린한교만보산사건검토위원회吉林韓僑萬寶山事件檢討委員會가 일본 당국이 김이삼 기자에게 허위 정보를 제공했다는 증거를 분명히 하려는 의도에서 7월 14일 김이삼 기자를 지린에 호출, 이 성명서를 작성하게 한 후, 그를 사살하고 『吉長日報』에 발송한 것이 위의 성명서였다(박영석. 1978, 119). 성명서가 김이삼 기자 스스로 작성한 것

9) 이 기사의 내용은 다음의 기사 속에 포함되어 있었다. "金利三在吉被殺生前發謝罪聲明書", *天津大公報*, 1931.7.19.

인지 아니면 강제로 작성된 것인지, 위원회의 누군가에 의해 작성된 것인지, 그 진위는 아직 분명하지 않다(민두기. 1999, 167-169). 따라서 이 사건을 일본에 의한 계획적인 기도로 단정하기는 이르다.

그렇다면, 『조선일보』 7월 2일 자 호외 기사가 1931년 화교배척사건에 어떻게 영향을 주었으며, 어떤 경과가 있었는지 보도록 하자. 해당 호외 신문은 수도권인 경성, 인천지역에 먼저 배포되었기 때문에 그 반응도 양 지역에서 가장 먼저 나타났다. 『조선일보』 인천지국장인 최진하崔晉夏(기자)는 호외 신문의 배달상황을 다음과 같이 증언했다.

> "당일 본지 석간은 오후 6시경 배달을 마쳤다. 같은 시간 경성 본사로부터 전화가 와서 만보산사건에 관한 호외를 10시경의 열차로 보낸다는 것이었기 때문에 나는 배달부를 불러 기다리게 하였다. 잠시 뒤 마지막 열차로 상인천역上仁川驛에 도착하였다. 심야이기도 하여 다음 날 아침 배달시키려 했지만, 신문의 사명은 조금이라도 빨리 독자 및 세상에 보도하는 것이 최대의 임무이며 또한 타 신문보다 먼저 알려야 한다는 생각에 곧바로 배달하게 된 것이다."(국사편찬위원회 편집. 2003, 280)

호외 신문은 11시 50분 인천에 도착하여 지국의 배달부에 의해 구독자 320명에게 배달된 것은 3일 오전 0시였다(국사편찬위원회 편집. 2003, 393). 호외 신문이 배달된 뒤 1시간이 지난 3일 오전 1시 10분 인천부 용강정龍岡町의 중화요리점이 조선인 5명의 습격을 당한 것을 시작으로 오전 2시경에는 율목리栗木里, 중정仲町, 외리外里의 중화요리점 및 이발소가 조선인에게 잇따라 습격당했다. 오전 8시에는 부천군 다주면多朱面의 화농 王 모, 9시에는 율목리의 호떡 화교 행상이 습격을 받고 구타당하는 사건이 발생했다(朝鮮總督府警務局. 1931.7, 別

紙第二號 30-31). 3일 오전 2시경 경성부 부군의 고양군 신당리新堂里의 일본인 농가에 고용된 화농 2명이 채소 운반차를 끌고 경성으로 향하던 중 조선인 2명에게 구타를 당했다(朝鮮總督府警務局. 1931.7, 別紙第二號 p.8). 3시에는 경성부 광화문외光化門外의 화교 2명이 조선인에게 구타를 당했다.10)

인천 사건과 관련되어 경찰 및 검사의 심문을 받은 조선인 22명의 심문조서를 보면, 그 대부분이 '조선인 농민이 다수 살상'되었다고 하는 『조선일보』 호외 기사를 읽었던지, 이 내용을 누군가한테서 들은 것이 화교 습격의 동기였다고 진술했다. 화교에게 폭행을 가한 서복남徐福男(20세 · 목 수 수습공)은 "사람의 말에 의하면, 만주 거주 조선인이 많이 지나인에게 살상되었기 때문에 조선 거주 지나인에 대해 복수"하려는 것이 범행의 동기라고 진술했다(국사편찬위원회 편집. 2003, 289). 화교를 폭행하여 상해를 가한 윤승의尹承儀(23세 · 소달구지꾼)는 인천 사건에 대해 "신문 호외에서 만주 거주 조선인이 지나인에게 많이 살상되었다고 해서 같은 우리 조선인은 매우 지나인을 혐오하게 되었으며 인천 거주 지나인을 괴롭혀주기 위해 일어난 문제입니다."라고 진술했다(국사편찬위원회 편집. 2003, 248). 화교 가옥의 파괴와 경찰을 구타한 강상기姜相基(23세 · 노동자)는 "통행인으로부터 이번 북만주 만보산 부근의 지나인과 조선인이 뜻밖에 충돌을 시작하여 그 때문에 조선인 200명이 학살되었다."라는 것을 듣고 범행했다고 진술한 것으로 봐서(국사편찬위원회 편집. 2003, 297), '조선 농민이 다수 살상'되었다고 보도한 『조선일보』의 호외 기사가 '200명이 학살되었다.'라고 잘못 전

10) "鮮案關係文件 駐朝鮮總領事館呈文(二十年七月二十二日)", *天津大公報*, 1931.8.30.

달되어, 그것이 한층 조선인을 자극한 것을 엿볼 수 있다.

또한 1932년 4월 15일 경성복심법원京城覆審法院에서 2심 판결을 받은 조기영趙己榮(27세·운송점 인부), 최개천崔蓋天(25세·정미소 인부), 임부성林部成(22세·소기름 상인), 문원배文元培(22세·성냥회사 직공), 이옥돌李玉乭(20세·성냥회사 직공), 신태돌申泰乭(23세·날품팔이), 이신도李神道(22세·정미소 인부), 박범용朴凡用(26세·마차부)의 판결문을 봐도 『조선일보』의 호외 기사가 사건 촉발의 원인이었다.[11]

그렇다면, 조선총독부가 문제의 호외 신문 발행을 용인한 이유는 어디에 있었을까? 당시 조선총독부는 조선의 언론을 탄압하는 엄격한 검열제도를 시행했다. 검열 담당 부서인 경무국 도서과圖書課는 인쇄되어 납본된 모든 신문을 발행 이전에 치안방해治安妨害, 취조필요取調必要, 군사관계軍事關係 등에 저촉되는지를 철저히 검열하고, 그와 같은 기사가 발견되면 삭제, 발매금지, 압수, 발행정지 및 금지의 행정처분을 내렸다. 『조선일보』만 하더라도 1920년부터 1930년까지 압수처분 된 기사는 411건에 달했다(정진석. 1998, 6-16).

특히, 1927년 화교배척사건을 전후하여 중국 관민에 의한 만주 거주 조선인 박해 문제를 취급한 기사 가운데, 치안방해로 판단되어 압수된 기사는 18건에 달했다. 예를 들면, 『조선일보』 1927년 2월 23일 자 '만주에 초유 괴변 이백 동포 돌연 검거 봉천성奉天省 당국의 사주 받고 길림성 관헌의 폭거'를 제목으로 한 기사가 있었다. 또한 동 신문 1927년 5월 14일 자 '중국 집안현輯安縣 하에 흐른 이백여 백의 족의 벽혈碧血 유기한 시체엔 오작烏鵲이 운집 오호嗚呼 신인공노할 이 참사'를 제목으로 하는 기사는 조선인을 자극하는 이유로 압수되었다.[12]

11) "萬寶山報復に端を發する仁川騷擾殺人被告事件", *東亞政法新聞*, 1932.5.5.

더욱이 박해받는 만주 거주 조선인 구제를 위해 1927년 12월 9일 조선에서는 재만동포옹호동맹在滿同胞擁護同盟이 결성되었지만, 창립 석상에서 만주 거주 조선인 문제의 선후책을 포함한 성명서에 대해 경무국은 그 내용이 "선지인 간의 감정에 자극을 줄 우려가 있어 그 발표를 금지"했으며(朴慶植 編. 1989, 113-114), 이 성명서를 기사화한 조선어 신문인 『중외일보』 1927년 12월 11일 자 기사를 압수했다(정진석. 1998, 473-474). 즉, 경무국 도서과는 만주 거주 조선인에 관한 박해 기사의 일부나 이에 대응하는 재만동포옹호동맹의 활동에 대해 조선 내 조선인과 화교 간의 감정을 자극하기 쉽다고 판단하고 압수한 것이다.

조선총독부도 "만보산사건이 발생하자마자 그 상황이 어떻게 진행되는지는 조선 내 심대한 영향을 미친다고 인정, 6월 11일 척무성拓務省 및 외무성에 대해 이유를 들어 선처善處를 요망했다. 그 후 경과를 주시하고 있던 차에 7월 2일에 이르러 창춘 영사로부터 만보산사건에 관해 일지日支 관헌 교전 중이라는 전보를 접하고 주의하던 중"인데도 불구하고(朝鮮總督府警務局. 1931.7, 10), 『조선일보』 7월 2일 자 호외를 행정처분 않은 채 발행한 것은 이해하기 어렵다. 중국 측은 이점을 조선총독부의 이 사건에 대한 주요한 책임의 하나라고 주장하고, 《리톤보고서》에도 이것이 반영되어 있다.13)

---

12) 정진석. 1998, 410-412 · 441-444. 중국 관헌에 의한 만주 거주 조선인에 대한 박해는 그들을 일본의 만주 침략의 첨병으로 간주한 것이 배경에 있었다. 박해는 1925년부터 시작되었지만 1927년에 들어 격화되었다. 박해의 내용은 퇴거 강요, 부당 과세, 조선인학교 폐쇄, 소작 금지, 불법 체포, 영업 및 경작 방해 등 다양했다. 상세한 것은 朝鮮總督府. 1932a를 참조 바람.

13) 王文政呈. 1931.8.8., "關於韓人暴動加害華僑案之意見書", 朝鮮暴動排華, *《外交部檔案》*(국사관소장, 0671.32-4728). 『리톤보고서』에는 "일본 및 조선의

그러나 경무국은 『조선일보』 호외 기사가 초래한 결과를 알고 있으면서 의도적으로 검열을 통과시킨 것인지, 검열의 과실이 있었든지 현재로선 단정하기 어렵다. 다만, 어느 쪽을 취하더라도 엄격한 검열제도를 시행하고 있던 조선총독부의 이 사건에 대한 책임을 면하기 어려운 것은 분명하다.

2. 인천 사건 대응

인천 사건은 3일 오후 확대되었다. 같은 날 오후 시작해始作偕, 최재신崔齋信, 장유명張維明, 류유청劉維靑 등이 조선인의 폭행과 투석으로 다친 사건이 잇따라 발생했다. 게다가 오후 9시 45분 약 5천 명의 군중이 인천부청 앞에서 함성을 지르고 지나정支那町을 습격하려 했지만, 경찰의 제지로 실패했다. 10시 30분에는 약 100명의 군중이 인천경찰서 앞에 집합하여 검속檢束된 자를 탈환하려 했다. 경찰에 의해 해산된 군중은 화정花町 부근의 화교 가옥에 투석하고, 내리內里의 중화요리점인 평양관平壤館 부근에서는 수천 명의 군중이 화교 가옥에 투석하는 등 폭력을 행사하여, 경계 중이던 경찰관 1명과 기마 1마리가 부상했다(朝鮮總督府警務局. 1931.7, 別紙第二號 p.31). 인천 사건은 3일 밤에 더욱 확대되는 양상을 띠었다.

한편, 주조선중화민국총영사관은 교민 보호를 위해 재빨리 대처했다. 주인천판사처로부터 3일 오전 9시 교민의 피해 보고를 접수하자마자 장웨이청張維城 총영사는 재빨리 인천경찰서에 연락을 취하고 철

신문은 7월 1일의 만보산사건에 대해 지나 거류민에 대한 조선 민중의 증오를 불러일으키는 성질의 선동적이며 부정확한 기사의 게재가 금지되었다."라고 기재되어 있다(中央公論社. 1932.11., 75).

저한 교민보호를 요청했다. 웨이魏 부영사는 오전 10시 전임 경무국장 모리오카 니로森岡二郎를 환송하기 위해 경성역으로 향하던 외사과의 요우楊 사무관과 면담, 각 도 당국에 교민 보호의 지시를 내리도록 요청했다. 장 총영사는 3일 오후 2시 리중강李仲剛 주사主事를 대동하고 요우 사무관을 방문, 인천에 무장경찰을 파견하여 폭도를 단속하고 제지할 것을 재차 요청했다.[14] 요우 사무관은 이러한 요청에 대해 "귀 총영사는 귀국貴國 교민에게 참으면서 충돌을 피하라고 전달해주기를 바란다. 또한 귀국 정부에 상신上申하여 만보산사건을 빨리 해결하기를 희망한다."라고 말했을 뿐 총영사의 요청을 수용하려 하지 않았다.[15] 장 총영사는 4일 오전 10시 요우 사무관을 재차 방문하여 인천에 무장경찰을 파견하여 진압함과 동시에 각 도의 군과 경찰에 명령하여 교민의 거주지를 엄중하게 경비해달라고 요청했다.[16] 장 총영사는 같은 날 오후 인천을 시찰하고 오후 9시 경성으로 돌아왔으며, 다시 조선총독부에 인천에 무장경찰을 파견하여 교민을 보호해달라고 요청했다.[17]

그렇다면, 조선총독부나 인천경찰서는 주조선총영사관의 교민 보호 요청에 대해 어떻게 대응했는지 보도록 하자. 인천경찰서는 3일 오후 3시 경기도경찰부장 앞으로 경찰관의 추가 파견을 신청하고 오후 4시 30분 시부야澁谷 경부보警部補 이하 6명의 기마대 및 40명의

14) "鮮案關係文件 駐朝鮮總領事館呈文(二十年七月二十二日)", *天津大公報*, 1931.8.30.

15) 원문. 請貴總領事傳達貴國僑民, 忍耐避免衝突, 竝呈貴國政府, 速解決萬寶山事件("三日下午二時與楊代理外事課長談話", *天津大公報*, 1931.8.30.).

16) "四日上午十時與楊代理外事課長談話", *天津大公報*, 1931.8.30.

17) "鮮案關係文件 駐朝鮮總領事館呈文(二十年七月二十二日)", *天津大公報*, 1931.8.30.

제복 경찰관이 파견되었다(朝鮮總督府警務局. 1931.7, 12). 그러나 4일 오후 9시 수천 명의 군중이 화교 가옥을 습격하여 파괴, 더욱이 경찰관에 반항하여 외리外里 파출소에 쇄도, 유리창을 파괴하고 전선을 절단하는 등 공권력에 도전하는 양상이 나타났다. 그때 경찰관은 "어쩔 수 없이 검을 뽑아서 필사의 진압을 했으며 5일 오전 2시 경성에서 급파된 경찰관 51명의 도움으로 점차 군중을 해산시켰다."라고 했다.[18] 이때 처음으로 경찰관에게 무장을 명령했다(朝鮮總督府警務局. 1931.7, 12). 게다가 『경성일보』에 의하면, 5일 오전 2시 용산헌병분대龍山憲兵分隊에서 가미하라上原 분대장 지휘 아래의 헌병 16명이 인천에 출동했다고 하지만,[19] 경무국의 자료에는 이와 관련해 아무런 언급이 없었다. 이상을 통해 조선총독부의 치안 당국은 주조선총영사관의 요청을 즉각적으로 수용하여 경찰을 무장시키지 않았다가 군중의 폭동에 제대로 대처하지 못하자 하는 수 없이 무장시킨 것을 알 수 있다. 그러한 무장의 정도도 검을 차는 정도의 경무장輕武裝에 지나지 않았다.

5일(일요일) 아침 웨이 부영사는 총독부를 방문하고 요우楊 사무관에게 인천에 재빨리 무장경찰을 파견할 것, 각 경찰서가 경성부 내외의 벽지僻地 교민을 총영사관까지 호송할 것, 교민이 많은 지역은 빨리 무장 군경을 파견하여 철저히 보호할 것, 다른 도에 빨리 무장 경계하도록 명령할 것 등의 4가지를 요청했다.[20] 요우 사무관이 경무국에 요청하고 난 오후 4시 30분 인천에 경부보 1명, 순사 20명을 파견함과

18) 朝鮮總督府警務局. 1931.7, 4. 이 자료의 다른 부분에는 4일 밤 사태가 심각해지자 같은 날 밤 11시경 경부보(警部補) 2명, 순사 52명을 인천에 급거 파견했다고 한다(朝鮮總督府警務局. 1931.7, 12).

19) "憲兵の應援", *京城日報*, 1931.7.6.

20) "五日提出應援辦法四條", *天津大公報*, 1931.8.30.

동시에 경무국 고등경찰과장이 해당 지역에 출장하여 지휘하면서 인천 사건은 겨우 진정국면에 접어들었다.21)

그렇다면 이번의 조선총독부 및 인천경찰서의 대응과 1927년 인천화교 배척사건의 대응을 비교해 보도록 하자. 경기도경찰부는 1927년의 인천 사건 대응에 대해 다음과 같이 설명했다.

> "12월 15일 오후 4시 30분경 인천 부내에서 조선인 아동 10여 명이 지나인에 대해 모욕적인 폭행을 가한 것을 시작으로 인천 부내 지나정支那町을 제외한 일각 및 일부 지역에 거주하는 지나인에 대해 조선인의 폭행 사건이 발생했다. 그러나 관할 인천경찰서의 급속한 조치로 수 시간 내에 진정되었다.… 형세가 점차 불온한 상태가 되자 즉시 응원 경찰관을 급파하여 충분히 철저한 경계를 펼쳤기 때문에 수일 내에 평상으로 회복되었다."(朴慶植 編. 1989, 111-112).

인천경찰서의 재빠른 대응으로 인천부의 화교 피해자는 중상 1명, 경상 22명, 폭행 피해자 79명, 물건 및 현금 피해 추정액 3,665원에 그쳤다(朴慶植 編. 1989, 114-115). 이러한 인적, 물적 피해액은 1931년 인천화교 배척사건보다 매우 경미했다. 다른 지역에서도 경무국 및 각 도 경찰부의 재빠른 대응으로 화교 피해는 사망 2명, 중상 11명, 경상 54명, 폭행 피해자 273명, 재산손실액 9,567원에 지나지 않았다.22)

21) "鮮案關係文件 駐朝鮮總領事館呈文(二十年七月二十二日)", *天津大公報*, 1931.8.30.; 朝鮮總督府警務局. 1931.7, 12.

22) 朝鮮總督府警務局. 1927.12, 6., 그러나 주조선총영사관의 조사에 의하면, 피해액은 경무국이 추정하고 있던 9,567원을 훨씬 상회했다. 예를 들면, 주인천영사관의 조사에 따르면, 인천 사건의 직접손실액은 1만 8,261.35원, 피해자의 의약비 471.2원, 휴양기간손실액 593.8원이었다("仁川鮮人暴動華人被害報

이처럼 1927년 화교배척사건이 1931년 화교배척사건에 비해 상대적으로 경미한 인적 피해와 재산손실에 그친 것은 '관할 인천경찰서의 급속한 조치에 의한' 것이며, 주경성영국총영사관도 1927년 12월 인천 사건 발발 후 조선총독부 당국에 의해 "결정적인 조치가 취해졌고, 무장경찰은 도로를 경계하여 화교를 습격하는 어떤 시도도 즉각 진압했다."라고 본국에 보고했다(Consul-General Paton. 1994, 447-448).

〈표 2〉 1931년 조선화교 배척사건 당시 조선총독부 치안 및 외교 책임자의 동향

직책	성명	동향
총독	사이토 마코토 우가키 카즈시게	6월 17일 경질 6월 17일 임명, 7월 14일 경성 착임
정무총감	고다마 히데오 이마이다 기요노리	6월 19일 경질, 7월 1일 이임 6월 19일 임명, 7월 7일 경성 참임
경무국장	모리오카 지로 이케다 기요시	6월 26일 경질, 7월 3일 이임 6월 26일 임명, 7월 5일 경성 착임
경무국 보안과장	다나카 다케오	7월 3일 오전 10시 경성 출발~7월 5일 오후 7시 경성 도착(이 사이 경성 부재)
외사과 외사과장	호즈미 신로쿠로	7월 1일 경성 출발 일본으로 출장~7월 7일 경성으로 돌아옴(이 사이 경성 부재)

출처: 王文政呈. 1931.8.8., "關於韓人暴動加害華僑案之意見書", 朝鮮暴動排華, 《外交部檔案》(타이완국사관소장, 0671.32-4728).; 朝鮮總督府. 1935, 人事1·7을 근거로 필자 작성.

그렇다면 왜 이번 인천 사건에서는 조선총독부에 의해 '급속한 조치'가 취해지지 않았던 것일까? 그 원인을 규명하기 위해 당시 치안 책임자인 총독, 정무총감, 경무국장과 외교 담당자인 외사과장의 동향

告書",《駐韓使館保存檔案》(타이완중앙연구원근대사연구소당안관소장, 03-47- 168-01).

을 살펴볼 필요가 있다.

인천 사건이 발생한 3일 오전 1시 10분부터 경찰의 무장에 의해 폭동이 수습에 접어든 5일 오후까지 조선총독부의 주요한 치안 책임자는 공교롭게도 모두 경성의 총독부에 없었다. 6월 17일 임명된 사이토 마코토齋藤實 총독의 후임인 우가키 카즈시게宇垣一成 총독은 7월 14일 오후 7시 경성에 도착할 때까지 도쿄에 체재하고 있었다.[23] 6월 19일 임명된 이마이다 기요노리今井田淸德 정무총감政務總監은 7월 2일 도쿄에서 출발하여 이세진구伊勢神宮, 모모야마고료桃山御陵를 참배하고 예정대로 7월 7일 오후 7시 경성에 착임했다.[24] 6월 26일 임명된 이케다 기요시池田淸 경무국장은 7월 5일 오후 7시 경성에 착임했다.[25] 경무국장 부재 시 치안을 책임져야 할 다나카 다케오田中武雄 보안과장은 7월 3일 오후 10시 모리오카森岡 전임 경무국장과 경성역을 출발, 7월 5일 오후 7시 신임 이케다 경무국장을 수행하여 경성으로 되돌아올 때까지 부재중이었다.[26] 조선 주재 각국 총영사관 및 영사관과의 외교를 담당하는 외사과장인 호즈미 신로쿠로穗積眞六郞는 7월 1일 고다마 히데오兒玉秀雄 전 정무총감의 이임에 동행하여 7월

23) "宇垣總督を迎ふけさ釜山に上陸今七時京城着任", *京城日報*, 1931.7.15.

24) "今井田摠監を迎ふ今朝釜山に上陸今七時京城着任", *京城日報*, 1931.7.8.

25) "萬寶山事件は現地保護の方針けふ釜山上陸の池田警務局長談", *京城日報*, 1931.7.6.

26) "萬寶山事件は現地保護の方針けふ釜山上陸の池田警務局長談", *京城日報*, 1931.7.6. 그는 1891년에 태어났다. 1919년 조선총독부에 부임한 이래 함경북도 경찰부장(1922년), 경무국 고등경찰과장(1924년), 동 보안과장(1926년), 경기도경찰부장(1928년), 경무국 보안과장(1929년), 관방 외사과장(1932년), 경무국장(1936년) 등 주로 경찰 관계에 근무한 후, 1942년에 정무총감에 취임, 1944년 7월 24일까지 근무했다(국사편찬위원회 한국사데이타베이스(http://db.history.go.kr).; *秦郁彦*. 1981, 392-393).

7일 이마이다 신임 정무총감의 착임 시 동행하여 되돌아왔다.[27]

다만, 다나카 보안과장은 3일 오전 10시까지 경성에 있었기 때문에 3일 새벽 발생한 인천 사건의 보고를 받았다. 그는 1943년 이마이다 정무총감의 유고遺稿 전기에 기고한 글에서 그때를 다음과 같이 회고했다.

> "만주사건의 원인이 된 만보산사건 직후, 조선인과 지나인의 충돌이 만보산에서 일어났다. 그 여파로 조선인의 지나인에 대한 보복 행동이 조선 전역에 팽배하여 최후에는 약 이백 수십 명의 지나인이 살해되었다. 이 사건을 이렇게 확대하고 또한 매우 참담한 결과를 초래한 책임자는 사실은 나였다. 당시 경무국장이 경질되어 나는 보안과장으로 근무하고 있었다. 내가 완전히 사태 파악을 잘못하여 큰일은 없겠지, 혹은 약간 정도는 괜찮겠다고 생각했다. 그런데 대단한 세력이 되어 지나인을 학살했다. 결국 수백 명을 돌파하는 사망자를 낸 것이다."[28]

또한 그는 1959년 2월 18일 조선근대사료연구회朝鮮近代史料硏究會

---

27) "今井田摠監入港す", *京城日報*, 1931.7.8. 그는 1899년에 태어났다. 조선총독부 이재과(理財課, 1914) 근무를 시작으로 황해도 지방계(1915년), 평안남도 지방계장 겸 심사계장(1917년), 철도국 감리과(1918년), 경기도 재무부장(1921년), 부산세관장(1923년), 총독부 회계과장(1926년), 외사과장(1929년), 식산국장(1932년) 등을 역임하고 1941년에 의뢰 면관했다(국사편찬위원회의 한국사데이타베이스(http://db.history.go.kr). 이하 조선총독부 관료의 경력은 기본적으로 국사편찬위원회의 한국사데이타베이스를 이용한 것을 밝혀두며, 주로 표기하지 않는다.

28) 今井田清德傳記編纂會. 1943, 859. 당시의 보안과장이 나중에 사망자 수를 '약 이백 수십 명'이라고 증언한 것은 경무국 발표의 사망자 수인 119명과 큰 차이가 난다. 이 발언은 경무국이 화교 피해자 조사를 철저하게 시행하지 않은 것을 엿보게 한다.

第38회 연구회에서도 똑같은 취지의 발언을 했다. "사실 나는 '저 정도로 조선인을 괴롭히기 때문에 지나인도 조금 당해도 이것 자업자득이 아닌가.'라는 것과 같은 공공연하게 말하지는 못하지만 약간 단속의 손을 완화했던 것입니다. … 그래서 그다지 엄중한 경계 태세를 취하지 않은 채 나는 경무국장이 도쿄에서 올 때 나에게 '전임자와 히로시마의 이츠쿠시마嚴島에서 사무 인계가 있어서 잠깐 입회해 주기를 바란다.'라고 말해왔어요. 나는 경성을 비워서는 안 되었다고 생각해요. 정말은."(宮田節子 監修. 2001, 203-204) 당시의 외사과장인 호즈미도 "처음 인천에서 중국인가를 습격하여 점포를 부수고 사상자까지 발생하는 사건이 일어났다. 나는 곧바로 경무국으로 가서 다나카 보안과장에게 단속과 경계를 부탁했다. 다나카 군은 태연히 '경무국을 신뢰하세요. 이 정도의 일로 꼼짝할 필요는 없습니다. 약간 정도 소란을 일으키는 것이 좋을 정도입니다. 적당한 시기에 딱 진압해 보여드릴게요.'라고 대단한 자신감을 보였다. 나는 사임한 고다마兒玉 총감 부처를 도쿄까지 환송하고 새로운 총감을 맞으려 출장했다. 나도 사태를 약간 우습게 보는 경향이 있었던 것 같다."라고 뒤에 술회했다.[29] 이 사건에 대한 두 명의 진술은 거의 일치한다.

이상의 두 명의 증언으로 인천 사건 당시 조선총독부가 '급속한 조치'를 취하지 않은 것은 조선총독부 치안 책임자의 부재, 다나카 보안

29) 穗積眞六郎. 1974, 70. 그러나 호즈미의 술회는 사실과 다르다. 그는 1959년 2월 18일 개최된 '조선근대사료연구회 第38회 연구회'에서도 똑같은 증언을 했는데(宮田節子 監修. 2001, 210), 여기에서 그는 7월 1일 고다마 전 정무총감을 수행하여 일본에 갔으며, 신임 이마이다 정무총감과 동행하여 경성에 되돌아온 것은 7월 7일 밤이었다. 따라서 그는 인천 사건이 발발한 7월 3일 오전에 경성에 없었다.

과장의 안이한 사태 인식과 과실에 있었다는 것을 알 수 있다. 이같은 조선총독부의 인천 사건에 대한 대응의 과실은 평양 등 조선 각지의 배화사건으로 번지는 대참사를 일으킨 중대한 계기로 작용했다.

Ⅳ. 평양 사건의 근인近因

1. 평안남도 당국의 평양 사건 대응의 문제점

평양 사건이 본격적으로 시작된 것은 인천 사건이 발생한 지 약 70시간이 지난 7월 5일 밤이었다. 경무국은 1931년 화교배척사건 보고서 가운데 평양 사건과 관련하여 다음과 같이 서술했다.

> "만보산사건 악화의 신문 호외에 자극을 받은 평양 부내·외의 조선인은 이달 3일, 4일 경성, 인천 사건을 알고 한층 동요했다. 4일 밤 구시가(조선인가)에서 지나인을 구타하는 사건이 3건 발생, 일반의 분위기가 점차 험악해지는 경향이 있어 경계하던 가운데, 5일 오후 9시경 어떤 자가 부내 죽전리竹殿里 지나支那상점 복합성復合盛 및 겸합성謙合盛의 문과 창문을 파손했다. 이것을 수리하는 지나인과 통행하던 조선인 사이에 하나, 둘 말싸움을 했다. 그 부근에 군중이 점차 증가하여 수십 명이던 것이 수백 명이 되어 일제히 함성을 지른 것이 도화선이 되었다. 오후 9시 30분경 신창리新倉里 방면에서 약 2백여 명의 군중이 이에 합세하여 인원은 3천 수백 명에 달했다. 그들은 지나인 민가를 습격, 투석, 구타, 폭행했다. 더욱이 상수구리上水口里 3백 명, 장별리將別里 2백 명, 신양리新陽里 5천의 군중이 폭동을 일으키기에 이르렀다. 점차 신시가(내지인가)로 이동하여 확대되어, 오후 10시경에는 수정壽町 공설시장 부근에 약 3백 명, 암정巖町형무소 부근에 약 5백 명, 교구정橋口町, 대화정大和町 방면에도 수백 명의 조선인이 무리를 지어 점차 전

시내와 시외에 걸쳐 이동했다. 그들은 함께 지나인 가옥에 집단 쇄도하여 기물, 상품을 파손하고 지나인을 손에 잡히는 대로 폭력을 행사, 거의 흉폭凶暴의 극치를 이뤄 결국 좌기와 같은 피해를 보기에 이르렀다. 경찰관 역시 50명이 부당을 당했다. 그러나 6일 오전 2시경에 이르러 점차 해산했다."(朝鮮總督府警務局. 1931.7, 5-6)

위의 인용문 가운데 경무국은 4일 밤에 구시가에서 화교를 구타한 사건이 3건 발생했다는 것을 분명히 하고 있는데 다음의 사건을 가리키는 것으로 보인다. 수명의 조선인이 4일 오후 5시 이향리履鄕里의 화교 상점을 습격하고 점원을 구타하고 도주한 사건, 수명의 조선인이 승전리升典里의 화교 경영 목욕탕을 습격하여 주인을 구타한 사건, 조선인 3명이 같은 날 오후 5시 30분 이문리里門里에서 걸어가고 있던 화교 2명을 폭행한 사건이다(朝鮮總督府警務局. 1931.7, 別紙第二號 p. 37).

그러나 이와 같은 사건이 발생하기 이전에 이미 조선인에 의한 습격은 시작되고 있었다. 『조선일보』의 기사에 의하면, 4일 오후 5시부터 부내의 화교 상점 6개소(신양리의 벽흥덕壁興德, 죽전리의 영후창永厚昌, 신창리의 영성루永盛樓, 이문리里門里의 화성루和盛樓 및 동승루東昇樓, 보통문외普通門外)의 화교 채소상 80명을 습격, 화교 5명이 부상하는 사건도 있었다.[30] 또한 조선인이 5일 오전 5시 평양 부외인 평안남도 강동군江東郡 만달면晩達面 소재의 메이지明治탄광의 화공華工을 습격하여 1명을 살해하는 사건이 발생했다. 술에 취한 조선인이 같은 시간 강동군 순천면順川面 관하리舘下里 소재 화교 경영 중화요리점을 침입하여 주인을 구타하는 사건도 있었다(朝鮮總督府警務局.

30) "평양시내 중국인상점 6개소 습격", *조선일보*, 1931.7.6.

1931.7, 12). 이상과 같이 평양부 및 부외 지역에서 조선인에 의한 습격 사건이 4일 오후 5시부터 잇따라 발생, 5일 밤 대폭동의 전조는 4일 밤부터 5일 아침에 이미 나타나고 있었다.

따라서 치안 당국이 5일 밤의 대폭동 이전에 어떠한 예방 활동을 펼쳤는지는 평양 사건의 해명에 상당히 중요하다. 경무국은 7월 3일 오전 1시 인천 사건이 시작된 것을 기화로 각 도에 경계 태세에 들어갈 것을 지시했다. 이어 4일 밤부터 5일 아침에 걸쳐 인천, 경성에서 사태가 확대되자 재차 각 도에 엄중 경계의 지시를 통첩하는 한편, 인천부 외리의 파출소가 습격받자 5일 오전 3시 3번째로 각 도에 경계의 지시를 하달했다(朝鮮總督府警務局. 1931.7, 10).

그러나 경무국의 통첩은 경찰의 무장을 포함한 적극적인 경계의 지시는 아니었다. 다나카 보안과장은 평양의 대폭동이 발생한 다음 날, "조선인과 지나인 간에 단순한 작은 충돌 정도라면 종래와 같은 경계를 펼치겠지만, 만약 폭민화해 사건이 중대해질 경우는 유감스럽지만 탄압하지 않을 수 없다."라고 사태를 안이하게 보고 있었다.[31] 경무국의 통첩에 따라 평안남도 경찰부는 관할 각 경찰서에 "평양부내에는 지나인 거주자 다수[32]이므로 6월 4일 우리 사복 사찰원에게 주의자主義者, 사상단체, 기타 일반 민중의 동요를 사찰하게 함과 동시에 외근원外勤員에게 경계하게 하는" 정도에 그쳤다(朝鮮總督府警務局. 1931.7, 11).

31) "重大化すれば彈壓の外なし 鮮支人衝突事件で田中保安課長語る", *京城日報*, 1931.7.7.

32) 평양부의 화교인구는 12개 부 가운데 신의주부 9,071명, 경성부 8,275명에 이어 3번째로 많은 3,543명이었다. 또한 평양부를 포함한 평안남도의 화교인구는 8,775명으로 평안북도, 경기도, 함경남도에 이어 4번째로 많았다(朝鮮總督府. 1934, 40-41).

그러나 이와 같은 경계 태세는 문제가 있었다. 3일과 4일 인천, 경성에서 조선총독부의 예상을 훨씬 초과하는 폭동이 발생하고 있었다는 점, 4일 오후부터 평양 부내에는 이미 군중의 화교 습격이 다수 발생하고 있었다는 점, 그리고 화교나 화교 상점이 집중된 평양부의 구시가는 화교와 조선인이 잡거하여 차이나타운을 형성하고 있던 경성, 인천, 원산, 부산보다 공격당하기 쉬웠다. 이러한 점을 고려한다면 치안 당국은 평양부에 무장경찰을 배치하여 엄중히 단속하든지, 평양부의 화교를 안전한 장소로 신속히 이동시킬 필요가 있었다.

또한 사태의 추이에 불안을 느끼고 있던 평양 화상상회華商商會의 장경현張景賢 상무위원常務委員이 5일 오전 평양경찰서를 방문하여 교민 보호를 간청했을 때, 안도安藤 고등계高等係 주임은 "만약 본 지역에 폭도가 발생한다면 본서는 반드시 보호한다. 가령 조선인과 우연히 마주치면 일부러 양보하기를 바란다. 그리고 평상보다 빨리 문을 닫고 안심하고 있기를 바란다."라고 말하며,[33] 다나카 보안과장처럼 큰 자신감을 보였다. 안도 주임의 회답에 불안을 느낀 장경현 상무위원은 화상상회로 되돌아와서 곧바로 각 교민에게 만반의 태세로 방비防備하도록 통지했다.[34] 평양 화상상회는 4일 밤 간부회의를 개최하고 자위책으로 오늘 밤부터 오후 10시 이전에 폐점할 것을 결의했다.[35]

다음으로 평양 사건 발발 직전 및 직후 평안남도 치안 당국은 이 사건에 어떻게 대처했는지 살펴보자. 당시 평안남도 및 평양부 치안

33) 원문. 本地倘有暴動發生, 本署必切實保護, 苟遇有鮮人, 諒□望特別容讓, 竝從早閉門一切可請安心("汪使調查 鮮案報告書 外部發表之全文", *中央日報*, 1931.8.27.).

34) "汪使調查 鮮案報告書 外部發表之全文", *中央日報*, 1931.8.27.

35) "중국인상점 야간 철시", *조선일보*, 1931.7.6.

책임자는 소노다 히로시園田寛 평안남도지사, 야스나가 노보루安永登 평안남도 경찰부장, 후지와라 키조藤原喜藏 평안남도 내무부장이 5일 밤 대폭동 전후 어떤 활동을 하고 있었는지 보여주는 귀중한 자료가 있다. 당시 조선총독부 관방官房의 통역관으로 근무하던 다나카 도쿠타로田中德太郎가 1931년 8월 2일 사이토 마코토齋藤實 전 총독에게 보낸 서간이 바로 그것이다.[36] 다나카 통역관은 사이토 총독 재임 시기인 1919.8.13.~1927.12.10.과 1929.8.17.~1931.6.17.에 그의 조선어 통역관으로 근무한 최측근이었다.[37] 그는 사이토 총독이 경질되어 도쿄 시부야구澁谷區 나카마치仲町에 거주할 때도 조선의 내부 정보를 정기적으로 그에게 서간으로 보고했다. 이 서간의 첫 부분에는 사이토 전 총독의 인사청탁, 이마무라 다케시今村武志 내무국장(1929년 11월 8일 임명)과 마츠무라 마츠모리松村松盛 식산국장(1928년 3월 29일 임명)의 퇴관(두 인물 모두 1931년 7월 22일) 관련한 조선인들의 여론을 전달하고, 두 인물이 다시 조선에 근무할 수 있도록 요청하는 내용이 기재되어 있었다. 아직 확실한 증거의 단계는 아니지만, 다나카 통역관은 총독, 정무총감 등 총독부의 핵심 인물과 접할 기회가 많아 조선총독부의

36) 田中德太郎가 齋藤實에 보낸 서간. 1931.8.2., "標題 田中德太郎 8", *齋藤實文書 書簡の部*(일본국립국회도서관소장, 분류번호 1029). 다나카 통역관은 1931년 화교배척사건 때 시모노세키(下關)까지 이마이다 정무총감을 마중하러 갔으며, 7월 7일 아침 그의 수행원으로서 부산항에 도착했다("今井田摠監入港す", *京城日報*, 1931.7.8.). 이 서간은 초서체로 쓰여 있는 관계로 글자 해독이 매우 곤란했다. 일본 불교대학(佛教大學)의 이승엽(李昇燁) 교수로부터 많은 도움을 받았다. 여기에 기록하여 감사의 마음을 전한다.

37) 다나카 통역관은 1908년 통감부 평양재무감독국 주사로 임명되어 조선 근무를 시작했으며, 1910년 조선총독부 총무부 인사국 통역생(通譯生), 1921년에 총독 관방 비서과 통역관이 된 후, 일본 패전까지 통역관으로 근무했다.

내부 정보에 정통한 자리에 있었기 때문에 평양 사건의 해명에 이 서간은 중요한 단서가 될 수 있다.

> "지난달 초순 인천 및 평양에서 발생한 지나인 학살사건은 정말로 유감입니다. … 이미 잘 알고 계시리라 생각합니다. 평양 부내서만 사망자 90여 명 … 여기에 부외를 포함하면 백수십 명이 됩니다. 왜 이와 같은 실태失態를 초래했는지 우리 견해는 일치합니다. 도道 경찰부의 처치가 합당하지 못했습니다. 또한 (필자 주: 7월 5일) 밤 요정 다마야玉屋에서 골프회의 연회를 개최, 지사·내무·경찰의 부장이 출석한 연회를 열고 있었습니다. 이때 조선인 유지와 지나인이 빈번히 위험을 호소하고 보호를 간청했지만 염려할 필요가 없으니 너희들은 괜찮다고 말하며 상대해 주지 않았습니다. 그래서 살인 행위 시작된 지 2시간째에 경찰관 무장하고, 3시간째에 서장 출동하고, 4시간째에 경찰부장 출동했습니다. 게다가 그날 밤은 나카노中野 동척東拓 이사의 연회도 있어, 여기에 합류하기 위해 지사와 내무부장은 기생藝者을 자동차에 가득 태우고 조선인 운집하고 있는 곳을 통과, 요정 시치호시야七星屋에 도착했습니다. 이와 같은 무사안일 때문에 그날 밤의 참상을 알지도 못했습니다."[38)]

다나카 통역관은 평양 사건으로 학살의 사태를 초래한 원인으로서 '도 경찰부의 처치가 합당하지 못했습니다.'라는 인식을 총독부의 책임자는 공유하고 있었다고 지적했다. 5일 밤의 골프회의 연회에 출석한 소노다 지사, 야스나가 경찰부장은 평양의 조선인 유지와 화교로부터 빈번히 도움을 간청받았지만, "염려할 필요가 없으니 너희들은 괜찮다."라고 무시, 이 사건의 초기대응에 문제가 있음을 드러냈다. 그 결과, "살인 행위 시작된 지 2시간째에 경찰관 무장하고, 3시간째에

38) 田中德太郎가 *齋藤實*에 보낸 서간. 1931.8.2., "標題 田中德太郎 8", *齋藤實文書 書簡の部*(일본국립국회도서관소장, 분류번호 1029).

서장 출동하고, 4시간째에 경찰부장 출동"하는 상태가 빚어졌다. 『경성일보』의 기사에 의하면, 야스나가 경찰부장이 평양경찰서에 서둘러 도착하여 경찰관을 지휘한 것은 5일 밤 11시 10분으로 이때는 이미 평양 부내의 화교 가옥 및 상점이 모두 습격을 당한 뒤였다.[39)]

또한 소노다 지사와 후지와라 내무부장은 사건 발발이 정점에 치닫고 있던 때에 나가노 동양척식주식회사東洋拓殖株式會社 이사를 위한 연회에 합류하기 위해 기생을 자동차에 가득 태우고 요정으로 가서 밤을 보내, 그가 이 사건을 보고받은 것은 다음 날 아침이었다는 사실은 '무사안일'의 극치라 하지 않을 수 없다. 이러한 실태로 인해 평안남도 당국이 경무국에 이 사건을 보고한 것은 폭동이 발발한 지 15시간이 지난 다음 날 오전 11시였다.[40)] 5일 오후 9시부터 본격적으로 시작된 대폭동은 6일 오전 2시까지 계속되었다. 평양경찰서의 발표에 의하면, 이 시간 동안 확인된 사망자는 44명(남성 41명, 여성 3명), 중상 82명(남성 68명, 여성 14명), 경상 36명에 달했다(朝鮮總督府警務局. 1931.7., 別紙第二號, 37). 6일 오전 9시까지 평양경찰서 광장에 수용된 화교 피난민은 약 3,300명에 달했다.[41)]

평안남도 치안 당국이 이 사건에 '무사안일'하게 대응한 것에 대해, 호즈미穗積 외사과장도 나중에 다음과 같이 내둘러 지적했다. "평양의 지사는 온순하고 수재인 소노다 히로시園田寬[42)]씨였다. 그러나 경찰

39) "平壤署へ避難 被害者も多數", *京城日報*, 號外1931.7.6.

40) 朝鮮總督府警務局. 1931.7, 10. 그 때문에 조선총독부로부터 도쿄의 척무성에 이 사건의 보고가 지체되었다. 척무성은 6일 아침 조선총독부에 긴급히 보고하도록 전보를 보내기까지 했다("軍隊出動を見ず鎭壓したい平壤の情報何も來ぬので拓務省が朝鮮へ問合せ", *東京朝日新聞*, 1931.7.7.).

41) "襲擊曉に及ぶ三千三百餘名の避難者を軍隊を以て保護す", *京城日報*, 1931.7.7.

의 경험이 없는 분이었고, 경찰부장[43]은 내지內地에서 온 사람으로 조선의 사정을 모르는 분이었다. 게다가 경찰에 대한 자신과 이번의 일은 약간 정도 소란을 피우게 한 후 진압해 보이려는 마음의 이완 때문에 그 대단한 다나카田中 군도 조선 전역에 주의를 충분히 하지 않았다."(穗積眞六郞. 1974, 70-71) 또한 일본정부의 일부에서도 이번의 불상사에는 조선총독부의 경비에 과실過失이 있었다고 비난했다.[44] 『東京朝日新聞』 7월 7일 자 사설에도 "인천의 불온함을 뒤돌아보고 경계와 단속에 부주의가 없도록 전력을 다해야 했는데 그렇지 못한 것은 뭐라 하더라도 태만怠慢의 비난을 면하기 어려울 것이다."라고 지적했다.[45]

이상의 다나카 통역관의 서간 및 호즈미 외사과장의 증언을 통해 5일 밤 발생한 평양 사건의 근인近因의 하나는 평안남도 치안 책임자의 무사안일 극치에 있었다는 것은 분명하다.

2. 유언비어의 영향

평양 사건의 확대 원인에는 유언비어의 확산이 있었다는 것을 경시할 수 없다. 외사과의 요우楊 사무관은 7월 8일부터 10일 사이에 평양 현지 조사 활동을 마친 후 다음과 같이 말했다. "평양에는 만보산사건

42) 소노다 평안남도지사는 1923년 조선총독부 감찰관실의 감찰관으로 취임한 이래 외사과의 사무관, 삼림부장(森林部長)을 역임한 후, 1929년 1월 29일부터 평안남도지사에 취임했다.

43) 야스나가 경찰부장은 1930년 10월 경무국 사무관으로 임명되었고, 1931년에 평안남도 경찰부장으로 부임했다("辭令", *동아일보*, 1930.10.14.).

44) "總督府當局の警備上の手落ち", *東京朝日新聞*, 1931.7.7.

45) "社說 朝鮮の報復暴動", *東京朝日新聞*, 1931.7.7.

직후 만보산 이주 조선인이 2천 명이나 참살慘殺되고 있다든지, 평양에서도 지나인이 조선인을 습격하여 참살했다든지, 혹은 전차 안에서 조선인이 지나인에게 찔러 죽임을 당했다는 등의 참말로 그럴듯한 유언비어가 난무하여 인심이 극도로 격앙, 당국이 전력을 다해 경계했음에도 불구하고 이와 같은 사건을 일으킨 것으로 생각한다."46) 즉, 요우 사무관은 유언비어가 사건을 확대한 원인이라고 분석한 것인데 당국의 무사안일한 대응의 책임을 회피하려는 의도적인 발언으로 보이지만 근거가 있는 지적이었다.

당시 『동아일보』 기자로서 이 사건을 취재한 오기영吳基永도 5일 밤의 대폭동에 대해 비슷한 회고를 했다.

> "누구의 입에선가 무서운 유언이 퍼졌다. '永厚湯(중국인 목욕장)에서 목욕하든 조선인 4명이 刺殺되었다', '大馳嶺里(府外)에서 조선인 30명이 중국인에게 몰살되었다', '西城里에서 중국인이 작당하야 무기를 가지고 조선인을 살해하며 성안府內으로 들어오는 중이다', '長春에서는 동포 60명이 학살되었단다', 비상시기의 군중을 선동하는 流言과 蜚語는 실로 위대한 힘을 가졌다. 냉정을 찾으면 상식으로써 판단될 허무맹랑한 소리가 마침내 전율할 살인극을 연출하고야 말았다."47)

평양 출신으로 이 사건을 목격한 소설가인 김동인金東仁도 오기영 기자가 경험한 유사한 유언비어가 난무하고 있었다는 것을 증언했다.

46) "'流言蜚語が事件を擴大した' 平壤に出張調査した楊外事課事務官談", *京城日報*, 1931.7.12.

47) 吳基永. 1931.9.4., "平壤暴動事件回顧, 在滿同胞問題 特輯", *東光* 제25호, p. 10. 일부 문법적으로 잘못된 글자는 현대어로 바꾸었다.

"온갖 데마가 난무했다. '전줏골 중국인 목욕탕에는 때마침 조선 사람 浴客이 7, 8인 있었는데, 이 소동이 시작되자 목욕탕 주인 중국인은 칼을 들고 탕으로 뛰어 들어가서 벌거벗은 욕객들을 모도 죽였다.' … '料亭 東華園에는 遊興客이 몇 사람 있었는데 소동이 시작되자 중국인들이 칼을 들고 객실에 뛰어 들어가서, 손님이며 기생을 모두 죽였다.' … '某 商館에는 朝鮮人 雇人이 몇이 있었는데, 모두 참살을 당하였다. … 一見 그럴듯한 이런 소리들을 서로 주고받으며 흥분된 군중들은 포목 찢기에 분주하였다."[48)]

군중이 새로운 정보에 민감해 있던 때, 이처럼 있음 직한 유언비어는 군중의 감정을 자극하여 화교에 대한 습격을 한층 격화시킨 것이다. 앞에서 언급한 인천 사건과 경성 사건에서도 "각종의 유언비어가 왕성하게 이뤄진" 것이 군중을 자극한 것을 볼 수 있었다(朝鮮總督府警務局. 1931.7, 5.). 이러한 예는 1923년 간토대지진 때 '조선인이 폭동화 되었다.', '우물에 독을 넣고 방화하여 돌아다니고 있다.'와 같은 유언비어가 일본인에 의한 조선인이나 화교 등의 습격 및 학살사건을 초래한 것과 매우 유사하다.

평안남도 당국은 유언비어가 확산하지 않도록 노력했다. 평양부윤平壤府尹은 7월 6일 "관헌을 신뢰하고 유언비어에 현혹되지" 않도록 평양 부민에게 공포했다.[49)] 평안남도 도청은 7일 유언비어의 사례로

48) 琴童. 1934.12, "柳絮狂風에 춤추는 大同江의 惡夢, 3년 전 朝中人事變의 回顧", *개벽 신간* 제2호, p. 8. 일부 문법적으로 잘못된 글자는 현대어로 바꾸었다. 오기영과 김동인이 쓴 두 작품을 통해 이 사건에 표출된 조선인의 왜곡된 민족의식의 문제점을 검토한 李相瓊 著·郭炯德 譯. 2010의 연구는 문학작품의 측면에서 접근한 분석으로 매우 주목된다.

49) "朝鮮總督府府尹大島良士諭告". 1931.7.6., 朝鮮排華暴動, *《外交部檔案》*(타이완국사관소장, 0671.32-4728).

써 다음의 3가지(중국인에 의한 유아 살해, 만보산 및 봉천奉天 근처에서 중국인이 다수 살상되었다는 것, 중국인이 단결하여 조선인에게 복수한다는 것)을 들고 각각에 대해 '허무맹랑한 선전'에 지나지 않는다면서 이를 신용하지 말도록 공고했다.[50] 그러나 유언비어는 그 성격상 힘 있게 살아 성장하고 군중이 당국의 설명을 신용하지 않으려는 경향이 있어 사태는 좀체 진정되지 않았다.[51]

5일 밤 대폭동 후에도 유언비어가 확산하는 양상을 보였는데 이에 대해 치안 당국은 어떻게 대처했는지 보도록 하자. 조선총독부는 이토伊藤 사무관 및 미쓰하시三橋 경무과장을 6일 밤 현지에 급파하는 한편, 전화와 전보를 통해 사후의 경비와 경계, 예방단속, 피해자나 피난민의 처우에 대해 지시를 내렸다. 소노다 지사가 보조 헌병 및 군의 출동을 요청했는데 이에 응하여 조선총독부는 평양에 보조 헌병 50명과 병사 30명, 진남포에 병사 40명을 파견하여 진압에 온 힘을 다했다고 한다.[52] 그러나 병사가 파견된 것은 6일 밤이 되어서였다. 6일 오전과 오후 조선인 폭도에 의한 화교나 그들의 가옥 및 상점의 재습격이 멋대로 이뤄졌을 뿐 아니라 경계하고 있던 경관과 대충돌이 발생하는 형국이었다.[53] 또한 당시 평양 거주의 요코야마 요시코横山義子에 의하면, 6일 낮 무장 기마 경관은 조선인 폭도가 곤봉을 들고 필사적으로 도망가는 화교를 쫓아가는 데도 적극적으로 제지하지도 않았으며,

50) "平安南道廳急告". 1931.7.7., 朝鮮排華暴動, *《外交部檔案》*(타이완국사관소장, 0671.32-4728).

51) 유언비어의 발생, 구조, 성격에 대해서는 淸水幾太郎. 1937을 참조 바람.

52) 朝鮮總督府警務局. 1931.7, 10-11. 평양 및 진남포에 파견된 것은 평양 보병 77연대의 병사였다("鎭南浦へ軍隊を急行", *京城日報*, 1931.7.7).

53) "四隊の巡察隊で街々の警備に當る"·"素麵工場に押寄せた一千名の集團", *京城日報*, 1931.7.7.

부동의 자세로 못 본 척하든지, 하늘을 향해 위협 사격을 하고 있었다고 한다.54) 치안 당국의 폭동 진압에 있어 미온적인 태도로 인해 조선인의 화교 습격은 평양부의 인근 지역인 진남포부, 대동군, 강동군, 강서군, 용강군, 평원군으로 확산하여 9일까지 폭행 및 방화가 계속되었다. 이로 인해 경무국의 발포만으로도 16명의 사망자가 발생했다.55)

이와 같은 경찰의 진압 태도는 내외의 비판을 받았다. 평양의 조선인 지도자인 조만식曺晩植, 오윤선吳胤善 등 3명은 7월 11일 소노다 지사를 방문했을 때, "이번 사건에 경관이 목도하는 앞에서 살상을 감행하였고 무장 경관으로 전시全市를 경계한 제2일에 중국인 가옥의 재습再襲 파괴와 방화가 있었던 것은 경찰의 무능이 아니면 무성의"라고 항의했다.56)

한편, 고베神戶에서 발행되던 영자지 『The Japan Chronicle』은 평양 사건의 배경을 분석한 기사에서 평양의 경찰은 폭도의 공격에 대해 무력했으며 동원 가능한 군대를 투입하지 않은 것에 의문을 제기했다.57) 사실, 평양에 투입된 보조 헌병 50명과 병사 30명은 주로 도립의학강습소道立醫學講習所에 수용된 화교 피난민의 보호 활동을 펼쳤

54) 横山義子. 1994, 30-45. 요코야마는 당시 평양 숭의여학교(崇義女學校)의 교사로 근무하고 있었다.

55) 朝鮮總督府警務局. 1931.7, 各地ニ於ケル被害狀況其ノ三 12-14와 〈표 1〉을 참조 바람.

56) "지사를 방문 實例들어 문책 평양폭동사건에 대하야 단체연합회 위원이", *동아일보*, 1931.7.13.

57) "Heijo: Behind The Scenes", *The Japan Chronicle*, July 14th 1931. 동 신문은 이 기사 게재 이전에도 관련 기사를 게재, 상당한 관심을 보였다. 예를 들면, 7월 9일 자 신문에는 화교배척사건, 7월 11일 자 신문에는 만보산사건을 집중 조명한 기사를 게재했다. 동 신문은 1868년 창간되어 일본에서 발행되는 외국어 신문 가운데서는 발행 부수가 가장 많았다.

다.[58] 5일 밤의 대폭동을 되돌아보면, 재빠른 병력 동원으로 무력 진압을 해야 했지만, 조선총독부는 그렇게 조처하지 않은 것은 사보타주로 받아들일 수밖에 없다. 요코야마 요시코의 회상록에 의하면, 6일 오후 부상한 화교를 치료한 구보타久保田 의사가 "치안유지 때문에 사건의 확대를 억제할 뿐 일본은 제삼자의 입장에서 적극적 행동은 허용되지 않는가 봅니다. 국책國策이라는 것도 있기 때문이지요."라고 말했다(橫山義子. 1994, 43). 그의 이야기는 당시 평양 거주 일본인 지식인의 공통적인 인식이 아닐까 한다.

그렇다면 조선총독부는 왜 5일 밤 평양 사건 직후, 급속한 부대의 출동을 하지 않았는지, 무장 경관은 왜 폭도를 적극적으로 진압하지 않았던 것일까? 이러한 의문에 대해 우가키宇垣 총독의 일기를 통해 원인을 찾아보도록 하자.

우가키 총독은 1931년 9월 7일 자 일기에서 "평양 사건은 정말로 유감스러운 일이었다. 이런저런 면에서 조선인의 기백氣魄이 아직 있다는 것을 보여준 것으로 유연하게 흐르고 있던 내지인內地人에게도 상당한 경계심을 불러일으켰다. 또 지나인의 조선 진출까지도 어느 정도까지 저지할 수 있었다."라며(宇垣一成. 1970, 810), 평양 조선인의 화교 습격 사건을 긍정적으로 받아들이는 듯한 인식을 드러냈다. 즉, 그는 평양 사건에 대해 중국 관헌에 의한 만주 거주 조선인의 박해에 대해 조선인이 좌시하지 않고 떨쳐 일어선 것을 칭찬하고 화교의 조선 이주를 어느 정도 저지할 수 있었다고 평가한 것이다.

또한 그는 9월 4일 자 일기에서 "기타 조선인 가운데에는 지나支那를 대국大國, 지나인을 대국인으로 칭하고 있는 자 아직 많다. 보수

---

58) "配給の握りめしに餓えを凌ぐ軍隊に護られ", *京城日報*, 1931.7.7.

사대의 인습 깊은 이러한 조선인의 심리는 경시해서는 안 된다. … 강력한 나라 일본인의 이름으로 이에 동반되는 옹호가 제대로 미치지 못할 때 즉, 실제가 동반되지 않을 때는 결국 사대사상의 지배가 점점 대두될 우려가 있다. 통치상 주의해야 할 부분이다."라고, 조선인에게 중국의 영향력이 커지는 것을 매우 경계하는 태도를 보였다(宇垣一成. 1970, 809-810). 그의 이와 같은 경계심을 뒤집어 본다면, 양 민족을 괴리시키는 것이 조선 통치상 바람직하다고 인식하고 있었다고 해석할 수 있다.

우가키 총독은 평양 사건 직후인 7월 7일 자의 일기에 "나에게 급거 착임할 것을 권고해준 호의好意의 인물도 있었지만, 그렇게 황급히 굴 만큼의 일도 아니고 각각의 지시를 내리고 예정의 일정에 따라 부임하기로 했다."라고 적었다.[59] 그가 평양 사건을 "그렇게 황급히 굴 만큼의 일도 아니다"라는 인식을 하고 있었다는 것을 알 수 있다. 당시 조선 군대의 출동은 우가키 총독에 전적으로 일임된 상황이었기 때문에,[60] 그의 이러한 1931년 화교배척사건 인식하에서는 처음부터 재빠른 군대의 출동 및 진압은 기대할 수 없었던 것이 아닐까.

한편, 지금까지의 검토로 1931년 화교배척사건은 관동군이나 조선 총독부에 의해 만주 침략을 위해 날조된 사건이 아니라는 것이 분명해졌다. 다나카 보안과장은 1959년에 이 사건의 조작설에 대해 다음과 같은 의견을 피력했다.

---

59) 宇垣一成. 1970, 802-803. 우가키 총독은 예정대로 11일 오전 도쿄에서 출발하여 이세신궁, 모모야마고료를 참배한 후, 14일 오후 7시 경성에 착임 했다.

60) "軍隊出動を見ず鎭壓したい 平壤の情報何も來ぬので 拓務省が朝鮮へ問合せ", *東京朝日新聞*, 1931.7.7.

"나는 객관적으로 생각해볼 때 그것은 아닙니다. 물론 바로 앞의 권씨(필자 주: 權寧一)의 말에도 평양 사건과 같은 것은 그런 것은 당신, 일본이 이용한다면 그런 사건을 일으키지 않는 쪽이. 만보산사건만으로 충분해요, 이용한다고 하면. 평양 사건은 이쪽이 나빠서 조선인이. 그래서 평양 사건이 없는 편이 구실로 하기에 좋았던 거야. 그렇지요? 내 생각은 그렇습니다."(宮田節子 監修. 2001, 208)

즉, 다나카 보안과장은 '날조된 사건'이 아니라는 것을 강력히 항변한 것이지만, 지금까지의 검토에 따라 판단한다면 그의 이야기는 거짓말은 아닌 것 같다. 그러나 조선총독부가 1931년 화교배척사건을 날조하지 않았다고 하더라도 사건의 발생 및 확대에서 조선총독부의 치안 책임자의 사보타주 및 과실이 있었다는 것은 이번의 검토로 명확해졌다고 생각된다.

V. 일본정부 및 조선총독부의 사건 처리

1. 중일 간의 외교교섭

이 사건이 진정된 후 중일 양국 간에는 이 사건의 해결을 둘러싼 치열한 외교교섭이 전개되었다. 일본정부는 평양 사건 직후인 7월 7일 각의閣議를 열어 사건에 대한 대책을 협의하고 다음과 같은 대책을 발표했다. 첫째, 가해자는 소요죄騷擾罪로 엄중히 처벌할 것. 둘째, 이번의 사건은 관헌에 의한 것이 아니라 완전히 폭민이 일으킨 것이기 때문에 국제문제가 되지는 않지만, 피해자에 대해서는 손해의 상황을 파악하여 위문 방법을 마련할 것. 셋째, 중국 측에서 손해배상의 요구가 있을 경우는 정부로서도 호의를 가지고 고려할 것. 또한 각의閣議

에서 장래의 대책과 관련해 이번 사건의 원인이 중국 측의 조선인 농민 압박에 있다고 지적, 중국 측과 협의하여 장래의 화근을 없애야 한다는 데 의견의 일치를 봤다.61)

한편, 중국 외교부는 7일 일본 외무성 앞으로 "귀국 관헌이 사전에 이를 제지하지 못했고 사후에도 보호하지 못한 것은 국민정부가 깊이 유감으로 생각하는 부분이다. 따라서 이번 중국 거류민이 입은 손해에 대해 추후 조사를 한 후 배상을 요구하기로 하고 교섭은 유보하기로 한다."라는 공문을 보냈다.62) 이에 대해 외무성은 곧바로 "일본정부로서는 국제공법상 국가의 책임은 없다고 믿고 있다. 다만, 관헌이 경비 시 잘못을 했다고 한다면 책임 문제가 발생하겠지만, 지금까지의 조사 및 보고에 의하면 일본 관헌의 대처에 실태失態로 인정할 사실은 없다."라는 견해를 밝혔다.63) 이 시점에서 조선총독부로부터 평안남도 치안 책임자의 과실이 일본정부에 정확히 보고되지는 않았을 것으로 추정되며, 외무성은 경비에 잘못이 없었다고 하는 조선총독부의 보고를 근거로 배상의 책임은 없다고 주장한 것으로 보인다.

이 문제를 둘러싼 중일 간의 제1차 교섭은 7월 11일 상하이에 있는 중국정부 외교부판사처에서 시게미쓰 마모루重光葵 대리공사와 왕정옌王正延 외교부장 간에 이뤄졌다. 시게미쓰 대리공사는 이 사건에 대해 유감의 뜻을 표명함과 동시에 위의 각의 결정 사항 및 외무성의 방침을 설명했다. 이에 대해 왕정옌 외교부장은 왕룽바오汪榮寶 주일

61) "鮮支衝突に關し閣議對策を協議", *東京朝日新聞*, 1931.7.8.

62) 外交時報社. 1931.8.1., "鮮支人衝突事件の眞相(日支外交交涉の開始)", *外交時報* 제640호, p. 176.

63) "公法上の責任なし 損害賠償とは以ての外外務省の意向", *東京朝日新聞*, 1931.7.8.

본공사를 조선에 파견하여 피해조사를 한 후 정식으로 손해배상을 요구한다는 뜻을 전달, 회의는 30분 만에 종료됐다.64)

제2차 교섭은 7월 15일 개최되었다. 시게미쓰 대리공사는 앞에서 언급한 7일 자 중국정부의 이 사건에 관한 항의문에 대해 일본정부의 회답문을 왕정옌 외교부장에게 전달했다. 첫째, "조선총독부 관헌은 전력을 다해 폭행의 예방과 중국인을 보호했다."라는 점. 둘째, "국법에 근거하여 가해자를 엄격히 처벌해야 한다."라는 점. 셋째, "피해자에 대해서는 … 긴급히 구휼救恤을 마련할" 것. 넷째, 만보산사건이 이 사건의 원인이라는 점.65) 즉, 일본정부는 이번 사건의 책임을 인정하지 않고 피해자의 구휼로 문제를 해결하려는 한편, 이번 사건에 대해서는 중국 관헌에 의한 만주 거주 조선인 박해가 원인이라고 계속 주장, 이번 사건에 대한 중국정부의 외교 공세에 대처하려 했다.

이에 대해 중국정부는 7월 17일 자로 시게미쓰 대리공사 앞으로 두 번째의 항의문을 보냈다. 조선총독부가 사전 및 사후에 취한 대처에 문제가 없었다고 하는 일본 측의 견해에 대해 다음과 같이 반박했다. 만보산사건은 단순한 중국 지방 관헌의 만주 거주 조선인 농민 압박사건에 지나지 않는데도 불구하고 일본과 조선의 각 신문이 고의로 과장보도를 해 조선화교를 학살하게 한 것이며, 중국 영사가 조선의 지방 관헌에게 보도 기사의 위험성에 대해 주의를 환기 시키면서 화교의 보호를 요청했지만, 지방 관헌은 적절히 조처하지 않은 점, 사건 발생 후 지방 관헌의 진압행위가 재빨리 이뤄지지 않아 사건을

64) "朝鮮事件", *京城日報*, 1931.7.12.; 南滿洲鐵道株式會社. 1931.7.25., "時事 再び萬寶山問題起り之に因して朝鮮事件勃發す", *滿蒙事情* 118호, pp.18-19.

65) "朝鮮事件の我政府の回答文", *京城日報*, 1931.7.16.; 南滿洲鐵道株式會社. 1931.7.25., 22.

확대했다는 점, 등을 들어 일본정부의 회답을 수용하기 어렵다고 반박했다.[66]

중국정부로부터 조선화교 피해조사의 명령을 받은 왕룽바오 주일공사는 7월 15일 오전 8시 부산항에 도착, 7월 23일 신의주를 떠나기까지 약 1주일에 걸쳐 조사를 펼쳤다. 그는 부산, 경성, 영등포, 인천, 평양, 진남포, 신의주 등을 방문하고 피해조사를 했다. 조선을 떠난 이후 펑텐奉天, 베이핑北平, 상하이를 거쳐 난징에 도착, 외교부에 조사 결과를 보고한 것은 8월 3일이었다.

일본정부는 중국정부의 두 번째의 항의문에 대한 회답문을 보냈지만, 그것이 외교부에 도착한 것은 8월 10일이었다. 그 내용은 다음과 같다. 첫째, 1927년 화교배척사건이 만주 거주 조선인 농민 압박으로 일어난 것을 인용하면서 이번 사건의 원인은 만보산사건이라는 점. 둘째, 신문 및 기타의 단속은 충분히 이뤄졌으며, 사망자 다수를 냈지만, 이것은 평양 한 지방에 국한된 사실이라는 점을 들어 사전 및 사후의 화교 보호에 잘못이 없었다는 점. 셋째, 완전한 법치국가에서 개인의 사건에 대해 국제법상 국가에 책임이 없다는 점. 넷째, 따라서 배상의 의무는 없다는 점. 다섯째, 조난遭難 한 화교에 대해서는 자발적으로 구휼을 한다는 점.[67] 즉, 일본정부는 첫 번째의 회답문과 똑같이 이 사건의 단속, 진압, 보호에 있어 잘못이 없었다는 것을 재차 주장하고 왕룽바오 공사의 조사 결과에 근거한 중국정부의 배상 요구를 사전에 거부했다.

그러나 왕룽바오 공사의 조사 결과를 근거로 왕정옌 외교부장은 8

66) "日本の責任を支那側强調 第二次公文の要綱", *東京朝日新聞*, 1931.7.21.
67) 國際聯盟協會. 1931.9.1., "朝鮮事件に關する外交々涉", *國際知識* 제11권 제9호, p. 113.

월 24일 세 번째의 항의문을 가미무라 신이치上村伸一 주난징영사駐南京領事에게 전달했다. 항의문의 요지는 "일본정부의 대 지나 회답은 불만족스러우며 도저히 구체적인 교섭에 들어가기 어렵다."라고 전제한 뒤, 다음과 같은 점을 지적했다. 첫째, 1931년 화교배척사건의 발생은 일본정부가 책임을 져야 한다는 것. 둘째, 이미 책임이 명백한 이상 일본정부는 국제공법상 중국에 대해 정식으로 유감의 뜻을 표명할 것. 셋째, 일본 경관의 처벌. 넷째, 손해배상액으로 사망자 1명당 5천원, 재산손해배상으로 250만 원을 요구한다는 것. 다섯째, 향후 같은 사건이 재발하지 않도록 보증함과 동시에 화교 행방불명자에 대해서는 일본정부가 책임지고 조사하고 피해의 배상은 장래로 유보할 것. 화교 본국 귀국자의 조선 내 재산을 충분히 보증하고 조선에 돌아와 복업復業할 때는 충분한 편의를 제공할 것.[68] 항의문에는 사상자, 행방불명자나 피해자의 명세서가 첨부되어 있었다고 생각되는데, 중국정부가 8월 27일 중국 국민에게 공표한 왕룽바오 공사의 조사보고서에는 중국 측이 파악한 인원 및 재산손실액은 없고 조선총독부가 발표한 데이터를 인용하는 정도에 머물렀다. 이것으로 볼 때 이 시점에서 중국정부가 정확한 피해상황을 파악하고 있지 못했던 것으로 추정된다.

주조선총영사관이 각 영사관 및 중화상회를 통해 조사한 사상자 인원 및 피해액이 종합된 것은 9월 상순 이후였다. 그에 따르면, 사망자는 142명(이 가운데 평양은 133명), 중상 120명(동 74명)이었다. 각지 화교의 직간접손실액은 주진남포영사관 관할 지역이 266만3,646.13원(평양부 254만 5,888.57원, 진남포부 11만 7,757.56원), 주인천판사처 관할지역 65

68) 外交時報社. 1931.9.15., "朝鮮事件第三回對日抗議", *外交時報* 제643호, pp.185-186.

만 3,752.32원, 주조선총영사관 관할지역 64만 4,124.59원, 주원산영사관 관할지역 3만 2,947.73원, 주신의주영사관 관할지역 4만 8,263.22원, 주부산영사관 관할지역 1만 4,791.41원으로 총손실액은 405만 7,525.4원이었다.[69] 또한 고향에 귀국한 조선화교의 피해상황은 주조선총영사관이 1931년 9월 산둥성山東省, 허베이성河北省 정부에 이 사건에 의한 각 성 출신 화교의 사상자나 재산 손실표의 작성을 의뢰, 각성 정부가 각 현縣에 훈령訓令을 내려 조사했다. 이러한 조사 결과가 각 성 정부를 통해 조주선총영사관에 보고된 것은 1932년 상반기가 되어서였다.[70]

하지만, 일본정부는 중국정부의 배상 및 책임자 처벌을 포함한 세 번째의 항의문에 회답하지 않았다. 그 이유는 당시 중일 양국 간에는 1931년 화교배척사건 이외에도 만보산사건, 중국 내 일본상품 불매운동, 나카무라中村대위사건 등의 외교 현안이 산적해 있었을 뿐 아니라 9월 18일의 만주사변의 발발로 이 사건을 정면에서 해결할 환경이 아니었다는 점, 근본적으로 일본정부 및 조선총독부가 이 사건의 책임자 처벌 및 배상할 용의가 전혀 없었다는 것에 있었다.

2. 책임자의 처벌 및 구휼금 지급

위에서 본 것처럼 일본정부는 중국정부가 요구하는 책임자 처벌을

69) "韓民排華暴動案(三)", 《*駐韓使館保存檔案*》(타이완중앙연구원근대사연구소당안관소장, 03-47-205-13). 구웨이쥔 참여위원은 이 자료를 근거로 조선 화교의 인적 및 물적 피해를 리톤조사단에 보고한 것으로 보인다.

70) "損失調査(一)", 《*駐韓使館保存檔案*》(타이완중앙연구원근대사연구소당안관소장, 03-47-222-15).

수용하려 하지 않았다. 그러나 조선총독부의 입장에서 이번 사건에서 중대한 책임이 있는 다나카田中 보안과장, 평양 사건 관련 평안남도 치안 당국의 중대한 과실 및 직무태만을 파악한 이상, 기강을 바로잡기 위해서라도 책임자 처분을 해야 하는 상황이었다. 또한 일본 국내서도 이번 사건에 대해 "조선 통치상 일대 결함을 드러낸 것이기 때문에 새로 임명된 당국當局은 사건의 전말을 엄정히 하여 총독 정치의 위신을 내외에 회복시킬 것을 절망한다."라는 여론을 무시할 수 없었다.[71]

우가키 신임 총독이 그와 같은 내외의 여론에 어떻게 대응했는지 치안 책임자를 어떻게 처분했는지 보도록 하자. 먼저, 다나카 보안과장. 그는 이 사건을 책임질 각오를 하고 이마이다今井田 정무총감을 방문했을 때, "가끔 말씀 하셨지만 별로 많은 것을 말하지 않은 채 피식 웃고서는 '아니 오히려 당신이야말로 많이 고생했다.'라고 나에게 말씀하셨다. … 책임자인 나에게 격려와 고생했다고 말씀하셨습니다."라고 했다는 것이다(今井田淸德傳記編纂會 編. 1943, 859-860). 즉, 이마이다 정무총감은 다나카 보안과장에게 책임 추급을 전혀 하지 않았을 뿐 아니라 오히려 격려했다는 것이다. 다나카 보안과장은 어떠한 처분을 받지 않은 채 1933년에 관방官房 외사과장으로 이동하고, 1936년 4월에는 경무국장으로 승진(그해 9월까지 근무), 1942년 5월에는 총독의 다음 자리의 실력자인 정무총감에까지 올랐다.[72]

경무국에서 다나카 보안과장과 함께 중대한 책임자의 한 명이었던 미쓰하시 고이치로三橋孝一郞 경무과장은 이 사건 직후인 7월 29일

71) 半澤玉城. 1931.7.15., "鮮支衝突事件", *外交時報* 제639호, p. 6.
72) 국사편찬위원회의 한국사데이타베이스(http://db.history.go.kr).

사임하고,[73] 일본정부 내무성 경보국警保局 보안과장 겸 고등과장으로 전근했다. 그 후 1936년 9월 경무국장으로서 다시 조선에 되돌아와 1942년 6월까지 근무했다. 호즈미 외사과장은 1932년 7월 식산국장殖産局長으로 승진하고 1941년 11월까지 약 9년간 근무했다.

다음은 평양 사건의 치안 책임자의 처분을 보도록 하자. 평양 사건이 수습 국면에 접어든 7월 9일 야스나가 평안남도 경찰부장은 이번 사건의 책임을 지고 소노다 지사에게 사표를 제출했다. 소노다 지사와 야마시타山下 평양경찰서장도 사표를 제출할 예정이라고 신문은 보도했다.[74] 소노다 지사는 사건 직후 호즈미 외사과장에게 전화를 걸어, "시끄러워서 일을 할 수 없으니 불러들여 주라"고 부탁했다고 한다(穗積眞六郎. 1974, 71). 우가키 총독은 7월 22일 총독부 기자단과 정례 회견을 갖은 자리에서 평양 사건의 책임자 처벌에 관한 질문을 받고, 처벌해야 할 자가 있으면 처벌할 것이라고 한 후, 소노다 지사가 23일, 24일 총독부에 공무로 오기 때문에 평양 사건의 상세한 보고를 들은 후 검토할 것이라고 답변했다.[75] 『동아일보』는 우가키 총독이 소노다 지사를 소환하여 후지와라藤原 내무부장, 야스나가安永 경찰부장, 아카자와赤澤 고등과장, 야마시타山下 경찰서장을 처분한다고 보도했다.[76]

결국, 소노다 지사는 1931년 9월 23일 자로 퇴관했다(朝鮮總督府. 1935, 人事 p.19). 야스나가 경찰부장은 10월 1일 조선총독부 관방 문서과文

---

73) 그는 사임의 이유로서 모리오카(森岡) 경무국장의 퇴관(退官), 양친에 대한 효행 및 자녀 교육을 들었다("依願免本官退官について三橋課長語る", *京城日報*, 1931.7.30.).

74) "평남 경찰부장 사표를 제출", *동아일보*, 1931.7.10.

75) "人事異動は一段落 是れ以上考へてゐぬ", *京城日報*, 1931.7.23.

76) "평양 사건으로 園田지사 소환", *동아일보*, 1931.7.24.

書課 근무를 명받았다.[77] 야마시타 경찰서장은 퇴관한 후 1932년 10월 평양 부내의 버스회사 경영자로 취직하였고,[78] 1937년에는 평양보호관찰소平壤保護觀察所 촉탁 보호사, 1942년에는 평양중앙청과(주)의 대표로 근무했다.[79] 다나카 통역관의 서간 가운데 소노다 지사와 동석한 후지와라 내무부장은 소노다 지사의 후임으로 평안남도지사로 승진하였고, 1935년 4월 1일까지 근무했다.[80] 아카자와 고등과장은 1932년 원산경찰서장으로 이동했다.[81]

이상과 같이 우가키 총독이 이 사건 치안 책임자 가운데 책임을 물어 처벌한 인물은 한 명도 없었다. 소노다 지사와 야마시타 경찰서장은 퇴관했지만, 다른 책임자는 승진하여 조선총독부의 핵심 관료로 승승장구했다. 다수의 사망자와 재산손실을 초래하고 치안 책임자의 과실 및 직무태만이 명백한 이 사건의 책임자 처벌은 사실상 이뤄지지 않았다고 해도 과언이 아니다.

앞에서 일본정부가 이 사건의 화교 피해자에 대한 배상을 거부하고 그 대신 피해자에게 구휼금을 부여한다고 명언했지만, 그것이 실제 어떻게 처리되었는지 보도록 하자. 일본정부는 7월 10일 각의에서 이 사건의 피해자에 대해, "조선총독부의 이름으로 적당한 위문 구제의 길을 강구한다."라고 결정했다.[82] 이 각의 결정으로 일본정부는 피해

77) "辭令", *동아일보*, 1931.10.2.

78) "주식 조직으로 府內 버스 실현 불일간에 출현", *중앙일보*, 1932.12.16.

79) 국사편찬위원회의 한국사데이타베이스(http://db.history.go.kr).

80) 朝鮮總督府. 1935, 人事 p. 15. 후지와라 키조 내무부장은 1920년 경무국 사무관으로 근무를 시작한 이래 함경남도 경찰부, 조선총독부 관방 비서과에서 근무한 후, 1928년부터 평안남도 내무부장으로서 일하고 있었다.

81) 아카자와는 1921년 진남포세관에서 근무한 것을 시작으로 경무국에서 다년간 근무한 후, 1930년 평양경찰서 고등경찰과장에 취임했다.

자에 대해 배상이 아닌 조선총독부에 의한 '적당한 위문 구제'의 방법을 강구한 것이다.

조선총독부는 이 사건의 처리 대책으로 20만 원을 일본정부에 요구했다. 이를 두고 조선총독부는 척무성拓務省 및 대장성大藏省과 절충을 거듭, 요구한 경비비警備費 55,000원을 제외한 구휼금 95,000원 및 구휼 시설비 50,000원, 총 145,000원을 조선총독부 제2 예비비豫備費에서 지출하는 데 합의했다. 경비비 55,000원은 조선총독부의 1931년도 예산으로 충당했다.[83] 일본정부 대장대신大藏大臣은 7월 17일 개최된 정례 각의에서 이러한 내용을 보고하여 구휼금 145,000원의 지출이 정식으로 결정되었다.[84]

실제로 이 구휼금이 피해자에게 어떻게 지급되었는지는 이마이다 정무총감이 8월 4일 호리키리堀切 척무차관拓務次官에 보낸 구휼금 지급에 관한 공문을 근거로 검토해 보자.

> "7월 10일 경기도에서 경성, 인천의 피난민 위문을 위해 지방비地方費에서 2천원을 지출할 것을 결정했다. 내무부장이 경성 중국상무회中國商務會 회장인 궁학정宮鶴汀에게 그 뜻을 전달했다. 궁宮은 관청으로부터의 위문금품은 총영사와 상담한 후가 아니면 받기 어렵다고 회답했다. 총영사와 협의한 후 본국 정부에 전보를 보낸 것 같다. 경성의 중국측 태도가 이와 같아 내무부장은 위문금의 반액인 1천원을 휴대하고 11일 인천으로 가서 중국총영사관인천분주소中國總領事館仁川分駐所의 주임 장원허蔣文鶴의 입회하에 상총회商總會 회장인 부소우傅紹禹에 이를 교부했을 때 두 사람 모두 도청의 동정에 깊이 감사하고 기꺼이 받았

82) "朝鮮騷擾善後策政府の方針決定", *東京朝日新聞*, 1931.7.11.

83) "朝鮮事件の救濟金けふ持回閣議で決定", *東京朝日新聞*, 1931.7.16.

84) "朝鮮事件給與金二十萬円藏相閣議へ報告", *東京朝日新聞*, 1931.7.18.

다. 경기도의 위문금에 대한 중국 측의 태도, 경성과 인천이 이처럼 달라 후일 예비금 지출 시 조위弔慰 위문금의 문제도 발생할 것 같았다. 그래서 본부本府 외사과장은 12일 총영사 및 상총회장商總會長 방문 시 좌담하면서 이번 사건은 정말로 유감이지만 이에 대한 관민의 위문 조위는 진정한 동정심의 발로發露이며 관청으로서도 국내의 사건 발생 시 이재민이 내국인이든 외국인이든 관계없이 위문하는 것을 상례常例로 하고 있으므로 … 두 사람 모두 자신들로서는 잘 이해하고 있지만, 본건本件에 관해서는 현재 본국에 문의하고 있다고 말했다."[85]

즉, 조선총독부는 경성 및 인천의 피해자에게 위문금을 지급하려 했지만 주조선총영사관이 본국의 지시를 기다리고 있다는 것을 이유로 거부한 것이다. 중국 외교부는 7월 13일 장웨이청張維城 총영사에게 일본정부가 조난을 한 교민에게 지급하는 위문금 및 여비는 일체 받지 않도록 전보로 명령하고, 다만 운임은 받아도 된다고 허가했다.[86] 중국정부는 피해자에게 배상금이 아닌 위문금, 구휼금으로 지급하여 이 사건을 해결하려는 일본의 의도를 간파하고 있었다.

조선총독부는 중국정부의 항의에도 불구하고 피해자에 대한 위문금 및 구휼금의 지급을 추진했다. 조선총독부는 "예비비 지출이 결정되면 내무국에서 상황에 맞게 신속히 배포할 예정이었다. 바로 그때 16일 평안남도지사로부터 중국에 귀환하는 자 가운데 사망자의 유족이나 부상자가 위문금을 희망한다는 전보가 도착해, 내무국에서 도청

---

85) 조선총독부정무총감 이마이다가 척무성차관 호리키리에 보낸 공문. 1931.8.4., "官秘第110號　鮮支人衝突ニ關スル件"(*JACAR(アジア歴史資料センター)* Ref.B 02030167700(제8화상), [昭和6年7月28日昭和6年8月13日], 萬寶山農場事件(外務省外交資料館).

86) "排華案之近訊", *上海時報*, 1931.7.15.; "救恤金など一切受取るな", *京城日報*, 1931.7.15.

에 제2 예비금의 재가가 내려지지 않았지만, 지급 구제의 필요가 있는 경우는 편리한 방법으로 입체立替 교부한다는 뜻을 전달, 18일 도道에서 유족 9명, 부상자 44명에 대해 각각 조문금, 위문금을 도 지방비에서 입체 교부"했다.[87)]

또한 이마이다 정무총감은 "조문금 등의 문제는 상술한 것과 같은 경과이며, 중국정부에서 총영사에게 거부하라는 전보 명령에서 추측할 수 있듯이 아직 다소의 곤란은 있지만, 평양에서는 이미 일부 받았고, 인천에서도 도청의 위문금을 수취하는 등의 사실에서 볼 때 비교적 순조롭게 진행될 것으로 예상된다. 내무국은 현재 긴급히 사상자의 신원 등의 조사를 진행, 가능한 한 신속히 교부를 완료해야 하기에 준비하고 있다."라고 보고했다.[88)]

조선총독부는 이마이다 정무총감의 보고대로 구휼금 지급을 적극적으로 추진, 구휼금 예산으로 책정된 145,000원을 피해자나 유족에 지급했으며(朝鮮總督府警務局. 1932), 이 내용은 『리튼보고서』에도 게재되어 있다. 그러나 조선총독부는 "그들은 기꺼이 이를 받았고 우리 관헌의 두터운 정성에 감사해했다."라고 말하고 있지만, 조선총독부의 사보타주 및 치안 책임자의 직무태만에 의해 초래된 이 사건의 피해자에게 중국정부가 요구하는 배상금이 아닌 소액의 구휼금이 지급된 것은 중국정부 및 피해자에게 납득할 수 없는 조치였다.

87) 조선총독부정무총감 이마이다가 척무성차관 호리키리에 보낸 공문. 1931.8.4., "官秘第110號　鮮支人衝突ニ關スル件"(*JACAR(アジア歴史資料センター)* Ref.B 02030167700(제9화상), 〔昭和6年7月28日昭和6年8月13日〕, 萬寶山農場事件(外務省外交資料館).

88) 조선총독부정무총감 이마이다가 척무성차관 호리키리에 보낸 공문. 1931.8.4., "官秘第110號　鮮支人衝突ニ關スル件"(*JACAR(アジア歴史資料センター)* Ref.B 02030167700(제9화상),

3. 가해자의 처벌

일본정부가 이 사건을 둘러싼 외교교섭에서 가해자에게 '국법에 의거하여 가해자를 엄격히 처벌"한다고 명언했지만, 그것이 말대로 실행되었는지 평양 사건의 가해자 처벌을 중심으로 검토해 보자.

평양 사건에 대한 가해자의 검거는 사건 수습 직후부터 개시되어 7월 8일 오전까지 검거된 인원은 370명(이 가운데 여성은 3명)에 달했다.[89] 이어 평양경찰서와 대동경찰서大同警察署는 11일 오전 8시부터 약 400명의 경관이 50개 반班으로 나뉘어 평양 부내에서 일제 검거에 착수, 구시가 및 조선인 다수를 고용하는 각종 공장 등을 엄중히 조사한 결과, 화교 가해와 관련된 절도품 및 약탈품 등을 다수 발견했다. 이를 통해 12일 오전 6시까지 평양경찰서가 185명, 대동경찰서가 77명의 가해자를 새롭게 검거했다.[90]

7월 17일까지 평양 사건으로 검거된 723명은 모두 심문을 받았으며, 이 가운데 평양지방법원 검사국檢事局에 송치된 자는 346명, 즉결구류처분을 받은 자는 80명, 나머지 297명은 석방되었다. 검사국은 일요일인 19일에도 피의자 심문을 실시, 24일 아침까지 예심에 회부된 자는 160명, 공판에 회부된 자는 150명에 달했다.[91] 평양형무소平壤刑務所는 사건 피의자 500명을 수감, 감방이 부족한 사태가 발생하자, 공장 2개 동을 임시 감방으로 하는 등 큰 혼잡이 빚어졌다.[92] 평양지

---

89) "四百名檢擧", *東京朝日新聞*, 1931.7.9.

90) "大檢擧更に續行累計八百名を突破平壤大同兩署の大活動學生方面へも進む", *朝鮮新聞*, 1931.7.13.

91) "삼백명 送局 이백구십명은 석방", *동아일보*, 1931.7.21.; "예심 160명 공판 150명", *동아일보*, 1931.7.26.

92) "평양형무소 大困難 연출", *동아일보*, 1931.7.22.

방법원 검사국에 의하면, 7월 27일 현재 구금된 자는 총 670명, 예심에 회부 된 자는 192명, 공판에 회부된 자는 200명, 심문 중인 자는 102명, 석방된 자는 176명이었다.[93] 조선 전역에 7월 27일까지 검거된 피의자는 1,500명을 돌파했는데 이 가운데 검사국 등 사법관청에 구속된 자는 714명에 달했기 때문에 평양 사건이 조선 전역의 검거된 인원 및 구속된 인원 총수의 약 4~5할을 차지하여 가장 많았다.[94]

〈그림 2〉 평양화교배척사건의 가해자 재판이 열린 평양지방법원 및 평양복심법원
출처: 朝鮮總督府. 1932b, 22.

평양지방법원 검사국은 8월 3일까지 심문을 종료하고 253명을 예심에 회부하고 231명을 공판에 회부할 것을 결정했다. 검사국은 공판을 위해 4일 오전 9시부터 4명의 검사와 2명의 예심 판사(모두 일본인)가 부내 각 방면의 화교 피해의 현장검증을 실시했다.[95] 평양지방법

93) "공판회부만 총계 이백명", *동아일보*, 1931.7.30.

94) "전조선의 총검거자 일천오백명 돌파", *동아일보*, 1931.7.27.

95) "*送局者* 육백여명 중 이백오십명 예심에 평양 사건 취조 *段落*", *동아일보*, 1931.8.6.

원은 8월 13일까지 공판에 회부된 250명 가운데 절도, 상해, 폭행죄 등의 경범죄는 단독심리, 살인, 방화, 소요 등의 중죄는 합의 공판으로 할 것을 결정, 단독심리는 10일부터 개시되었다.[96)]

합의 공판은 8월 18일 오전 9시 50분 평양지방법원 제1 법정에서 개정되었다. 용강군龍岡郡 거주의 이겸용李謙用(38세)은 용강군의 소방사이면서 화교의 가옥에 방화한 죄로 검사에 의해 8년이 구형되었으며, 2명의 조선인 변호사는 징역 5년에 집행유예執行猶豫를 하도록 변론했다.[97)]

이어 7월 8일 강동군江東郡에서 화교 1명을 톱, 돌, 곤봉으로 살해한 범인인 김연식金連植, 정양선鄭良善, 고원규高元奎 3명은 검사에 의해 사형을 구형받자 법정은 찬물을 끼얹은 듯한 분위기에 휩싸였다.[98)] 8월 25일 개정된 공판에서 판사는 이겸용에 징역 1년, 김연식에 무기징역, 정양선에 징역 15년, 고원규에 징역 13년을 각각 선고했다. 이 사건에 임하는 사법 당국의 태도가 잘 드러난 일련의 선고에 대해 평양의 조선인사회는 일대 충격을 받았다.[99)]

17세의 김덕순金德淳은 10월 13일 군중과 함께 화교를 습격하고 곤봉으로 화교에게 중상을 입힌 죄로 검사에 의해 12년이 구형되었다. 이에 대해 『동아일보』가 젊은이에게 과혹한 중형이라고 보도하자, 재판장은 20일의 공판에서 5년으로 감형했다.[100)] 같은 17세의 안병설安

96) "평양 사건 대공판 18일부터 개정 개시", *동아일보*, 1931.8.13.

97) "평양 사건 대공판 금일부터 개정 개시", *동아일보*, 1931.8.19. 재판은 재판장 1명(일본인), 변호사 2명(조선인 2명)으로 이뤄졌다.

98) "평양 사건 공판 第一日 3명에겐 사형구형", *동아일보*, 1931.8.20.

99) "최초의 중죄 판결 무기징역 언도", *동아일보*, 1931.8.25.

100) "17세 소년 피고에 12년 중형 구형", *동아일보*, 1931.11.2.; "中人습격범 5년을 언도", *동아일보*, 1931.10.22.

炳설은 폭도와 같이 화교 가옥을 습격, 살인할 의도로 구타한 죄로 11월 검사에 의해 6년의 중형이 선고되었다. 조선인 변호사는 6년은 중형이라고 불복하고 평양복심법원平壤覆審法院에 상고했다.[101)]

이처럼 중형이 선고된 피고의 대부분은 평양복심법원에 상고했다. 그 배경에는 피고와 변호사가 평양 사건은 중국 관헌에 의한 만주 거주 조선인 농민 탄압 및 치안 당국의 사보타주와 과실에 있다고 인식하고 있었기 때문이다. 예를 들면, 진남포 거주 박래봉朴來鳳(23세)과 원문영元文永(21세)은 소요 및 방화죄로 검사에 의해 징역 6년이 구형되었는데, 조선인 변호사는 이러한 중형 구형에 대해 '관헌의 태도가 문제'라고 반박하고, 2명의 피고는 죄가 되지 않는다고 생각하여 방화했다는 진술을 했다.[102)] 조선총독부의 언론통제로 피고의 진술 및 변호사의 변론은 신문 등에 상세히 소개되지 못했지만, 인천 사건의 재판기록을 참고하면 똑같은 진술 및 변론이 이뤄졌을 것이다.

이상의 피고 가운데 평양복심법원에 공소한 피고의 판결 결과는 김연식 무기징역, 정양선 13년, 안병설 4년이 각각 구형되었다. 정양선은 원심 구형보다 2년, 안병설은 2년 각각 감형되었지만, 김연식과 고원규는 원심대로 형량이 확정되어 감형되지 않았다.

평양 사건을 비롯한 1931년 화교배척사건에서 마지막으로 형이 확정된 피고는 장풍진張風鎭(26세, 나막신 직공)이었다. 그는 7월 21일 평양경찰서 소속 경찰에 체포된 후 36명의 화교를 살해했다고 진술, 이 사건의 괴수魁首로 지목된 인물이었다.[103)] 장봉진은 8월 16일 예심 판

101) "17세 소년 6년役 언도", *동아일보*, 1931.11.2.

102) "昨日엔 兩名 심리 징역 6년 구형", *동아일보*, 1931.8.24.

103) "支那人三十六人を殺害した凶悪犯人平壤署に逮捕さる", *京城日報*, 1931.7.23.; "中人삼십육명 살해범 被捉", 동아일보, 1931.7.24. 그러나 경찰

사에 의해 살인, 살인미수, 소요, 건조물파괴 등으로 유죄판결이 내려져 평양지방법원에 회부되었다. 그는 1932년 4월 13일 개정된 재판에서 예심에서 진술한 내용을 번복하여 화교 3명을 구타한 것, 동승루東昇樓의 습격에 가담한 것만을 인정하는 진술을 했지만, 검사는 사형을 구형했다. 이에 대해 조선인 관선 변호사는 사건의 증거가 불충분하고 피고의 살인 행위를 무엇으로 인정할지 분명하지 않다고 변론하고 평양복심법원에 상고했다.[104] 장봉진 피고는 1932년 7월 8일 열린 공판에서 무기징역을 구형받았다. 재판장은 장봉진 피고에게 9명의 화교를 박살撲殺한 죄, 몇 명의 화교에 대한 살인미수의 죄를 적용했다.[105] 이로써 122명의 화교가 살해된 평양 사건의 가해자 가운데 사형이 구형된 피고는 한 명도 없었다.

그러나 이번의 화교배척사건 가해자 가운데 사형이 구형된 자가 1명 있었다. 김학진金學珍(38세, 광부)은 1931년 7월 10일 평안북도 의주군에서 김상근金相根(26세)과 공모, 화교 1명을 돌로 박살한 후, 시체를 불태운 혐의로 신의주지방법원에서 무기징역을 구형받았다. 피고와 검사가 동시에 이 판결에 불복하여 평양복심법원에 상고, 1931년 9월의 재판에서 김학진은 사형, 김상근은 15년이 각각 구형되었다.[106]

평양지방법원 및 평양복심법원에서 유죄판결을 받은 450명의 형량을 살펴보면, 벌금형 44명(전체의 9.8%), 3~8개월 130명(28.9%), 1~9년 245명(54.4%), 10년 이상 31명(6.9%)으로 1년 이상의 형량이 상대

의 현장검증 결과, 그가 살해한 인원은 21명인 것으로 밝혀졌다("二十一名丈の殺害を自白, 平壤事件凶賊", *京城日報*, 1931.7.25.).

104) "평양살인鬼 장봉진 공판", *동아일보*, 1932.4.5.

105) "평양배화사건 首魁 장봉진 무기징역", *매일신보*, 1932.7.13.

106) "의주 중국인 살해범 平壤覆審에서 사형", *동아일보*, 1931.9.21.

적으로 많았다.[107] 이와 같은 처벌은 간토대지진關東大地震 때 조선인이나 화교를 습격하여 학살한 일본인 가해자에 대한 처벌에 비해 어떠할까? 이 사건의 가해자인 일본인은 살해, 살해미수, 상해치사, 상해의 4가지 죄명으로 362명이 기소되었지만, 그 대부분은 집행유예로 석방되었다. 이로 볼 때 평양 사건의 가해자에 대한 처벌은 상대적으로 매우 엄했다고 판단할 수 있다.

유죄가 확정된 자의 죄명은 살인 74명(전체의 16.4%), 가재파괴파기家財破壞破棄 72명(16.0%), 폭행 39명(8.7%), 소요騷擾 및 소요부화수행騷擾附和隨行 39명(8.7%), 건조물파괴建造物破壞 38명(8.4%), 폭민지휘선동暴民指揮煽動 35명(7.8%), 살인미수 32명(7.1%), 방화 29명(6.4%), 절도·절취·횡령 28명(6.2%), 상품훼손파괴 28명(6.2%), 투석 25명(5.6%), 피난수용소 등 습격 8명(1.8%), 기물설비파괴器物設備破壞 3명(0.7%)이었다. 살인과 살인미수를 합하면 106명으로 전체의 23.6%에 달했다. 가재파괴파기, 건조물파괴, 기물설비파괴는 모두 113명에 달해 군중이 화교의 주택 및 상점 건물과 기물을 마음대로 파괴한 것을 알 수 있다. 이상의 결과로 평양 사건이 얼마나 과격했는지 분명히 알 수 있다.

다음으로 유죄확정자의 나이와 직업을 보도록 하자. 유죄확정자 450명을 나이별로 나눠보면 다음과 같다. 10대 70명(전체의 15.6%),

107) 각 통계는 다음의 자료를 근거로 집계한 것이다. 高等法院檢事局思想部. 1931.10.15.,"中華民國人襲擊事件判決有罪確定(第一報~第十三報)", *高檢 思想月報* 제1권제7호.;제1권제8호(1931.11.15.).; 제1권제9호(1931.12.15.).; 제1권제10호(1932.1.15.).;제1권제11호(1932.2.15.).;제1권제12호(1932.3.15.).; 제2권제1호(1932.4.15.).;제2권제2호(1932.5.15.).;제2권제3호(1932.6.15.).;제2권제4호(1932.7.15.).;제2권제5호(1932.8.15.).;제2권제6호(1932.9.15.).;제2권제7호(1932.10.15.). 이하의 통계 관련 내용에 대해 주는 생략한다.

20대 273명(60.7%), 30대 75명(16.7%), 40대 22명(4.9%), 50대 9명(2.0%), 60대 1명(0.1%)이었다. 20대가 전체의 6할을 차지, 압도적으로 많았으며, 30대와 10대가 3할 이상이었다. 유죄확정자의 직업은 노동자 305명(전체의 67.8%), 무직 48명(10.7%), 농민 46명(10.2%), 상인 41명(9.1%), 기타 10명(기자 3명, 학생 3명, 회사원 2명, 의사 1명, 공무원 1명, 2.2%)이었다. 이러한 결과를 놓고 보면, 평양 사건은 10대~30대의 노동자, 실업자, 농민이 주로 가담한 것이 드러났다.

그러나 기자, 공무원, 의사, 회사원 등 7명에게 유죄판결이 구형된 것은 조선인 지식인도 적지 않게 평양 사건에 가담했다는 것을 엿보게 한다. 5일 밤의 평양 사건을 목격한 소설가 김동인은 "상당한 지식계급에 있다고 보아오던 사람들도, 흥분하여 군중들을 지휘하며 돌아다니는 양樣을 보았다."라고 증언했다(琴童. 1934.12, 9). 또한 평양은 '동양의 예루살렘'으로 일컬어질 정도로 기독교회와 기독교인이 많은 지역이었다. 당시 평양의 내외에서 다수의 기독교인이 평양 사건에 깊이 가담했다는 소문이 있어, 기독교 신문인 『기독신보』는 평양의 "敎人으로서는 도무지 이 일에 참가하지 않았"다는 것과, 평양기독교청년회平壤基督敎青年會가 피해 입은 화교의 위문, 구제 활동을 적극적으로 전개한 사실을 소개하는 기사를 게재했다.[108] 그러나 이 소문의 진위를 밝힐 사료가 없어 향후 연구되어야 할 과제이다.

평양 사건 당시 기자로 가담한 김명환金明煥(29세), 김화덕金化德(21세)은 폭민 선동의 죄로 각각 2년과 1년을 구형받았다. 김창섭金昌涉(29세)은 협박, 기물 파괴, 살상 등의 죄로 10년의 중죄를 구형받았다.[109] 김화덕과 김창섭은 만보산사건의 오보를 낸 『조선일보』의 기자

108) 吳文煥. 1931.8.19., "平壤敎會時評(二) 朝中人衝突事件", *기독신보*.

였다. 인천 사건으로 폭동선동의 혐의를 받고 있던 최진하崔晉夏도 『조선일보』 인천지국장 겸 기자였다. 이처럼 기자 신분으로 사건에 관여한 인물은 대부분이 『조선일보』 기자라는 사실은 이 신문이 중국 관헌에 의한 만주 거주 조선인 농민의 박해 문제를 조선인 민중의 여론을 환기해 대응하려는 태도와 깊은 관련이 있다(민두기. 1999, 169-171).

이상의 검토를 통해 본다면, 조선총독부의 사법 당국은 평양 사건의 가해자에 대해 엄중히 처벌했다고 결론지을 수 있다. 그러한 배경에는 중국정부 및 중국인이 1931년 조선화교 배척사건의 가해자 재판의 추이를 주목하고 있어 조선총독부로서 의식하지 않을 수 없었을 것이다. 중국국민당의 기관지인 『中央日報』는 1931년 8월 19일에 개정된 재판에서 김연식, 정양선, 고원규에 대해 검찰이 사형을 구형한 것을 박스형 기사로 처리하면서 크게 보도했다.[110] 또 하나는 이 사건에서 조선인 폭도가 경찰의 파출소와 화교수용소를 습격하거나 경찰의 진압에 대항한 것이 많았는데, 조선총독부의 입장에서 실추된 공권력을 회복하여 조선 통치를 강화할 필요가 있었던 것도 그 배경의 하나였다.

VI. 1931년 화교배척사건의 원인遠因

이상의 검토로 1931년 화교배척사건은 만보산사건의 오보가 도화선이 되어 조선총독부의 예방 및 진압의 과실 및 직무태만이 이 사건

109) 高等法院檢事局思想部. 1932.2.15., 1932.6.15., 1932.9.15., "中華民國人襲擊事件判決有罪確定(第五報, 第九報, 第十二報)", *高檢 思想月報*.

110) "平壤暴動首犯之供詞", *中央日報*, 1931.8.28.

의 발생 및 확대의 근인이라는 것이 밝혀졌다. 그러나 이러한 근인은 어디까지나 이 사건의 계기에 지나지 않기 때문에 조선인이 화교를 학살한 사건 발생 이전 양자의 관계가 해명되어야 할 것이다. 즉, 이 사건의 근인뿐 아니라 원인遠因도 동시에 검토할 필요가 있는 것이다. 이하, 평양 사건을 중심으로 이 사건의 원인을 검토하도록 하자.

1. 조선인 노동자와 화공 간의 대립

평양 사건은 10대~30대의 조선인 노동자, 실업자, 농민이 가해자의 주축이 된 것은 앞에서 살펴본 대로이다. 왜 젊은 층의 노동자, 농민, 실업자가 이 사건에 많이 가담했는지 살펴보자.

〈표 3〉 평양부 거주 화교의 직업별 분포(1930년 10월 현재)

직업별	인구(명·%)	내역(명)
농수산업	413(16.9%)	농경업주130 · 작부작녀178 · 농업보조99 · 기타6
광공업	1,012(41.4%)	목수269 · 주물공105 · 가구직공69 · 과자제조공67 · 석공61 · 벽돌제조공44 · 벽돌조적공39 · 미장이34 · 돌운반부33 · 목공32 · 재단공25 · 호떡제조공19 · 차량제조공16 · 제재직공16 · 기타168
상업	762(31.2%)	행상159 · 점원155 · 물품판매업주142 · 요리사77 · 요리점점원63 · 요리점업주29 · 이발사23 · 기타114
교통	64(2.6%)	운반부46 · 배달부17 · 운송업주1
공무자유업	22(0.9%)	회계서기9 · 교원 및 교육종사자7 · 기타6
가사사용부	23(1.0%)	-
기타유업자	146(6.0%)	청소부90 · 잡역부46 · 날품팔이10
소계	2,442(100.0%)	-
무업자	1,092	가속(家屬)1,048 · 학생34 · 기타10
합계	3,534	-

출처: 朝鮮總督府. 1934, 172-191을 근거로 필자 작성.

평양부의 화교 인구는 1920년 후반 급증했다. 1925년과 1930년의 국세조사를 비교할 경우, 5년 사이에 화교의 인구증가율은 111.8%로 조선인의 66.8%, 일본인의 14.5%보다 훨씬 높았다. 1930년 평양부의 인구 천 명당 화교 인구는 25명에 달했다. 또한 평양부의 유업자有業者에 한정하면, 그 비중은 더욱 높아져 부 전체의 4.7%를 차지했다(〈표 3〉참조).

〈표 3〉과 같이 화교 유업자 가운데 물품판매업주 등을 제외하면 대부분 노동자, 농민이었으며, 그들의 인구는 2천 명에 달했다. 또한 평양부, 진남포부 및 군 지역을 포함한 평안남도의 화교 유업자는 6,784명으로 평안남도의 화농華農 및 화공華工은 6천명을 넘었다(朝鮮總督府. 1934, 152-153). 평안남도의 1930년 화농 및 화공 인구는 1925년에 비해 약 2배 이상 증가, 평안남도의 노동시장에서 1920년대 후반 노동자 고용을 둘러싸고 조선인 노동자와 화공 간의 마찰이 빈번히 일어났다.

그러한 대립을 상징하는 사건이 평안남도 평원군平原郡 동두면東頭面의 평안수리조합平安水利組合의 공사에서 발생했다. 조선총독부는 산미증식계획産米增殖計劃의 일환으로 조선 내 저수지 등의 관개灌漑 설비 공사를 추진했다. 이 공사는 1925년까지는 저조했지만, 조선총독부가 1926년부터 공사비용 가운데 정부 알선자금의 부담 비율을 높이는 계획을 발표한 후, 저수지 공사가 급속히 증가하기 시작했다.[111] 평안수리조합의 공사는 평원 평야의 4,700정보의 농지에 농수를 공급

111) 松本武祝. 1991, 60-61 · 66-67. 이 사업비의 부담 비율은 1925년까지는 국고보조금이 전체의 27%, 정부 알선자금이 32%, 기업자(企業者, 지주 등) 42%였다. 하지만 1926년에는 이 비율이 각각 21%, 68%, 11%로 바뀌어 기업자 부담이 훨씬 감소했다.

하기 위해 700정보의 저수지를 축조하는 평안남도 최대의 대공사로 공사비는 322만 원이 책정되었다.[112)]

오노데라구미小寺組는 이 공사 가운데 제방 공사를 50만 원에 하청받아 1927년 10월부터 공사를 개시했다. 공사에 조선인 노동자가 각지에서 몰려들어 처음에는 하루 1천여 명에 달했다. 그런데 1928년 2월 16일 조선인 노동자가 노동쟁의를 일으키고 화공을 배척하는 결의를 했다. 그 이유는 오노데라구미가 작년 12월 이래 조선인 노동자의 임금을 최저 40전, 최고 55전으로 인하한 결과 생활고에 허덕이던 조선인 노동자가 태업했다. 이에 대응하여 오노데라구미는 화공을 중국에서 데리고 와서 그들을 많이 사용하고, 조선인 노동자는 작업 능률이 낮다는 것을 구실로 그들에게 작업을 부여하지 않았다. 조선인 노동자의 불만과 태업의 배경에는 이러한 화공의 증가가 있었다.[113)] 오노데라구미의 입장에서는 예상보다 2배의 공사비가 들었고,[114)] 비용 삭감을 위해 능률이 좋은 화공을 고용하지 않으면 안 되는 사정이 있었다.

이 문제가 해결되지 않자, 공사 현장의 조선인 노동자 이운벽李雲壁은 1928년 4월 30일 조선노동총동맹朝鮮勞動總同盟 평양연맹에 조선

112) "민간 유지로 발기된 평남一의 大水組 평원평안수리조합", *동아일보*, 1927.8.24. 이 공사는 조선총독부의 관심이 매우 높아 기공한 지 3년째가 되는 1930년 10월 23일 사이토 총독 및 소노다 평안남도지사가 출석한 준공식이 거행되었다("總督を迎へたる平安水利組合竣工式", *西鮮日報*,1930.10.25.).

113) "평안 水組공사에 노동쟁의 발발", *조선일보*, 1928.2.20. 다른 신문은 조선인 노동자의 임금은 최저 30전, 최고 60전이지만, 화공의 임금은 최저 60전, 최고 1원이라고 보도했다("當치안은 구실로 조선노동자를 구축", *중외일보*, 1928.5.3.).

114) "평안 수조공사 중지 오백여명 실직 彷徨", *동아일보*, 1928.12.6.

인 노동자의 구제를 요구하는 진정을 했다.[115] 조선인 노동자는 작업이 부여되지 않았을 뿐 아니라 값싼 임금으로 일을 그만두는 자가 다수 발생, 5월 초 조선인 노동자는 200명으로 감소했지만, 화공은 450명으로 증가했다.[116]

이같은 대립이 장기화하자 공사 현장에서 조선인 노동자와 화공 간의 감정이 악화하였다. 1928년 6월 7일 오전 8시경 쌍방의 노동자 운반 도구가 부딪쳐 화공 1명이 중상을 당한 것을 계기로 조선인 노동자 300명과 화공 150명이 대치, 평원경찰서가 경찰을 파견하여 양측을 해산시켰다. 그러나 그날 오후 9시 화공 200명이 조선인 노동자의 숙박시설을 습격하여 쌍방이 충돌, 다수의 부상자가 발생하는 중대한 사건이 일어났다.[117] 이 사건 후 공사 현장의 화공은 1929년 3월 말 27명으로 감소했다. 그러나 대동군의 평안수리조합 공사 현장에는 여전히 193명이 일하고 있었다.

한편, 안주군安州郡 운곡면雲谷面의 순남수리조합順南水利組合 공사 현장에는 193명의 화공이 노동하고 있었는데 1929년 3월 말 조선인 노동자가 화공을 구타한 것을 계기로 쌍방의 노동자가 충돌, 다수의 부상자가 발생하는 사건이 발생했다.[118]

1929년 3월 말 현재 평안남도의 토목건축공사 현장에서 노동하는 화공은 755명에 달해 조선인 4,856명(일본인은 344명)보다는 적었지만 전체의 13%를 차지했다. 평양부만 놓고 보면 화공은 47명으로 조

115) "평안 수조공사장에서 천여 노동자가 彷徨", *조선일보*, 1928.5.4.

116) "當치안은 구실로 조선노동자를 구축", *중외일보*, 1928.5.3.

117) "水組 공사중의 朝中人 충돌", *중외일보*, 1928.6.10.; "중국 苦力과 조선인부 수백명 對峙 便戰", *동아일보*, 1928.6.10.

118) "안주 수리조합 공사중 삼백 노동자 난투", *조선일보*, 1929.4.1.

선인 노동자 65명(일본인은 9명)에 육박하는 인원이었다.[119)]

이와 같은 수리조합의 공사 현장에서 양국 노동자의 대립 및 충돌이 평양 사건에 어떠한 영향을 미쳤는지 보여주는 사례가 있다. 1931년 7월 6일 오후 2시 대동군 장수원수리조합長水院水利組合의 공사 현장에서 조선인 노동자가 화공에게 폭행을 가해 2명을 살해한 사건이 발생했다.[120)] 이 사건의 구체적인 내용을 알 수는 없지만, 이상의 검토로 볼 때 조선인 노동자가 화공에게 평상시 품고 있던 악감정이 만보산사건의 오보와 유언비어에 자극받아 화공을 살해한 것으로 추정된다.

양국 노동자의 충돌은 다른 노동 현장에서도 잇따라 일어났다. 1930년 4월 5일 오후 8시 강동군 만달면晩達面 승호리勝湖里의 오노다小野田시멘트의 채석장에서 후지타구미藤田組에 고용되어 노동하고 있던 조선인 노동자 150명과 화공 80명 사이에 큰 싸움이 벌어져 쌍방에 10여 명의 중경상자가 발생하고, 이 가운데 화공 1명은 위독한 상태였다. 양측의 충돌은 돌을 운반하는 쌍방 노동자의 운반 도구가 충돌하여 2명의 노동자가 부상한 것에서 시작되어 점점 고조되어 큰 싸움으로 확대된 것이다.[121)] 또한 평양부 기림리箕林里의 매립공사장에서 노동하던 화공들의 저임금으로 선교리船橋里의 제방 공사장으로 이직한 것에 불만을 품은 조선인과 일본인 노동자 10여명이 1929년

119) "3월말 조사의 평남 노동자", *중외일보*, 1929.4.19.

120) 朝鮮總督府警務局. 1931.7, 各地ニ於ケル被害狀況 其ノ三 p. 12. 이 수리조합은 1929년 6월 4일 인가를 받아 8월 초 착공했다("장수원 수리인가", *중외일보*, 1929.6.7.; "장수원수리 착공", *중외일보*, 1929.8.8.).

121) "중국인 노동자 一隊와 조선 노동자 대난투", *중외일보*, 1930.4.7.; "중국 직공과 대격투 兩方 수십명 중경상", *동아일보*, 1930.4.7.

10월 공모하여 당지當地의 화공 가옥을 습격한 사건도 있었다.122)

1930년 10월 평안남도의 탄광에는 화공 482명이 일하고 있었는데 이들 탄광에서도 양국 노동자 간 충돌이 발견된다. 1928년 8월 6일 오후 6시 대동군 임원면林原面 삼신동三神洞탄광에서 조선인 광부와 화공 사이에 격투가 벌어졌다. 조선인 광부 이모李某(17세)가 음료수를 운반하고 있었는데 화공이 음료수를 요구하자 이를 거절했다. 화공이 이에 분개하여 이모를 구타, 그것을 보고 있던 조선인 광부가 제지하려 하자 화공 4~5명이 달려가 폭행했다. 조선인 광부 100명은 복수할 의도로 화교 숙소를 습격, 경찰이 긴급히 출동하여 진압했다.123)

사건 발생 3일 후인 8월 9일 오후 11시 30분 강동군 동진면東津面 가토무연탄광加藤無煙炭鑛에서도 양국의 광부가 충돌했다. 조선인 광부와 화공 사이에 충돌이 발생, 화공 2명이 폭행을 당해 부상한 것을 알게 된 이웃 조선무연탄광朝鮮無煙炭鑛에서 일하던 화공 100명이 가토무연탄광의 조선인 광부를 습격한다는 소문이 퍼져 강동경찰서가 경찰을 파견하여 엄중 경계를 한 사건도 있었다.124)

이와 같은 탄광에서의 대립 및 충돌도 평양 사건 때 영향을 미쳤을 것으로 보인다. 강동군 만달면의 메이지탄광明治炭鑛의 화공이 부근 조선인의 습격을 받고 1명의 화공이 살해된 사건이 있었다(朝鮮總督府警務局. 1931.7, 各地ニ於ケル被害狀況 其ノ三 p.12). 또한 평양 사건에 가담하여 확정형確定刑을 받은 자 가운데 광부가 44명(전체의 9.8%)에 달해 매우 많은 것이 주목된다. 평양 사건 이전 평안남도의 각 탄광에서 양국의 광부 사이에 발생한 악감정과 충돌이 조선인 광부를 이

122) "中人家습격 일시 대난투", *동아일보*, 1929.10.26.

123) "三神탄광에서 朝中人 大便戰", *동아일보*, 1928.8.10.

124) "백여명 중국인이 조선인 습격 계획", *동아일보*, 1928.8.14.

사건에 가담시킨 원인이지 않았을까.

평양 부내에서도 이 사건 직전 화공을 둘러싼 각종의 문제가 확인된다. 평양 목물상조합木物商組合은 1931년 1월 초순 대공황에 의한 물가하락으로 목수의 임금을 2~3할 인하하자, 조합원은 생활이 더욱 어렵게 되어 동맹파업을 단행했다.[125] 평양 목공조합木工組合은 지구전을 펴기 위해 120명의 조합원이 순영리巡營里에 공동작업부共同作業部를 설치하여 가구 등의 제조와 판매에 착수했다.[126] 한편, 각 목물상은 4월 중순 각지에서 화교 목공을 데리고 와서 작업을 재개, 목공조합에 대항했다. 목공조합은 채용된 화교 목공 및 평양중화상회平壤中華商會와 교섭했지만 원만한 해결책이 나오지 않았다.[127] 결국, 목공조합은 형세가 불리하다고 판단, 4월 22일 파업을 중지하고 각자 자유롭게 업무에 복귀할 것을 결의, 4개월간에 걸친 쌍방의 대립은 해결되었다.[128] 즉, 목공조합이 목물상조합에 패배 선언을 한 것인데 그렇게 된 배경에는 목물상조합의 화공 목공 고용에 있었다. 이것을 계기로 조선인 목공이 화공 목공에 대해 악감정을 품게 되었으리라는 것은 충분히 상상할 수 있다. 이 사건은 평양 사건 발생 직전 일어났다는 점, 평양 사건에서 형이 확정된 자 가운데 10명이 목공이었다는 것은 위의 사건이 조선인 목수를 평양 사건에 가담하게 했을 가능성이 크다고 추정된다.

---

125) "平壤木工組合の同盟罷業猶續く", *西鮮日報*, 1931.1.8. 목공조합은 1936년 5월 목물상조합의 임금 인하 단행에 불복하여 파업을 했다("平壤木工組合が突如罷業を斷行", *朝鮮新聞*, 1936.5.9.).

126) "持久戰中の平壤木工組合員共同作業部を設置", *朝鮮新聞*, 1931.1.14.

127) "중국인을 채용 도전 平壤木工組合 파업 확대", *조선일보*, 1931.4.15.

128) "平壤木工組合騷擾漸く解決", *朝鮮新聞*, 1931.4.25.

〈표 4〉『동아일보』에 게재된 조선인과 화교 간의 주요 충돌 기사

게재 일자	내 용
1923.3.17	경성부 서소문에서 화교 마술단 30명과 관중 간에 충돌, 쌍방에 다수의 부상자 발생.
1923.8.7	경상남도 진주군 남선철도 제4공구 공사 중 화공과 조선인 노동자 간 충돌.
1924.3.11	강원도 철원군의 일본인 수리조합에서 화공이 조선인 노동자의 일을 빼앗는다는 것을 이유로 조선인 노동자가 화공의 숙소를 습격, 화공 1명 살해.
1927.11.25	경성부 훈정동에서 조선인과 화교 사이에 일대 격투 발생. 조선인 2명이 화교 1명을 구타한 것이 원인.
1928.5.3	경성부 남대문통 조선은행 앞에서 조선인과 화교 모두 300명이 충돌, 쌍방에 10여명의 부상자가 발생, 의사소통의 문제가 원인.
1928.6.23	전주-이리간철도공사장에서 조선인 노동자와 화공 사이에 충돌이 발생, 조선인 노동자가 구타를 당해 중상을 입음.
1929.11.28	함경남도 이원군에서 화교 마술단과 조선인 관객 사이에 충돌이 일어나 쌍방에 다수의 중경상자가 발생.
1930.10.19	경성부 서소문정에서 조선인과 화교 모두 400~500명이 충돌.
1931.4.16	전라남도 보성군의 간척공사장에서 조선인 노동자 200명과 화공 200명이 흉기를 소지하고 일대 난투를 벌임, 쌍방에 중경상자 10여명 발생.

주: 1927년 11월 25일 자 기사는 『중외일보』의 기사임.

한편, 어업 분야에서도 조선인 어부와 화교 어부 간의 대립 및 충돌이 발견된다. 평양부 대동강 상류에서 1925년 12월 조선인 어부 10여명(거의 빈민)과 화교 어부 15명 사이에 충돌이 발생했다. 조선인 어부가 화교 어부의 가마우지를 이용한 어업활동이 고기의 번식에 지장을 초래하기 때문에 자제를 촉구했는데도 불구하고 화교 어부가 매일 어업활동을 지속하는 것에 불만을 품었다.[129] 조선인 어부는 1926년 1월 평안남도지사에게 화교 어부의 어업활동 정지를 청원하는 탄원서

129) "중국인 어업자와 대난투", *동아일보*, 1925.12.11.

를 제출했다.[130]

이상, 평양 사건 이전 평안남도 거주 조선인 노동자와 화공 사이의 대립 및 충돌, 그것과 평양 사건 간에는 어떤 상관관계가 있는지 검토했지만, 이 점에 대해서는 사건 당시 이미 제기된 문제였다.

조선화교로 경성제국대학의 교수로 소개된 동장치董長治는 1931년 7월 8일 오전 10시 15분 베이핑역에 도착, 이 사건의 원인遠因에 대해 화공의 증가에 의한 "양국 하층계급의 직접 충돌이 날이 갈수록 현저해져 되돌릴 수 없게 되었다. 조금만 건드리면 바로 폭발할 것 같은 상황이었다."라고 말했다.[131] 사실, 화공과 조선인 노동자 및 주민 간의 충돌은 1931년 화교배척사건 이전에 평안남도에 한정되지 않고 조선 각지에서 잇따라 발생, 이미 위험수위에 달해 있었다(〈표 4〉참조). 간토대지진 때 화교 학살에 대한 일본 민중의 동기로서 대지진 이전 화공과 일본인 노동자 간의 알력이 거론되었는데 그것과 같은 것이다(山脇啓造. 1994, 277-278). 1931년 화교배척사건 때 화교 습격 및 학살에 대한 조선인 민중의 원인遠因 및 동기의 하나는 검토한 것처럼 양국 노동자 간의 알력 및 충돌에 있었다는 것은 거의 틀림없다.

다음으로 평양 사건에서 형이 구형된 450명 가운데 전체의 10%를 넘는 48명이 무직이라는 사실과 이 사건 간에는 어떤 관계가 있는지 살펴보자. 세계 대공황으로 촉발된 불경기는 조선에도 미쳐 실업자는 급속히 증가하는 추세였다. 주경성영국총영사인 화이트O. White의 보고서에 의하면, 1930년 겨울 조선에서 실업이 심각한 문제로

130) "중국인의 어업을 방지해 달라 탄원", *동아일보*, 1926.1.15.

131) 원문. 兩國下層階級之直接衝突, 乃日見顯著, 如箭在弦, 一觸卽發("朝鮮暴動案", *天津大公報*, 1931.7.9.). 조선총독부는 그를 조사한 결과 교수가 아닌 학생일 가능성을 제기했다.

대두되자 조선총독부는 대책의 하나로 2,300만 원의 예산을 책정했다 (Consul-General White. 1994, 478).

1930년 3월 평양 부내의 실업자는 일본인 200명, 조선인 800명이었다.[132] 6월 말 조사에서는 평양부의 불경기로 실직한 노동자의 인원은 일본인 14명, 화교 11명, 조선인 1,989명이었다(朝鮮總督府. 1932b, 109-110). 평양 사건 직후인 11월 26일 실시한 조사에서는 조사대상의 조선인 2만 9,620명 가운데 1,698명(봉급생활자 669명, 날품팔이 648명, 기타 381명)이 실업 상태에 있었다.[133] 이러한 실업 조사는 경찰서가 간단히 조사한 것이기 때문에 정확성이 떨어지지만, 평양 사건을 전후하여 조선인의 실업자가 급증하여 사회문제가 된 것을 잘 설명해 준다.

또한 평양부 조선인 가옥 호수는 1929년 2만 2,560호로 이들 호수 가운데 약 3분의 1에 해당하는 7,670호는 임대 주택, 84%에 해당하는 6,440호는 연간 집세 10원 미만의 빈곤 가계였다. 조선인 노동자의 경우, 월수입 4분의 1을 집세로 냈다.[134] 즉, 평양 사건 직전 평양부의 조선인 실업 및 빈곤 문제는 상당히 심각한 상태에 있었다는 것을 엿보게 한다.

일본인 작가 나카니시 이노스케中西伊之助는 평양 사건 직전 평양을 방문하고 어느 지인의 조선인 청년의 이야기를 빌어 평양의 빈곤과 사회적 절망감을 다음과 같이 전했다.

> "도시의 조선인은 이제 밥을 먹고 살 수 없게 되었습니다. 최근 5년

132) "平壤に散在する失業者既に一千名を突破す", *西鮮日報*, 1930.3.25.

133) "평양 노동자 일천팔백인", *동아일보*, 1931.12.2.

134) "전 평양 조선인 호수의 3분의 1이 貰家생활", *동아일보*, 1929.11.24. 일본인의 경우, 월세 10원 미만의 호수가 임대 주택 호수의 3할에 불과했다.

사이 물가는 배 이상으로 올랐습니다. 10년 이전과 비교하면 3배나 됩니다. 그래서 모두 농촌으로 내려가지만, 농촌이라 해도 물가는 약간 싸도 그 대신 일은 전혀 없습니다. 농촌에서 점점 나오려 하는 실정입니다. 그렇다고 돈벌이를 하려 해도 여비가 없는 비참한 자가 많아 이제 어쩔 수 없는 상황입니다. … 일시 일본의 도시로 돈벌이하러 가는 것이 좋은 시절이 있었지만, 지금은 실업자가 많아서 완전히 소용없습니다." 또한, 평양의 어느 조선인 행상은 "도대체 돈을 벌수가 없어 곤란해. 아, 앗, 하, 하, 하"라고 자포자기식으로 말했다고 한다.[135)]

나카니시는 실업과 빈곤이 초래한 평양 거주 조선인 청년의 절망감을 사실적으로 표현했지만, 이와 같은 10~30대의 무직자가 조선총독부나 사회에 대한 불만의 화살이 평양 사건 때 화교로 향하면서 습격, 학살의 형태로 표출되었다고 해석할 수 있다. 불경기로 인한 조선인 실업자의 증가와 빈곤이 평양 사건의 遠因의 하나라 할 수 있다.

2. 조선인 상인과 화상의 대립

평양 사건 이전 조선인 상인과 화상華商 간에는 상업상의 대립이 자주 발생했다. 평양부는 조선 북부지역 상공업의 중심지로 특히 상업 분야는 직물상이 큰 세력을 형성하고 있었다. 이 직물 상업계는 화상이나 일본인 직물상이 수입 및 도매를 장악하고 조선인 직물 소매상은 이들 직물 도매상으로부터 직물을 구매하여 소매로 판매하는 구조였다. 더욱이 평양부는 타 부와 달리 화교 직물 도매상과 조선인 직물 소매상 간의 거래가 중신조합仲信組合을 통해 이뤄지고 있었다. 즉,

135) 中西伊之助. 1931.8, "滿洲に漂泊ふ朝鮮人". *改造* 1931年8月號, p. 173. 이 수필은 1936년 나카니시 이노스케의 저서 *怒れるコレア*에 재수록 되었다.

조선인 직물 소매상은 중신조합을 통해 직물을 구매하는 형태여서 타부(府)보다 유통구조가 더욱 복잡했다. 그래서 화교 직물 도매상과 중신조합 및 소매상, 중신조합과 소매상 간에는 불경기 때 지급 기간과 중개료를 둘러싸고 대립이 속출했다.

평양 화교의 직물 도매상인 동원흥同源興과 일본인 도매상인 교에키샤共益社, 아키타秋田, 데라마사寺正, 다카세高瀨, 키토鬼頭는 1922년 9월 불경기를 이유로 상품 대금의 지불 기간을 30일에서 20일로 단축하는 한편, 거래도 은행의 수표거래 대신에 현금거래로 전환했다. 평양의 조선인 포목상조합布木商組合은 1923년 7월 지불 기간을 30일로 할 것을 요구, 그것이 수용되지 않자 이 조합은 불매운동을 전개한 적이 있다.136)

똑같은 일이 평양 사건 직전에 발생했다. 평양부 소재의 화교 직물 도매상 4개소(수입을 겸함)는 불경기를 극복하기 위한 대책의 하나로 1931년 1월 평양 부내 직물 소매의 시행과 농촌지역에서 조선인 직물 소매상에게 싼값으로 판매하려 했다. 이러한 시도에 대해 평양의 조선인 포목상조합은 맹반발했다.137) 그 이유는 두 가지였다. 화교 직물 도매상 4개소는 종래 조선인 직물상에게 중신조합을 통해 도매를 해왔지만, 그들이 부내의 소매업에 진출한다는 것은 평양부내 조선인 직물상의 입장에서 조선인 소비자를 화교 직물 도매상에게 빼앗길 우려가 있었다.138) 또한 화교 직물 도매상이 농촌지역의 조선인 직물

136) "평양 포목상 대 무역상 문제", *동아일보*, 1923.7.11.; "일본인 면사무역상의 전횡에 분개", *동아일보*, 1923.7.12. 포목상조합과 중신조합은 1919년에 설립되었다.

137) "중국 무역상의 전횡에 六十 포목상 궐기", *동아일보*, 1931.1.27.

138) "초지를 관철 포목상측 吳學洙 담", *동아일보*, 1931.1.27.

소매상에게 평양의 조선인 직물상보다 값싸게 상품을 판매한다는 것은 평양 부내 조선인 직물상의 입장에서 종래의 고객을 빼앗길 우려가 있었다.[139]

평양의 조선인 포목상조합은 상권商圈 사수를 위해 화교 직물 도매상 측에 소매 중지와 농촌지역의 소매상에게 값싼 판매를 중지할 것을 강력히 요구했지만, 화교 도매상 측은 후자에 대해서는 수용하고, 부내의 소매 판매 중지 요구는 수용하려 하지 않았다.[140] 그러나 포목상조합이 화교 직물 도매상 취급 상품의 불매운동을 일으킬 조짐이 보이자 화교 도매상 측은 부내의 소매 판매에 대해 조선인 소매상의 판매가격보다 1필당 10전 비싸게 판매한다는 조건으로 양측은 합의, 이 문제는 일단락되었다.[141]

한편, 중신조합과 포목상조합 간에는 중개료를 이유로 문제가 잇따라 발생했다. 양 조합은 1920년 8월 포목상조합의 조합원은 중신조합을 통해 상품을 구매하고, 구매 중개료를 상품별로 정한 계약을 체결했다. 그러나 포목상조합은 1921년 불경기를 이유로 중신조합에게 중개료 인하를 요구하고 나서자 중신조합과 충돌했지만, 그때는 중신조합이 양보하면서 원만 해결되었다.[142]

1927년 12월 포목상조합의 회원인 송상점宋相漸은 화상 혹은 일본인 직물 도매상으로부터 직접 직물을 조달하자, 중신조합은 계약을 위반했다며 그와의 모든 거래를 정지했다. 포목상조합은 중신조합의 송상점에 대한 처분에 반발, 거래 중지 처분을 취소할 것을 요구했다.

139) "중국 무역상의 전횡에 六十 포목상 궐기", *동아일보*, 1931.1.27.

140) "교섭은 결렬 최후로 非賣동맹?", *동아일보*, 1931.1.27.

141) "중국인 무역상 대 포목 문제 해결", *동아일보*, 1931.1.28.

142) "평양포목상조합 중신조합 원만 타협", *동아일보*, 1921.4.6.

그러나 중신조합은 이에 응하지 않았다.143) 포목상조합이 중신조합의 조합원 가운데 몇 군데와 지정 중개제仲介制를 도입하여 대항하려 했기 때문에 문제는 장기화했다. 쌍방의 교착상태는 평양의 조선인 상공업계의 중요한 현안으로 대두됐다. 평양상공협회平壤商工協會의 중개로 양측은 1929년 4월 24일 중신조합의 송상점에 대한 거래 중지 해제, 포목상조합의 지정 중개제 철폐에 합의, 문제는 해결되었다.144)

쌍방 대립의 근원에는 조선인 직물상이 직물 도매시장을 화교 도매 직물상에 장악되어 있었기 때문이다. 따라서 상기와 같은 문제가 발생할 때마다 화교 직물 도매상에게 불만의 화살이 향했다.

이와 같은 조선인과 화교 직물상 간 상업상의 대립은 평양 사건 때 어떻게 표출되었는지 보도록 하자. 평양 사건에서 유죄판결을 선고받은 조선인 상점주는 41명으로 이 사건의 유죄판결을 받은 450명 가운데 약 9%를 차지, 적지 않았다. 상점주를 종류별로 나눠보면 다음과 같다. 잡화 상점주 10명, 주류판매 상점주 5명, 미곡 상점주 4명, 간판 상점주 3명, 이발업주 3명, 음식점 업주 2명, 정육점 업주 2명, 과자 상점주 2명, 세탁소 업주 2명, 소중개小仲介 업주 2명, 목탄 상점주 1명, 고물 상점주 1명, 금물 상점주 1명, 시계 상점주 1명, 지물 상점주 1명, 중개업 1명. 잡화 상점주 가운데에는 직물 상점주가 포함되어 있어서 앞에서 언급한 상업상의 대립과 불만이 이 사건에 연결되었을 가능성은 크다. 또한 상점주의 죄명은 가구가재상품의 파괴 및 파손이 10명, 소요폭민부화수행이 6명, 폭행이 6명, 건조물파괴가 5명, 살인이 6명, 방화가 2명, 폭민지휘습격 및 폭행이 2명, 절도가

143) "布商 요구 거부 중신조합에서", *동아일보*, 1927.12.23.

144) "중신조합과 포목상 분규 원만히 해결", *동아일보*, 1929.4.25.

1명, 구타살해미수가 1명, 경찰에 대한 투석 1명, 기타 1명이었다. 가구가재상품의 파괴 및 파손의 죄가 가장 많았다.

조선총독부는 이 사건의 원인의 하나로 쌍방 상업상의 대립 및 조선화교의 상업 발전을 들었다. 경무국의 미쓰하시 경무과장은 평양 사건을 조사하고 7월 12일 아침 경성에 귀임한 후, 이 사건의 원인에 대해 다음과 같이 말했다.

> "이 사건의 원인에 대해 여러 가지 고려해야 할 것이 있어 차분히 연구해야 할 문제이다. 먼저 나의 조사에 의하면 대체로 평시부터 조선인과 지나인 사이에 조성된 경제적 관계 기타의 반감이 이번의 만보산 사건과 경인 지방의 폭거에 자극받아 돌발적으로 발생한 것으로 생각한다. … 폭행을 가한 조선인의 다수는 이상하게도 지나인의 집에 고용되어 있던 조선인이거나 상점 부근의 주민이었다."[145]

호즈미 외사과장도 "조선 내 조선인의 상권이 자꾸자꾸 자꾸자꾸 지나인에게 침범을 당했어요. 이발소다, 무슨 상점이라고 하는 것이 지나인 쪽이 장사를 잘하기 때문에 자꾸자꾸 빼앗겼기 때문에. 그 점에서도 조선 사람은 매우 초조해했던 것이지요."라고 말했다(宮田節子 監修. 2001, 210). 치안 담당자의 보고에 근거하여 우가키 총독도 7월 7일 자 일기에 다음과 같이 적었다. "원인으로서는 평소의 장사, 일의 경쟁에서 적대적으로 보고 있던 가운데 만주 특히 간도(間島)의 조선인 압박으로 감정이 크게 첨예화했다. 그리고 만보산의 지나인 폭행 사건의 보도가 도화선이 되어 폭발한 것이다."(宇垣一成. 1970, 802)

145) "今度の暴擧は連絡がない　'暴行朝鮮人の多數は支那人の使用人か商賣敵' 三橋警務課長談", *京城日報*, 1931.7.15.

이상과 같은 이 사건의 원인遠因에 관한 조선총독부 치안 책임자의 견해는 이 사건에서 조선총독부의 책임을 회피하려는 의도적인 발언인지 어떤지 검토할 필요가 있다. 그러나 조선총독부는 1931년 화교배척사건과 매우 유사한 상황에서 발생한 1927년 화교배척사건의 원인에 대해서도 이미 다음과 같이 말한 바 있다. "조선에서는 최근 조선 내 모든 사업의 융성과 지나 내지의 시국의 영향으로 인해 지나인의 이주자가 매우 많았다. 노동자는 물론 잡화상, 포목상, 음식점 등 각 방면에서 조선인 동업자를 압박하여 일반인이 호의적이지 않을 때 만주 거주 조선인 압박 상황의 선전이 이뤄졌다. 그것이 보복으로 나타나 조선 거주 지나인을 압박하는 폭거를 초래했다."(朝鮮總督府警務局. 1927.12.)

즉, 앞에서 언급한 조선총독부 치안 책임자의 견해는 책임회피의 발언으로 받아들일 수만은 없다. 조선화교의 상업, 농업, 제조업, 노동시장 분야의 경제력은 조선인을 압박하고 있었을 뿐 아니라 이에 대해 조선인이 매우 경계하고 있었다는 것은 이미 분석한 대로이다. 따라서 평양부 조선인 상인과 화상 간 상업상의 대립 및 화상의 상업상의 우위가 이 사건의 원인遠因의 하나였다고 할 수 있다.

Ⅶ. 맺음말

이상에서 1931년 조선화교 배척사건의 근인과 원인에 대해 분석했다. 검토 결과를 정리하면 다음과 같다.

먼저, 근인은 이러했다. 조선총독부 경무국이 『조선일보』 1931년 7월 2일 자 호외(특히 조선인 농민이 다수 살해되었다는 기사)를 행정 처분하지 않고 발행시킨 것이 이 사건의 도화선이 된 것을 분명히 했지만, 이 점은 기존의 연구 결과와도 일치한다. 그러나 경무국이 그 영향을 알면서도 의도적으로 검열통과 시킨 것인지, 과실이 있었는지의 진위는 분명하지 않다.

둘째, 인천 사건의 초기대응 및 진압에서 조선총독부 경무국의 과실이 있었다는 것을 해명했다. 인천 사건이 발생한 7월 3일 오전 10시부터 평양 사건이 발생한 5일 오후 7시 사이에 조선총독부 치안 책임자인 총독, 정무총감, 경무국장, 경무국 보안과장은 모두 경성에 부재했기 때문에 재빨리 적절한 조치를 할 수 없었던 사정이 있었으며, 게다가 3일 오전 10시까지 경성에 있던 다나카 보안과장은 "완전히 내가 판단을 잘못하여 큰일은 없겠지, 혹은 약간 정도의 일은 있어도 괜찮겠지."라고 하는 안일한 인식으로 적극적인 초기 진압을 하지 못한 것이 사건 확대의 근인이었다.

셋째, 최대의 피해를 본 평양 사건의 근인은 비상시국인데도 불구하고 평안남도 치안 책임자인 소노다 지사, 야스나가 경찰부장, 후지와라 내무부장이 5일 밤 연회에 출석하는 무사안일의 극치인 상태로 이 사건의 초기대응을 제대로 하지 못한 것을 조선총독부 다나카 통역관이 사이토 전 총독에게 보낸 서간을 통해 분명히 했다. 또한 각종의 유언비어가 난무하여 군중을 한층 폭동화 시킨 것도 사건 확대의 근인이었다.

이와 같은 근인에 의해 발생한 1931년 화교배척사건에 대해 일본정부 및 조선총독부는 어떻게 사건을 처리했는지에 대해 책임자 처벌, 구휼금 지급, 가해자 처벌을 각각 거론하여 검토했다. 일본정부는 중국정부와의 외교교섭에서 이 사건의 원인에 대해 중국 관헌에 의한 만주 거주 조선인 농민 박해에 있다는 것, 이 사건의 대응에 과실이 없었다는 것을 제시, 중국정부의 책임자 처벌과 피해자에 대한 배상금 지급의 요구를 일축했다.

일본정부 및 조선총독부는 이상과 같은 방침에서 책임자의 처분을 했기 때문에 이 사건의 치안 책임자 가운데 책임을 물어 면직 처분을 당한 자는 한 명도 없었다. 소노다 평안남도지사와 야마시타 경찰서장은 퇴관했지만, 다른 책임자는 승진하여 조선총독부의 핵심 관료로 승승장구했다. 다수의 사망자와 재산손실을 초래하고 치안 책임자의 과실이 명백한 이 사건에서 사실상의 책임자 처벌은 이뤄지지 않았다. 일본정부 및 조선총독부는 화교 피해자에 대해 배상금이 아닌 중국정부가 반대하던 피해자에 대한 구휼금 지급을 강행, 145,000원을 지급했다.

그러나 조선총독부는 조선인 가해자에 대해 엄중히 처벌한 것을 『고검 사상월보』의 '중화민국인습격사건판결유죄확정'의 자료를 통해 밝혔다. 평양 사건에 연루되어 유죄를 선고받은 450명을 형량별, 죄명별, 직업별, 나이별로 분석한 결과, 형량은 1년 이상인 자가 전체의 6할을 차지하고, 벌금형은 약 10%에 지나지 않았다. 죄명은 살인 및 살인미수, 가재파괴파기, 폭행, 소요 및 소요부화수행, 건조물파괴, 폭민지휘선동, 방화의 순으로 많았다. 유죄를 선고받은 자의 나이는 20대가 60.7%, 30대가 16.7%, 10대가 15.6%로 10대~30대가 전체의 93%를 차지했다. 직업은 노동자, 무직, 농민이 많았다.

다음은 이 사건의 원인遠因에 대해 분석했다. 먼저, 평양 사건 이전 평안남도에는 화공의 증가에 따라 토목공사 현장, 탄광, 어업 분야에서 화공과 조선인 노동자 사이에 알력 및 충돌이 빈발하고 있다는 것을 사례를 들어가며 살펴보았고, 동시에 이와 같은 알력 및 충돌이 평양 사건으로 어떻게 연결되었는지 분석했다. 또한 불경기로 인한 조선인 실업자의 증가와 빈곤이 평양 사건의 원인의 하나라는 것도 제시했다. 마지막으로 조선인 상인과 화상 간 상업상의 대립 및 화상의 상업상의 우위가 원인의 하나라는 것을 평양의 직물상 업계, 우가키 총독의 일기, 미쓰하시 경무과장 및 호즈미 외사과장의 증언을 통해 분명히 밝혔다.

이상의 검토 결과, 1931년 화교배척사건은 일본이 만주 침략을 위해 의도적으로 일으킨 사건이 아니라 각종의 근인과 원인이 상호작용한 복합적인 요인에 의해 발생한 사건이었다고 결론지을 수 있다.

참고문헌

1. 자료

〈한국어〉

국사편찬위원회 편집. 2003, *한민족독립운동사자료집56: 중국인습격사건재판기록*, 서울: 국사편찬위원회.

〈중국어〉

"朝鮮總督府府尹大島良士諭告". 1931.7.6., 朝鮮排華暴動, *《外交部檔案》*(타이완국사관소장, 0671.32-4728).

"韓民排華暴動案(三)", *《駐韓使館保存檔案》*(타이완중앙연구원근대사연구소당안관소장, 03-47-205-13).

"韓人仇華暴動案事件報告", *《駐韓使館保存檔案》*(타이완중앙연구원근대사연구소당안관소장, 03-47-168-07).

"損失調査(一)", *《駐韓使館保存檔案》*(타이완중앙연구원근대사연구소당안관소장, 03-47-222-15).

平安南道廳急告. 1931.7.7., "朝鮮排華暴動", *《外交部檔案》*(타이완국사관소장, 0671.32-4728).

王文政呈. 1931.8.8., "關於韓人暴動加害華僑案之意見書", 朝鮮暴動排華,

《外交部檔案》(타이완국사관소장, 0671.32-4728).
"仁川鮮人暴動華人被害報告書", *《駐韓使館保存檔案》*(타이완중앙연구원근대사연구소당안관소장, 03-47-168-01).

〈일본어〉

田中德太郎가 齋藤實에 보낸 서간. 1931.8.2., "標題 田中德太郎 8", *齋藤實文書 書簡の部*(일본국립국회도서관소장, 분류번호 1029).

朝鮮總督府警務局. 1927.12, "*昭和二年 在留支那人排斥事件狀況*", 朝鮮總督府.

朝鮮總督府警務局. 1931.7, "*鮮內に於ける支那人排斥事件ノ槪況*", 朝鮮總督府.

朝鮮總督府警務局. 1932, "*鮮支人衝突事件ノ原因狀況及善後措置*", 朝鮮總督府.

朝鮮總督府. 1932a, "*國際聯盟調査員來鮮ノ場合ノ答辯資料ニ關スル件*", 《國聯支那調査委員關係書類》, 한국국가기록원소장.

朝鮮總督府. 1932b, *調査資料第四十三輯生活狀態調査(其四) 平壤府*, 朝鮮總督府.

朝鮮總督府. 1934, *昭和五年朝鮮國勢調査報告道編 第九卷 平安南道*, 朝鮮總督府.

朝鮮總督府. 1935, *施政二十五年史*, 朝鮮總督府.

朝鮮總督府警務局. 1927.12, "*昭和二年 在留支那人排斥事件狀況*", 朝鮮總督府.

朴慶植 編. 1989, *朝鮮問題資料叢書第十一卷 日本植民地下の朝鮮思想狀況*, 東京: アジア問題研究所.

조선총독부정무총감 이마이다가 척무성차관 호리키리에 보낸 공문(1931.8.4.), "官秘第110號 鮮支人衝突ニ關スル件"(*JACAR(アジア歷史資料センター)*Ref.B 02030167700(제8화상), 〔昭和6年7月28日昭和6年8月13日〕, 萬寶山農場事件(外務省外交資料館).

조선총독부정무총감 이마이다가 척무성차관 호리키리에 보낸 공문(1931.8.4.), "官秘第110號 鮮支人衝突ニ關スル件"(*JACAR(アジア歷史資料センター)*Ref.B 02030167700(제9화상), 〔昭和6年7月28日昭和6年8

月13日], 萬寶山農場事件(外務省外交資料館).

조선총독부정무총감 이마이다가 척무성차관 호리키리에 보낸 공문(1931.8.4.), "官秘第110號 鮮支人衝突ニ關スル件"(JACAR(*アジア歷史資料センター*)Ref.B 02030167700(제9화상),

〈영어〉

Consul-General Paton. 1994, *Annual Report of Affairs in Corea for 1927, Volume 12 Korea: Political and Economic Reports 1924-1939, Japan and Dependencies*, Archive Editions, an imprint of Archive International Group.

2. 논저

〈한국어〉

민두기. 1999, "만보산사건(1931)과 한국언론의 대응: 상이한 민족주의적 시각", *동양사학연구* 65, 동양사학회, pp.142-174.

박영석. 1970, "만보산사건이 '조선'에 미친 영향", *아세아학보* 8, 아세아학술연구회, pp.

박영석. 1978, *만보산사건 연구: 일제 대륙침략정책의 일환으로서*, 아세아문화사.

손승회. 2009, "1931년 식민지 조선의 배화폭동과 화교", *중국근현대사연구* 41, 한국중국근현대사학회, pp.141-164.

장세윤. 2003, "만보산사건 전후 시기 인천시민과 화교의 동향", *인천학연구* 2-1, 인천대학교 인천학연구원, pp.189-235.

정진석. 1998, *일제시대 민족지 압수 기사 모음 I*, LG상남언론재단.

〈중국어〉

叢成義. 2002, "1931年韓國排華慘案與日本", *東北亞僑社網路與近代中國*, 臺北: 中華民國海外華人硏究學會, pp.

羅家倫 主編·中國國民黨中央委員會黨史史料編纂委員會 編輯. 1978, *革命文獻* 33, 中央文物供應社.

兪辛焞. 1986, *滿洲事變期の中日外交史硏究*, 東方書店.

〈일본어〉

アジア民衆法廷準備會 編. 1992, *寫眞圖說 日本の侵略*, 東京: 大月書店.

李相瓊 著·郭炯德 譯. 2010, "1931年の『排華事件』と韓國文學", *植民地文化研究* 9, 東京: 植民地文化學會, pp.40-54.

今井田淸德傳記編纂會 編. 1943, *今井田淸德*, 今井田淸德傳記編纂會.

宇垣一成. 1970, *宇垣一成* 2, 東京: みすず書房.

菊池一隆. 2007, "萬寶山·朝鮮事件の實態と構造: 日本植民地下, 朝鮮民衆による華僑虐殺暴動を巡って", *人間文化* 22, 名古屋: 愛知學院大學人間文化研究所, pp.15-70.

淸水幾太郎. 1937, *流言蜚語*, 日本評論社.

秦郁彦. 1981, *戰前期日本官僚制の制度·組織·人事*, 東京: 東京大學出版會.

中央公論社. 1932.11, *リットン報告書(和文)(中央公論 11月號別冊附錄)*, 中央公論社.

趙景達. 2008, *植民地期朝鮮の知識人と民衆*, 東京: 有志社.

朴永錫. 1981, *萬寶山事件研究: 日本帝國主義の大陸侵略の一環として*, 第一書房.

穗積眞六郎. 1974, *わが生涯を朝鮮に: 穗積眞六郎先生遺筆*, 東京: 友邦協會.

松本武祝. 1991, *植民地期朝鮮の水利組合事業*, 東京: 未來社.

綠川勝子. 1969, "萬寶山事件及び朝鮮內排華事件についての一考察", *朝鮮史研究會論文集* 6, 東京: 朝鮮史研究會, pp.129-152.

宮田節子 監修. 2001, "朝鮮統治における「在滿朝鮮人問題」"(未公開資料朝鮮總督府關係者 錄音記錄(2)), *東洋文化研究* 3, 東京: 學習院大學東洋文化研究所, pp.127-316.

穗積眞六郎. 1974, *わが生涯を朝鮮に: 穗積眞六郎先生遺筆*, 東京: 友邦協會.

橫山義子. 1994, *平壤眷想あるがまゝ: 愛は民族を超えて*, 近代文藝社.

山脇啓造. 1994, *近代日本と外國人勞動者: 1890年代後半と1920年代前半における中國人·朝鮮人勞動者問題*, 神戶: 明石書店.

제3장

제2차 세계대전기 일본의 베트남 화교정책

현지 정권을 통한 통제와 협력의 확보 시도

보민부

Ⅰ. 서론

중일전쟁이 장기화하는 가운데, 구미 열강의 경제적 포위망에 놓인 일본은 대동아공영권 건설이라는 정책방침을 내세우며 자원 확보를 목적으로 동남아시아로의 적극적인 진출을 노렸다. 이러한 상황에서 일본에 화교가 가진 경제력은 어떠한 것보다 매력적이었다. 그래서 그들의 힘을 일본의 정책에 끌어들이는 것이 중요한 과제가 됐다. 또한 동남아시아에서 일본인의 경제활동은 화교 세력에 가로막혀, 그들이 존재하는 한 일본의 경제적 신장은 어려웠다. 일본의 동남아시아로의 경제적 진출은 화교의 협력 없이는 성립할 수 없었다. 이러한 전제 아래, 동남아시아로의 경제 진출의 난국을 타개하고 또 중일전쟁을 빠르게 해결하기 위해 화교정책 시행은 일본에 중요시되었다.

일본은 북부 프랑스령 인도차이나 진주進駐를 감행했던 1940년 9월부터 1945년 8월까지 5년간 군정軍政을 시행하지 않고 프랑스 식민지 정권과 그 통치기구를 그대로 두고 프랑스와 프랑스령 인도차이나를 공동지배 했다.[1] 일본이 프랑스령 인도차이나에 진주한 목적은 두 가

1) 이 공동지배를 '일본과 프랑스 지배 체제'라 일컬어진다. 베트남에서는 1940~1945년의 시기를 '일본과 프랑스 공동지배 시기'라 칭한다.

지이다. 첫 번째는 중일전쟁을 마무리 짓기 위해 원장루트(援蔣루트, 충칭국민정부를 원조하는 보급선)를 끊는 것, 두 번째는 군수물자, 특히 미곡의 공급원을 확보하는 것이었다. 이러한 목적의 달성을 위해 일본은 프랑스령 인도차이나 현지 정권의 협력을 얻는 것 말고도 미곡 유통기구나 무역기구에 지배적 지위를 점하는 화교를 어떻게 다루어야 하는가라는 과제에 직면했다.

지금까지 아시아 태평양 전쟁기의 프랑스령 인도차이나를 대상으로 하는 연구 중 일본의 프랑스령 인도차이나 화교정책과 그 실태를 다룬 것은 저자가 알고 있는 한 존재하지 않는다.[2)] 전시기戰時期 동남아화교의 사회에 관한 연구에서 전시 중 프랑스령 인도차이나 화교의 동향에 대해서 언급하기는 하지만 어디까지나 단편적인 것에 그쳤다.[3)] 본고의 목적은 1940년부터 1945년에 걸친 아시아 태평양전쟁의

---

2) 대표적인 연구는 日本國際政治學會·太平洋戰爭原因研究部 編. 1963, *太平洋への道 第6巻 南方進出*, 朝日新聞社. ; 白石昌也·古田元夫. 1976, "太平洋戰爭期の日本の對インドシナ政策—その2つの特異性をめぐって—", *アジア研究 第23巻 第3號*, アジア政經學會. ; 立川京一. 2000, *第二次世界大戰とフランス領インドシナ－「日佛協力」の研究*, 彩流社. ; 田渕行親. 1980, "日本の對インドシナ『植民地』化プランとその實態", 東南*アジア－歷史と文化－ 第9號*, 東南アジア學會. ; 田渕行親. 1981, "『大東亞共榮圈』とインドシナ－食糧獲得のための戰略－", 東南*アジア－歷史と文化－ 第10號*, 東南アジア學會. ; 白石昌也. 1986, "第二次大戰期の日本の對インドシナ經濟政策", *東南アジア－歷史と文化－ 第15號*, 東南アジア學會. ; 田渕幸親. 2005, "日本によるヴェトナム經濟支配の實像—岩武·立川兩氏の批判に應えて—", *長崎國際大學論叢 第5巻*, 長崎國際大學 등이 있다.

3) 高田洋子. 1991, "フランス植民地期ベトナムにおける華僑政策 : コーチシナを中心に", *國際教養學論集1*, 敬愛大學·敬愛短期大學. ; 高田洋子·原不二夫 編. 1993, "ベトナムにおけるフランス植民地支配衰退期

추이와 프랑스-일본 공동지배 체제하에서 일본은 프랑스령 인도차이나 화교에 대해서 어떠한 정책방침을 제기했는지, 그 과정을 고찰하는 것이다. 또 일본정부 차원에서 동남아 화교정책 가운데 프랑스령 인도차이나 화교를 대상으로 하는 시책이 어디에 위치 지어지는지도 함께 검토하여 프랑스령 인도차이나 화교정책의 특징을 밝히고자 한다.

프랑스령 인도차이나의 지리적 범위는 오늘날의 베트남, 라오스, 캄보디아를 포함한다. 그러나 당시 베트남이 프랑스령 인도차이나의 중심에 자리하여 영토도 가장 넓었으며 가장 중요한 역할을 담당하고 있었다. 프랑스령 인도차이나 화교는 그 대부분이 오늘날의 베트남 영내에 거주하고 있었다는 역사적 상황을 고려하여 본고는 베트남 화교를 주요한 대상으로 하고자 한다.

の華僑統治と中國", *東南アジア華僑と中國－中國歸屬意識から華人意識へ－*, アジア經濟研究所. ; Ky Luong Nhi. 1963, *The Chinese in Vietnam : a study of Vietnamese-Chinese relations with special attention to the period 1862-1961*, Ph.D. Thesis, University of Michigan, U.S.. ; Alain G Marsot. 1993, *The Chinese Community in Vietnam Under the French*, Edwin Mellon Press, New York. ; Tran Khanh. 2002, *Nguoi Hoa trong xa hoi Viet Nam : Thoi Phap thuoc va duoi de che Sai Gon*: Nxb. KHXH (베트남 사회의 화인 : 인도차이나식민지 시대와 베트남공화국 시대, 사회과학출판사) ; 市川健二郎. 1972, "日中戰争と東南アジア華僑", *國際政治 47호*, 日本國際政治學會. ; 菊池一隆. 1999, "重慶國民政府の華僑行政と華僑の動向", *歷史研究 37號*, 大阪教育大學. ; 菊池一隆. 2009, *中國抗日軍事史*, 有志舍. ; Yoji Akashi. 1970, "Japanese policy towards the Malayans Chinese 1941-1945", *Journal of Southeast Asian Studies 1(2)*. ; 池端雪浦. 1993, *日本軍政下フィリッピン華人社會*: 東南アジア·南アジア史研究資料の基礎研究. ; 樋口秀實. 2000, "日中戰争下の日本の華僑工作", *アジア經濟 Vol.41 No.4*, アジア經濟研究所. ; 菊池一隆. 2001, *抗日戰争時期における重慶國民政府·南京傀儡政權·華僑の三極構造の研究*, 平成10年度~平成12年度科學研究費補助金、基盤研究(C)(2) 등의 연구가 대표적이다.

II. 일본의 전반적인 동남아시아 화교정책

중국 대륙에서 전쟁이 교착상태에 빠져 남진 정책을 취하게 된 일본에 동남아시아의 인적·물적 자원을 얼마나 확보하는지는 중요한 과제였다. 그래서 프랑스령 인도차이나를 포함, 동남아시아에서 이미 큰 정치·경제력을 가진 화교에게 대일협력을 얻는 것은 대동아공영권 건설을 위한 중요한 방책으로 위치 지어졌다. 또한 중국으로의 동남아화교의 송금은 충칭국민정부重慶國民政府의 중요한 자금원으로 중국의 대일항전을 경제적으로 지탱하는 큰 역할을 하고 있었다는 점도 일본이 동남아화교를 중시하지 않으면 안 되는 상황을 만들었다.

1938년부터 중일전쟁이 중국 전토로 확대됨에 따라 중국에서 권익을 방해받게 된 미국은 1939년 1월부터 대일경제제재를 시행했다. 같은 해 7월 28일에는 미일통상항해조약의 폐기도 통보했다. 일본은 중요물자 확보가 절실해지는 가운데 1939년 유럽에서 제2차 세계대전이 발발, 1940년 5월 네덜란드가, 6월 프랑스가 독일에 각각 항복했다.

중일전쟁과 자급적 경제권 확립을 목표로 하는 동아시아 신질서가 벽에 부딪힌 상황에서, 네덜란드령 인도네시아와 프랑스령 인도차이나의 종주국인 네덜란드, 프랑스가 유럽에서 패배한 것으로 인해 권력의 공백이 생긴 인도차이나를 탈취한다면 중일전쟁의 조기 종결과 동아시아 신질서 건설이 가능해진다. 이러한 국제정치적 변동을 배경으로 1940년 7월 26일 고노에近衛 내각은 각의에서 기본 국책 요강을 결정하고, 대동아 신질서 건설을 내세웠다. 다음날인 7월 27일 대본영-정부연락회의에서 결정된 「세계정세의 추이에 따른 시국처리 요강世界情勢ノ推移ニ伴フ時局處理要綱」(이하 「시국처리요강」) 중, '남방문제'가 명확히 '지나 문제'와 연결되어 있어 남방문제가 중요한 정책 과제가 되었음을 보여준다.

이제까지 남방문제는 기획원企劃院 내에 설치된 시국경제대책위원회時局經濟對策委員會에서 검토되었다. 하지만 1940년 7월 31일 남방문제의 연구 및 관계성청關係省廳과의 연락을 목적으로 기획원 제5위원회가 신설되었다. 1940년 8월 16일 각의에서는 기획원 제5위원회가 작성한 「남방경제시책요강南方經濟施策要綱」이 일본의 동남아시아 진출의 기본방침으로 결정되어, 이후 남방경제정책을 경제적인 측면에서 규정하는 것이 됐다. 그 「요강」은 남방지역에서 대경제권 건설을 호소하는 일본의 군사적, 자원적 요청을 고려하면서, 남방지역에서 정치적 영향력을 확고히 하는데 힘쓴다는 방침으로 그것을 위한 경제진출과 물자 확보 방법을 제시했다. 또한 이러한 남방정책을 고려할 때, 동남아시아 경제를 지배하는 화교를 주목하지 않을 수 없다는 자세를 보이며, 화교문제에 대해서 "화교의 동향이 극히 중대한 점을 감안하여 대국적 견지에 서서 이를 지도할 것"이라고 분명히 밝혔다.[4]

이 「남방경제시책요강」 그 자체는 화교정책을 직접적으로 규정하는 것은 아니다. 하지만 '대국적'인 남방문제, 즉 대동아공영권에 화교문제를 연계하려는 인식이 보인다고 할 수 있을 것이다. 「세계정세의 추이에 따르는 시국처리요강世界情勢ノ推移ニ伴フ時局處理要綱」에서 '남방문제'가 '지나문제' = 중일전쟁과 연결되어 화교문제는 중요한 과제로 승격됐다. 가고타니 나오토籠谷直人가 지적한 것처럼 일본정부가 '대동아공영권'이라는 '지역주의'적 개념을 창조한 것에 의해 화교는 '대동아공영권'이라는 '지역주의'의 담당자 중 하나라고 인식되게

4) 石川準吉. 1979, 16.

된 것이다.[5)]

이러한 배경에서 1941년 7월 10일 관련기관 차관회의에서는 「화교대책요강華僑對策要綱」이 제정되었다. 국책으로서 위치 지어진 '대동아공영권' 구상에 맞춰 「화교대책요강」의 방침은 "지나사변 처리에 이바지하고 제국의 대 남방정책 시행에 이바지할 수 있는 대동아공영권 내의 화교를 우리 쪽으로 인도하여 점차 원장援蔣한테서 멀어지게 하고 제국의 대동아공영권 수립공작에 협력하도록 중앙과 현지가 일관된 맥락에서 활발하고 적극적으로 대책을 수행할 것"[6)]이라고 하여, 중일전쟁을 해결함에 화교의 역할을 다시 인식하고 화교문제를 '남방정책'과 연결했다. 또한, '남방정책'을 수행하기 위해 중앙=일본과 현지 간의 일관된 화교정책으로서 충칭국민정부로부터 동남아화교를 단절시키는 것과 화교를 대동아공영권 건설에 협력시키는 것이 결정되었다.

이 요강에서는 프랑스령 인도차이나와 타이가 화교정책의 중요한 지역으로서 위치 지어졌고, 일본의 세력이 확장되면 화교정책의 대상지역도 확대되는 것으로 정해졌다. 1940년 9월 일본군이 진주한 프랑스령 인도차이나와 친일 정부가 존재하는 타이가 일본의 세력권에 이미 놓여 있다는 것을 생각한다면 여기가 중점적 지역이 된 것은 당연했다. 또한 화교정책이 경제, 정치, 선전 세 가지 공작에 의해 이루어졌고, 그중에 먼저 경제공작이 중시되었다는 방침도 확인할 수 있다. 경제공작에 중점을 둔다는 방침은 정책적 측면에서 1940년 8월 16일 각의에서 결정된 「남방경제시책요강」이 영향을 주었다고 생각된다.

5) 籠谷直人. 2000, *アジア國際通商秩序と近代日本*, 名古屋大學出版會.

6) JACAR(アジア歴史資料センター), Ref.A03025363000, 各種情報資料·主要文書綴 (一),「雑 華僑對策要綱ニ關スル件」(國立公文書館), 1941, p. 1.

「남방경제시책요강」에서는 '경제적 대동아공영권의 완성'이 목표로서 제시되었다. '경제적 대동아공영권'은 중심을 동남아시아에 두고, "각 지역의 시책은 황국皇國의 군사적, 자원적 요구를 기초로 내외의 정세를 고려하여 완급을 조절하며 적절하게 행하는" 것이라고 되어 있다. 또한 1940년 9월 3일 「대프랑스령 인도차이나 경제발전을 위한 시책對佛印支經濟発展ノ爲ノ施策」에서도 '세계 신질서의 진전에 따른 경제권 발생의 필연성'이 지적되었다.[7] 생산력이 확충되지 않는 일본의 경제 상태를 벗어나, 군수물자를 취득하기 위해서 당시 동남아시아 경제에 중요한 위치를 차지하는 화교의 협력 및 자본을 이용하는 것은 불가결하다고 여겨졌다. 대책을 전개할 때는 외교정책의 방침을 염두에 두고, 현지 상황 및 화교의 동향에 맞춰 시기와 순서, 그리고 방법을 배려하는 것으로 하였다.

그리고 「남방경제시책요강」에서는 난징국민정부의 세력을 강화하고, 왕자오밍汪兆銘의 난징국민정부南京國民政府 측의 화교 공작과 일본의 그것을 일원화할 필요가 있다고 서술되어 있다. 일본과 친일 정권의 화교 공작 '일원화'라는 문구에서 난징국민정부 특히 왕자오밍에 대해서 동남아화교의 장악을 기대하려는 일본의 자세가 읽힌다. 지도指導상의 통일이라는 방침을 실제로 실현하려고 화교정책에 관여하는 외무성, 육군성, 해군성, 흥아원興亞院과 그 외 관계기관으로 구성된 '협의회' 설치가 결정되었다. 이 협의회에서 화교정책의 방침, 방책에 관한 협의와 정보 교환하게 됐다. 연락사무를 담당하는 기관으로서 외무성이 등장하게 되었다. 화교정책에 관한 공식문서에서 외무성의 역할이 처음으로 등장하게 된 것은 1938년 12월 「대 화교기관 신설에

7) 石川準吉. 1979, 594.

관한 건對華僑機關新設ニ關スル件」이었다. 그 후 1939년 「대화교공작통제對華僑工作統制」에서 그 역할은 육·해군 성에 필적할 정도가 되었다. 또한, 1941년 4월 17일 열린 제18회 연락간담회에서는 스기야마 겐杉山元 참모장이 화교 공작에 대해서 "현재의 정세상 이것을 추진·강화할 가장 적당한 호기로 외무성은 모처럼 본 공작의 추진에 힘써야 할 때"라고 하여 화교정책에서 외무성의 역할을 주장하였다.[8] 그 결과, 1941년 7월 「화교대책요강」에서 외무성이 연락사무 담당 기관으로서 지정되는데 이르렀다고 생각된다.

또, 화교정책의 요강은 지역별로 결정되었다. 중국에서는 화교정책의 지도권을 일본대사관이 가지는 한편, 그 외 지역에서는 흥아원이 담당하게 되었다. 다만, 흥아원의 기관이 설치되지 않은 지역에서는 현지의 상황에 맞게 성청省廳이 담당하게 되었다. 주요 지역의 화교 공작은 특정 성청이 아니라 관계 성청이 협의회를 두고 협의한 뒤에 결정되었다. 다만 남양에 대해서는 육·해군 성과의 협의를 거쳐 화교 공작 실시 기관이 외무기관으로 정해졌다.

「화교대책요강」의 방침을 기본적인 틀로 한 뒤, 요강의 시책 요령에서는 중국 방면과 남양 방면으로 나눠서 대 화교 공작의 내용을 정했다. 남양 방면에 대해서는 다시 경제 공작, 정치공작, 선전공작의 내용이 구체적으로 제시됐다.[9]

(A) 경제공작

1. 우리 쪽 필요물자의 획득 및 우리 쪽과의 거래관계를 긴밀하게

8) 參謀本部. 1967, 197.

9) JACAR(アジア歴史資料センター), Ref.A03025363000, 各種情報資料·主要文書綴 (一),「雑 華僑對策要綱ニ關スル件」(國立公文書館), 1941, pp.5-7.

하려고 유력 화교와 연계를 꾀하고 나아가서 현지 기업의 일지제휴日支提携 및 점령지로의 기업진출도 촉진할 것. 프랑스령 인도차이나, 타이에서는 앞의 목적을 위해 화교 상업단체의 지도·조종 혹은 새로운 상업단체의 육성을 꾀할 것.

2. 우리 쪽 세력권으로의 화교 송금 및 자금 도피의 편의를 제공하기 위해 신국信局 및 은행을 지도·정비할 것.

(B) 정치공작

1. 충칭 측의 화교 공작 조직 및 선전을 파괴·붕괴할 목적으로 (1) 각지 화교단체의 항쟁 격화, (2) 유력 단체 회유, (3) 충칭 측 공작원 포섭 등을 행하고, (4) 우리 쪽 공작 단체에 유력·적절한 대충칭 항쟁을 개시시킬 것.
2. 우리 쪽(국민정부를 포함) 공작 조직의 편성·확충을 꾀하기 위해 (1) 유력공작 단체의 결성, (2) 공작의 외곽단체인 학교, 기타 유력 문화단체의 획득, 경영 등을 할 것.
3. 프랑스령 인도차이나, 타이에서는 충칭 측 공작에 대항하는 적극적인 태도로서 임할 확고한 지반의 획득을 목적으로 하고, 기타 지방에서는 치하준비공작治下準備工作에 주안점을 둘 것.
4. 프랑스령 인도차이나, 타이에서는 관헌으로 하여금 배일(排日)의 철저한 단속을 시행할 것.
5. 국민정부의 공작을 쉽게 할 수 있도록 외교적으로 원조할 것.

(C) 선전공작

1. (1) 일본의 국력 소개, (2) 동아시아의 해방, (3) 추축국樞軸國 측의 우세, (4) 충칭 정권의 내실 및 정책에 대한 비판 등을 주요 제목으로 할 것.
2. 프랑스령 인도차이나와 타이에서는 정세의 진전에 맞춰 다시 건설적인 선전도 할 것.
3. 프랑스령 인도차이나와 타이 이외에서는 전항 (3), (4)에 중점을 둘 것.

4. 위의 목적 달성을 위해 (1) 통신망의 확충, (2) 신문·잡지·영화의 이용, (3) '라디오' 선전, (4) 일본 및 지나 시찰단의 유치 등에 힘쓸 것.

이러한 내용에 대해서 자세히 보자. 먼저 경제공작에 관해. 여기서 두 가지 구체적인 대책이 정해져 있다. 첫째, 필요물자의 획득 및 일본과 화교의 거래 긴밀화를 강화하기 위해 유력 화교와의 연계를 꾀하면서, 또 현지 기업과의 제휴 및 점령지로의 일본 기업진출을 촉진하는 것이다. 둘째, 일본 세력권으로의 화교 송금·자금 도피에 편의를 제공하기 위해 각 금융기관을 지도 정비하는 것이다. 이 두 가지 점에서 동남아화교에게 경제적인 협력·제휴 관계를 구하고자 하는 희망과 화교의 송금·자금을 유치하는데, 난징국민정부가 어느 정도 역할을 해주길 바라는 기대가 엿보인다.

정치공작에 관해서는 첫째, 충칭국민정부의 화교 공작 조직 및 선전에 대항하기 위해 화교단체의 경쟁을 격화시킬 것, 화교 유력단체의 회유, 충칭국민정부의 화교 공작원 '포섭'을 꾀할 것이라는 방침이 제시되어 있다. 또, 일본이 화교 공작단체를 조직하여 충칭국민정부에 대항하려는 자세가 보인다. 둘째, 일본 측의 화교 공작단체를 조직·확충하기 위해서 유력한 공작단체를 결성하고, 그 단체의 활동을 촉진하기 위한 현존의 학교·문화단체를 획득·경영할 것, 그리고 셋째, 난징국민정부의 화교 공작을 지원하는 것이 제시되어 있다.

선전공작에 대해서는 기존의 통신망, 영화, 라디오, 신문을 통해서 종래의 내용인 일본의 국력 소개, 충칭국민정부의 정책에 대한 비판 이외에도, 대동아공영권 구상에 포함된 '아시아해방'이라는 일본의 사명, 1940년 9월 27일 체결된 독일, 일본, 이탈리아 삼국동맹 = 추축국 측의 우세라는 새로운 내용이 더해졌다. 경제공작, 정치공작, 선전공작은 각각 긴밀하게 연계되어 있지만, 경제공작의 우선도가 높았다. 그래서 그 원활한 실시를 위해서 정치적 기반을 정비하는 것과 일본의 '사명'에 관해 선전하는 것이, 경제공작과 표리일체의 관계라고 여겨지게 된 것이다.

1942년 2월 14일 관계 청廳 연락 회의에서 1941년 6월 결정된 「화교대책요강」이 폐지되고, 「화교대책요강」이 새롭게 결의되었다. 이 새로운 「화교대책요강」의 기본방침은 "화교로 하여금 장제스 정권으로부터 이반시켜 빠르게 우리 대동아전쟁 완수에 적극적으로 동조·이바지하는 시책을 실시할 것"[10]으로 정해졌다. 1942년이 되면 전국戰局이 확대되어 기존의 목표인 대동아공영권 건설로부터 오히려 '대동아전쟁'을 완수하는 것이 일본의 최우선 목표가 된다. 이 때문에 그때까지 화교정책의 방침·기구에서 '대동아공영권'을 대신하여 '대동아전쟁 완수'라는 목표가 부상하게 되었다. 그 목표를 달성하기 위해서 화교를 협력·동조시키는 것이 전면에 나서게 되었다.

이 새로운 방침에 따라 「요령」은 다음과 같은 내용으로 정해졌다.[11]

> 1. 화교대책은 화교 거주지에서의 시책을 주로 우리 측의 파악 하에 제국 국방 필수물자의 배양 및 취득에 공헌하도록 하는 것에 주안점을 둘 것. 이것을 위해 필요에 따라 적절한 정치적 압력을 가해 우리 쪽에 동조시키고 기존의 경제 기능 및 관습을 활용해서 제국

---

10) JACAR(アジア歴史資料センター), Ref.B02032971500, 大東亜戰争關係一件／戰時中ノ重要國策決定文書集, 「華僑對策要綱」(外務省外交史料館), 1942, p. 1.

11) JACAR(アジア歴史資料センター), Ref.B02032971500, 大東亜戰争關係一件／戰時中ノ重要國策決定文書集, 「華僑對策要綱」(外務省外交史料館), 1942, pp.1-2.

의 시책에 적극적으로 협력하도록 지도할 것. 또 정세의 추이에 따라 화교의 사회적 세력을 축차적으로 통제하는데 힘쓸 것.

2. 점령지에서는 제국의 행정에 복종·동조시키는 데 주안점을 두고 화교와 지나 본토 간의 경제적 연계는 우리 측 지도로 유지하지만, 지나 본토와의 정치적 연계는 반 장제스 운동反蔣運動 외에는 당분간 못 하게 할 것.
3. 프랑스령 인도차이나 및 타이에서의 화교정책은 우리 측 지도로 해당 정부에게 실시하게 하고 필요에 따라서는 제국 스스로 실시할 것.
4. 국민정부의 대외 화교시책은 제국의 영도 아래 우선 프랑스령 인도차이나 및 타이에 한정하여 민생 상 필요한 경제적 연계를 유지하는 데 주안점을 두도록 지도하고, 정치, 선전, 기타 시책은 국민정부 지도상 필요한 한도에 그치게 할 것. 다만 타이에서는 타이 정부의 화교대책도 병행하여 고려해 상호 동조시킬 것.
5. 지나에서 행하는 공작은 필요에 따라 앞의 각항 취지에 따라 실시할 것.
6. 공작지도 담당은
   (1) 점령지에서는 각각 그 담당 지역에 따라 육·해군이 맡을 것.
   (2) 프랑스령 인도차이나 및 타이에서는 육·해군과 협의를 한 뒤, 외무 관헌에 업무를 맡기고 관계 각 기관이 협력할 것.
   (3) 지나에서는 국민정부가 실시하는 화교 공작의 지도는 난징대사관南京大使館이 맡고 그 외에는 흥아원 현지 기관장에게 행하게 할 것. (주요 각 지점에는 관계기관 계관係官으로 구성된 협의회를 설치하고 흥아원 현지 기관이 없는 지방에서는 해당 협의회가 실시할 것) 난징대사관과 긴밀한 연계를 유지할 것.

「비고」

1. 점령지에서 화교에 대한 취급은 본 요강에 근거하지 않는 것은「점령 군정 실시에 따른 제3국 권익처리 요강占領軍政實施ニ伴フ第三國權益處理要綱」에 따라 처리할 것.
2. 종래의 화교대책에 관한 기구 및 방침은 폐지할 것.

1942년 「화교대책요강」의 방침은 화교를 충칭국민정부로부터 떼어내 빠르게 '대동아전쟁' 완수에 협력시키는 것이었다. 따라서 「요령」의 화교정책 요지는 첫째, 각지의 화교사회 실정에 따라 지역별로 화교정책을 수립할 것. 둘째, 일본군 아래 국방 필수 자원의 배양과 취득을 위해 일하게 할 것. 셋째, 필요에 따라 적절한 정치적 압력을 가해 일본에 동조시킬 것. 넷째, 기존의 경제 기능과 습관을 활용하여 일본의 시책에 화교를 협력시키도록 지도할 것. 다섯째, 정세의 추이의 따라 화교사회를 점차 통제하는 것으로 정했다.[12] 요컨대 일본이 대동아공영권 건설이라는 목표를 강조하는 과정에서 화교의 협력이 한층 필요 또는 불가결하게 된 것이다.

점령지에서는 먼저 화교를 일본의 군정에 복종·동조시키는 것이 중시되었다. 그중에서 화교와 중국의 경제적 관계는 일본의 지도하에 유지 발전시키는 한편, 정치적 관계는 차단하는 것에 힘쓰게 되었다. 한편, 난징국민정부의 역할은 프랑스령 인도차이나 및 타이에만, 또 민생 상 필요한 경제적 연계의 유지만 인정됐고 정치적 시책, 선전에 대해서는 필요한 상황에만 한정되게 되었다.

이러한 난징국민정부의 역할에 대한 기대가 저하된 이유에 대해서는 「화교대책요강」을 결정했던 1942년 2월 14일 열린 제85회 연락 회의의 회의록에서 엿볼 수 있다. 이 회의에서는 제2항 "'화교와 지나 본토의 경제적 연휴'라는 것은 그 의미가 무엇인가? 지나 본토는 지나 전체를 포함하는 것인가, 난징정부 담당만을 의미하는 것인가"라는 질문에 대해, "대체로 난징정부와의 사이에 경제적 연계는 취하지만

12) JACAR(アジア歴史資料センター), Ref.B02032971500, 大東亞戰争關係一件／戰時中ノ重要國策決定文書集, 「華僑對策要綱」(外務省外交史料館), 1942, p.3.

정치적 연계는 취하지 않는다. 즉 경제적 연계는 난징정부 치하의 지역과의 사이에서 취해진다는 취지다. 하지만 예를 들어 홍콩의 지반으로서 오지奧地의 중요물자를 흡수하게 하는 것처럼, 난징정부의 행정력이 미치지 않는 지역과 연계시켜야 하는 특수한 경우도 있을 수 있겠지만, 정치적 관계는 일절 취하지 않는다는 방침은 명확하다"라고 회답했다.13) 여기에서 난징국민정부의 영향력, 특히 정치상의 영향력에는 한계가 있다는 일본 측의 인식이 드러난다. 또한 일본군의 점령하에 놓인 갑지역甲地域에서는 직접적인 화교 통제가 가능했고, 난징국민정부를 통하지 않고, 일본이 더 강경한 정책을 취할 수 있다고 여기게 되었을 것이다. 그 결과, 제4항에서 보이는 것처럼 난징국민정부의 화교 공작은 그 영향력이 미치는 프랑스령 인도차이나와 타이에 한정된 것과 함께, '민생 상 필요한 경제적 연대'에만 국한되었다.

여기서 화교 공작의 실시에 즈음하여 점령지와 프랑스령 인도차이나 및 타이라는 두 가지 그룹에서는 각각 다른 지도기관이 담당하게 되었다. 점령지에서는 지역에 따라 육·해군이 지도를 맡는 한편, 프랑스령 인도차이나·태국에서는 프랑스령 인도차이나 당국 및 타이 정부의 주권을 고려한 뒤, 육·해군과 더불어 외무성도 참가하여, 이들 기관의 협의하여 화교정책이 시행되었다. 더욱이 난징국민정부의 화교정책은 난징국민정부가 독자적으로 실시하는 것이 아니라 일본의 지도가 필요해, 일본의 난징대사관, 흥아원이 지도권을 가지고 있었다. 이 「화교대책요강」에서는 남양에서의 점령지가 확대되었기 때문에, 중국 및 육·해군이 점령하고 있던 지역에서 화교정책을 보다 중

13) JACAR(アジア歴史資料センター), Ref.C12120258500, 大本營政府連絡會議議事錄其3昭和17年1月10日~18年1月30日, 「第85回連絡會議」(防衛省防衛研究所), 1943, p.3.

요시한 것이 보인다. 이 때문에 이들 지역에서는, 프랑스령 인도차이나와 타이 이외, 외무성 및 난징국민정부의 역할이 저하되었고, 그 대신 육·해군, 흥아원이 더 큰 역할을 할 것으로 기대되었다.

정리하자면 화교정책의 기본구상의 역점은 충칭국민정권으로부터 화교를 갈라놓고 일본에 협력·동조시키는 것이었다. 대동아공영권의 건설에 대해서 성명이 나오고 있었지만 동남아시아(남양)에서 일본의 세력은 프랑스령 인도차이나와 타이에 제한되었다. 독일, 일본, 이탈리아 삼국동맹에 참가했지만 일본은 아직 본격적으로 참전하지 않았다. 이러한 상황을 배경으로 영·미와의 전쟁을 피하면서 어느 정도의 기반인 프랑스령 인도차이나·타이를 전략적 거점으로 하여, 경제면에서 동남아시아, 특히 프랑스령 인도차이나의 자원을 확보하고, '대동아공영권' 수립에 화교를 협력시켜, 군사적 원장루트를 차단하는 것이야말로 일본의 우선 목표였다. 그래서 일본은 동남아화교의 협력을 확보하려고 난징국민정부의 협력을 얻으면서 외교정책과 맞춰나가면서 현지 정권을 통해 화교정책의 시행을 꾀했다.

III. 일본의 프랑스령 인도차이나 화교정책

프랑스령 인도차이나 화교를 직접 언급한 최초의 정부 문서는 1940년 9월 3일 자 내각결정 「대프랑스령 인도차이나 경제발전을 위한 시책對佛印支經濟發展ノ爲ノ施策」이다. 이 결정에서는 프랑스령 인도차이나 화교에 대한 정책방침으로서 "화교의 원장 항일태도에 대해서는 프랑스령 인도차이나 당국의 엄중한 단속을 요구하고 한편으로 그 경제적 지위를 고려하여 대국적 입장에서 조직 및 자력資力의 이용을

꾀할 것"이라고 적혀 있다.[14] 앞에서 언급했던 「남방경제시책요강」과 비교해 보면 보다 명확한 방향성이 보인다. 정치적 방침에 대해서는 화교의 원장 항일태도를 프랑스령 인도차이나 당국을 통해서 엄중히 단속하게 하였다. 또한 경제적 방침은 대동아공영권의 건설이라는 큰 목표를 세우고 화교의 경제적 지위를 고려하여 화교의 세력, 조직을 이용하려는 방침을 들고 있다. 여기서 보이는 '프랑스령 인도차이나 당국의 엄중한 단속을 요구할 것'이라는 한 문장에서는 프랑스령 인도차이나에서 프랑스의 주권을 존중하려는 일본 측의 의사를 반영하고 있다고 생각된다. 또 화교의 경제적인 힘을 이용하려는 것에 대해서, 화교의 '세력 특히 그 경제적 실력을 유리하게 이끌고 새로운 정권 지역에 있어서 경제 건설을 촉진할 것'이라는 1940년 시점의 화교정책 방침도 여전히 영향을 미치고 있었다.

1941년에 들어서 큰 전기가 찾아왔다. 4월 13일 소일중립조약이 체결되어, 6월 22일 독소전쟁獨蘇戰爭이 발발했다. 독일, 이탈리아와 삼국동맹을 맺은 일본은 독소전쟁에 어떻게 대응하는가가 어전회의에 던져져 새로운 국책이 바로 요구되었기 때문이다. 육군은 독소전쟁을 가상의 적국으로써 소련에 대한 군사행동을 하는 기회로 여겼다. 한편 해군은 이때 자원이 풍부한 남방으로 진출하려고 생각했다. 바꿔 말하자면 독일과 협력하여 소련을 침략한다는 북진론과, 악화하는 대 영·미관계에서 남방 자원지대를 손에 넣으려는 남진론의 충돌이었다. 이러한 육·해군은 절충해가면서 1941년 6월에 우선 「대남방시책요강」의 육·해군 안을 만들었다. 해군의 국방정책위원회에서는 '현 정세 아래에서 제국 해군이 취해야 하는 태도'를 정하고, 타이·남부 프

14) 鹿島平和硏究所編. 1973, *日本外交史22 南方問題*, 鹿島硏究所出版會, pp.247-249.

랑스령 인도차이나로의 남진 강행이 결정됐다.[15)]

일본군이 남부 프랑스령 인도차이나 진주를 하기 직전, 인도차이나 파견군 사령부는 「프랑스령 인도차이나 화교 공작에 관한 방책佛印華僑工作ニ關スル方策」(이하, 「방책」)과 「프랑스령 인도차이나 화교공작안佛印華僑工作案」(이하, 「공작안」)이라는 두 가지 문서를 작성했다. 이 문서들은 1941년 6월 28일에 인도차이나 파견군 참모장 쵸 이사무長勇가 육군성 차관 기무라 헤이타로木村兵太郎 앞으로 보냈다. 여기에는 인도차이나 파견군 사령부가 프랑스령 인도차이나 화교에 대해서 소견을 명시한 뒤, 화교 공작의 중요성을 강조하고, 스스로 화교 공작의 방침을 분명히 하고 있다.

먼저 1941년 6월 26일 자 「방책」[16)]의 내용을 보자. 「방책」의 서두에 거론된 '판결'에서는 남부 프랑스령 인도차이나에 진주해 완전히 프랑스령 인도차이나의 '영도권'을 확립하는 것에 의해 "전 프랑스령 인도차이나 화교 공작을 강화하여 한쪽으로는 황국의 자급자족권의 일익을 형성하고 다른 한쪽으로는 남방 화교가 도와주는 장제스 정권의 남방 수혈로를 봉쇄할 필요가 있다"라고 서술하여 남부 프랑스령 인도차이나 진주에서 화교 공작의 중요성을 호소했다.[17)]

또한, 중일전쟁을 해결하기 위해, 화교정책의 '적극책'은 "원장援莊 원인原因의 배제 및 지나 민중 획득 공작에 있다"라고 하여 화교를

---

15) 日本國際政治學會·太平洋戰争原因研究部 編. 1963, *太平洋戰争への道 第6巻 南方進出*, 朝日新聞社.

16) JACAR(アジア歷史資料センター), Ref.C04123126800, 陸支密大日記 第25號 1/3 昭和16年, 「佛印華僑の工作に關する件(1)」(防衛省防衛研究所), 1941.

17) JACAR(アジア歷史資料センター), Ref.C04123126800, 陸支密大日記 第25號 1/3 昭和16年, 「佛印華僑の工作に關する件(1)」(防衛省防衛研究所), 1941, p.5.

포함하는 '지나 민중'의 획득 공작에 대해서도 시사했다. 또 "특히 장제스 정권하의 재정·경제적 지주로서 중대한 역할을 해오던 동남아 화교 문제야말로 당면한 중대한 공작대상이라고 말하지 않을 수 없다. 게다가 이들 화교의 경제적으로 배급 기구의 전면적 독점 및 정치적으로 국가 의식의 대두, 또 이를 바탕으로 하는 일본 상품 배격 운동, 항일헌금 참가 등등의 사실은 확실히 일본의 사변 처리를 방해하는 것으로서 이를 배제하는 화교 공작의 여부는 우리 국력의 문제와 크게 관련된 것이다"[18] 라는 부분에서는 화교의 경제적 중요 역할, 화교의 중국 지원, 화교의 항일운동이라는 관점에서 중일전쟁을 해결하는 데 화교 공작의 중요성이 강조됐다. 화교 공작의 중요성에 대한 인식은 프랑스령 인도차이나 화교에게만 한정된 것이 아니라, 동남아화교에 대한 공통 인식이었다. 또 화교공작에 대해 "구체적 방책으로 되돌아가 화교가 가진 기존의 현황을 합리적으로 재인식하고, 이것은 현실에 근거한 방책에 입각하지 않으면 안 된다"라고 서술하여 합리적이고 현실에 적합한 방책을 구하는 신중한 태도를 보였다.

이에 반해 프랑스령 인도차이나 및 이 지역의 화교에 특화된 방책도 보인다. 프랑스령 인도차이나 화교가 가진 특성에 대해 「방책」에는, "사변 발발 이후 현재까지 프랑스령 인도차이나 화교의 동향: 프랑스령 인도차이나는 지리적으로는 대륙과 이어졌고 1천여 료料에 달하는 국경선은 직접 지나 서남 지방과 붙어있기 때문에 옛날부터 지나와의 문화적, 경제적 접촉은 밀접불가분의 관계일 수밖에 없었다. 그러므로 프랑스령 인도차이나의 화교를 다른 방면의 화교와 동일시

18) JACAR(アジア歴史資料センター), Ref.C04123126800, 陸支密大日記 第25號 1/3 昭和16年, 「佛印華僑の工作に關する件(1)」(防衛省防衛研究所), 1941, p.6.

하는 것은 적당치 않다고 할 수 있다. 화교인구의 수로 보기보다는 오히려 질적으로 뿌리가 깊다는 점을 인식하는 것이 중요하다"[19]라고 말했다. 여기서 지적하는 것은 프랑스령 인도차이나가 지리적으로 중국과 직접적으로 국경을 맞대고 있어서 중국과 밀접하게 문화적·경제적인 관계성이 구축되어 있어 프랑스령 인도차이나 화교가 중국 본토의 영향을 받기 쉬운 상황에 대응할 필요가 있다는 인식이다.

프랑스령 인도차이나 화교의 정치적 동향에 관해서는 북부와 남부 화교가 각각 정치적 동향에 차이점이 있다고 지적했다.[20]

> "화교는 항상 자기가 의존하는 사회 상황 및 국가 상황에 의해 지배되고 있는 것을 알 수 있다. 따라서 북부 프랑스령 인도차이나(통킹)와 남부에서 화교의 정치적 동향의 차이가 있는 원인은 이 때문이다. 즉 전자는 항일적인 화교도 금일 황군이 진주하자 이익 본의가 바탕이어서 일본에 순응했으며, 진주 당시 도망친 화교도 지금은 이를 인지하고 점차 되돌아오는 상황이다. 후자는 지리적으로는 통킹에서 멀리 떨어진 코친차이나交趾支那 방면에 본거지를 두었기 때문에 일본 세력이 미치지 않는 자들에게는 쓸데없이 충칭 측 선전 및 프랑스령 인도차이나 당국의 모든 선전을 맹신하여 전기와 같이 극히 배일 전인 양상을 띠고 있다. 특히 남부 프랑스령 인도차이나에서는 프랑스 당국이 유럽 전황戰況의 결과 프랑스령 식민지 자립국방산업의 발달을 기도하고 화교를 자기 활동권에 유도하여 자본의 이용을 의도하려 한다. 현재 '데코Jean Decaux 프랑스령 인도차이나 총독'은 이를 피서 여행이라 칭한다. 이렇

19) JACAR(アジア歴史資料センター), Ref.C04123126800, 陸支密大日記 第25號 1/3 昭和16年, 「佛印華僑の工作に關する件(1)」(防衛省防衛研究所), 1941, p.8.
20) JACAR(アジア歴史資料センター), Ref.C04123126800, 陸支密大日記 第25號 1/3 昭和16年, 「佛印華僑の工作に關する件(1)」(防衛省防衛研究所), 1941, pp.29-32.

게 본다면 현재의 프랑스령 인도차이나 화교의 동향은 프랑스령 인도차이나 당국과 충칭정부가 '연계'된 환경 아래 놓여있다고 말할 수 있다. 특히 남부 프랑스령 인도차이나에서는 그러한 현상이 현저하다."

일본의 인도차이나 파견군 사령부에 의하면, 북부 프랑스령 인도차이나의 화교는 원래 항일적 태도를 보였지만, 일본의 진주 이후 자신들의 이익에 따라 일본과 협력하게 되었다. 한편 남부 프랑스령 인도차이나 화교는 일본군의 영향력이 미치지 않는 코친차이나에 본거지를 두고, 변함없이 항일적 동향을 보인다. 또한 프랑스령 인도차이나 정권은 화교의 자본을 유도·사용하기 위해 충칭국민정부와 제휴하면서 화교의 동향을 통제하고 있었던 것으로 보였다.

한편 프랑스령 인도차이나 화교의 특징과 상황을 파악한 뒤, 인도차이나 파견군은 현재의 화교공작에에 대해서 다음과 같이 서술했다.[21]

"충칭정부가 전면적으로 각종 기관을 동원하여 화교를 파악하기 위해 힘쓴 것을 고려하면, 우리 측이 이에 대항하여 화교 공작을 할 때는 물론 지나 측 이상의 고도의 기관 설치와 선전 기관이 있어야 한다는 것은 말할 필요도 없다. 하지만 현재 상황처럼 프랑스령 인도차이나 당국의 행정 아래에서는 도저히 이것을 허락할 리가 없다."

파견군 「방책」의 '결론'으로서 이하와 같은 프랑스령 인도차이나 화교 공작의 방침이 명시되었다. 첫째, "화교의 파악은 사변 처리 및 장래 남방진출의 기본으로서 절대적이기 때문에 우리 군은 쓸데없이 눈

21) JACAR(アジア歴史資料センター), Ref.C04123126800, 陸支密大日記 第25號 1/3 昭和16年, 「佛印華僑の工作に關する件(1)」(防衛省防衛研究所), 1941, p.33.

앞의 지엽말단의 것에 구애되지 말고 용왕매진하고, 객관성에 따라 실력을 행사하고 프랑스령 인도차이나 행정권의 확보·파악을 도모할" 것. 둘째 이에 의해 "화교에게 가장 기대되는 정치적 경제적 배후의 힘을 확립"할 것.[22] 화교의 파악은 중일전쟁의 해결에 영향을 주는 열쇠에 그치지 않고, '남방진출'의 기반을 다진다는 기능도 맡고 있어 중시되었다. 그래서 화교의 파악이라는 목적을 달성하기 위해 객관적 입장에 서서 일본이 스스로 실력을 행사하여 프랑스령 인도차이나 당국을 파악하는 것이 필요하게 되었다. 이런 상황에서는 화교의 파악을 위해서도 일본군이 단호히 실력을 행사하고, 프랑스령 인도차이나 당국을 일본의 화교정책에 확실히 협력시켜야 했다. 결국은 일본군의 실력 행사가 중요하다는 것에 주안점이 두어졌다.

또 「방책」은 일본군과의 상업적인 관계를 직접 구축한다면 일본의 경제적 이해가 확보되는 동시에 프랑스령 인도차이나 주민의 구매력의 경제적 실정을 고려하면 일본 상품에 대한 요구가 다시 높아질 거라고 상정했다. 또 일본 상품의 판매 시장과 군사 자원을 확보하기 위한 일본의 '블록권' 확립도 필요해졌다. 특히 프랑스령 인도차이나 사령부가 남부 프랑스령 인도차이나 진주에 따라 해당 지역의 장악에 대해서, 화교를 파악할 뿐만 아니라, "정치적으로는 남양 전반의 화교, 특히 싱가포르 화교를 우리 진영으로 유도"할 수 있다고 예상하고, 그것은 "남진정책의 일대 계기를 마련하고 한편으로 원장행위援蔣行爲 중단을 의미하는 것이어서 사면처리의 최선책이 될 것"[23]이라는

22) JACAR(アジア歴史資料センター), Ref.C04123126800, 陸支密大日記 第25號 1/3 昭和16年, 「佛印華僑の工作に關する件(1)」(防衛省防衛研究所), 1941, pp.35-36.

23) JACAR(アジア歴史資料センター), Ref.C04123126800, 陸支密大日記 第25號

견해를 보였다. 이것은 이른바 화교문제가 얽힌 동남아시아 전역에서 프랑스령 인도차이나의 전략적 중요성을 강조한 것이다.

다음에는 1941년 6월 27일 자「프랑스령 인도차이나 화교 공작안」[24]의 내용에 대해 고찰하도록 하자. 이「공작안」서두의 '머리말導言'에는 프랑스령 인도차이나에서의 화교공작에 대해서 프랑스령 인도차이나 주민의 파악 문제와 관련이 있고, 또 "충칭정권과의 물적, 심적 관계를 절단하고 이를 우리 측으로 되돌려 지나사변 처리의 수단으로 삼는 것에 있다"라고 자리매김했다.

또「공작안」에는 프랑스령 인도차이나 화교사회의 특징을 분석한 뒤, 정치공작과 경제공작의 방책이 각각 제시됐다. 정칙 공작의 방책에 대해서, 프랑스령 인도차이나 사령부는 출신지별 화교인구로부터, 프랑스령 인도차이나에는 광둥성廣東省·푸젠성福建省 출신자가 대부분을 차지하고 있어 두 개의 성이 일본군의 점령하에 놓였기 때문에 이들 화교의 '선조 사당과 분묘'를 보호하여, 바꿔 말하자면 화교 향토의 안정화 공작으로 화교의 적개심 및 선입견을 불식시킬 수 있다는 전망을 제시했다. 이 공작으로 충칭국민정부의 선전공작을 타파할 수 있다는 주장이 전개되었다.

1941년 7월 차관회의에서 결정된「화교대책요강」과 마찬가지로 이「공작안」에서도 또 경제공작이 중시되었다.[25] 여기서 일본 상품을 프랑스령 인도차이나 시장으로 진출시키기 위해서는 일본은 화교의 금

1/3 昭和16年,「佛印華僑の工作に關する件(1)」(防衛省防衛研究所), 1941, p.37.

24) JACAR(アジア歴史資料センター), Ref.A03032309700, 返還文書9(旧陸海軍關係),「佛印華僑工作案」(國立公文書館), 1941.

25) JACAR(アジア歴史資料センター), Ref.A03032309700, 返還文書9(舊陸海軍關係),「佛印華僑工作案」(國立公文書館), 1941, pp.7-8.

전욕을 이용하여 화교에게 '이익'을 베풀어주면서 화교와 직접 거래를 해야 한다는 생각이 드러난다. 이러한 경제적 방책이 프랑스령 인도차이나 화교와 충칭국민정부 사이의 물적·심적 관계를 단절시키는 열쇠가 된다고 적혀 있다.

또 정치공작에 관해서는 난징국민정부의 승인과 항일 화교 구축驅逐에 프랑스령 인도차이나 당국의 협력을 구하는 것이 구체적인 안으로서 제시되었다. 친일 정부로 간주되는 난징국민정부는 정부가 발족한 이후 프랑스 정부의 국가승인을 얻지 못해 프랑스령 인도차이나에 총영사관을 설치하지 못했다. 이 때문에 화교의 유인과 협력을 끌어내는 활동도 제한을 받았다. 따라서 프랑스령 인도차이나 화교의 협력을 충분히 얻기 위해서는 프랑스에 난징국민정부를 승인시키는 것이 중요한 사업이었다. 다른 한편 항일적 화교를 배제하기 위해 프랑스령 인도차이나에서 직접 지배권을 갖지 않은 일본은 프랑스에 의존하지 않을 수 없는 상황이었다.

이상에서 볼 수 있는 것처럼 인도차이나 파견군 사령부가 작성한 이 두 가지 문서는 인도차이나 파견군 사령부가 중일전쟁의 해결, 대동아공영권의 건설에 화교와의 경제적 연계가 필요하다고 인정하고 있다. 충칭국민정부와 프랑스령 인도차이나 정권의 결탁을 두려워한 인도차이나 파견군은 실력행사로 남부 프랑스령 인도차이나로의 진주를 단행하고 이를 통해 프랑스령 인도차이나 화교를 비롯한 동남아시아 전체의 화교를 파악하자고 주장했다.

1941년 6월 23일 개최된 대본영 육군부 및 대본영 해군부의 회의에서 남부 프랑스령 인도차이나 진주의 옳고 그름이 정치·경제적 견지에서 논의되었다. 논의 과정에서 화교공작에 대해서도 다루어졌다. "충칭 측의 남부 프랑스령 인도차이나 및 타이에 대한 화교 공작은 지금 더욱 집요해지고 있다. 그 세력은 아직도 뿌리 깊게 남아있다. 이것이 충칭 측 항전력 유지에 적지 않은 공헌을 하고 있어 경시할 수 없다"라고 인정한 후, "무력의 배경이 없는 제국의 화교 공작이 지지부진하여 진행되지 않는 현상을 신중히 고려할 필요가 있다"라고 지적했다.[26] 앞에서 봤던 인도차이나 파견군 사령부가 작성했던 두 가지 문서가 작성된 시기는 1941년 6월 27일 즉 이 회의 직후였던 것을 알 수 있다.[27] 작성된 시점에서 생각해보면 인도차이나 파견군 사령부의 화교공작안에는 대본영 육·해군부의 회의에서 제시된 인식이 반영된 것으로 추측된다. 이 가운데에는 선행연구에서 규명된 것처럼 프랑스령 인도차이나, 타이, 미얀마를 일대로 하는 충칭의 배후를 더욱 강력하게 차단하는 것, 또 한 가지는 영국, 미국, 네덜란드, 중국의 정치·경제·군사상의 대 일본 포위태세에 대해 소극적인 조치로 대응할 필요가 있다는 점, 그리고 남부 프랑스령 인도차이나 진주의 또 하나 목적으로 화교문제의 해결이라는 과제가 인식되고 있었다는 것이 명백해졌다.[28]

---

26) 參謀本部. 1967, *杉山メモ(上)*, 原書房, p.235.

27) 1941년 7월 2일 어전회의에서 「情勢ノ推移ニ伴フ帝國國策要綱」이 확정됨으로써 남부 프랑스령 인도차이나 진주가 결정되어, 같은 해 7월 28일 진주를 시작했다.

28) 일본정부는 프랑스령 인도차이나 진주가 화교문제에 미친 영향에 대해 "일반 화교가 충칭 측의 적극적인 선전에도 불구하고 점차 충칭 항전의 전도에 의구심을 품게 되었고, 공채 매입과 송금 참가 성적도 최근 상승하지 않고 있다. 이번에 남부 프랑스령 인도차이나 진주는 이러한 경향에 더 박차를 가할 것이다. 프랑스령 인도차이나, 타이, 말레이반도, 네덜란드령 인도네시아의 화교에 대해 이번 진주를 기해 한층 우리 측이 공작을 강화해, 장제스 정권에 대한 그들의 소극적 태도를 난징정부에 대한 적극적인 태도로 바꾸려 한다."라고 평가했다(JACAR(アジア歴史資料センター), Ref.B02032440300, 日佛印共

이어 제1절에서 언급한 1941년 7월 10일에 책정된 「화교대책요강」을 보도록 하자. 이 요강에는 프랑스령 인도차이나에 관해 "화교공작의 지역적 중점은 먼저 프랑스령 인도차이나, 타이의 화교에 두고, 제국의 세력 신장에 맞춰 점차 다른 지역으로 확대해야 할 것'이라고 명기되었다. 즉 타이와 프랑스령 인도차이나가 화교정책의 중점 거점으로서 위치 지워져, 이들 거점으로부터 다른 지역으로 화교 공작을 전개한다는 구상을 볼 수 있다.[29] 프랑스령 인도차이나 및 타이 화교의 충칭국민정부로의 헌금액은 다른 지역과 비교하면 꽤 적고, 또 1941년 7월 당시 동남아시아에서 일본의 영향력을 행사할 수 있는 지역은 프랑스령 인도차이나와 타이뿐이었던 것이 그 이유였다. 더욱이 프랑스령 인도차이나 및 타이가 대 화교정책의 중점지역으로서 지정된 이유에 대해서는 이외에도 여러 가지가 존재한다.

먼저 당시 프랑스령 인도차이나에 대해 일본의 관심은 원장루트의 차단과 중요자원이 풍부한 네덜란드령 인도네시아, 영국령 말레이반도에 진출하기 위한 전진 거점으로 인식하고 있었다.[30] 둘째, 1939년

同防衛協定及コレニ基ク帝國軍隊ノ佛印進駐關係 第3卷, 「11 佛印進駐關係「疑問疑答」目次」(外務省外交史料館), 1941, p.13).

29) JACAR(アジア歴史資料センター), Ref.A03025363000, 各種情報資料 · 主要文書綴 (一), 「雑 華僑對策要綱ニ關スル件」(國立公文書館), 1941, p. 2.

30) 1940년까지 육군이 주장했던 기본 전략은 대 소련전이며 이른바 '북주남종(北主南從)'이었다. 하지만, 당면한 중일전쟁을 빨리 해결할 필요가 있었다. 중국을 굴복시킨 뒤, 소련과 전쟁을 준비하지 않으면 안 되었기 때문에, 남방(동남아시아)에 대해서는 미국, 영국, 네덜란드를 분리한다는 사고에서 영국과 네덜란드와의 한정적인 전쟁은 가능하다는 것이었다. 한편, 해군이 주장하는 것은 대 영미전쟁으로 이른바 '북수남진(北守南進)'이었다. 더욱이 중일전쟁을 빠르게 해결하기 위해서는 프랑스령 인도차이나, 미얀마로부터 원장루트를 끊는 것이 필수적이었다.

7월 이후 일본의 미곡 사정이 심각해졌다는 점이다. 다부치 유키치카田田渕幸親가 밝힌 것처럼 일본 국내의 수급 및 각 지역 주둔 일본군의 식량 수급에 맞는 식량만을 확보하려는 일본의 입장에서 프랑스령 인도차이나 및 타이에서 미곡을 확보하는 것은 최고의 중요과제로 여겨졌다.[31]

이러한 두 가지 상황 어느 것도 프랑스령 인도차이나 화교가 담당해야 할 역할은 극히 중요했다. 프랑스령 인도차이나 화교는 해당 지역의 미곡 유통기구를 독점했을 뿐만 아니라 프랑스령 인도차이나와 아시아 각 지역 무역의 중심적 역할을 맡고 있었다. 게다가 프랑스령 인도차이나의 대 아시아 수출 대부분은 미곡이며, 화교를 통해 홍콩, 상하이 등으로 수출되었다. 미곡 이외에는 석탄, 고무, 면화 등이 수출되었고, 홍콩, 네덜란드령 인도네시아, 영국령 말레이반도로부터는 잡화상품이 화교의 손을 거쳐 수입되었다. 따라서 프랑스령 인도차이나 화교정책은 "우리 측 필요물자의 획득 및 우리 측과 거래관계를 긴밀히 하려는 유력 화교와 연계를 꾀하고 더 나아가 현지 기업의 일지제휴日支提携 및 점령지로의 기업진출도 촉진하기" 위해서 "화교 상업단체의 지도·조종 혹은 새로운 상업단체의 육성을 꾀할 것"이라는 경제공작에 역점을 두게 되었다.[32]

경제공작에 더하여 선전공작 및 정치공작도 중시되었다. 하지만, 그

31) 田渕幸親. 1980, "日本の對インドシナ『植民地』化プランとその實態", *東南アジア－歷史と文化－第9號*: 東南アジア學會, pp.103-133. ; 田渕幸親. 1981, "『大東亜共栄圏』とインドシナ－食料獲得のための戰略－", *東南アジア－歷史と文化－第10號*: 東南アジア學會, pp.39-68.

32) JACAR(アジア歴史資料センター), Ref.A03025363000, 各種情報資料·主要文書綴 (一),「雑 華僑對策要綱ニ關スル件」(國立公文書館), 1941, pp.5-6.

러한 공작을 시행할 때는 외교정책뿐만 아니라, "거주지의 환경, 화교의 특성과 동향 등에 맞춰 시기, 순서, 방법 등에서 시기의 적절성"을 고려하는 것도 필요했다. 그래서 공작의 일원성 및 계속성을 유지하기 위해서는 각 기관의 상호 연락을 긴밀하게 유지하지 않으면 안 된다고 제안되었다.[33]

위에서 기술한 인도차이나 파견군 사령부의 프랑스령 인도차이나 화교정책 관련 두 가지 안이 육군본부에 송부된 것은 「화교정책요강」이 결정되기 약 2주 전이었다. 인도차이나 파견군 사령부가 작성한 「프랑스령 인도차이나 화교 공작안」과 「화교대책요강」 상의 대책 관련 내용을 서로 대조해보면, 화교정책을 결정할 때 화교 거주지의 환경 및 화교의 특성을 고려할 필요성에 대해 인도차이나 파견군 사령부와 연락회의는 거의 같은 인식을 공유하고 있었던 것을 엿볼 수 있다.

인도차이나 파견군 사령부의 조사에 의하면, 중일전쟁 개시 후에 통킹에서 프랑스령 인도차이나 화교가 헌금운동, 항일운동을 적극적으로 전개하고 있는 것을 계기로, 충칭국민정부가 하노이의 총영사관을 중심으로 항일선전을 실시하자, 동 사령부는 화교에게 경제적 이익을 주어 그들의 인심을 사는 공작에 몰두했다. 또한, 프랑스령 인도차이나 정권의 동향을 살피면서 친일 화교를 감시했다. 이러한 상황에서 일본의 프랑스령 인도차이나 화교정책 상의 정치공작은 "충칭 측 공작에 대항하여 적극적인 태도로 임하고 확고한 지반을 확보하는 것을 목적"으로 했다. 당시 중경국민정부의 화교공작에 대해, 「군사상, 경제상, 정치상의 견지에서 북부 프랑스령 인도차이나와 같이 남부 프랑

33) JACAR(アジア歴史資料センター), Ref.A03025363000, 各種情報資料・主要文書綴 (一),「雑 華僑對策要綱ニ關スル件」(國立公文書館_, 1941, p.1.

스령 인도차이나에 빠르게 필요 병력을 진주시키는 것이 절대적으로 필요한 이유에 대해서」라는 자료에서는 1941년 6월 23일 대본영 육·해군회의가 이하와 같은 사실을 인정했다고 기술되어 있다.[34)]

충칭 측의 남부 프랑스령 인도차이나 및 타이에 대한 화교 공작은 아직도 집요하고 그 세력이 여전히 뿌리 깊게 남아있어, 이것이 충칭 측 항전력 유지에 적지 않은 공헌을 하고 있다는 점을 경시해서는 안 된다. 무력의 배경이 없는 제국의 화교 공작이 지지부진하여 진행되지 않고 있는 현상을 심각하게 고려할 필요가 있다. 즉, 충칭국민정부의 화교 공작이 일본의 중일전쟁 해결 사업에 적지 않은 영향을 주고 있어 경시할 수 없다는 것, 충칭정부의 화교 공작과 일본의 화교 공작을 비교해 보면 일본 측이 여전히 부족하다는 것, 그래서 일본은 충칭국민정부의 화교공작에 대항해 적극적인 태도를 보이면서 화교 공작의 확고한 지반을 확보해야 한다는 것이다. 또한 여기서 말하는 '지반'이 무엇을 가리키는지 위의 「요강」에서는 명확하게 보이지 않지만, 아마도 일본군의 무력을 가리키는 것으로 보인다.

그러나 마쓰오카·앙리협정의 규정에 따라 프랑스령 인도차이나 당국의 존재를 고려하지 않으면 안 됐던 일본은 화교와 직접적으로 접촉하는 데는 한계가 있었다. 따라서 화교에 대해 '관헌이 철저하게 배일排日 단속하도록 하는', 이른바 현지 정권을 통해 간접적인 단속을 기본 방침으로 할 수밖에 없는 상황에 놓여 있었다.

다음으로 1942년 2월 14일 새롭게 결의된 「화교대책요강」에서 프랑스령 인도차이나 화교정책이 어떻게 자리매김하여 있는지 보도록 하

34) 防衛省防衛研究所資料室, 「南方施策促進ニ關スル件」, 中央·戰争指導重要國策文庫—1073.

자. 프랑스령 인도차이나에서 "화교시책은 우리 측 지도로 해당 정부에 의해 실시되지만, 필요에 따라서는 제국 스스로 실시한다."라고 되어 있다.[35] 일본이 지도권을 가지는 점령지와 다르게 프랑스령 인도차이나에서는 프랑스의 주권을 존중하고 프랑스령 인도차이나 영토의 보전을 보증한다는 원칙이 세워져 있었기 때문에, 일본은 프랑스령 인도차이나 화교를 직접적으로 단속하기 곤란했다. 그 때문에 종래의 방침이 계승되어, 일본의 대 프랑스령 인도차이나 화교정책은 기본적으로 프랑스령 인도차이나 정권을 통해 실시되지 않으면 안 됐다. 즉, 프랑스령 인도차이나 화교에 대한 정책은 일본의 손에 의해서가 아니라, 일본 지도하의 프랑스령 인도차이나 정권에 의해 실시된다는 방침이 제시된 것이다.

그러나 여기서 주목해야 하는 것은 '필요에 따라서는 제국 스스로 실시한다.'라는 부분이다. 이 부분은, 1942년 2월 시점의 프랑스령 인도차이나에서 프랑스의 주권 존중이라는 방침이 여전히 유지되고 있었지만, 아시아태평양전쟁 개시 후 일본군이 동남아시아 각 지역을 점령하여 직접적 통제가 가능하게 되자, 일본의 자세가 더 강경해진 것을 보여준다. 프랑스령 인도차이나 정권을 통한 화교정책의 기존 틀에서 벗어나지 않을 수 없다는 판단이 일본 정부 및 군부에서 일정 정도 생겨나고 있었다고 할 수 있다.

또한, 1942년 「화교대책요강」에서는 난징국민정부의 역할도 전반적으로 저하되었고, 프랑스령 인도차이나와 타이에 한정되었다. 따라서 난징국민정부의 대 화교정책은 일본의 지도 아래 있었고, 당장은

35) JACAR(アジア歴史資料センター), Ref.B02032971500, 大東亞戰争關係一件／戰時中ノ重要國策決定文書集, 「華僑對策要綱」(外務省外交史料館), 1942, p.1.

프랑스령 인도차이나와 타이에 한정해 민생에 필요한 경제적 연계 유지를 주로 하면서, 정치·선전의 시책은 난징국민정부의 지도로 필요성이 높은 것으로 한정됐다.

공작지도기관은 점령지에서는 육·해군이 담당하는 데 비해, 프랑스령 인도차이나와 타이에서는 일본의 재외 공관 및 외무성이 육·해군과 협의하면서 담당했다. 이 점은 '마쓰오카·앙리 협정'에서 일본이 프랑스령 인도차이나에서 프랑스의 주권을 존중한다고 공약한 것을 반영한 것이다. 그러나 그 이전의 「요강」과 다른 점은 난징국민정부의 역할이 저하되었고, 프랑스령 인도차이나와 타이에 한정해 육·해군과 외무성의 권한이 더 명확해지고 강화되었다는 점이다.

프랑스령 인도차이나 화교가 프랑스령 인도차이나 경제에서 지배권을 가지면서, 특히 정미업 및 미곡 유통, 무역에서 독점적 지위를 차지하고 있었다는 점, 그리고 프랑스령 인도차이나가 일본의 최초 동남아시아 진출지였다는 점이, 일본의 화교정책에서 프랑스령 인도차이나를 중점지역으로 자리매김하게 한 것으로 생각된다. 프랑스령 인도차이나의 화교정책은 기본적으로 일본의 화교정책으로 정해진 방침에 따라 실시되었다. 그러나 일본의 대 프랑스령 인도차이나 정책이 다른 동남아시아 지역과 다른 특성을 보이고 있었다는 점이 프랑스령 인도차이나 화교정책에서도 특수성을 갖게 했다. 화교정책을 전개할 때 프랑스령 인도차이나 정권의 존재를 고려하지 않으면 안 되었다는 점이다. 이러한 사정을 반영하여 프랑스령 인도차이나 화교정책을 지도하고 시행하는 것은 육·해군과 외무성의 협의로 이뤄졌고, 화교정책의 실시과정에서도 프랑스령 인도차이나 정권을 통해서 간접적으로 실시되었다.

Ⅳ. 결론

이상에서 제2차 세계대전 시기 일본의 전반적인 화교정책과 그러한 정책에서 프랑스령 인도차이나 화교정책이 어떤 자리를 차지하는지, 인도차이나 파견군 사령부의 화교대책에 대해 고찰했다. 이러한 고찰을 통해 다음과 같은 결론을 도출할 수 있었다.

첫째, 1941년 이후 일본의 프랑스령 인도차이나 화교정책의 골자는 기본적으로 동남아시아 화교정책의 전반적 방침과 같이 중일전쟁의 조기 해결을 도모하고, 화교를 충칭국민정부에서 이반시켜 대동아공영권 건설에 협력하도록 만드는 데 있었다. 이러한 방침 아래에서 프랑스령 인도차이나와 타이는 동남아시아 전역의 화교정책 전개를 위한 전진 거점으로 위치 지어졌다. 일본의 동남아시아 진출의 첫걸음이 된 프랑스령 인도차이나에서는 인도차이나 파견군 사령부에 의해 프랑스령 인도차이나와 현지 화교사회의 실정에 맞는 화교정책이 독자적으로 작성되었다.

둘째, 화교정책의 방침에는 경제공작, 정치공작, 선전공작이라는 세 가지의 구체적인 전략이 세워졌다. 세 가지 공작의 내용은 기본적으로 다른 동남아시아 지역과 같은 방향성을 가지고 있었지만, 프랑스령 인도차이나에서는 공작 실시 과정상에 특수성이 존재했다. 그것은 '마츠오카·앙리 협정'으로 대표되는 프랑스령 인도차이나의 행정 당국을 존중한다는 방침이었다. 프랑스의 주권이 그대로 존중된 프랑스령 인도차이나에서는 일본군이 직접 화교를 단속하는 것은 곤란했다. 친일 화교의 단체 설립 지원과 선전공작도 프랑스령 인도차이나 당국의 허가가 필요했다. 또한, 화교와의 경제적 거래도 프랑스령 인도차이나 당국의 존재를 고려하지 않으면 안 됐다. 군사행동 이외에 정치공작,

경제공작, 문화공작에서 일본이 독자적으로 정책을 펼 여지가 거의 없었다.

셋째, '프랑스령 인도차이나 평화 유지'의 방침이 존재했기 때문에 프랑스령 인도차이나 화교 공작의 지도기관은 주재 일본 대사관(외무성)이 육·해군과 협의를 거쳐 담당했다. 일본의 대 동남아화교 정책에서 왕자오밍의 난징국민정부가 중요한 위치를 차지하고 있었지만, 프랑스령 인도차이나에서는 난징국민정부가 프랑스 본국의 승인을 얻지 못한 이유로 그 역할이 축소되었다.

넷째, 항일운동이 격렬했던 말레이와 싱가포르의 화교에 대한 일본의 정책과 프랑스령 인도차이나 화교에 대한 일본의 정책 사이에는 큰 차이가 존재한다. 일본의 말레이, 싱가포르의 화교정책은 기본적으로 무력에 의한 탄압이 강구되었지만,[36] 프랑스령 인도차이나 화교정책에서는 무력 사용은 언급되지 않았고, 협력 및 동조가 강조되었다.

번역: 김동희, 일본 코난대甲南大 강사

36) 영국령 말레이·싱가포르 점령과 그 후의 군정을 담당했던 제25군이 작성한 「화교공작시책요강」 가운데 「占領直後ノ應急要領(점령 직후의 응급 요령)」에는 "복종을 서약하고 협력을 아끼지 않는 자에 대해서는 가들의 생업을 빼앗지 않고 권익을 보장해줄 것. 그렇지 않은 자에 대해서는 단호하게 그들의 생존을 인정하지 말 것"이라고 기재되어 있었다. 더욱이 「第一期作戰終了直後ニ於ケル對處要領(제1기 작전 종료 직후의 대처 요령)」에는 "협력하지 않는 자는 극히 준엄하게 처벌하며, 즉각 재산 몰수, 일족 추방, 재입국 금지를 시행한다. 반항하는 자에 대해서는 극형으로 처리하여 화교 전체의 동향 결정에 영향을 줘"야 한다는 상당히 엄격한 자세를 보였다(防衛廳防衛研究所戰史部. 1985, *史料集南方の軍政*: 朝雲新聞社, pp.287-289).

籠谷直人. 2000, *アジア國際通商秩序と近代日本*, 名古屋大學出版會.
鹿島平和研究所 編. 1973, *日本外交史22 南方問題*, 鹿島研究所出版會.
後藤朝太郎. 1942, *南洋の華僑*, 東京: 高山書院.
倉沢愛子 編. 2001, *東南アジア史のなかの日本占領(新装版)*, 早稲田大學出版部.
菊池一隆. 1999, "重慶國民政府の華僑行政と華僑の動向－英領マレイ、シンガポールを中心に－", *歴史研究 37號*, 大阪教育大學.
田渕幸親. 1980, "日本の對インドシナ「植民地」化プランとその實態", *東南アジア一歴史と文化一9號*, 東南アジア史學會.
田渕幸親. 1981, "大東亞共榮圈とインドシナ一食糧獲得のための戰略一", *東南アジア一歴史と文化一10號*, 東南アジア史學會.
東亞研究所. 1945, *第三調査委員會報告書－南洋華僑抗日救國運動の研究－*, 資料甲32號B.
榊原政春. 1998, *一中尉の東南アジア軍政日記*, 草思社.
參謀本部 編. 1967, *杉山メモ(上)*, 原書房.
白石昌也·古田元夫. 1976, "太平洋戰爭期の日本の對インドシナ政策一その二つの特異性をめぐって", *アジア研究 第23巻 第3號*, アジア政経學會.
明石陽至. 2001, "渡邊軍政一その哲理と展開", 明石陽至 編, *日本占領下の英領マラヤ·シンガポール*, 岩波書店.
渡邊武史. 1941, *南方共榮圈と華僑*, 二松堂.
渡邊渡·明石陽至 編·解說. 1998, *南方軍政關係史料20 渡邊渡少將軍政(マラヤ·シンガポール)關係史·資料*, 龍渓書舍.
石島紀之·久保亨 編. 2004, *重慶國民政府史の研究*, 東京大學出版會.
石川準吉. 1979, *國家総動員史資料編 第8*, 國家総動員史刊行會.
芳賀雄. 1941, *東亞共榮圈と南洋華僑*, 刀江書院.
防衛廳防衛研究所戰史部 編. 1985, *史料集南方の軍政*, 朝雲新聞社.

제4장

제1차 인도차이나전쟁 시기 베트남 '난교難僑' 문제

중월국경 지역을 중심으로

이정희

Ⅰ. 서론

본고는 제1차 인도차이나전쟁 초기 베트남 '난교難僑' 문제를 검토한 것이다. 제1차 인도차이나전쟁은 1946년부터 1954년 6월 제네바협정 체결까지 베트남의 완전한 독립을 둘러싸고 프랑스군과 비엣밍군 사이에 벌어진 전쟁을 말한다. '난교難僑'란 중국 정부의 입장에서 해외 거주 화교·화인이 거주지 정부의 탄압, 내란, 전쟁 등의 원인으로 인해 곤란에 처한 교포僑胞를 말한다. 일반적으로 사용되는 '난민難民'이 여러 원인으로 거주지(국)를 벗어났거나, 강제로 추방된 사람을 의미하는 것과 다른 개념이다. '난교'는 중국 중심적 혹은 한족 중심의 함의가 다분히 포함된 개념이라 할 수 있다.

중화인민공화국 정부는 1978년 봄부터 1979년 7월까지 중월분쟁으로 인해 24만여 명의 화교가 중국으로 귀국했는데, 이들을 '난교'라 불렀다. 하지만, 중화인민공화국 정부는 '난교'라는 용어가 베트남을 비롯한 동남아 국가와 이 문제를 외교적으로 해결하는 데 도움이 되지 않는다고 판단, '난교' 대신 '난민'을 사용하기 시작했다(노영순. 2019, 111-114). 동남아 지역에 화교·화인 인구가 많을 뿐 아니라 그들이 각국 경제에 큰 영향력을 행사하고 있는 상황에서, 중화인민공화국

정부가 '난교'라는 용어를 사용하는 것은 적절하지 않다고 판단했기 때문이다. '난교'라는 단어가 자주 사용된 시기는 1950~1960년대로 동남아 각국이 독립 국가를 형성하는 과정에서 경제력을 장악하고 있던 화교가 원주민에 의한 배척사건으로 대량으로 축출당하자, 중화인민공화국 정부는 이들을 '난교'로 부르면서 국내 각지의 농장에 입주시켜 보호했다(노영순. 2017, 99-100). 그런데, '난교'라는 단어는 그 이전부터 이미 사용되고 있었다. 장제스蔣介石 충칭국민정부重慶國民政府는 제2차 세계대전 중 중국에 귀국한 후 다시 원 거주지로 복귀하려는 화교·화인, 그리고 제1차 인도차이나전쟁 초기 재난을 피해 중국으로 귀국한 화교·화인을 '난교'라 부르고, 이들의 구제 활동을 펼쳤다.[1] 중화인민공화국 정부가 처음으로 '난교'라는 단어를 사용한 것이 아니었던 것이다.

제1차 인도차이나전쟁 초기 발생한 베트남의 '난교' 문제 관련 본격적인 연구는 Shiu Wentang에 의해 처음으로 이뤄졌다. 그는 타이완 국사관國史館 소장의 충칭국민정부 외교부 당안을 활용하여 베트남화교의 물적·인적 피해를 분석했다(Shiu Wentang. 2010, 123-128). 陳國保는 타이완 국사관에서 편찬한《戰後遣返華僑史料彙編③ 越南》[2] 자료를 활용하여, 중국 윈난성雲南省, 광시성廣西省 등지로 피난한 '난교' 문제 해결을 위해 국민정부의 각 기관이 어떤 조치를 하여 대응했는지 검토했다(陳國保. 2019, 35-52). 이 자료는 국사관 소장 국민정부 외

1) 이 시기 베트남 이외 동남아지역 '난교' 관련 선행연구는 다음과 같다. 林眞. 1990, 103-109; 孟憲軍·紀宗安. 2010, 66-70; 高偉濃·寇海洋. 2011, 77-81; 孟憲軍. 2011, 147-153; 淩彥. 2014, 92-99.

2) 謝培屛 編. 2005, *戰後遣返華僑史料彙編③ 越南·荷屬東印度·北婆羅洲·馬來亞·新加坡·南洋華工機工篇*, 臺北: 國史館.

교부 당안인 《歸國難僑返回越南案》을 다시 정리하여 간행한 것으로 당시의 베트남의 '난교' 문제를 검토하는데 기초 자료라 할 수 있다. 陳國保의 연구는 이 자료를 처음으로 활용한 성과라는 점은 평가할 수 있지만, 베트남 '난교' 문제 해결을 위한 국민정부의 외교적 노력에 초점이 맞춰져 있어 베트남화교의 관점에서 분석한 것은 아니었다. 따라서 본고는 베트남화교의 관점에서 위의 자료를 충분히 활용하여 '난교' 문제를 검토하려 한다.

Ⅱ. 제1차 인도차이나전쟁과 베트남화교의 피해

1. 전쟁의 전개와 화교의 피해 상황

제2차 세계대전 종결 직후 베트남의 상황은 매우 복잡했다. 일본군이 베트남을 실질적으로 점령 통치하고 있던 상황에서, 일본의 항복은 권력의 공백 사태를 초래할 우려가 있었다. 그래서 미국, 영국, 소련은 1945년 7월 개최된 포츠담회담에서 베트남 내 일본군 무장해제를 위해 북위 16도 선을 경계로 이북에는 중화민국 군대(이하 중국군), 이남에는 영국군이 각각 점령하기로 결정했다. 이 합의에 따라 중국군은 8월 24일 루한盧漢을 사령관으로 10만 명의 군대를 이끌고 북부에 진주했으며, 영국군은 9월 6일 남부 사이곤Sài Gòn으로 진주했다. 하지만, 영국과 프랑스가 1945년 8월 24일 협정을 맺어 프랑스가 인도차이나에서의 지배권을 회복하자, 프랑스군은 남부 주둔 영국군을 점차 대체, 1946년 1월 말에는 코친차이나(베트남 남부) 전 지역을 장악했다 (Engelbert. 2008, 195-205).

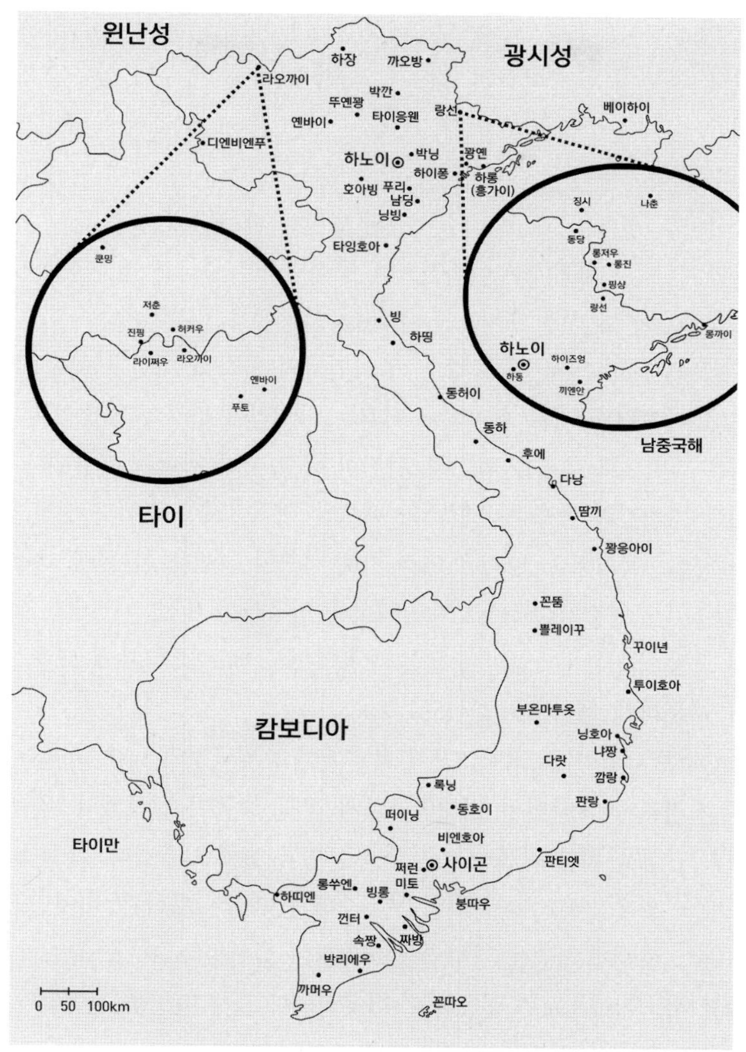

〈그림 1〉 베트남 전도와 논문 등장 베트남과 중국의 지명

출처: 부썬투이 지음, 배양수 옮김, 2015, 『베트남 베트남 사람들』, 대원사, p.14를 근거로 필자 작성

중화민국과 프랑스는 1946년 2월 28일 충칭에서 '중프협정'(원래의 협정명은 중국과 프랑스의 중월관계에 관한 협정中法關於中越關係協定)을 체결하고, 북부 주둔 중국군의 철수를 약속하고 3월 1일부터 철수를 개시했다. 9월 18일 중국군 67사 제3단이 하이퐁Hải Phòng에서 중국으로 철수를 하면서 중국군의 철수는 완료됐다(陳鴻瑜. 2018, 428). 이와 같은 중국군의 철수는 제2차 국공내전의 발발로 베트남에 계속 군대를 주둔할 수 없는 사정에서 이뤄졌으며, 중화민국은 중국군 철수와 동시에 통킹(베트남 북부)에 프랑스군 주둔을 인정했다.

베트남에서 영국 및 프랑스, 중화민국의 군사적 개입이 이뤄진 가운데, 베트남 국내는 호찌민이 이끄는 비엣밍이 북부와 남부 일부 지역을 기반으로 세력을 확대해, 완전한 독립 국가 건설을 지향했다. 이러한 비엣밍의 목표는 프랑스의 베트남 재식민지화 정책과 정면으로 배치되는 것이었다. 양측은 여러 차례 다양한 교섭을 한 끝에, 1946년 3월 6일 프랑스가 베트남민주공화국을 인정하는 대신, 비엣밍은 북부에 프랑스군 15,000명의 주둔을 허용하면서 베트남 북부에 프랑스군이 주둔하게 됐다(陳鴻瑜. 2018, 428).

1946년 4월 이후 프랑스군이 북부에서 중월국경의 남부 지역과 연해 지역을 공격하면서 비엣밍군과의 군사 충돌이 발생했다. 양측은 평화 달성을 위한 교섭을 이어갔지만 결국 실패로 끝났다. 11월 20일 프랑스 초계정이 하이퐁에 입항한 중국 선박을 나포하자, 비엣밍군이 프랑스 선박에 사격을 가하면서 총격전이 벌어졌다. 프랑스군이 12월 19일 하노이Hà Nội로 진공하고, 비엣밍군이 결사 항전을 선언하자 제1차 인도차이나전쟁이 본격적으로 발발했다(Goscha. 2016, 206-210).

11월 20일 하이퐁에서 벌어진 양측의 군사적 충돌은 27일까지 주야로 이어져 하이퐁 거주 화교에게 큰 피해를 주었다. 하이퐁은 북부의 최대 항구이자 공업도시였다. 1899년 설립된 인도차이나시멘트회사의 공장은 1938년 47만t(국내 수요 30만t, 수출 17만t)을 생산하는 대형공장이었고, 인도차이나광산물및농산물수출회사는 봉미에우 금광을 경영했다(윤대영. 2010, 60-61.; 井出淺龜. 1941, 62-63). 이외에 방적공장, 통킹인강燐鑛회사의 정유공장, 현대식 정미공장 등이 있었다. 하이퐁 항구의 주요한 수입품은 밀가루, 담배, 면화, 포도주, 석유, 통조림, 마대, 면포 등이고, 수출품은 옥수수, 미곡, 커피, 시멘트, 석탄, 모피 등이었다(日下賴尙. 1941, 240-241; 井出淺龜. 1941, 62-63).

하이퐁 화교의 인구는 대공황의 영향으로 1929년 20,186명에서 1931년에는 19,000명으로 감소하기는 했지만(Victor Purcell. 1965, 172-176), 그 후 증감을 거듭하지만 대체로 시 전체 인구의 5~10%를 유지했다(井出淺龜. 1941, 193). 하이퐁 화교는 정미업, 피혁공장, 기계공장, 선박조립공장, 그리고 상업 부문에서 베트남인을 압도하고 있었고, 프랑스인 다음의 경제 세력을 형성하고 있었다. 현재의 리트엉끼엣 거리인 화인가는 차이나타운으로 여전히 번성하고 있었다(윤대영. 2014, 158-159). 일본의 화가인 안도 슈이치安東收一가 1940년경 하이퐁을 방문하고 다음과 같은 글을 남겼다. “하이퐁의 화교는 하노이의 그들보다도 훨씬 베트남인을 압도하고 있다. 그들은 수적으로는 베트남인의 20%에 불과하지만, 그 경제적 세력은 뿌리 깊은 것으로 베트남 농민의 생활을 지배하고 있다. 미곡 거래에서 핵심적인 지위를 차지하고 있다.”(安東收一. 1941, 209)

바로 이러한 화교의 도시 하이퐁에 양측의 군사적 교전이 격렬하게 벌어진 만큼 화교에게 큰 피해가 발생할 수밖에 없었다. 하이퐁의 프랑스군 사령관은 11월 23일 위의 화인가 내에서 비엣밍군이 2시간 이내에 철수하라고 최후통첩을 했다. 비엣밍군이 화인가에 주둔한 이유는 베트남인 거주지의 피해를 줄이자는 것과 화교 및 중화민국을 자기 편으로 끌어들이려는 의도가 깔려 있었다. 하지만, 비엣밍군이 최후통첩을 수용하지 않자 프랑스군 함대는 화인가를 비롯한 하이퐁 시내에 대대적인 포격을 가했다(유인선, 2012, 343). 이어 2천 명가량의 프랑스 부대가 화인가로 몰려갔으며, 비엣밍의 반격을 무력화하기 위해 이웃한 지역에도 포를 퍼부었다. 비엣밍군의 강한 저항에 부딪혀 전투는 며칠 동안 계속되었으며, 비엣밍군은 11월 28일 전투를 포기했다(윌리엄 J. 듀이커. 2019, 576).

〈표 1〉 하이퐁 화교의 인적 및 재산 피해(1946.12.31.현재)

분류	주택			재물	총액
재산 피해	완전파손	부분파손	금액	금액	금액
	33채	178채	11,564,325 피아스터 6,000,000프랑	36,542,200.54 피아스터 1,119,000.00 프랑	48,106,525.54 피아스터 117,900000.00 프랑

분류	실종			체포			부상			사망			총계		
인적 피해	남	여	계	남	여	계	남	녀	계	남	여	계	남	여	계
	296	248	544	188	54	242	34	19	53	36	25	61	554	646	900

출처: 本刊資料室. 1947, "越南華僑簡況", *上海共報*, 1947年(第1卷第2/3期), pp.14-15.

포격과 양측의 교전은 베트남 민간인뿐 아니라 하이퐁 화교에게 큰 피해를 초래했다. 1946년 12월 31일 현재 하이퐁 화교의 피해는 가옥 완전 파손 33채, 부분 파손 178채, 실종 544명, 체포 242명, 부상 53명, 사망 61명에 달했다(〈표 1〉참조). 하이퐁화교선후위원회海防華僑善後委員會는 당시의 피해 상황을 "조국 8년 항전 중에도 하이퐁 동포가 입은 손실도 이처럼 엄중하지 않았다. 민족 신경神經의 보위保衛 전쟁에서도 동포가 입은 고통과 사상, 가옥의 소실, 재산의 약탈은 이러하지

않았다. 거주지인 베트남에서 양 민족 간의 적대적 교전 과정에서 입은 피해다."라고 표현했다.[3]

프랑스군이 11월 20일 하이퐁을 공격하던 날, 중월국경 도시인 랑선Lạng Sơn에도 양측의 교전이 발생했다. 프랑스 전범조사단이 그곳에서 1945년 3월 일본군의 쿠데타 때 살해된 프랑스 군인의 묘지를 조사하던 중,[4] 비엣밍군과 이들을 호위하던 프랑스군 간에 전투가 발생했다(유인선. 2012, 343). 랑선은 베트남 북부에서 화교의 거주자가 많은 지역의 한 곳이었다.

비엣밍군은 하이퐁, 랑선 승전의 여세를 몰아 남딩Nam Định, 끼엔안Kiến An 등의 도시를 공격했다. 남딩은 베트남 북부에서 하이퐁, 하노이와 함께 3대 화교 도시의 하나로 차이나타운이 형성되어 있었으며, 1931년의 화교 인구는 1,500여명이었다(逸見重雄. 1941, 78). 남딩 화교의 피해는 사망 21명, 부상 7명, 행방불명 1명, 재산피해는 12,932,226피아스터였다(〈표 2〉 참조). 프랑스군은 12월 19일 북부의 행정중심지인 하노이를 공격했다. 하노이에는 1931년에 5천여 명의 화교가 거주하고 있었고 화교 경제가 발달한 곳이었다(逸見重雄. 1941,

3) '민족 신경(神經)의 보위(保衛) 전쟁'은 베트남화교가 중일전쟁에서 충칭국민정부를 위해 원조 활동을 한 것을 가리킨다(徐善福 · 林明華, 2016, 263).

4) 일본군은 1940년 9월 16일 베트남 북부(통킹)에, 1941년 5월 6일 베트남 남부(코친차이나)에 각각 진주하여 프랑스와 공동통치했다. 1945년 3월 9일 일본군이 쿠데타를 일으켜 프랑스군을 공격하여 양국 군사 간에 충돌이 발생. 프랑스 주둔군이 패배했다. 충돌 과정에서 프랑스 장병 200명과 병사 4,000명이 피살되었다. 이때 프랑스인과 베트남인 6천여 명이 윈난성으로 피난했다. 일본은 3월 10일 바오다이(保大)를 지도자로 옹립하여 친일 괴뢰정권을 출범시켰다. 이때부터 일본 패전 때까지 사실상 일본의 단독통치가 이뤄졌다. 일본은 이 사건을 '프랑스령 인도차이나 처리'라 부른다(陳鴻瑜. 2018, 419-421).

78). 이 공격으로 인해 1946년 12월 19일부터 1947년 11월 30일 사이에 발생한 화교의 인적 피해는 사망 37명, 부상 16명, 행방불명 196명, 재산피해 130,261,467피아스터에 달했다(〈표 2〉 참조). 프랑스군은 1947년 10월 초 '레아작전Operation Léa'[5]을 펼쳐 북부의 비엣밍 근거지를 공격했다. 12,000명의 프랑스군은 홍강Sông Hồng과 로강Sông Lô을 거슬러 올라감과 동시에, 점령지 랑선에서 출발하여 중월국경의 까오방Cao Bằng을 점령했다. 뒤이어 비엣밍의 중심부인 박깐Bắc Kạn을 동시에 공격, 비엣밍에 큰 타격을 가했다(유인선, 2012, 351).

〈표 2〉 베트남 북부 및 중부지역 화교의 인적 물적 손실(1946.12.19.~1947.11.30.)

지역	재산손실(피아스터)	사망(명)	부상(명)	행방불명(명)
하노이(Hà Nội)	130,261,467	37	16	196
후에(Huế)	7,610,120	-	-	-
푸리(Phủ Lý)	2,056,750	-	-	-
랑선(Lạng Sơn)	109,200	1	-	-
남딩(Nam Định)	12,932,226	21	7	1
하이즈엉(Hải Dương)	571,470	-	-	-
하동(Hà Đông)	1,184,450	-	-	2
박닝(Bắc Ninh)	2,049,526	-	-	-
다낭(Đà Nẵng)	5,469,850	5	2	3
호아빙(Hòa Bình)	883,000	-	-	-
총계	163,128,060	64	25	202

출처: Shiu Wentang. 2010, 126.

5) 이 작전은 1946년 10월 7일 프랑스군이 비엣밍군의 기지인 비엣박(Việt Bắc)을 공격하면서 시작되었고 1947년 11월 8일에 종료됐다. 이 작전으로 중월국경지역인 까오방을 통과하는 길이 차단되어 비엣밍군은 큰 어려움에 직면했으며, 게릴라전으로 프랑스군에 맞섰다. 베트남에서는 이 작전을 비엣박 전투(Chiến dịch Việt Bắc)라 부른다(윌리엄 J. 듀이커·정영묵 옮김. 2019, 603-607).

이러한 프랑스군의 공격과 양측의 교전으로 베트남 북부에선 '난교'가 대량 발생했다. 하이퐁은 1,000명의 실업자와 사업 파산으로 발생한 '난교'가 다수 발생했다. 하노이의 중화회관과 주하노이중화민국 총영사관이 수용하고 있는 '난교'는 3,000명에 달했다. 그 이외의 랑선, 남딩, 끼엔안, 그리고 중부의 호이안Hội An 등지에 수천 명의 '난교'가 발생하여 난교의 총수는 1만여 명에 달했다.[6]

베트남 남부는 1946년 1월 말 프랑스군에 의해 완전히 점령당하면서 실질적으로 프랑스 식민당국에 의해 통치되고 있었다. 하지만, 비엣밍군이 남부의 일부 지역을 점령하거나 게릴라전을 펼치고 있었기 때문에 양측간의 충돌이 자주 발생했다. 1943년 베트남화교 인구의 8할 이상이 남부에 거주하고 있었고, 그 가운데서도 사이곤Sài Gòn과 쩌런Chợ Lớn에 전체의 7할이 거주했다. 비엣밍군은 베트남 최대의 화교 거주지이자 화교 경제의 중심지인 사이곤과 쩌런을 군수물자 보급 차원에서 이들 지역을 중요시하여 거점으로 삼았다.

1946년 말 베트남 남부에서도 교전이 본격적으로 발생하기 시작했다. 쩌런과 그 교외를 비롯한 각 도시에서 프랑스군과 비엣밍군이 충돌, 프랑스군은 이르는 곳마다 비엣밍 유격대를 소탕했다. 프랑스군은 그 과정에서 쩌런과 주변 화교 집단거주지에 공격을 가하고, 화교와 베트남인의 주택과 상점을 약탈했다. 쩌런의 지구별 피해 상황은 다음과 같다(徐善福·林明華. 2016, 265-266).

양측 교전 가운데 사이곤과 쩌런 교외의 동북지구東北地區에 대화재가 발생했다. 이 대화재로 빈떠이 동북지구平泰東北地區의 화교 주택 260채가 소실되고, 주택 및 재산 손실은 100만 피아스터, 난교

6) 鐘延明. 1947, "法越戰爭下的越南華僑", *現代週刊*, 復版38, p.2.

1,200명이 발생했다. 빈떠이 서북지구平泰西北地區는 주택 소실 465채, 주택 및 재산손실 205만 피아스터, 난교 2,123명이 발생했다. 타익뜨쓰엉 지구石仔廠地區는 주택 527채, 주택 및 재산손실 150만 피아스터, 난교 2,700명이 발생했다. 로이니으억 지구雷諾地區는 소실 주택 25채, 주택 및 재산손실 15만 피아스터, 난교 160명이 발생했다. 빈연 지구平民地區는 주택 소실 150채, 주택 및 재산손실 80만 피아스터, 난교 500명이 발생했다. 디아티 지구地市地區는 주택 소실 20여 채, 주택 및 재산손실 8.5만 피아스터, 난교 500여 명이 발생했다. 흥롱 지구興隆地區의 소실 주택은 17채, 주택 및 재산손실 2만 피아스터, 난교 30여 명이 발생했다. 이상의 7개 지구 난교는 총 7천여 명, 가옥 소실은 1,480채, 재산 손실총액은 560만 피아스터에 달했다(徐善福 · 林明華. 2016, 265-266).

쩌런 서남부의 빈롱永隆에는 화교 100여 명이 거주하면서 상점 수십 개가 영업하고 있었다. 프랑스군 비행기가 상공을 정찰하고 비엣밍군을 향해 기관총 사격을 했기 때문에, 화교 상점은 만약을 대비해 중화민국 국기를 게양했다. 1947년 3월 8일 하오 두 대의 프랑스 비행기가 저공비행을 하면서 폭탄을 투하하고, 기관총 사격을 가했다. 화교 상점은 모두 파괴되었고, 화교 사상자 100여 명이 발생했다(徐善福 · 林明華. 2016, 266). 베트남 남부의 주요한 항구인 사이곤에서 출국한 화교는 1943년 4,578명, 1944년 2,942명, 1945년 837명에서 1946년에는 11,512명으로 급증한 것은 남부에서 발생한 '난교'가 사이곤을 통해 피난을 떠난 것으로 볼 수 있다(Shiu Wentang. 2010, 118).

한편, 제1차 인도차이나전쟁으로 인한 화교의 피해가 얼마나 심각했던지 화교 사이에서는 '평양화고鳳陽花鼓'[7]의 장단에 맞춰 다음과 같은 가사의 노래가 크게 유행했다. "하이퐁을 말하고 하이퐁을 말하네, 하이퐁은 원래 좋은 지방, 6년 동안 적에게 심한 손상 주었건만, 적은 가고 또 이씨 늑대가 왔네, 대식구의 집안 재산 봉쇄되고, 선량한 집안사람 감옥에 갇혔네, 납치하고 강탈하니 실로 강도이도다, 베트남 화교 많은 재앙 만났네. 하노이를 말하고 하노이를 말하네, 원래 하노이는 안락한 땅, 6년 동안 적에게 심한 손상 주었건만, 적은 가고 또 왕씨 호랑이가 왔네, 천호의 집안이 함부로 유린당하니, 한없이 깊은 원수를 어디에다 하소연 하리요, 왕 도적은 허리에 가득 찬 돈주머니만 바라보네, 그 집안의 흥망을 뒤흔드네. 중부를 말하고 중부를 말하네, 중부는 원래 무릉도원의 땅, 5년 동안 적에게 심한 손상 주었건만, 적은 가고 또 채씨 검은 표범 왔네, 납치하고 강탈하고 또 강간하고, 망령된 한간이라 의심하니, 천만의 선량한 집안 얼마나 불쌍한지, 억울한 사정 어느 곳에 읍소할꼬."[8)]

이 노래는 베트남의 북부와 중부 거주 화교의 제1차 인도차이나전쟁 기간 중 발행한 억울하고 비참한 심정을 적나라하게 담은 가사라 할 수 있다. 위의 가사에 등장하는 '이씨 늑대' '왕씨 호랑이', '채씨 검은 표범'은 되돌아온 프랑스 식민주의자를 지칭하는 것으로 보인다. 그리고 '적에게 심한 손상' 부분의 '적'은 일본을 지칭하며, 가사에 등

7) '봉양화고'는 원래 명대(明代), 안후이(安徽) 펑양부(鳳陽府) 각 현(縣)의 민간 곡조에서 발전된 지방 희곡이다.

8) 원문. 説海防道海防,海防本是好地方,六年受尽敵摧残,敵去又来李家狼,大戸人家封財産,善良人家押監房,綁票勒索甚強盜,越南華僑多遭殃. 説河內道河內,河內本是安樂土,六年受尽敵摧残,敵去又来王家虎,千戸人家受魚肉,萬丈深仇何處訴,王賊只顧腰包漲,那管人家散興亡. 説中圻道中圻,中圻本是桃源地,五年受尽敵摧残,敵去又来蔡黑豹,擄人勒索又强姦,妄稼漢奸道嫌疑,可憐千萬善良家,哭訴冤情向何處("越南華僑多遭殃", *評論報*, 第8期, 1946, p.10).

장하는 5년, 6년은 일본이 프랑스와 공동통치 및 단독통치를 한 시기를 말한다.

2. 중화민국 정부의 대응

중화민국 정부는 베트남 현지 '난교'에 대한 직접 구제조치와 프랑스 당국과 교섭을 통한 외교적 해결방안을 모색했다. 먼저 현지 '난교'의 구제 활동을 보도록 하자. 1947년 1월까지 중화민국 정부의 구제 활동을 정리하면 다음과 같다.

첫째, 외교부는 200만 피아스터(국폐 4억원)의 구제금을 주하노이총영사관으로 송금하고, 위안즈지엔袁子健 총영사에게 구제금을 '난교'에게 배급하도록 지시했다. 그리고 구호 식량과 물자의 원조 활동을 전개했다. 외교부는 광시성 난닝南寧 혹은 윈난성 쿤밍昆明에서 항공편으로 하노이 혹은 하이퐁으로 식량과 의약품을 운송할 계획을 세웠다. 교통부가 이 운송의 책임을 지고 회항할 때는 화교 노약자와 부녀자 등을 운송하려 했다. 교무위원회는 식량과 약품을 매입하여 이들 물자 수송을 위해 프랑스 측과 교섭을 했으며, 프랑스 측은 중화민국 항공기의 베트남 영공 진입을 허가했다.[9]

둘째는 전투 지구 거주 화교의 소개疏開에 힘을 쏟았다. 외교부는 프랑스군과 비엣밍군 쌍방에게 화교 안전 구역 설립을 제안했다. 프랑스 식민당국은 원칙적으로 이 제안에 동의했지만, 비엣밍군이 화교 거주지를 사수했기 때문에 잘 이뤄지지 않았다. 위안즈지엔 총영사는 8차례에 걸쳐 비엣밍 점령 위험구역을 방문하여 교섭했지만, 결국 실

9) "國內時事: 僑務 積極保護越南華僑", *外交部週報*, 第13期, 1947.2.3., p. 2.

패로 끝났다. 그래서 화교를 위험구역에서 소개한 후, 프랑스인 거주 지역에 수용했다. 1947년 1월 25일까지 위험구역에서 소개한 화교는 2천여 명에 달했다. 외교부는 주중프랑스대사관 측에 화교 소개가 종료될 때까지 프랑스군이 진격하지 않도록 요청했다.

셋째는 외교부는 프랑스군과 비엣밍군의 교전으로 야기된 화교의 피해가 막대한 만큼, 프랑스 측에 피해 배상을 요구하려 했다. 프랑스 정부도 1947년 2월 2일 이를 수용하는 자세를 취했다. 주하노이총영사관은 배상 요구를 위한 기초 피해조사와 화교의 등기 활동을 펼쳤다. 또한 피해가 많이 발생한 하이퐁에도 영사관을 신설하기로 하고, 진팡金芳을 초대 영사로 파견하여 조사하기로 했다.[10]

한편, 화교는 1946년 2월 체결된 '중프협정'이 제대로 지켜지지 않고 있다고 항의했다. 프랑스 측은 당시 북부 주둔 중국군의 가능한 한 빠른 철수를 유도하기 위해, 화교와 관련하여 다양한 우대조치를 취했다. 협정 가운데 제1부 거류 조건의 조문 내용은 다음과 같다.[11]

> 제1조: 중국 인민이 과거 베트남에서 누려온 각종 권리, 특권 그리고 면책을 계속 누려야 한다. 주요한 것은 입경, 납세 제도, 도시와 농촌의 부동산 취득, 상업 등기의 문자 채용, 소학과 중학의 설립, 농업과 어업 종사, 내지와 연해 항행, 그리고 기타 자유직업 종사에 관한 것이다.
>
> 제2조: 여행, 거주, 상공업과 광업 관련 기업, 부동산 취득에 관해 중국 인민은 베트남에서 최혜국 인민이 누리는 대우와 동등해야 한다.

10) "國內時事: 僑務 積極保護越南華僑", *外交部週報*, 第13期, 1947.2.3., p.2.
11) 黃宗鼎. 2010, 203.; 蘇子. 1946, "中法新約簽訂後之越南華僑苦況", *僑聲*, p.10.

제3조: 베트남 거류 중국 인민이 내는 세금과 관련한 제1조에 따라 인두세는 베트남 인민의 납세액보다 과중해서는 안 된다.

제4조: 베트남의 중국 인민은 법률 절차 및 사법 사건의 처리와 관련하여 프랑스 인민과 동등한 대우를 누려야 한다.

이상의 협정 조문으로 보면 베트남화교의 권리는 통치자인 프랑스인, 피통치자인 베트남인과 거의 동등한 것이었고, 근대 프랑스의 인도차이나 식민통치 시기보다 훨씬 개선된 것이었다.

하지만, 이 협정은 현실적으로 제대로 지켜지지 않았다. 프랑스 식민당국은 상업 부문에서 화교에 대해 각종 제한을 가했다. 수입 화물인 서양산의 의약품, 우유, 직물은 프랑스인과 베트남인이 분배를 담당하고, 화상華商은 그 과정에서 제외되었다. 수출 화물 가운데 화상이 장악하고 있던 미곡은 프랑스 식민당국이 공영공매公營公賣를 시행하면서 화상은 수출에서 어려움이 많았다. 화상의 미곡 수출 절차는 프랑스인과 베트남인보다 훨씬 복잡하고 어려움이 많았다. 주사이곤 및 주하노이중화민국총영사관 발급의 국적증명서 유무와 상관없이 방장幇長[12]의 사인을 받은 후, 이민국의 절차를 밟아야 했으며, 반 개월 이상을 기다려야 수출허가서를 받을 수 있었다. 한편, 제2차 세계대전 종결 이전, 화상이 수출허가서를 받으려면 양 엄지손가락의 지문을 눌러야 했지만, 프랑스 재점령 후에는 10개의 손가락 모두의 지문을 눌러야 했다. 하지만, 주사이곤총영사관이 프랑스 식민당국과 교섭

12) 방장은 각 방회(幇會)의 수장을 말한다. 주요한 방은 광둥방(廣東幇), 차오저우방(潮州幇), 푸젠방(福建幇), 하이난방(海南幇), 객가방(客家幇)이었다. 프랑스 식민당국이 방장을 임명했으며, 방 소속 화교에 대한 세금 징수와 각종 행정 업무를 총괄했다. 방장 아래에는 부방장을 두었다(徐善福 · 林明華. 2016, 201-203).

하여 국적증명서 소지자에게는 지문날인이 면제되었다(蘇子. 1946, 10).

프랑스 식민당국은 화교의 지역 간 이동 시 휴대할 수 있는 금액의 한도를 매우 낮게 책정했다. 화교가 휴대할 수 있는 금액은 200피아스터였고, 프랑스인은 400피아스터로 2배나 많았다. 이 한도액을 초과하여 휴대할 경우는 식민당국의 경제국에서 특별조사를 받아야 했다. 이 조사는 프랑스인에게는 관대하고 화교에게는 매우 엄격했다고 한다. 당시 200피아스터의 금액으로는 기선에 승선하여 홍콩에서 돌아오는 도중 식사비를 내기도 부족했다. 그리고 프랑스 식민당국은 화교의 상점을 비밀 조사하여 보관된 화물을 찾아내면, 면직물의 경우는 공무원을 파견하여 점주에게 상세 내용을 작성시키고, 그것에 근거하여 해당 상품을 밀수품으로 간주하고 차량에 적재하여 가지고 갔다(蘇子. 1946, 10).

프랑스 식민당국은 1946년 9월 1일부터 전시기에 불법으로 이익을 취한 화교는 자진 신고하도록 하고, 청취한 후 과세 금액을 정했다. 만약 신고하지 않고 은닉한 자는 조사하여 2배를 부과하는 처벌을 받았다. 처벌 조문의 기준이 정해져 있지 않아 악용될 소지가 있었다. 프랑스와 일본의 공동통치 시기와 일본 단독통치 시기에 화교가 매입한 부동산은 불법으로 간주하였다. 화교는 거주지와 교향僑鄕 사이에 소식이 끊기고 송금이 중단되어 적지 않은 금액을 저축하고, 그 돈으로 부동산을 매입했다. 프랑스 식민당국은 세입 증대를 위해 화상 가운데 자산을 가진 자를 대상으로 착취 목적으로 결점을 찾아내 세금을 징수했다(蘇子. 1946, 10). 베트남화교는 프랑스 식민당국의 이러한 모든 조치가 '중프협정'에 위배 된다면서 맹비난하고, 중화민국 정부에 프랑스 정부와 교섭을 통해 이러한 문제를 해결하라고 요청했지만, 제1차 인도차이나전쟁 초기에는 이런 문제가 거의 해결되지 않았다.

Ⅲ. 베트남 '난교' 문제의 실태

1. 핑샹현 귀국 '난교'

광시성廣西省 정부 황쉬추黃旭初 주석은 1946년 10월 17일 중화민국 외교부에 성내 핑샹현憑祥縣 귀국 베트남 '난교' 238명이 원 거주지로 복귀하기를 희망한다며, 다만 베트남의 정국이 불안해 되돌아가지 못하고 있으니, 프랑스 식민당국 및 비엣밍 당국과 교섭하여 이들이 복귀할 수 있도록 협조를 요청했다.13)

외교부는 이 전문을 접수한 후 1주일 뒤인 25일 '난교' 238명의 성명, 베트남 거주 시 직업과 주소, 베트남 출국 시 상세한 정황 등을 핑샹현에 조사하여 보고해 달라는 답문을 광시성 정부에 보냈다.14) 황쉬추 주석은 핑샹현에 위의 내용을 조사하도록 지시했다. 핑샹현 지방정부의 양광위楊光宇 현장縣長은 11월 외교부가 요구한 사항을 조사하여 정리한 후, 광시성 정부에 2개의 문건을 전송했다. 두 문건은 '憑祥縣境內華僑流離人民調查表(핑샹현경내화교유리인민조사표)'와 '憑祥縣境內華僑流離人民調查姓名冊(핑샹현경내화교유리인민조사성명책)'이다. 두 문건은 베트남 북부 '난교' 발생의 경위뿐 아니라 북부 거주 화교의 실태를 파악하는 데 매우 중요한 내용을 포함하고 있어, 그 가운데 '핑샹현경내화교유리인민조사성명책'의 내용을 〈부표〉로

13) 廣西省政府主席黃旭初가 外交部에 보낸 電文. 1946.10.17., "向法屬越南交涉保障僑胞生命財産俾越難歸僑返回安業", 謝培屏 編. 2005, *戰後遣返華僑史料彙編③ 越南·荷屬東印度·北婆羅洲·馬來亞·新加坡·南洋華工機工篇*, 臺北: 國史館, p.1.

14) 外交部가 廣西省政府主席黃旭初에게 보낸 電文. 1946.10.25., "查明越難歸僑姓名職業住址等資料", 謝培屏 編. 2005, 1.

정리하여 실었다.

먼저 핑샹현 체류 '난교' 238명의 상세 내역을 보도록 하자. 성별 분포는 남성 121명, 여성 117명이었다. 연령대는 1~14세 67명, 15~56세 150명, 57세 이상 19명이었다. 출생지는 광시성 59명, 광둥성廣東省 12명, 랑선 15명, 기타 베트남 각 지역 152명이었다. 광시성과 광둥성 출신자는 중국에서 태어나 베트남으로 이주한 화교이며, 랑선과 기타 화교는 베트남에서 출생한 화교로 보인다. 그런데 광시성 출신자가 광둥성 출신자보다 5배가 많은 것에 주목할 필요가 있다. 1950년 베트남화교의 사용 언어별 분포는 광둥어 45%, 차오저우어 30%, 푸젠어 8%, 하이난어 4%, 객가어 10%, 기타 3%로 나타났다(Lynn Pan. 1999, 230). 타이완총독부가 근대 베트남 남부(코친차이나) 거주 화교의 출신지별 인구를 추계한 결과는 광둥성 47.8%, 차오저우 19.6%, 푸젠성 17.4%, 객가 8.7%, 하이난 4.3%, 기타 2.2%였다.[15] 이러한 통계로 볼 때 베트남화교 가운데 광시성 출신자는 상대적으로 소수에 불과한 것으로 판단할 수 있다. 프랑스 식민당국의 통계에는 이들 광시성 출신의 소수민족이 다수여서 화교로 포함되지 않았다.[16] '난교'가 되기 이전 이들의 베트남 거주지는 동케Đông Khê 98명, 랑선 53명, 동당Đồng Đăng 50명, 토앗랑Thoát Lãng 23명, 반랑bản làng 14명이었다. 이들 거주지는 대체로 핑샹현과 국경을 맞댄 베트남의 도시였기 때문에 광시성 출신이 상대적으로 많았던 것으로 보인다.

15) 本刊資料室. 1947, "越南華僑簡況", *上海共報*, 1947年(第1卷第2/3期), pp.14-15.

16) 1931년 베트남 북부(통킹) 고지대 거주 중국 기원 소수민족과 인구는 야오족 84,000명, 메오족 59,000명, 로로족(이족) 2,000~3,000명이었다(逸見重雄. 1941, 74).

'난교'의 베트남 거주 시 직업은 농업 23명, 공업 1명, 상업 117명, 무직 97명, 미상 1명으로 상업 종사자가 압도적으로 많았다.[17] 당시 베트남 화교 전체의 직업 분포가 상업 56%, 공업 28%, 농업 16%이었기 때문에,[18] 핑샹현 '난교'의 경우 상대적으로 상업종사자가 많은 것을 확인할 수 있다.

이들 난교가 핑샹현으로 피난한 원인은 "국군國軍 철수 후부터 프랑스와 베트남의 충돌이 있었다. 비엣밍과 동맹同盟 간에도 충돌이 있었다. 베트남이 무정부상태로 빠짐에 따라 생명이 위험해 베트남을 벗어나 생활을 시작했다."라고 하고, '난교'의 물적 피해액은 4,814만 원(국폐)이라고 보고했다.[19] 여기서 '동맹'이라고 한 것은 베트남혁명동맹회越南革命同盟會를 가리킨다. 베트남혁명동맹회는 중국국민당의 지지를 받고 있던 단체로 베트남국민당과 같이 비엣밍 중심의 공산당 정권 수립에 반대하고 있었다. 화교는 이들 단체에 참여했다. 비엣밍이 1946년 6월 베트남국민연합회越南國民聯合會를 결성하여 반대파에 압력을 가하자, 동맹회와 베트남국민당 지도자들은 생명의 위협을 느껴 중월국경 지역인 몽까이Móng Cái, 라오까이Lào Cai, 옌바이Yên Bái, 푸토Phú Thọ, 빈옌Vĩnh Yên, 박닝Bắc Ninh, 홍가이 Hồng Gai, 꾸앙옌 Quảng Yên 등지로 피난하고, 특히 몽까이, 빈옌, 옌바이에서는 정부기관을 설립하고 군대를 조직했다. 비엣밍은 이를 구실삼아 중국 국경

---

17) 廣西省政府主席黃旭初가 外交部에 보낸 電文. 1946.12.3., "越南僑僑調查表"·"憑祥縣境內華僑流離人民調查表"·"憑祥縣境內華僑流離人民調查姓名冊", 謝培屏 編. 2005, 1-15.

18) 本刊資料室. 1947, "越南華僑簡況", *上海共報*, 1947年(第1卷第2/3期), pp.14-15.

19) 廣西省政府主席黃旭初가 外交部에 보낸 電文. 1946.12.3., "憑祥縣境內華僑流離人民調查表". 謝培屏 編. 2005, 2.

의 베트남혁명동맹회 군대에 무력을 행사했다.[20] 위의 내용 가운데 "비엣밍과 동맹도 충돌이 있었다."라고 하는 것은 이를 두고 한 말이다. 이들 '난교'의 설명과 당안 자료에 의하면, '난교'가 베트남 국경을 넘어 핑샹으로 피난한 것은 제1차 인도차이나전쟁이 본격화하기 이전 시기로 보인다.

한편, '난교' 전원은 핑샹에 자신들의 토지와 삶의 근거지가 없기 때문에 이전 베트남의 거주지로 복귀하기를 희망했다. 자비로 목적지까지 복귀할 수 있는 '난교'는 61명으로 전체의 26%에 불과했다. 또한 베트남의 이전 거주지에 주택과 건축물을 소유하고 있는 '난교'는 남성 38명, 여성 42명이었다.[21]

황쉬추 주석이 양광위 현장의 두 조사표를 외교부에 보내자, 외교부는 다시 주하노이총영사관의 위안즈지엔 총영사에게 보내, 프랑스 식민당국 및 비엣밍 당국과 협상하여 핑샹 '난교'의 복귀에 최대한의 편의를 제공하라고 지시했다.[22] 하지만 12월 21일 시점에서 동당, 랑선 일대에서 아직 양측 간의 교전이 끊이지 않고 있어, '난교'의 원 거주지로의 복귀는 사실상 곤란한 상황이었다.[23]

한편, 윈난성雲南省 진핑현金平縣으로 피난한 '난교'도 있었다. 1946년 12월 현재 진핑현에는 100여 명의 '난교'가 피난하고 있었다. 이들

20) 陳鴻瑜. 2018, 423.; Christopher Goscha. 2017, 220-225.

21) 廣西省政府主席黃旭初가 外交部에 보낸 電文. 1946.12.3., "越南僑僑調查表"·"憑祥縣境內華僑流離人民調查表"·"憑祥縣境內華僑流離人民調查姓名冊", 謝培屏 編. 2005, 1-15.

22) 外交部가 駐河內總領事袁子健에게 보낸 電文. 1946.12.21., "向法屬越南합商華僑返越辦法", 謝培屏 編. 2005, 15.

23) 外交部가 廣西省政府에 보낸 電文. 1946.12.21., "訓令駐河內總領事袁子健向法屬越南합商華僑返越辦法", 謝培屏 編. 2005, 15.

'난교'의 이전 베트남 거주지는 라이쩌우Lai Châu였다. 라이쩌우는 중월국경 도시로 화교 인구가 상대적으로 많은 라오까이에서 가까운 곳이었다. 라이쩌우에 화교가 거주한 역사는 오래됐고, 1945년 3월 9일 일본군이 쿠데타를 일으키기 전까지는 안락하게 생업을 영위하고 있었다고 한다. 하지만 쿠데타 발생 후 원주민이 일본군에 부역하자 라이쩌우 거주 화교 2천여 명은 '노예'와 같은 생활을 강요당해, 이러한 생활을 참지 못한 100여 명의 화교는 진핑으로 귀국했다. 일본 항복 후 100여 명의 화교는 다시 라이쩌우로 복귀하려 했지만, 이번에는 프랑스군이 현지 원주민을 이용하여 화교를 탄압했으며, 화교 상공업자 실종 사건도 발생했다. 여기에다 제1차 인도차이나전쟁 발발로 프랑스군과 비엣밍군 간의 교전이 벌어져 라이쩌우 복귀는 실현되지 못하고 있었다.

진핑 피난 '난교' 대표인 치우더룽邱德龍은 주윈난성외교부특파원 왕잔치王占祺에게 이를 보고하고 라이쩌우에 교무판사처를 설치하여 교민 보호 활동을 해줄 것과 주하노이총영사관에 연락하여 자신들의 베트남 복귀에 적극적으로 협력하도록 요청해 달라고 했다. 왕잔치 특파원은 교무위원회에 이 사실을 보고함과 동시에 외교부에는 진핑현에 연락을 취해 그들을 보호하고 각종 편의를 제공해주도록 요청했다.[24] 교무위원회는 윈난교무처에 '난교'의 피해 상황 조사를 지시하고, 윈난성 정부는 진핑현 지방정부에 '난교'의 성명, 성별, 연령, 복귀를 희망하는 목적지를 조사하여 보고하도록 지시했다.[25]

24) 外交部가 駐雲南特派員王占祺에 보낸 電文. 1947.1.11., "越南萊州華僑呈請維持華僑復員案業經僑務委員會기雲南僑務處分別調查", 謝培屛 編. 2005, 17.

25) 外交部가 駐雲南特派員王占祺에 보낸 電文. 1947.1.11., "越南萊州華僑呈

그런데 당안 자료 가운데 이들의 복귀와 관련된 내용이 없어, 338명의 '난교'가 베트남의 이전 거주지로 복귀했는지는 명확하지 않다. 1947년까지 프랑스군과 비엣밍군 간의 교전이 베트남 북부에서 계속되고 있었기 때문에 1947년까지는 복귀하지 못한 것으로 추정된다.

2. 허커우, 롱저우, 롱진, 징시 귀국 '난교'

윈난성 허커우河口 체류 베트남 '난교'는 펑하이馮海 등 269명이었다.[26] 1947년 12월 윈난교무처雲南僑務處 보고에 의하면, 제1차 인도차이나전쟁이 발발한 후 프랑스군과 비엣밍군 간의 교전으로 허커우로 피난을 왔지만, 생활 곤란으로 베이하이北海를 거쳐 베트남의 이전 거주지로 복귀하기를 희망했다. 윈난교무처는 1947년 12월 8일 오후 3시 각 관계 기관을 초청하여 '난교'를 위한 대책을 논의했다.[27] 이 회의에서 결정된 사항은 베트남 복귀를 희망하는 '난교'의 인원, 베이하이 도착 후 어떤 교통수단으로 베트남으로 복귀할 것인지, 그리고 만약 베트남으로 복귀할 수 없을 때 '난교'가 취할 행동은 무엇인지를 먼저 조사하는 것이었다.

중화민국 정부 사회부는 이들 '난교'의 복귀가 제대로 진행되지 않자, 외교부에 다음과 같은 확인 요청을 했다. ① 베트남의 현 정치 상황. ② 화교 복귀를 위한 입경 허가 곤란의 유무 및 처리 절차. ③ 베트

請維持華僑復員案業經僑務委員會기雲南僑務處分別調査", 謝培屛 編. 2005, 17.

26) 社會部가 外交部에 보낸 電文. 1948.8.24., "爲滯留河口難僑請求遣送返越案請飭屬將越南近況詳査見復", 謝培屛 編. 2005, 41.

27) 社會部가 外交部에 보낸 電文. 1947.12.6., "派員出席商議返國難僑處理辦法", 謝培屛 編. 2005, 30.

남 북부의 교통 상황 및 전월철로滇越鐵路 재개통 여부. ④ 현 상황에서 '난교'가 복귀해 안락 취업이 가능한지 여부.28)

여기서 전월철로는 윈난성 쿤밍과 베트남 하이퐁을 연결하는 철도로 프랑스에 의해 건설되었다. 베트남 구간은 1903년 개통되었고, 윈난성 구간은 1910년 개통됨으로써 전선이 운행되기 시작했다.29) 하지만 일본이 1940년 6월 이 철로를 통해 국민당군에 전략물자가 운송되는 것을 막기 위해 전월철로의 운행을 중단시켰으며, 그해 말에는 허커우에서 저춘芷村에 이르는 100km 구간의 철로를 철거했다. 이러한 사정 때문에 제2차 세계대전 종전 직후인 1946년에도 전월철로는 재개통되지 않은 상태였다(김지환. 2019, 274-285). 전월철로의 윈난성 구간의 종점이 허커우여서 '난교'의 베트남 복귀에 중요한 철도였지만, 이러한 사정으로 인해 철도를 통한 복귀는 불가능했다. 한편, 외교부는 주하노이총영사관에 전문을 보내 사회부가 요청한 위의 의문 사항을 조사하여 답해 줄 것을 지시했다.30)

같은 윈난성 룽저우龍州에는 허커우보다 훨씬 많은 2천여 명의 '난교'가 체류하고 있었다. 쉬즈샹徐子祥, 량민가오梁民高 등 대표 30명은 월북귀국전체난교越北歸國全體難僑의 명의로 교무위원회에 올린 진정서를 바탕으로 그들이 '난교'가 된 경위, 처한 상황, 그리고 중화민국 정부에 대한 요구 사항을 보도록 하자.31) 먼저 자신들 베트남 북부

28) 廖世勤이 외교부에 보낸 呈文. 1947.12.9., "關於滯留河口難僑返越事", 謝培屛 編. 2005, 30.

29) 프랑스에 의한 전월철로 건설 과정과 관련해서는 정재현. 2010, 1-95을 참조 바람.

30) 外交部가 駐河內總領事館에 보낸 電文. 1948.10,2, "關於滯留河口難僑請求遣送返越案希査明越南近況", 謝培屛 編. 2005, 42.

31) 僑務委員會가 外交部에 보낸 電文. 1948.6.25., "留居龍州歸國難僑呈報法

화교는 이전에 조국을 위해 많이 이바지했다고 밝혔다. "베트남 거주가 오래되었으며, 각자는 중화민국의 선량한 국민으로 생활했다. 교민은 이국에서 거주하면서도, 국가의 관념을 깊이 마음속에 품고 있었다. … 난교 등은 여러 가지 노력을 했다, 항일기간 옷을 절약하고 음식을 절약해서 돈을 내어 나라를 구하는 활동을 했다. 난교 등은 국가에 대한 공헌도 타인에 뒤지지 않았다. 항전 승리 후 모든 사람이 경축했으며, 국가의 지위가 이로 인해 일약 상승했다. 난교 등은 타국에 거주하면서도 무한한 영광을 얻었다."32)

그런 다음에 그들은 중국에 귀국하게 된 경위를 다음과 같이 밝혔다. "이번 프랑스와 베트남의 전쟁이 발발하여 우리 화교 동포는 심각한 피해를 보았다. 생명과 재산의 손실은 막대하며, 역사적으로 본 적이 없을 정도이다. 그 가운데서도 베트남 북부 교포의 참상이 가장 심했다. 가옥 및 재산이 소실되었으며, 이로 인해 상당수의 가업이 파산했다. 노인을 부축하고 어린이를 등에 업고 피난하여 귀국했다."33)

중국 귀국 후, 그들은 광시성 룽저우난교수용소龍州難僑收容所에 임시로 수용되어, 중앙정부 및 지방정부로부터 각종 의약, 위생, 식량의 구제를 받았는데, 이에 대해 그들은 깊은 감사를 표했다. 하지만, 청장년은 막노동으로 생업을 도모하지만 각자의 입에 풀칠할 정도에 불과

方對難僑重返越境須領護照案請查照核辦"·"越北歸國難僑涂子祥等呈文", 謝培屛 編. 2005, 30-33.

32) 僑務委員會가 外交部에 보낸 電文. 1948.6.25., "留居龍州歸國難僑呈報法方對難僑重返越境須領護照案請查照核辦"·"越北歸國難僑涂子祥等呈文", 謝培屛 編. 2005, 30-33.

33) 僑務委員會가 外交部에 보낸 電文. 1948.6.25., "留居龍州歸國難僑呈報法方對難僑重返越境須領護照案請查照核辦"·"越北歸國難僑涂子祥等呈文", 謝培屛 編. 2005, 30-33.

했고, 가정의 노인과 어린이는 노동할 수가 없었다. 여기에다 제2차 국공내전으로 인해 물가가 날로 앙등, 생계는 날로 어려워졌다. 그들은 이러한 상황에서 하루빨리 베트남 북부의 원래 거주지로 돌아가려 시도했지만 간단하지 않았다.

중화민국 중앙정부 혹은 지방정부로부터 새로 여권을 발급받아야 했고, 베트남 입경을 위해서는 중국 내 프랑스 영사관에서 비자를 받아야 했다. 그들이 광시성 정부 독판공서督辦公署에서 여권을 발급받으려면 100만원(국폐)이 필요했으며, 주중프랑스영사관에서 비자를 받으려면 250프랑이 더 필요했다. '난교'가 이러한 큰 금액을 지참하고 있을 리 없었다. 그들은 교무위원회에 이들 비용의 감면은 물론이고 여권 발급 자체의 부당성을 강력히 호소했다.[34)]

근대 프랑스령 인도차이나와 중국 간 사람의 이동에는 여권과 비자가 필요했다. 1930년 5월 16일 프랑스와 중국 간에 체결된 통상조약 제4조에 "중국의 지배에 속하는 자가 프랑스령 인도차이나 영역에 들어갈 때, 프랑스의 중국에 속하는 자가 중국 영역에 들어갈 때는 해당국의 권한 있는 관헌이 발급하는 여권을 소지할 필요가 있다. 여권은 목적지 국가의 영사관 또는 권한 있는 관헌에서 비자를 받아야 한다."[35)]라고 되어 있었다. 당시 동북아시아의 일본, 중국, 조선 간 사람의 이동에는 여권 소지가 필요하지 않았던 것과 달랐다.

이러한 룽저우 '난교'의 처지와 요구 사항은 다른 지역 피난 '난교'

34) 僑務委員會가 外交部에 보낸 電文. 1948.6.25., "留居龍州歸國難僑呈報法方對難僑重返越境須領護照案請查照核辦"·"越北歸國難僑涂子祥等呈文", 謝培屏 編. 2005, 30-33.

35) 太平洋協會 編. 1940, 474. 이 통상조약이 실제로 시행된 것은 1935년 7월 23일이었다.

도 사정은 비슷했다. 베트남 북부의 까오방과 랑선에서 전쟁을 피해 광시성 핑샹, 룽진龍津, 징시靖西에 귀국한 '난교'는 3,000~4,000명에 달했다. 1948년 7월 이들 '난교' 일동은 월남월북량선성류난화교越南越北諒山省流難華僑의 명의로 교무위원장에게 진정서를 보냈다.36)

이들 '난교'는 1947년 4월 프랑스군과 비엣밍군 간의 전쟁 격화로 주택과 재산의 큰 피해를 보고 핑샹, 룽진, 징시로 귀국한 화교였다. 이들은 핑상현 진남관鎭南關을 거쳐 베트남의 원 거주지인 까오방과 랑선으로 복귀하려 했지만, 프랑스 식민당국의 입국 절차가 매우 번잡해 쉽게 이뤄지지 않았다. 복귀를 가로막는 가장 큰 장애는 룽저우 '난교'와 마찬가지로 여권과 비자 발급 문제였다. 1945년 10월 23일 주하노이총영사관이 재설치된 후, 동 총영사관은 북부 각 도시 화교 대표에게 지시하여 모든 화교 소지의 인두세 영수증을 중화민국 국적 증명서로 교환해 주었다.37)

근대 프랑스령 인도차이나 식민당국은 화교를 비롯한 아시아계 사람에게 인두세를 부과했다. 인두세는 5등급으로 나눠 징수됐다. 1등급은 150프랑, 2등급은 100프랑이었다. 이 등급에 속하는 화교는 상점 경영자 혹은 사업경영자였다. 3등급과 4등급은 점원, 5등급은 노동자에게 부과됐다. 그리고 노동할 수 없거나 수입이 없는 노인, 부녀자, 어린이에게도 1년에 1프랑의 인두세가 부과되었다. 인두세는 수입에 따라 징수하는 것이 아니어서 대공황 시기에는 화교 체납자가 3천 명 이상에 달했으며, 국외로 추방되는 화교도 있었다. 베트남화교는 이러

36) 僑務委員會가 外交部에 보낸 電文. 1948.7.15., "爲旅越歸國難僑呈請減輕護照及簽證費", 謝培屛 編. 2005, 34.

37) 僑務委員會가 外交部에 보낸 電文. 1948.7.15., "爲旅越歸國難僑呈請減輕護照及簽證費", 謝培屛 編. 2005, 34-38.

한 프랑스 식민당국의 인두세 징수에 대해 불만이 많았다.[38)]

한편, 위의 '난교'는 모두 주하노이총영사관이 발급한 국적증명서를 소지하고 있었다. 하지만, 프랑스 식민당국은 이 국적증명서를 인정하지 않았기 때문에 성 정부 독판공서에서 새로 100만 원(국폐)을 주고 여권을 새로 발급받아야 했고, 이 여권으로 주롱진프랑스영사관에서 비자를 받는데 다시 250프랑(18만 원 국폐 상당)이 들었다. 즉, 여권과 비자 발급비가 무려 118만 원(국폐)이 필요했다.

이들 '난교'는 중화민국 정부가 발급해 준 국적증명서가 아무런 효력을 발휘하지 못하는 것에 분노했다. 또한, 가령 118만 원의 돈이 있어 비자 신청을 해도 비자가 발급되는데 3~4개월이 걸렸다. 베트남의 원 거주지로 복귀한 '난교'는 그곳에서 2개월을 거주할 수 있지만, 영주하려면 프랑스 식민당국 지방대표나 견실한 인물의 담보가 필요했다. 비자 만기가 도래하면 다시 귀국하여 주롱진프랑스영사관에서 비자를 갱신해야 했다. 베트남 북부의 원 거주지 복귀 후의 생활도 만만치 않았다. 프랑스 식민당국은 복귀한 화교에게 과거 각종 이력을 꼬치꼬치 캐묻고, 어떤 범죄 사실이 있는지 조사를 했다. 특히, 일본 점령 당시 일본인 및 비엣밍과 장사한 것이 발각되면 프랑스 식민당국에 억류당했다.[39)]

'월남월북랑선류난화교' 일동은 하루빨리 이전 베트남의 거주지로 복귀하여 안락하게 생업을 영위할 수 있도록 교무위원회의 위원장에게 다음과 같은 요청을 했다. 먼저 '난교'가 소지하고 있는 국적증명서를 프랑스 식민당국이 승인하여 새로 여권을 발급받지 않도록 조치해

38) 福田省三. 1940, 193-194. 베트남화교는 인두세를 신세(身稅)라 불렀다.

39) 僑務委員會가 外交部에 보낸 電文. 1948.7.15., "爲旅越歸國難僑呈請減輕護照及簽證費", 謝培屏 編. 2005, 34-38.

달라고 요청했다. 둘째는 프랑스 식민당국의 화교에 대한 각종 제한 및 탄압을 철폐할 것을 요청했다. 인두세의 증명서를 분실한 '난교'가 베트남에 복귀할 때는 재발급해 주라고 요청했다.[40]

이외에 '난교' 일동은 주하노이총영사관에 1명의 이사관을 파견, 랑선 혹은 까오방에 주재시켜 '난교'의 복귀 절차를 원만하게 처리해주도록 요청했다. 랑선. 까오방은 중월국경에 있는 도시로 주하노이총영사관이 담당하기에 먼 거리에 있었다. 마지막으로 랑선 교민은 지식이 미천하며, 현재의 지방 화교 대표는 친프랑스적인 인물로 아무 일도 하지 않아, 이미 복귀한 '난교'가 여러 고통을 받고 있다고 비판하면서 시정해 달라고 요청했다.[41]

중화민국 정부는 이러한 '난교'의 진정에 대해 어떻게 대처했는지 보도록 하자. 외교부는 주하노이총영사관에 롱저우 '난교' 복귀에 필요한 여권과 비자의 면제를 프랑스 식민당국 및 비엣밍 당국과 협상하도록 지시했다.[42] 주하노이총영사관은 프랑스의 주월북대표와 협상, '난교'가 여권 재발급을 받지 않아도 되는 성과를 얻어냈다. 다만, 여권을 대신하여 신분을 증명하기 위해 '난교'의 성명, 성별, 연령, 적관籍貫, 베트남 원 거주지 주소, 직업, 국적증명번호, 발급일시 및 기관, 프랑스 식민당국이 이전 발급한 거류증 혹은 신분증번호, 발급일시 및 기관 등의 목록을 프랑스 식민당국에 보내줄 것을 요청받았

40) 僑務委員會가 外交部에 보낸 電文. 1948.7.15., "爲旅越歸國難僑呈請減輕護照及簽證費"·"越南越北諒山省流難華僑呈文", 謝培屏 編. 2005, 34-38.

41) 僑務委員會가 外交部에 보낸 電文. 1948.7.15., "爲旅越歸國難僑呈請減輕護照及簽證費", 謝培屏 編. 2005, 34.

42) 外交部가 駐河內總領事館에 보낸 電文. 1948.7.3., "留居龍州歸國難僑擬返越希法方免除護照簽證手續", 謝培屏 編. 2005, 33.

다.[43)]

주하노이총영사관은 롱저우 '난민'의 베트남 복귀와 관련하여 위의 사항 이외에 다음과 같은 사항을 추가하여 보내달라고 요구했다. 먼저, 명단에 베트남을 떠난 연도를 넣어줄 것과 이전 베트남 거주를 증명할 수 있는 증명서를 요구했다. 그다음은 전월철로를 이용할 수 없는 관계로 중월국경을 거쳐 베트남 북부의 어느 도시에 도착할 예정인지도 요구했다. 그 이유는 도착하려는 도시가 군사 관계로 변동 상황이 발생할 수 있어 프랑스 식민당국 측이 사전에 파악하기 위해서였다.[44)]

이러한 요청을 받은 교무위원회는 1948년 10월 광시성 정부에 지시를 내려 동 정부가 롱저우전원공서龍州專員公署 및 월북귀국난교호조협회越北歸國難僑互助協會에 위의 사항을 처리하도록 지시했다. 그리고 광시성 독판공서가 주롱진프랑스영사와 교섭하여 '난교'의 여권 및 비자 면제를 승인받아냈다. 이로써 '난교' 쉬즈샹 등 80명은 1948년 9월 15일 제1차로 베트남 복귀가 허가되었다. 곧 제2차의 '난교'가 중월국경을 넘어 복귀했다.[45)] 베트남 식민당국은 롱저우 '난교'뿐 아

43) 駐河內總領事館이 外交部에 보낸 電文. 1948.7.24., "請僑務委員會詳列歸僑姓名等資料俾便法方准予返越", 謝培屛 編. 2005, 38-39.; 外交部가 僑務委員會에 보낸 電文. 1948.7.29., "法方允准歸僑返越不須護照請詳列僑民相關資料俾便辦理遣送", 謝培屛 編. 2005, 39. 하지만, 1948년 당시 모든 화교에게 여권 미소지 허가를 한 것은 아닌 것 같다. 1949년 들어서도 프랑스 식민당국이 공식적으로 발표하지 않았기 때문이다("赴越南華僑·無須領護照", *浮山月報*, 第61期, 1949, p. 30).

44) 駐河內總領事館이 外交部에 보낸 電文. 1948.8.4., "爲留居龍州難僑返越事", 謝培屛 編. 2005, 39-40.

45) 僑務委員會가 外交部에 보낸 電文. 1948.12.1., "爲留居龍州等地難僑請求協助返越案", 謝培屛 編. 2005, 43-44.

니라 다른 지역 '난교'도 위와 같은 처리를 했기 때문에 허커우, 롱진, 징시 체류 '난교'도 점차 베트남 북부로 육로를 통해 복귀하게 되었다.46)

3. 중월국경 이외 지역의 '난교'

베트남 북부 출신 '난교'는 광시성과 윈난성으로만 피난한 것은 아니었다. 홍콩, 광둥성, 푸젠성 등지로 피난을 간 '난교'도 있었다. 이들의 원 거주지 복귀는 광시성과 윈난성 피난 '난교'와 약간 다른 방식으로 이뤄졌다.

중화민국 외교부는 1947년 6월 2일 국제연합구제부흥사업국UNRRA 주홍콩판사처에 베트남 '난교'의 복귀를 요청했다. UNRRA는 1943년 11월 제2차 세계대전 중 주축국의 침략을 받아 재난을 입은 나라의 국민을 구제할 목적으로 연합국 48개국이 모여 설립한 국제적인 원조기관이었다.47) 이 단체는 외교부의 요청을 받아들여 프랑스 식민당국과 교섭한 결과 베트남연방경찰처 처장으로부터 다음과 같은 답변을 받아냈다. "인도차이나의 프랑스 당국은 하이퐁항을 통한 베트남 북부 중국인의 복귀를 거부하지는 않는다, 다만, 현재의 통킹 상황을 고려할 때, 그들의 신원확인을 해주는 서비스를 귀측이 담당해 주어야

46) 駐河內總領事館이 外交部에 보낸 電文. 1948.8.4., "爲留居龍州難僑返越事", 謝培屏 編. 2005, 39-40.

47) 이 단체 활동자금의 대부분은 미국이 부담했으며, 원조물자의 횡령과 뇌물 횡행 등의 비판이 있었다. 동유럽 제국에 대한 원조가 많이 이뤄지는 것에 미국이 반대함으로써 1947년에 대부분의 활동이 종료됐다. 업무는 국제난민기관(IRO), 국제식량농업기구(FAO), 국제아동기금(UNICEF) 등의 국제연합기관에 인계되었다.

한다. 그 요구 사항은 아래와 같다. 첫째, 이전 인도차이나 거주지, 소지하고 있는 신분증명서 등의 정보가 담긴 복귀자 목록을 보내주기를 바란다. 둘째, 만약 그들이 도착했을 때 충분한 생활수단이 확보되어 있지 않거나, 그들 소유의 주택이 확보되어 있지 않다고 한다면, 그리고 그들이 지켜야 할 행정절차를 숙지하고 있지 않다고 한다면, 승선을 허가하지 않을 것이다. 현재 인도차이나 북부로 복귀를 희망하는 중국인의 정확한 인수를 알려주기를 바란다."[48] 즉, 프랑스 식민당국은 홍콩 등지에 체류하고 있는 이전 베트남 북부 거주 '난교'가 북부의 주요한 항구인 하이퐁항을 통해 엄격한 입국 조건을 달기는 했지만, 기본적으로 승인한 것을 알 수 있다.

한편, 베트남 북부 행정중심지인 하노이로 '난교'가 복귀하는 것도 가능해졌다. 행정원 선후구제총서善後救濟總署는 1947년 7월 15일 아직도 베트남 북부로 복귀하지 못하고 있는 '난교'가 있다면서 UNRRA 주홍콩판사처 대표인 클라크D. H. Clarke와 면담한 결과, 프랑스 식민당국은 '난교'의 복귀에 동의했다고 전했다.[49] 하지만 하노이 지역의 정세가 어떻게 되고 있는지, '난교'의 생명과 재산을 보장할 수 있는지, 송환을 개시해도 좋은지, 외교부에 이들 사항의 확인을 요청했다.[50]

주하노이총영사관은 9월 9일 다음과 같은 답전을 보냈다. "하노이시 구역의 치안은 이미 회복되었다. 다만 주택 부족이 심각하고, 모든

48) 外交部駐廣東廣西特派員公署香港辦事處가 외교부에 보낸 電文. 1947.7.5., "抄附聯合國國際難民組織關於遣送越南華僑復員函件"·"越南聯邦警察處處長函聯合國善後救濟總署駐香港辦事處代表", 謝培屛 編. 2005, 18-19.

49) 行政院善後救濟總署가 外交部에 보낸 電文. 1947.7.15., "查明河內目前局勢可否遣送歸僑返越", 謝培屛 編. 2005, 26-27.

50) 行政院善後救濟總署가 外交部에 보낸 電文. 1947.8.13., "查明河內目前局勢可否遣送歸僑返越", 謝培屛 編. 2005, 28.

업계의 영업이 부진하며, 살집과 생업이 곤란하지 않은 곳이 없다."[51] 즉, 프랑스 식민당국이 '난교'의 복귀에 대해 허가를 했지만, 하노이 현지의 정세가 여전히 불안하여 생업을 영위할 수 없는 상황이라 1947년 7월 시점에서 복귀는 어렵다는 판단을 한 것 같다.

위에서 베트남 북부 출신 '난교'의 복귀 문제를 중심으로 살펴봤다. 전쟁으로 인한 '난교'는 베트남 북부에서만 발생한 것은 아니었고, 화교의 집단 거주지인 사이곤과 쩌런 지역에서도 7천여 명에 달하는 '난교'가 발생한 것을 앞에서 확인한 바 있다. 이들 베트남 남부에서 발생한 '난교'는 중월국경의 광시성 및 윈난성이 아닌 광둥성, 푸젠성, 홍콩 등지로 피난을 떠났다.[52] 사이곤과 홍콩, 광둥성, 푸젠성 사이에는 정기 여객선이 운항하고 있는 관계로 이들 지역에 피난을 가기가 쉬웠다.

베트남 남부 출신 '난교'가 사이곤항을 통해 복귀하는 업무는 UNRRA의 주홍콩판사처의 협조로 진행됐다. 1947년 7월 당시 UNRRA 조직은 국제난민기구International Refugee Organization(IRO)로 바뀌어 있었다. IRO 주홍콩판사처 대리주임 쉐라드T. D. Sherrard는 상하이 소재 IRO 중국사무소 준비위원회 대리주임인 반 하이닝R. Van Hyning에게 프랑스 식민당국의 사이곤 소재 연방경찰처의 처장으로부터 '난교' 복귀 관련 희망적인 연락을 전했다.[53] 그 내용은 프랑스우선공사가 승

51) 駐河內總領事館이 外交部에 보낸 電文. 1947.9.9., "河內市區治安已漸恢復惟房荒嚴重百業不振", 謝培屏 編. 2005, 29.

52) 미얀마, 태국화교의 경우도 광둥성, 푸젠성(福建省) 출신 화교는 홍콩과 그들의 교향(僑鄕)인 광둥성, 푸젠성 등지로 피난을 갔다(謝培屏 編. 2003; 謝培屏 編. 2004).

53) 外交部駐廣東廣西特派員公署香港辦事處가 外交部에 보낸 電文. 1947.7.5., "抄附聯合國國際難民組織關於遣送越南華僑復員函件"·"聯合國國際難民組織香港辦事處代理主任Sherrard函", 謝培屏 編. 2005, 18-21.

객 편의의 관점에서 베트남으로 입국을 희망하는 '난교'는 해당 공사에 신청서 발급을 요청하면 곧바로 입국할 수 있다는 것이었다. 여권 발급과 비자 절차가 면제되었다. 광시성과 윈난성 '난교'의 베트남 복귀가 여권 재신청으로 어려움을 겪은 적이 있기 때문에 이러한 조치는 '난교'의 복귀에 희소식이 아닐 수 없었다.[54)] 『華僑日報』 1947년 7월 5일 자 기사는 위의 사항에 더해 프랑스 국적 항공기의 사이곤 편便도 프랑스우선공사에 신청하기만 하면 여권을 면제받는다고 보도했다.[55)]

이러한 조치에 대해 중화민국 외교부는 사실 여부를 외교부 주광둥광시특파원 궈더화郭德華를 통해 1947년 7월 5일 홍콩 소재 프랑스우선공사 지사에 확인을 요청했다.[56)] 동 지사는 홍콩 거주 화교 승객은 여권을 소지하지 않더라도 프랑스 식민당국 이민국에 의해 입국이 허가된다는 사실을 확인해 줬다. 단, 정규의 신청서를 작성한 후 사인하여 제출해야 했다. 신청서 복사본 2부는 여객선 선장에게 제출하고, 복사본 1부는 승객에게, 그리고 1부는 선박회사에 보관하도록 했다. 신청서 작성란에는 성명, 출생일시, 출생지, 부친 성명, 모친 성명, 직

54) 外交部駐廣東廣西特派員郭德華가 外交部에 보낸 電文. 1947.7.10., "法國郵船公司表示前往越南華僑無須辦理護照只憑核公司證書卽可登岸幷抄同有關函件及新聞", 謝培屏 編. 2005, 22-23.

55) 外交部駐廣東廣西特派員郭德華가 外交部에 보낸 電文(1947.7.10., "法國郵船公司表示前往越南華僑無須辦理護照只憑核公司證書卽可登岸幷抄同有關函件及新聞"·"《華僑日報》剪報 民國36年7月5日", 謝培屏 編. 2005, 22-26.

56) 外交部駐廣東廣西特派員郭德華가 外交部에 보낸 電文. 1947.7.10., "法國郵船公司表示前往越南華僑無須辦理護照只憑核公司證書卽可登岸幷抄同有關函件及新聞"·"外交部駐廣東廣西特派員郭德華函法國郵船公司", 謝培屏 編. 2005, 22-23.

업, 홍콩 내 주소, 사이곤·쩌런 거주 지인의 주소, 국적(중화민국), 프랑스우선공사선명, 홍콩 출발 일시, 보증인과 그의 주소, 신청인 사인, 신청일시를 기재하고 본인의 사진을 부쳐야 했다.57)

외교부는 주사이곤총영사관에 8월 4일 '난교' 복귀에 곤란한 사항의 유무, 총영사관의 해당 '난교' 관리에 어려움은 없는지를 문의했다.58) 이로써 홍콩으로 피난한 베트남 남부 출신 '난교'도 사이곤항을 통해 복귀할 수 있는 길이 열렸다. 그 결과 사이곤항을 통한 '난교' 및 화교의 입국자는 1946년에 2,251명에 불과했지만, 1947년에는 32,489명, 1948년 47,100명으로 급증했다(Shiu Wentang. 2010, 118).

이처럼 중월국경 이외 지역 베트남 '난교'의 복귀는 UNRRA 등의 국제기관이 개입하여 실현된 것을 확인할 수 있다. 하지만 윈난성과 광시성 피난 베트남 '난교'의 복귀 시점은 홍콩, 광둥성, 푸젠성 귀국 '난교'의 복귀 시점보다 늦은 것을 확인할 수 있다. 그 원인은 중월국경의 특수성과 베트남 북부의 프랑스군과 비엣밍군 간의 전쟁 상황 등이 영향을 미친 것으로 볼 수 있다.

Ⅳ. 결론

우리는 위에서 중화민국 외교부 당안인《歸國難僑返回越南案귀

57) 外交部駐廣東廣西特派員郭德華가 外交部에 보낸 電文. 1947.7.10., "法國郵船公司表示前往越南華僑無須辦理護照只憑核公司證書即可登岸并抄同有關函件及新聞"·"法國郵船公司函復外交部駐廣東廣西特派員郭德華", 謝培屏 編. 2005, 22-26.

58) 外交部가 駐西貢總領事館에 보낸 電文. 1947.8.4., "查明歸僑無照返越有無困難", 謝培屏 編. 2005, 27.

국난교반회월남안》을 활용하여 제1차 인도차이나전쟁 초기 베트남 '난교' 문제에 대해 살펴봤다. 검토 결과 확인된 사실을 정리하면 다음과 같다.

첫째, 제1차 인도차이나전쟁 발발 전후 발생한 '난교' 가운데 광시성과 윈난성으로 피난한 난교는 대부분 베트남 북부 출신 화교라는 점이었다. 이러한 사실은 중월분쟁 당시 광시성, 윈난성으로 피난한 '난교'의 대부분이 베트남 북부 출신이라는 점과 비슷했다(노영순, 2017, 89-90). 이것은 베트남 북부와 광시성, 윈난성이 중월국경을 접하고 있는 지리적 관계상 베트남 북부에서 두 개의 성으로 월경하여 피난하기 쉬웠기 때문이었다.

둘째, 광시성과 윈난성 피난 '난교'는 대부분 피난지에서의 생활 기반이 없고, 제2차 국공내전의 정치적 혼란과 그로 인한 물가앙등 등으로 베트남의 원 거주지로 복귀하기를 희망했다. 윈난성과 광시성 정부는 '난교'를 수용하고 있는 각 현에 지시하여 구제 활동을 폈지만, 제대로 이뤄지지 않았다. 중화인민공화국 정부가 중월분쟁 당시 '난교'를 국영농장 등에 입주시켜 보호한 것과 대비되는데, 그 이유는 중화민국 정부가 내전으로 인해 '난교'를 제대로 구제할 수 있는 처지가 아니었기 때문이었다.

셋째, 중화민국 정부는 '난교'의 베트남 복귀 요청 진정서를 접수한 후에 다양한 외교적, 행정적 노력을 기울였다는 점이다. '난교'의 구제와 복귀업무에 관여한 정부 기관은 행정원 선후구제총서, 교무위원회, 외교부 및 주하노이총영사관과 주사이곤총영사관, 사회부, 광시성 및 윈난성 지방정부 등이었다. 여기에 국제연합구제부흥사업국UNRRA 및 국제난민기구IRO 등의 국제연합 기구도 참가했다. 중화민국 정부는 치열한 국공내전 중인데도 불구하고 '난교' 구제와 그들을 위한 복귀에 주어진 조건에서 최선을 다하려 한 것으로 평가할 수 있다.

넷째, 프랑스 식민당국은 프랑스군과 비엣밍군 간의 교전으로 피해를 당한 '난교'를 위해 구제금을 내는 한편, 양측의 교전이 진정되어 가는 1948년에 들어 여권 미소지 '난교'의 입국을 허가하여 점차 베트남의 원 거주지로 복귀할 수 있도록 해주었다. 단지, 베트남 '난교'라는 사실을 입증할 수 있는 각종 증명서의 제출을 요구했다.

마지막으로, 본고는 중화민국 당안 자료에 근거하여 베트남 '난교' 문제를 검토한 만큼, 중국 측의 입장에서 '난교' 문제를 검토할 수밖에 없는 한계가 있었다. 비엣밍 측과 프랑스 식민당국 측의 자료도 참고해야만 '난교' 발생의 원인과 문제해결 과정을 보다 객관적으로 파악할 수 있을 것이다. 그런 측면에서 본고는 한계가 있음을 인정하지 않을 수 없다. 양측의 자료가 발굴되어 제1차 인도차이나전쟁 '난교'의 역사상이 더욱 분명히 밝혀지기를 기대한다.

참고문헌

1. 논저

〈한국어〉

김지환. 2019, *철로의 등장과 청조 봉건체제의 붕괴*, 동아시아.

노영순. 2014, "부산입항 1975년 베트남난민과 한국사회", *사총 81*, 서울: 고려대학교 역사연구소, pp.329-364.

노영순. 2017, "동아시아의 베트남난민 수용과 각국의 난민 정책", *해항도시문화교섭학 16*, 서울: 한국해양대학교 국제해양문제연구소, pp.73-114.

노영순. 2019, "1978년 난교(難僑)송환선 사건을 통해 본 중국과 베트남 난민", *중국근현대사연구 81*, 서울: 한국중국근현대사학회, pp.99-124.

박광희. 2010, *中國 雲南省 人文紀行 活化石-소수민족 문화의 영속성*, 서울: 인터북스.

보민부. 2022, “제2차 세계대전기 일본의 베트남 화교정책”, *비교중국연구 3(1)*, 인천대학교 중국학술원, pp.3-38.
유인선. 2012, *베트남과 그 이웃 중국 - 양국관계의 어제와 오늘*, 서울: 창비.
윤대영, 2010. *마주보는 두 역사, 인천과 하이퐁*, 인천: 인천문화재단.
윤대영. 2014, “식민지 베트남의 ‘열린’ 바다: ‘근대’ 하이 퐁(Hải Phòng)의 형성과 굴절”, *동양사학연구 127*, 서울: 동양사학회, pp.137-180.
윌리엄 J. 듀이커 · 정영묵 옮김. 2019, *호치민 평전*, 서울: 푸른숲.

〈중국어〉
陳國保. 2019, “戰後國民政府複員越南華僑問題管窺(1946-1948)”, *越南研究 2019(1) 總第1期*, 桂林: 廣西師範大學越南研究中心, pp.35-52.
陳鴻瑜. 2018, *越南史 史記概要*, 臺北: 臺灣商務.
高偉濃 · 寇海洋. 2011, “二戰後新馬華僑返回原僑居地問題初探”, *東南亞南亞研究 2011(3)*, 昆明: 雲南省社會科學院, pp.77-81.
克里斯多佛 · 高夏(Christopher Goscha) 著, 譚天一 譯, *越南: 世界史的失語者*, 臺北: 聯經, 2018.
華僑志編纂委員會 編印. 1958, *華僑志 - 越南*, 臺北: 華僑志編纂委員會.
黃文波. 2012, “淺析戰後初期廣西地區遣送越法沖突難僑的工作”, *八桂僑刊 2012(1)*, 南寧: 廣西華僑曆史學會, pp.59-61.
黃宗鼎. 2010, “1945-70年代初南越華人之政治景況”, *南方華裔研究雜志 4*, Canberra: ANU College of Asia & the Pacific, pp.202-215.
淩彥. 2014, “二戰後歸國難僑“複員”緬甸析論”, *東南亞研究 2014(6)*, 廣州: 暨南大學東南亞研究所, pp.92-99.
林眞. 1990, “戰後初期閩籍華僑複員東南亞問題概述”, *南洋問題研究*, 廈門: 廈門大學南洋研究院, pp.103-109.
孟憲軍. 2011, “國民政府遣返東南亞華僑籌劃研究(1943~1948)”, *暨南學報(哲學社會科學版) 總第150期*, 廣州: 暨南大學, pp.147-153.
孟憲軍 · 紀宗安. 2010, “戰後國民政府對緬遣僑問題初探”, *東南亞研究 2010(6)*, 廣州: 暨南大學東南亞研究所, pp.66-70.
謝培屏 編. 2003, *戰後遣返華僑史料彙編① 緬甸篇*, 臺北: 國史館.
謝培屏 編. 2004, *戰後遣返華僑史料彙編② 暹羅 · 菲律賓篇*, 臺北: 國史館.

謝培屏 編. 2005, *戰後遣返華僑史料彙編③ 越南·荷屬東印度·北婆羅洲·馬來亞·新加坡·南洋華工機工篇*, 臺北: 國史館.
徐善福·林明華. 2016, *越南華僑史*, 廣州: 廣東高等敎育出版社.

〈일본어〉
安東收一. 1941, *佛印－繪と文*, 東京: 大日本出版株式會社.
逸見重雄. 1941, *佛領印度支那硏究*, 東京: 日本評論社.
井出淺龜. 1941, *佛印硏究*, 東京: 皇國青年敎育協會.
太平洋協會 編. 1940, *佛領印度支那: 政治·經濟*, 東京: 河出書房.
日下賴尙. 1941, *邦人を待つ佛印の寶庫*, 東京: 文明社.
福田省三. 1940, *華僑經濟論*, 東京: 巖松堂書店.

〈영어〉
Engelbert Thomas. 2008, "Vietnamese-Chinese Relations in Southern Vietnam during the First Indochina Conflict", *Journal of Vietnamese Studies, Vol. 3*, Berkly: University of California Press, pp.191-230.
Goscha Christopher. 2016, *Vietnam-A New History-*, New York: Basic Books.
Goscha Christopher. 2017, *The Penguin History of Modern Vietnam*, London: Penguin Books.
Lynn Pan(general editor). 1999, *The Encyclopedia of the Chinese Overseas*, Cambridge: Harvard University Press.
Pierre Brocheux. 2007, *Ho Chi Minh: A Biography*, London: Cambridge University Press.
Shiu Wentang. 2010, "A Preliminary Inquiry into the Wartime Material Losses of Chinese in Vietnam, 1941-1947", *Chinese Southern Diaspora Studies. Vol. 4*, Canberra: ANU College of Asia & the Pacific, pp.202-215.
Victor Purcell, *The Chinese in Southeast Asia*, Oxford: Oxford University Press, 1965.

2. 잡지 및 기타 자료

蘇子. 1946, "中法新約簽訂後之越南華僑苦況", *僑聲*, p.10.

鐘延明. 1947, "法越戰爭下的越南華僑", *現代週刊*, 復版38, p.2.
本刊資料室. 1947, "越南華僑簡況", *上海共報*, 1947年(第1卷第2/3期), pp.14-15.
"越南華僑多遭殃", *評論報*, 第8期, 1946, p.10.
"國內時事: 僑務 積極保護越南華僑", *外交部週報*, 第13期, 1947.2.3., p. 2.
"赴越南華僑 · 無須領護照", *浮山月報*, 第61期, 1949, p.30.

부표

〈부표 1〉 핑샹현 경내 베트남 '난교' 조사표

번호	성명	성별	연령	출생지	원거주지	직업	건강상태	경제상태	여비지출여부
1	阮氏	女	19	越南諒山	越南諒山	상업	노동행동가능	곤란	불능
2	阮氏	女	17	越南諒山	越南諒山	상업	노동행동가능	곤란	불능
3	鄧鳳嬌	女	32	越南諒山	越南諒山	상업	노동행동가능	곤란	불능
4	阮玉女	女	2	越南諒山	越南諒山	무직	노동행동가능	곤란	불능
5	凌陸氏	女	46	廣西	越南諒山	공업	노동행동가능	곤란	불능
6	凌月姑	女	17	安南	越南諒山	소상업	노동행동가능	곤란	불능
7	王氏	女	41	安南	越南諒山	소상업	노동행동가능	곤란	불능
8	王氏	女	31	安南	越南諒山	소상업	노동행동가능	곤란	불능
9	王氏	女	31	安南	越南諒山	소상업	노동행동가능	곤란	불능
10	農金鳳	女	14	安南	越南諒山	농업	노동행동가능	곤란	불능
11	農金燕	女	10	安南	越南諒山	무직	행동가능	곤란	불능
12	農金女	女	1	安南	越南諒山	무직	행동가능	곤란	불능
13	農都滯	女	15	安南	越南諒山	농업	노동행동가능	곤란	불능
14	陳國亨	男	37	安南	越南駈騾	농업	노동행동가능	곤란	불능
15	農經猶	男	67	越南諒山	越南諒山	무직	행동가능	곤란	불능
16	何氏	女	43	越南諒山	越南諒山	농업	노동행동가능	곤란	불능
17	農國政	男	20	越南諒山	越南諒山	농업	노동행동가능	곤란	불능
18	農國寶	男	14	越南諒山	越南諒山	무직	행동가능	곤란	불능
19	農國興	男	12	越南諒山	越南諒山	무직	행동가능	곤란	불능
20	農世英	女	18	越南諒山	越南諒山	농업	노동행동가능	곤란	불능
21	游子勤	男	17	越南諒山	越南同登	상업	노동행동가능	곤란	가능
22	游子錦	男	15	越南諒山	越南同登	무직	행동가능	곤란	가능
23	游子緊	男	7	越南諒山	越南同登	무직	행동가능	곤란	가능
24	游子荷	女	12	越南諒山	越南同登	무직	행동가능	곤란	가능
25	游錦瓊	女	9	越南諒山	越南同登	무직	행동가능	곤란	가능
26	鍾建堂	男	49	廣西	越南同鏶	상업	행동가능	곤란	불능
27	黃阮氏	女	67	安南	越南同鏶	무직	행동가능	곤란	불능
28	黃亞英	男	34	安南	越南同鏶	상업	행동가능	곤란	불능
29	黃安石	男	19	安南	越南同鏶	상업	노동행동가능	곤란	불능
30	黃范氏	女	28	安南	越南同鏶	상업	노동행동가능	곤란	불능

번호	성명	성별	연령	출생지	원거주지	직업	건강상태	경제상태	여비지출여부
31	黃亞梅	女	1	安南	越南同鏁	무직	노동행동가능	곤란	불능
32	梁十	男	15	安南	越南諒山	무직	행동가능	곤란	불능
33	卜芝明	男	48	廣東	越南諒山	상업	노동행동가능	곤란	불능
34	卜梁氏	女	35	廣東	越南諒山	상업	노동행동가능	곤란	불능
35	卜亞嬌	女	13	廣東	越南諒山	무직	행동가능	곤란	불능
36	卜亞海	男	10	安南	越南諒山	무직	행동가능	곤란	불능
37	陳尚榮	男	23	安南	越南諒山	상업	행동가능	곤란	불능
38	陳尚喜	男	25	安南	越南諒山	상업	행동가능	곤란	불능
39	陳尚華	男	17	安南	越南諒山	상업	행동가능	곤란	불능
40	謝業堂	男	45	安南	越南同登	상업	행동가능	곤란	가능
41	謝業常	男	56	安南	越南那岑	상업	행동가능	곤란	가능
42	謝黃氏	女	45	安南	越南那岑	상업	행동가능	곤란	가능
43	謝亞妹	女	15	安南	越南那岑	무직	행동가능	곤란	가능
44	謝亞克	男	10	安南	越南那岑	무직	행동가능	곤란	가능
45	謝亞體	男	6	安南	越南那岑	무직	행동가능	곤란	가능
46	黃給英	女	35	廣東	越南同登	상업	노동행동가능	곤란	가능
47	李碧連	女	12	安南	越南同登	무직	행동가능	곤란	가능
48	李玉葵	女	35	廣西	越南同登	상업	노동행동가능	곤란	가능
49	李亞寧	男	3	安南	越南同登	무직	행동가능	곤란	가능
50	李亞國	女	10	安南	越南同登	무직	행동가능	곤란	가능
51	余標	男	13	安南	越南同鏁	무직	행동가능	곤란	불능
52	陳保興	男	36	廣西	越南那岑	상업	노동행동가능	곤란	가능
53	陳李氏	女	30	廣西	越南那岑	상업	노동행동가능	곤란	가능
54	陸都娟	女	16	安南	越南那岑	상업	노동행동가능	곤란	가능
55	何有和	男	50	安南	越南那岑	상업	노동행동가능	곤란	불능
56	何鄧氏	女	46	安南	越南那岑	상업	노동행동가능	곤란	불능
57	何木養	男	17	安南	越南那岑	상업	노동행동가능	곤란	불능
58	何金鳳	女	12	安南	越南諒山	무직	행동가능	곤란	가능
59	呂業初	男	30	廣西	越南諒山	상업	노동행동가능	곤란	불능
60	閉元壽	男	39	安南	越南諒山	상업	노동행동가능	곤란	불능
61	陸梅英	女	33	安南	越南諒山	상업	노동행동가능	곤란	불능
62	許玉龍	男	12	安南	越南同登	무직	행동가능	곤란	가능

번호	성명	성별	연령	출생지	원거주지	직업	건강상태	경제상태	여비지출 여부
63	廖世瑞	男	38	廣東	越南駈騾	상업	노동행동가능	곤란	불능
64	廖黎氏	女	38	安南	越南駈騾	상업	노동행동가능	곤란	불능
65	廖錦連	女	12	安南	越南駈騾	무직	행동가능	곤란	불능
66	摩錦清	男	4	安南	越南駈騾	무직	행동가능	곤란	불능
67	何有記	男	77	廣西	越南同登	무직	행동가능	곤란	가능
68	何世新	男	56	安南	越南同登	농업	노동행동가능	곤란	가능
69	何亞石	男	28	安南	越南同登	농업	노동행동가능	곤란	가능
70	何亞海	男	37	安南	越南同登	농업	노동행동가능	곤란	가능
71	何梁氏	女	50	安南	越南同登	농업	노동행동가능	곤란	가능
72	何凌氏	女	70	安南	越南同登	무직	행동가능	곤란	가능
73	吳曾氏	女	60	安南	越南同登	무직	행동가능	곤란	가능
74	吳在連	女	48	安南	越南同登	농업	노동행동가능	곤란	가능
75	吳亞彩	男	5	安南	越南同登	무직	행동가능	곤란	가능
76	吳的藍	女	11	安南	越南同登	무직	행동가능	곤란	가능
77	吳黃氏	女	50	廣西	越南同登	농업	노동행동가능	곤란	가능
78	施德章	男	49	廣西	越南同鏁	상업	노동행동가능	곤란	불능
79	施許氏	女	76	廣西	越南同鏁	무직	행동가능	곤란	불능
80	施潘氏	女	45	廣西	越南同鏁	상업	노동행동가능	곤란	불능
81	許少蘭	女	16	安南	越南同鏁	무직	행동가능	곤란	불능
82	林遠華	男	51	安南	越南同鏁	상업	노동행동가능	곤란	불능
83	林少英	女	19	安南	越南同鏁	상업	노동행동가능	곤란	불능
84	林二妹	女	16	安南	越南同鏁	상업	노동행동가능	곤란	불능
85	林子文	男	13	安南	越南同鏁	무직	행동가능	곤란	불능
86	林子興	男	9	安南	越南同鏁	무직	행동가능	곤란	불능
87	趙蓮光	男	35	安南	越南同鏁	상업	노동행동가능	곤란	불능
88	蘇氏	女	32	安南	越南同鏁	상업	노동행동가능	곤란	불능
89	趙德君	男	8	安南	越南同鏁	무직	행동가능	곤란	불능
90	趙亞梅	女	4	安南	越南同鏁	무직	행동가능	곤란	불능
91	張英才	男	16	安南	越南駈騾	무직	행동가능	곤란	불능
92	許支成	男	46	廣東	越南同鏁	상업	노동행동가능	곤란	불능
93	王氏	女	35	廣東	越南同鏁	상업	노동행동가능	곤란	불능
94	許亞同	男	3	安南	越南同鏁	무직	노동행동가능	곤란	불능

번호	성명	성별	연령	출생지	원거주지	직업	건강상태	경제상태	여비지출여부
95	黃大嫂	女	34	廣西	越南同鏶	상업	노동행동가능	곤란	불능
96	曾亞保	男	13	安南	越南同鏶	무직	행동가능	곤란	불능
97	曾亞娟	女	10	安南	越南同鏶	무직	행동가능	곤란	불능
98	黃仁和	男	46	安南	越南同鏶	상업	노동행동가능	곤란	불능
99	黃連廷	男	45	廣西	越南同鏶	상업	노동행동가능	곤란	불능
100	黃王氏	女	47	安南	越南同鏶	상업	노동행동가능	곤란	불능
101	黃亞加	男	14	廣西	越南同鏶	무직	행동가능	곤란	불능
102	黃亞儂	男	3	安南	越南同鏶	무직	행동가능	곤란	불능
103	楊毓保	男	56	廣西	越南同鏶	상업	노동행동가능	곤란	불능
104	梁氏	女	35	廣西	越南同鏶	상업	노동행동가능	곤란	불능
105	蕭海□	男	48	廣西	越南駈驟	상업	노동행동가능	곤란	불능
106	蕭李氏	女	35	安南	越南駈驟	상업	노동행동가능	곤란	불능
107	聶健昌	男	50	廣西	越南駈驟	상업	노동행동가능	곤란	불능
108	聶許氏	女	45	廣西	越南駈驟	상업	노동행동가능	곤란	불능
109	義志堅	女	12	廣西	越南駈驟	무직	행동가능	곤란	불능
110	黃文春	男	49	廣西	越南同鏶	상업	노동행동가능	곤란	불능
111	周氏	女	38	廣西	越南同鏶	상업	노동행동가능	곤란	불능
112	劉氏	女	40	廣西	越南同鏶	상업	노동행동가능	곤란	불능
113	黃華生	男	13	安南	越南同鏶	무직	행동가능	곤란	불능
114	黃線姑	女	11	安南	越南同鏶	무직	행동가능	곤란	불능
115	鄧德隆	男	66	廣東	越南同鏶	무직	행동가능	곤란	불능
116	鄧劉長	男	22	安南	越南同鏶	상업	노동행동가능	곤란	불능
117	鄧李生	男	16	安南	越南同鏶	무직	노동행동가능	곤란	불능
118	鄧月梅	女	11	安南	越南同鏶	무직	행동가능	곤란	불능
119	鄧譚氏	女	54	安南	越南同鏶	상업	노동행동가능	곤란	불능
120	鄧三妹	女	18	安南	越南同鏶	상업	노동행동가능	곤란	불능
121	鄧何生	男	13	安南	越南同鏶	무직	행동가능	곤란	불능
122	余群輝	男	45	廣西	越南同鏶	상업	노동행동가능	곤란	불능
123	余彭氏	女	33	安南	越南同鏶	상업	행동가능	곤란	불능
124	余亞保	男	9	安南	越南同鏶	무직	행동가능	곤란	불능
125	余亞珍	男	8	安南	越南同鏶	무직	행동가능	곤란	불능
126	余亞妹	女	5	安南	越南同鏶	무직	행동가능	곤란	불능

번호	성명	성별	연령	출생지	원거주지	직업	건강상태	경제상태	여비지출여부
127	余亞九	男	2	安南	越南同鏁	무직	행동가능	곤란	불능
128	陳華記	男	55	廣西	越南同鏁	상업	노동행동가능	곤란	불능
129	陳越氏	女	50	廣東	越南同鏁	상업	노동행동가능	곤란	불능
130	陳德宏	男	25	安南	越南同鏁	상업	노동행동가능	곤란	불능
131	陳北姑	女	19	安南	越南同鏁	상업	노동행동가능	곤란	불능
132	陳安姑	女	16	安南	越南同鏁	무직	행동가능	곤란	불능
133	梁氏	女	40	廣西	越南同鏁	상업	노동행동가능	곤란	불능
134	李大妹	女	17	安南	越南同鏁	상업	노동행동가능	곤란	불능
135	李二妹	女	11	安南	越南同鏁	무직	행동가능	곤란	불능
136	李亞南	男	36	廣西	越南同鏁	상업	노동행동가능	곤란	불능
137	黃氏	女	38	廣西	越南同鏁	상업	노동행동가능	곤란	불능
138	韋亞青	男	5	安南	越南同鏁	무직	행동가능	곤란	불능
139	馬寧氏	女	64	安南	越南諒山	상업	행동가능	곤란	불능
140	馬南生	男	35	安南	越南諒山	상업	노동행동가능	곤란	불능
141	馬李氏	女	35	安南	越南諒山	상업	노동행동가능	곤란	불능
142	馬定富	男	13	安南	越南諒山	무직	행동가능	곤란	불능
143	馬定觀	男	16	安南	越南諒山	무직	행동가능	곤란	불능
144	馬定平	男	6	安南	越南諒山	무직	행동가능	곤란	불능
145	馬的龍	女	12	安南	越南諒山	무직	행동가능	곤란	불능
146	周陳氏	女	45	廣西	越南同鏁	상업	노동행동가능	곤란	불능
147	周麗燕	男	16	安南	越南同鏁	무직	행동가능	곤란	불능
148	李耀新	男	28	廣西	越南同鏁	상업	노동행동가능	곤란	불능
149	周石嬌	女	25	廣西	越南同鏁	상업	노동행동가능	곤란	불능
150	趙善卿	男	60	廣西	越南同鏁	무직	행동가능	곤란	불능
151	周全美	女	43	安南	越南同鏁	상업	노동행동가능	곤란	불능
152	趙阿益	男	18	安南	越南同鏁	상업	노동행동가능	곤란	불능
153	趙阿德	男	12	安南	越南同鏁	무직	행동가능	곤란	불능
154	趙黃氏	女	61	安南	越南同鏁	무직	행동가능	곤란	불능
155	趙廣宏	男	61	安南	越南同鏁	무직	행동가능	곤란	불능
156	鄧有權	男	46	安南	越南同鏁	상업	노동행동가능	곤란	불능
157	梁氏	女	43	安南	越南同鏁	상업	노동행동가능	곤란	불능
158	鄧忠仁	男	14	安南	越南同鏁	무직	행동가능	곤란	불능

번호	성명	성별	연령	출생지	원거주지	직업	건강상태	경제상태	여비지출여부
159	鄧三英	女	3	安南	越南同鏁	무직	행동가능	곤란	불능
160	梁保華	男	26	廣西	越南同鏁	상업	노동행동가능	곤란	불능
161	何氏	女	60	廣西	越南同鏁	무직	행동가능	곤란	불능
162	梁陳氏	女	22	安南	越南同鏁	상업	노동행동가능	곤란	불능
163	農福田	男	51	廣西	越南同鏁	상업	노동행동가능	곤란	불능
164	農陸氏	女	50	廣西	越南同鏁	상업	노동행동가능	곤란	불능
165	農的瑞	女	23	安南	越南同鏁	상업	노동행동가능	곤란	불능
166	農的典	女	16	安南	越南同鏁	무직	행동가능	곤란	불능
167	農的扒	女	14	安南	越南同鏁	무직	행동가능	곤란	불능
168	農的迷	女	8	安南	越南同鏁	무직	행동가능	곤란	불능
169	趙世安	男	65	廣西	越南同鏁	무직	행동가능	곤란	불능
170	彭其生	男	40	廣西	越南同鏁	상업	노동행동가능	곤란	불능
171	趙細妹	女	35	廣西	越南同鏁	상업	노동행동가능	곤란	불능
172	彭亞成	男	40	廣西	越南同鏁	상업	노동행동가능	곤란	불능
173	彭玉有	女	2	安南	越南同鏁	상업	노동행동가능	곤란	불능
174	羅智光	男	26	安南	越南同登	상업	노동행동가능	곤란	가능
175	羅李氏	女	28	安南	越南同登	상업	노동행동가능	곤란	가능
176	凌貴華	男	46	廣西	越南同鏁	상업	노동행동가능	곤란	불능
177	趙岑氏	女	58	廣西	越南駈騾	상업	노동행동가능	곤란	불능
178	農喜猷	男	58	安南	越南諒山	농업	노동행동가능	곤란	불능
179	農安楊	男	42	安南	越南諒山	농업	노동행동가능	곤란	불능
180	農文謝	男	28	安南	越南諒山	농업	노동행동가능	곤란	불능
181	農安邦	男	19	安南	越南諒山	농업	노동행동가능	곤란	불능
182	農文達	男	30	安南	越南諒山	농업	노동행동가능	곤란	불능
183	農文居	男	19	安南	越南諒山	농업	노동행동가능	곤란	불능
184	農文保	男	25	安南	越南諒山	농업	노동행동가능	곤란	불능
185	農文敏	男	16	安南	越南諒山	무직	노동행동가능	곤란	불능
186	農文永	男	14	安南	越南諒山	무직	노동행동가능	곤란	불능
187	農玉梅	女	20	安南	越南諒山	농업	노동행동가능	곤란	불능
188	農樹娟	女	56	安南	越南諒山	농업	노동행동가능	곤란	불능
189	農玉域	女	20	安南	越南諒山	농업	노동행동가능	곤란	불능
190	農玉荷	女	16	安南	越南諒山	무직	행동가능	곤란	불능

번호	성명	성별	연령	출생지	원거주지	직업	건강상태	경제상태	여비지출여부
191	農碧霞	女	24	安南	越南諒山	농업	노동행동가능	곤란	불능
192	農氏罡	女	12	安南	越南諒山	무직	행동가능	곤란	불능
193	陳憲民	男	35	廣東	越南同登	상업	노동행동가능	곤란	가능
194	余景祥	男	61	廣西	越南同鏶	무직	행동가능	곤란	불능
195	余李氏	女	38	安南	越南同鏶	상업	노동행동가능	곤란	불능
196	余桂	女	12	安南	越南同鏶	무직	행동가능	곤란	불능
197	余義	女	12	安南	越南同鏶	무직	행동가능	곤란	불능
198	王澤幽	男	13	安南	越南同鏶	무직	행동가능	곤란	불능
199	李玉川	女	28	安南	越南那岺	상업	노동행동가능	곤란	가능
200	王澤宏	男	15	安南	越南那岺	무직	행동가능	곤란	가능
201	王李氏	女	40	安南	越南那岺	상업	노동행동가능	곤란	가능
202	李輝厚	男	21	安南	越南同鏶	상업	노동행동가능	곤란	불능
203	楊亞女	女	-	安南	越南同鏶	무직	행동가능	곤란	불능
204	林月宜	女	34	廣西	越南同登	상업	노동행동가능	곤란	가능
205	許保西	男	4	安南	越南同登	무직	행동가능	곤란	가능
206	游都岱	女	20	安南	越南同登	상업	노동행동가능	곤란	가능
207	莫芬	男	6	安南	越南同登	무직	행동가능	곤란	가능
208	莫劉氏	女	70	廣西	越南同登	무직	행동가능	곤란	가능
209	陳林氏	女	50	廣西	越南同登	상업	노동행동가능	곤란	가능
210	黃文四	男	55	廣西	越南同登	상업	노동행동가능	곤란	가능
211	林正方	男	29	安南	越南駈騾	상업	노동행동가능	곤란	불능
212	林正興	男	23	安南	越南駈騾	상업	노동행동가능	곤란	불능
213	林亞鴻	男	7	安南	越南駈騾	무직	행동가능	곤란	불능
214	劉首才	男	47	廣西	越南駈騾	상업	행동가능	곤란	불능
215	劉淩氏	女	40	廣西	越南駈騾	상업	행동가능	곤란	불능
216	鍾良璠	男	70	廣西	越南駈騾	무직	행동가능	곤란	불능
217	鍾建華	男	46	廣西	越南駈騾	상업	노동행동가능	곤란	불능
218	鍾岱崇	男	19	安南	越南駈騾	상업	노동행동가능	곤란	불능
219	鍾岱尊	男	14	安南	越南駈騾	무직	행동가능	곤란	불능
220	黃鍾氏	女	36	廣西	越南駈騾	상업	노동행동가능	곤란	불능
221	黃亞真	男	5	安南	越南駈騾	무직	행동가능	곤란	가능
222	農生記	男	57	廣西	越南同登	상업	노동행동가능	곤란	가능

번호	성명	성별	연령	출생지	원거주지	직업	건강상태	경제상태	여비지출여부
223	蘆亞楊	女	2	安南	越南同登	무직	행동가능	곤란	가능
224	蘆李氏	女	42	廣西	越南同登	상업	노동행동가능	곤란	가능
225	許怡興	男	49	廣西	越南同登	상업	노동행동가능	곤란	가능
226	許李氏	女	44	廣西	越南同登	상업	노동행동가능	곤란	가능
227	許林氏	女	34	廣西	越南同登	상업	노동행동가능	곤란	가능
228	許光明	男	3	安南	越南同登	무직	행동가능	곤란	불능
229	許都叶	女	22	安南	越南同登	상업	노동행동가능	곤란	불능
230	許都連	女	24	安南	越南同登	상업	노동행동가능	곤란	불능
231	陳梁氏	女	59	廣東	越南同登	상업	노동행동가능	곤란	불능
232	陳鄭氏	女	30	廣東	越南同登	상업	노동행동가능	곤란	불능
233	陳秀榮	男	22	安南	越南同登	상업	노동행동가능	곤란	불능
234	陳秀貴	男	15	安南	越南同登	무직	행동가능	곤란	불능
235	陳廣生	男	5	安南	越南同登	무직	행동가능	곤란	불능
236	陳亞旦	男	2	安南	越南同登	무직	행동가능	곤란	불능
237	蕭國良	男	35	廣西	越南同登	상업	노동행동가능	곤란	가능
238	李丹成	男	45	廣西	越南同登	상업	노동행동가능	곤란	가능

출처: 謝培屛 編. 2005, 3-15을 근거로 필자 작성.

주: 同鏁는 동케(Đông Khê), 諒山는 랑선(Lạng Sơn), 同登는 동당(Đồng Đăng), 駈騾는 토앗랑(Thoát Lãng), 那岑는 반랑(bản làng)의 한자 표기이다.

제5장

해방 초기 북한의 화교학교 재건과 중국공산당 및 북한정부의 역할

송우창

Ⅰ. 서론

해방 초기 북한지역에는 4만여 명의 화교가 거주하고 있었는데, 그들을 대상으로 하는 연구는 당시 북한 정부의 외국인 정책이나 중국공산당의 화교정책, 또는 해방 후부터 국교 수립 이전까지의 북·중관계를 이해하는 데 큰 도움을 주는 연구영역이다[1]. 그러나 지금까지의 연구성과나 동향을 보면 북한 화교를 활용한 접근법이 주목을 받지 못하고 있다. 우선 해방 초기 북한지역에는 패전과 함께 귀환을 서두르는 일본인을 제외하면 외국인의 대부분이 화교였지만 자료의 제약 등으로 인해 북한 정부의 화교정책에 관한 논의는 거의 찾아볼

1) 본고는 일제 식민지 말기로부터 해방 후 대한민국 건국(1948년 8월 15일), 조선민주주의인민공화국 건국(1948년 9월 9일), 중화인민공화국 건국(1949년 10월 1일) 직후의 시기를 포함한다. 지역, 기관명, 국적을 가리키는 표현은 편의상 시간상으로는 1945년 8월 15일, 공간적으로는 38선을 기준으로 구분한다. '조선', '조선화교', '조선인'은 해방 전 한반도 거주자를 의미하며, '북한', '남한', '북한화교', '북한인'은 해방 후 38선을 경계로 한 표현이다. 또한 전후 중국은 '중국공산당'(약칭 '중공')과 '중국국민당'(약칭 '국민당')의 명칭을 사용하며, '중국인학교'는 '화교학교'로 통일한다. 다만, 고유명사의 경우는 그대로 사용했다.

수 없다. 또한 제2차 세계대전 이후 20년간의 중국의 화교정책은 중화인민공화국의 외교정책의 하나로 실시됐기 때문에(莊國土. 1992, 1-11), 다수의 연구가 동남아 화교의 이중 국적 문제에 중점을 두어 왔다(周南京. 2005). 따라서 제2차 국공내전 시기 중국공산당의 화교정책 관련 연구는 거의 이뤄지지 못했다. 현대 북·중 관계사 관련 연구는 중국, 한국, 일본, 미국, 러시아 등에서 상당한 연구축적이 이뤄져 있지만, 활용한 자료 대부분을 소련외교부문서 등의 정부 외교문서에 의존하고 있어서, 냉전 구조나 국제관계론의 틀 속에서 논의되는 경향이 강하다.

한편, 해방 후 북한화교에 관한 연구는 중국 귀국 북한화교의 구술자료의 검토에서 시작됐다. 북한화교는 해방초기부터 80년대에 걸쳐 중국으로 상당수 귀국하게 되는데 이들의 구술채록 작업이 진행돼(吉林省華僑歷史學會 編. 1986-1990), 이 자료를 활용한 연구가 시작됐다(余以平. 1984). 2000년대에 들어 중국에서 당안檔案 자료가 공개되면서 이를 활용한 해방 후 북한화교의 귀국 실태(曲曉範 외. 2000)나 국적문제(졸고. 2010) 관련 연구성과가 나왔다. 하지만, 해방 초기 북한화교 관련 연구는 개론 수준에 그쳐(楊昭全 외. 1991, 309-311, 321-327), 당시 화교의 학교 재건과 중공군 지원에 대해 위의 귀국화교 구술자료를 활용하여 간단히 언급하는 정도였다. 최근 찰스 크라우스(Charles Kraus. 2014)는 미국 국립공문서관에 소장된 북한화교연합회 문서와 해방 초기 북한에 파견된 중공 간부의 구술자료를 활용, 북한 화교연합회의 역할에 중점을 두면서 북한화교의 중공군 지원, 신문 매체 및 번역 작업을 통한 북·중 교류, 화교학교의 재건 등을 논했다. 그런 점에서 크라우스의 연구는 해방 초기 북한화교를 대상으로 북·중관계를 논의한 첫 연구성과라 할 수 있다. 다만, 이 논문은 해방 초기 북한화교사회의 변화 및 북한정부의 대 화교정책에 대한 논의가 매우 빈약하다.

본 연구는 해방 직후부터 한국전쟁 발발 이전까지의 시기 북한의 화교학교 재건 과정에 초점을 맞춰, 중공과 북한정부 및 북한화교가 그 과정에서 어떤 역할을 했는지 분석하려고 한다. 먼저 북한지역의 화교학교의 상황에 대해 해방 이전과 이후로 나눠 정리하고, 북한에 파견된 중공 간부들이 북한화교의 관리에 어떻게 참여하는지 논의한다. 그다음으로 화교연합회가 화교학교의 재건에 어떻게 관여하고 전개하는지 살펴본 후, 북한정부가 화교학교 재건 과정에서 어떤 역할을 했는지 논의하고자 한다. 이 논문에서 주로 활용한 자료는 기존 연구에서 사용된 북한화교연합회의 문서와 중공 간부의 구술자료 이외에 북한화교연합회의 기관지인 『民主華僑』(1948.11-1950.6)와 북한 귀국화교의 구술자료 그리고 한국, 일본에서 출판된 각종 자료 등이다.

Ⅱ. 해방 직후 북한 화교학교의 혼란

1. 해방 직전 조선 북부지역 화교학교의 실태

근대 조선의 화교학교 설립은 남부지역인 인천에 1902년, 1910년 경성京城(오늘의 서울)에서 시작되었다. 북부지역의 화교학교는 신의주에 1915년, 진남포에 1919년, 원산에 1923년, 청진에 1930년 각 도시의 화교인구 증가와 함께 설립되었다(楊昭全 외. 1991, 209-210, 287-289). 1930년대에 들어 만주사변, 중일전쟁이 연이어 발발하고, 조선화교에 대한 단속이 강화되었지만, 화교학교의 수는 증가하는 추세를 보였다(李正熙. 2010, 19-40). 태평양전쟁의 발발로 조선 내 노동력 부족이 심각해지자 중국대륙에서 다수의 노동자가 조선으로 이주했을 뿐 아니라 조선 거주 화교의 가족이 이주해옴으로써 학령기의 화교 자녀의 인구가 증가했다. 조선화교는 중일전쟁 시기 베이핑北平(베이징)의 중화민국 임시정부 및 왕징웨이汪精衛 난징국민정부南京國民政府의 관할 하에 놓여있었다. 왕징웨이 난징국민정부는 화교학교에 보조금을 지급하고 각 지역에 화교학교를 설립, 화교학교의 수가 급증했다. 1944년 현재 북부지역에는 평안북도에 10개교(신의주, 신의주화공, 신의주화농, 운산북진, 용암포, 강계, 칠평, 대유동, 후창, 정주), 평안남도에 4개교(진남포, 평양, 동평양, 선교), 황해도에 3개교(해주, 사리원, 겸이포), 함경북도에 5개교(청진, 웅기, 회령, 나진, 성진), 함경남도에 2개교(원산, 함흥), 총 24개교에 약 1,600명의 화교 자녀가 재학하고 있었다(이정희. 2007, 111-117; 『民主華僑』. 1949.8.15, 3면). 이러한 화교학교는 해방 직후 북한지역 화교학교의 실질적 토대가 되었는데 1940년대 초반 이들 화교학교는 어떻게 운영되고 있었을까?

1937년 12월 14일 베이핑에 친일적인 중화민국 임시정부(왕커민王克敏 정권)가 설립되자 조선화교의 관할은 장제스蔣介石 난징국민정부에서 베이핑의 임시정부로 이관되었다(安井三吉. 2005, 250-251). 그 후 1940년 3월 30일 왕징웨이의 중화민국 난징국민정부가 세워지자, 조선화교의 관할은 다시 왕징웨이 정권으로 넘어갔다(楊韻平. 2007). 왕징웨이 정권은 해외 화교의 지지를 얻어내기 위해 화교교육을 적극적으로 추진했다. 왕징웨이 정권은 화교학교에 보조금을 지급하는 한편, 교무위원회와 외교부가 협력해 화교학교를 관리하는 시스템을 구축했다. 그 결과 조선의 화교학교는 왕징웨이 정권의 주조선영사관의 직접적인 지도를 받게 되었다. 또한, 각지의 화교학교는 현지의 중화상회中華商會의 임원을 중심으로 조직된 교동회校董會에 의해 운영되었다(李盈慧. 1997, 113, 123, 553). 화교학교의 수입원은 왕징웨이 정권의 보조금, 중화상회를 비롯한 화교단체의 기부금, 학비의 세 가지였는데 앞의 두 가지가 학교 수입의 대부분을 차지했다. 화교인구가 가장 많았던 평안북도의 경우를 본다면, 1943년 11월 신의주 관내 7개교(신의주 시내 3개교, 용암포, 운산북진, 강계, 칠평)의 연간수입은 총 5만 2,443원이었다. 이 총액 가운데 정부 보조금은 1만 6,485원, 기부금 2만 1,635.4원으로 전체의 72.7%를 차지했다(菊池一隆. 2005, 5). 이러한 경향은 다른 지역도 거의 마찬가지였다.

〈표 1〉 평안남도와 황해도 지역 화교학교의 재정상황(1944년 2월) (명, 원)

학교명	교원 수	학생 수	수입				수입 총액	지출 총액
			정부 보조	학비	상회 보조	기타		
진남포 화교학교	2	120	1,992	1,200	1,200	-	4,392	4,400
평양 화교학교	3	203	2,490	2,000	1,200	10,000	15,690	6,300
동평양 화교학교	2	125	없음	1,200	1,440	-	2,640	6,200
겸이포 화교학교	1	46	없음	400	200	400	1,000	1,000
사리원 화교학교	1	55	1,200	1,747	70	-	3,657	3,300
해주 화교학교	2	84	1,416	1,800	1,794	-	5,010	5,010
계	11	633	7,098	8,347	6,544	10,400	32,389	26,210

출처: 汪政權駐鎮南浦辦事処. 1944.

〈표 1〉은 왕징웨이 정권 주진남포(해방후 남포)판사처가 1944년 2월 22일 경성총영사관에 제출한 보고서를 정리한 것이다. 1944년 당시 평안남도와 황해도의 화교학교 6개교의 정부보조금, 학비, 상회보

조금의 총액은 2만1,989원이었다. 이 가운데 겸이포 화교학교를 제외한 5개교의 학비 수입 비율은 27.3~47.8%의 수준이었다. 왕 정권의 보조금과 현지 화교단체의 기부금 등에 크게 의존하고 있다는 것을 알 수 있다. 즉, 해방 직전 조선의 화교학교는 영사관의 지도로 교동회가 학교를 운영하고 있었다. 이러한 상황은 1945년 8월 소련군의 북한 진주로 변화한다.

2. 왕징웨이 정권 영사관의 폐쇄

1945년 8월 일본의 패전과 동시에 왕징웨이 정권도 종말을 고하면서 조선에 주재했던 영사관원은 장제스 중화민국 국민정부의 심판을 받게 됐다. 그들이 어떻게 처분되었는지 살펴보도록 하자.

해방 초기 북한지역에는 신의주영사관(영사 저우관난周冠南, 수습영사 루위쥬盧禹玖, 취여우청曲有成), 원산부영사관(부영사 왕용진王永晉, 수습영사 우예싱吳業興, 주사 장원잉張文英, 청중여우程忠猷), 진남포판사처(부영사급 수습영사 양샤오췐楊紹權, 주사 쑨궈쉰孫國勲)이 있었으며, 각 영사관에는 위의 영사관원이 근무하고 있었다(楊韻平. 2007, 73-74). 1945년 8월 21일 소련군이 원산에 상륙하자, 원산 부영사 왕용진은 8월 25일 현지 주둔 소련군 사령부를 찾아가 영사관과 현지 화교의 보호를 요청했다. 이에 대해 소련군 측은 “현재 북한에 있는 영사관은 전 난징(왕 정권: 인용자) 정부의 파견으로 설립된 것이기 때문에, 그 정당성을 인정하지 않는다.”라며 그들의 요구를 거부했다(中華民国外交部亜東司. 1945.10.26).

1945년 12월 28일 5년간의 신탁 통치를 전제로 하는 ‘모스크바 의정서’가 채택되자 조선 민주당(1945년 11월 3일 발족)의 당수 조만식은 이에 완강히 반대했다. 이로 인해 그는 1946년 1월 5일 평안남도인민위원회 위원장직을 사임당하고, 반소련 성향의 인물이라는 낙인이 찍혀 호텔에 연금됐다. 소련 주둔군은 그들의 노선에 반대하는 인사들을 체포하고, 1946년 2월 8일 김일성을 중심으로 하는 북조선 임시인민위원회를 조직했다(와다하루끼. 2014, 57-59). 반소 반공 세력에 대한 체포는 신의주사건[2] 전후부터 이미 시작되었다(김학준. 1996, 96-97).

하나의 예를 들어보자. 평양 일본인회日本人會는 1945년 11월 18일 조만식의 비서 송씨의 요구에 따라 북한 지폐 200만 원과 일본 지폐 5만 원의 정치헌금을 했다. 같은 해 11월 하순, 이것이 문제가 되어 일본인회의 책임자들이 선교리 보안서에 감금되고, 송 비서 역시 12월 20일경 구속되는 사건이 발생했다(森田芳夫. 1964, 487-488). 1945년 12월 북한 각지에서 반소반공의 혐의로 체포된 북한인들이 평양법원으로 송치됐는데, 전前 왕징웨이 정권의 영사관원도 이 사건에 휘말렸다(왕용진. 2017, 135-137). 이들 영사관원은 소련군으로부터 푸대접을 받았기 때문에 조만식과 관계를 강화하려 했다. 평양서 가장 가까운 진남포판사처의 양샤오췐 부영사는 조만식 등이 설립한 평안남도 건국준비위원회(1945년 8월 17일 발족)와 연락을 취했으며, 조선민주당의 요청을 받아들여 민주당 고문직을 맡고 있었다(楊紹權. 1962, 19). 이러한 것이 종합적으로 작용하여 왕징웨이 정권하의 영사관원은 반소반공 세력으로 분류된 것이다.

더욱이 소련군은 1945년 12월 중순 북한에 있는 전 왕징웨이 정권의 영사관을 모두 폐쇄했다. 이와 동시에 신의주영사관의 저우관난 영사, 취여우칭 수습영사, 직원 추밍푸初銘璞, 통역 무쉬건穆緒根, 통역

2) 신의주사건이란 신의주 지구 공산당이 1945년 11월 반공 시위에 참여한 신의주 학생들에게 발포하여 다수의 사상자를 낸 사건을 말한다.

정춘청鄭春成, 원산부영사관의 왕용진 부영사, 장원잉 주사, 청중여우 주사, 직원 우란루吳蘭如, 진남포판사처의 양샤오췐 수습영사 등이 전원 평양법원으로 송치되었다. 평양법원은 소련군 장교가 영사관원들에게 마오쩌둥毛澤東을 아는지, 공산당에 가입할 의향이 있는지 등을 심문했다. 이들 영사관원은 1946년 3월 훈춘琿春을 거쳐 소련으로 호송되었고(왕용진. 2017, 133-141), 1947년에는 하바롭스크 제45수용소로 이관됐다.[3)]

3. 중화상회 해산과 화교 유력인사들의 월남

근대 조선의 북한지역 소재 중화상회는 해방과 함께 형식상으로는 해산됐지만, '상회'와 '농회'가 주축이 되어 조직의 기능을 유지하고 있었다(中國駐朝鮮大使館. 1958). 1945년 9월부터 12월까지 그 활동이 확인된 조직은 평양화교회(회장 위딩하이于定海), 원산화교상회(회장 텐빙환田炳煥), 원산화교농회(회장 청즈즈成之智), 청진화교회(회장 류숭원劉崇文), 함흥화교회(회장 왕쉐훙王學宏), 해주 화교상회(회장 쑨허링孫鶴齡) 등이다(왕용진. 2017, 107, 126; 王恩美. 2008, 153).

해방 초기 북한 화교 상인들의 손실은 매우 컸다. 북한지역에 진주한 소련군은 먼저 은행과 우체국을 장악함과 동시에 업무정지 명령을 내렸다.[4)] 그 결과 화교의 은행 예금도 동결되고 말았다. 몇몇 화교들

3) 愛新覚羅毓嶦(2005, 230-233). 그들은 1950년 중국 국내로 인도되어 푸순전범관리처(撫順戰犯管理處)에서 복역했다. 이 가운데 저우관난, 왕용진, 장원잉, 청중여우, 추밍푸, 우란루, 정춘청, 무쉬건의 8명은 1957년 1월 사면을 받아 석방되었다(撫順市社會科學院 編. 2001, 379).

4) 예를 들면, 해방 직후 소련군이 평양에 입성한 다음 날인 1945년 8월 25일 평양 시내 모든 은행과 우체국은 영업 정지를 당했다(森田芳夫. 1964, 183).

이 예금 인출을 위해 38선을 넘어 서울의 조선은행까지 갔지만 헛수고였다(왕용진. 2017, 104-105). 한편, 소련군이 일부 화교 상인들을 체포했다. 화교에 대한 체포는 위의 전 왕징웨이 정권 영사관원의 연행과 연동되어 일어난 것으로 추정된다. 당시 평양 화교상회 회장인 위딩하이가 체포된 것도 1946년 초반이었다(王恩美. 2008, 153). 1946년 10월 이후 북한에서는 화교연합회(이 조직에 대해서는 후술)의 주도하에 화교 농민에 대한 토지개혁이 이루어졌는데, 토지개혁의 초기 단계에서 화교 지주의 채소밭 토지를 몰수하는 등 유산계급에 대한 탄압이 있었다(鄭奕鈞. 2005, 215).

이런 상황에서 다수의 화교 상인들이 서울을 향해 월남했다. 해주시의 경우 중화요리점 화성웬華盛園, 홍파웬鴻發園, 펑라이거蓬萊閣 등의 경영자들이 한국으로 이주했다. 해주화교소학교 교장을 지낸 쑨허링(푸성창福盛長의 경영자)도 1946년 봄 한국으로 이주했다(慕德政. 2003, 308). 1948년 5월 서울 소재 중화민국총영사관의 류위완劉馭萬 총영사는 해방직후부터 1948년 5월까지 약 4천명의 북한화교가 월남했다고 밝혔다(『新聞報』, 1948.5.19, 2면). 이로 인해 북한에서 화교학교를 운영하던 주체인 중화상회, 농회의 조직 약화가 초래되었다. 하지만 북한지역 거주 화교인구는 1947년 4만 863명[5], 1951년에도 여전히 3만 8,000여 명을 유지하고 있었다.[6] 화교학교의 '교동회'도 여전히 운영되고

5) 이 시기 북한화교의 인구 변화를 보면, 평안북도 화교가 1944년 3만3,021명에서 1947년 2만93명으로, 함경남북도와 강원도의 화교 인구는 총 1만9,095명에서 9,000명 정도로 격감 되었다(中華民国外交部亜東司. 1945; 국사편찬위원회 편. 1990a, 436).

6) 華僑問題研究会 編. 1956, 182-183. 해방 초기 국공내전을 피해 다수의 중국인이 북한으로 이주하여 북한화교가 되었으나 그 숫자가 어느 정도인지는 알 수 없다.

있었다. 1949년 말 북한에 있는 화교소학교는 87개교, 화교중학교는 2개교, 학생 수는 총 6,883명에 달했다(中國駐朝鮮大使館. 1958). 이러한 사실은 해방초기 북한의 화교학교에 큰 변화가 일어난 것을 의미하는데, 이에 대해 아래에서는 세 시기로 구분하여 검토하고자 한다.

III. 중공중앙동북국 주조판사처의 성립과 북한 화교의 관리

1. 중공중앙동북국 북조선판사처駐北朝鮮辦事処의 성립

일본 패전 후 생긴 정치적 공백 하에서, 중국 둥베이東北지역에선 중국국민당과 중국공산당 간의 국공내전이 치열하게 벌어졌다. 해방초기 둥베이 지역을 실질적으로 장악하고 있던 소련군은 중공군中共軍의 세력 확대를 용인하는 한편, 국민당군國民黨軍의 둥베이 진주를 지연하는 방침을 택했다. 그래서 국민당군의 둥베이 진출은 1945년 12월이 돼서야 본격적으로 이뤄졌고, 이듬해 2월 시점에서 25만 명의 국민당군이 둥베이에 진주했다(汪朝光. 2000, 450). 이런 상황에서 중국공산당은 1945년 11월 20일 중공동북국[7)]에 도시를 내주고 근거지를 동만, 북만과 서만으로 분산 이동하도록 지시했다(劉少奇. 1985, 537-538). 1946년 5월 3일 소련군이 둥베이 지역에서 완전 철수하자, 국·공 양군의 충돌이 격화됐다. 같은 달 18일 국민당군은 공산당군이 차지했던 쓰핑四平 방위선을 돌파했고 창춘長春, 지린吉林을 연이어 점령했다(汪

7) 중국공산당은 1945년 9월 15일 중공 중앙 동북국의 설립을 결정, 중국 둥베이 지역 중공 조직의 일원화를 도모했다. 설립 당시 동북국의 서기(書記)는 펑전(彭眞), 위원은 천윈(陳雲)이 각각 임명되었다. 동북국은 1954년 11월 15일까지 존재했다. 중공 동북국에 관해서는 戴茂林(2017)을 참조 바람.

朝光. 2000, 448).

1946년 6월 중공동북국은 북한을 후방지역으로 이용하여 남만南滿 작전을 지원하는 방침을 세웠다. 같은 해 7월 북한에 대표기관을 설립할 목적으로 중국 동북민주연군東北民主聯軍 부사령원 샤오진광蕭勁光과 중공 북만분국北滿分局 서기장 주리쯔朱理治가 북한으로 파견됐다(丁曉春 외. 1987, 203; 呂明輝. 2013, 69). 1946년 8월 평양에 도착한 주리쯔와 샤오진광은 북한 공산당과 주평양소련군사령부를 방문, 대표기관인 동북국 '주조판사처'의 설립 허가를 받아냈다.[8] '주조판사처'(대외적으로는 '평양 이민공사利民公司[9]')는 평양 화상인 위딩하이가 경영했던 중화요리점 둥화웬東華園에 사무소를 마련함과 동시에(宋霖 외. 2007, 457-458), 진남포, 신의주, 만포, 나진에 분처를 설립했다(呂明輝. 2013, 68-86).

'주조판사처'의 임무는 1946년 9월 2일 천윈陳雲이 보낸 전문에 의하면 다음과 같았다. 첫째, 중공과 북한 사이에 무역할 것. 둘째, 북한

8) 朱理治金融論稿編纂委員会·陝甘寧辺区銀行記念館 編. 1993, 224. 판사처 설립 시기에 대해 딩쉐송(丁雪松)은 1946년 7월 샤오진광(蕭勁光)과 주리쯔(朱理治)가 평양에 도착했다고 회고했다(中共中央党史資料征集委員会 編. 1988, 625). 그러나 주리쯔에 관한 다른 자료(宋霖 외. 2007, 456-457)를 보면 두 사람이 7월 말에 하얼빈을 떠나 8월 다롄(大連)에 도착했다고 기술되어 있어 8월일 가능성이 높다.

9) 1945년 2월 얄타협정에서 소련정부는 장제스 국민정부를 원조할 것을 약속하고, 그해 8월 14일 소련의 몰로토프 외무인민위원이 국민정부의 왕서제(王世傑) 외교부장 앞으로 보낸 서한에도 "소련정부는 중화민국에게 … 군수물자와 기타 물질적 원조를 하는 것에 동의한다. 이 원조는 모두 중화민국 중앙정부인 국민정부에게 제공되어야 한다."라고 명기되어 있다(鹿島平和研究所 編. 1987, 25·213). 따라서 당시 소련의 중국공산당 지원은 합법성을 결여하고 있었기 때문에 북한 주재 중공 동북국 판사처는 대외적으로 '이민공사'의 명칭으로 활동했던 것이다(宋霖 외. 2007, 457).

역내에 방직, 신발, 성냥공장을 설립할 것. 셋째, 북한 역내에 상점을 개설할 것. 넷째, 북한의 지리적 조건을 이용해 다롄大連과 북만 간의 이동 통로를 확보할 것(中共中央文獻研究室 編. 2000, 468).

천윈의 전문에서 북한 화교에 관한 지령은 찾아볼 수 없다. 그러나 주리쯔가 중공 동북국에 올린 사업 보고서[10](1947년 6월 27일)에는 북한 화교에 관한 내용이 포함되어 있었다. 첫째, 중국 국내에서 파견된 간부가 화교 관련 관리 업무를 맡도록 했으며, 신의주, 평양 진남포 3개 지역의 화교농민에게 토지를 분배했다. 둘째, 화교 노동자와 농민을 조직하여 그들에게 국민당에 대한 기대를 버리고 공산당을 지지하도록 교육했다. 셋째, 북한 역내에 16개의 화교학교 재건에 협력했다(張文傑 외. 1993, 294).

앞에서 확인한 것처럼, 해방 직후 북한지역 화교를 관리하던 왕징웨이 정권 영사관이 폐쇄되고, 화교 지도자들이 구속되었기 때문에, 북한정부와 북한화교를 연결하는 파이프가 끊어진 상황이었다. 이러한 상황에서 북한정부는 화교가 북한정부의 정책에 순종하고 북한의 사회건설에 적극 참가하도록 하는 조직 설립에 '주조판사처'가 협력해 줄 것을 요청했다(中共中央黨史資料徵集委員會 編. 1988, 630). 주조판사처도 북한에서 사업을 전개하는데 북한화교의 협력이 필요했기 때문에 중공동북국의 비준을 받아 화교조직을 설치하는 사업에 참여하게 된다.

10) 이 보고서는 동북국 주재 북한 판사처가 1946년 9월부터 1947년 6월까지의 업무 내용을 정리한 것이다. 보고서 내용은 '북한 정부로부터 지원받은 사항' 5개 항목과 '우리가 북한 측에 협력한 사항' 3개 항목으로 구성되어 있다(張文傑 외. 1993, 294).

2. 화교연합회 설립과 화교 관리

1946년 가을 북한 정부는 우선 노동당 내에 중앙교무위원회를 설립했다. 초대 주임에는 당시 북한 내무상이던 박일우가 취임했고, 비서장에는 작곡가 정율성의 중국인 아내인 딩쉐송丁雪松이 발탁됐다. 딩쉐송이 중심이 되어 북한화교를 대표하는 조직인 화교연합회 설립이 추진되었다. 딩쉐송은 주리쯔의 소개장을 지참하고 중국으로 건너가 중공 간부의 파견을 요청했다. 이때 평양에 파견된 요원이 중공 화둥華東해방구 소속의 왕징예王靜野와 왕페이王裴였다. 이들이 중심이 되어 몇 개월의 준비기간을 거쳐 1947년 2월 1일 '북조선화교연합총회'(이하 '화교연합총회')가 평양에서 정식 출범했으며, 위원장은 왕징예, 비서장 겸 조직부장은 왕페이가 각각 임명되었다(楊昭全 외. 1991, 321; 中共中央黨史資料徵集委員會 編. 1988, 631). 그 뒤 화교연합총회 선전부장을 역임한 펑광한彭光涵(재임 기간은 1947년 7월-1948년 3월)의 구술에 따르면, 설립 당시 화교연합회는 북한 노동당의 하부조직으로 기능했기 때문에 평양에 있는 화교연합총회에는 중국 국내에서 파견된 간부 20여 명과 북한인 간부가 함께 업무를 맡았다고 한다(鄭奕鈞. 2005, 215).

화교연합총회 설립과 동시에 화교의 인구가 많은 시, 군에 화교연합회가 각각 조직되었다(余以平. 1984, 97). 평양시의 화교연합회 위원장은 왕쉬정王守正, 신의주시는 차이취페이蔡去非, 남포시는 궁허쉬앤宮和軒, 평안북도는 리총푸李從樸, 황해도는 샤슈펑夏秀峰, 함경북도는 푸신자이樸辛哉가 각각 임명되었는데 이들은 모두 중공에서 파견된 인물이었다. 각 화교연합회의 부위원장 이하의 간부는 주로 현지 화교가 임명되었다. 이 조직의 탄생으로 해방 이전부터 존재했던 화교조직은 화교연합회로 대체되었다(丁雪松 외. 2000, 171).

각 도 화교연합회 대표들이 참가하는 화교연합총회 첫 대표 대회가 1947년 4월 15일 소집됐다. 이 대회에서 왕징예가 총회 위원장으로 추인되었고, 연합회의 임무가 결정되었다. 연합회의 임무는 북한화교가 중국공산당에 의한 중국 전 국토의 통일을 지지하도록 하고, 북한정부의 법령을 준수하게 하고, 북한의 사회주의 건설에 적극적으로 참여하도록 지도하는 것이었다(滕松傑. 2002, 780-781). 다만 당시 화교연합총회 및 각 도 화교연합회 위원장직에는 모두 중공 간부들이 배치되었기 때문에 업무 내용도 북한의 사회주의 건설보다는 중공군 지원사업에 편중되어 있었다(中國駐朝鮮大使館. 1958).

당시 북한화교 가운데 남한지역에 설립된 장제스 국민정권의 총영사관과 연락을 취하는 등 국민당에 의존하는 사고방식의 화교가 존재했고, 중국공산당을 적극적으로 지지하지 않는 자도 있었다. 또한, 해방 이전부터 존재하던 조선인과의 대립 관계가 여전히 남아 있었고, 북한정부의 정책에 대해 비협조적이었다(丁雪松 외. 2000, 172-173). 화교연합회가 임무를 제대로 수행하기 위해서는 이와 같은 화교의 기존 관념을 일신하는 사상교육이 필요했다. 화교연합회가 화교 가운데 적극 분자를 선발하여 평양에서 특별 연수를 시켜 그들을 연합회의 중견간부로 육성하는 것을 첫 사업으로 시행한 것은 이러한 이유 때문이었다.

3. '공농간부훈련반'과 '교원훈련반'의 개설

딩쉐송은 화교연합회의 초기 활동에 대해 다음과 같이 회고했다. "우리는 먼저 간부와 교사 양성사업에 착수했다. 1947년 봄부터 여름까지 화교연합총회는 2개의 화교 훈련반을 조직했다. 즉, 화교상회의 점원이나 공장 노동자들 가운데 선발된 화교 청년을 중심으로 하는 공농간부훈련반과 화교소학교 교사와 소수 지식인으로 구성된 교원 훈련반이 바로 그것이다. 그다음에 화교 중·소학교의 건설을 대대적으로 전개했다. 해방 전 북한에는 20여 개의 화교소학교가 있었는데 일본 패전 직후 화교소학교의 운영은 중단되었다. 우리는 학교 복구건설을 가장 중요한 과제로 여기고 2년이라는 짧은 기간에 각 도, 시, 군에 40~50개의 화교소학교를 개교시켰다."(丁雪松 외. 2000, 173-174). 두 개의 훈련반은 사상교육을 위주로 진행됐다.

1947년 봄 첫 화교 공농간부훈련반이 평양에서 소집됐다. 훈련생은 1946년 10월부터 1947년 봄에 걸쳐 각지 화교연합회 조직 과정에서 적극성을 보인 화교 가운데, 무산계급에 속하는 소농과 빈농, 점원, 노동자가 선발됐다. 한편, 지도교관은 3명이었다. 주임은 추이청즈崔承誌, 대대장은 주즈팡朱子芳, 지도원은 딩옌丁巖이었다. 이들은 모두 중공 해방구에서 교육 경험을 쌓은 중공 간부였다. 공농훈련반에 관한 상세한 내용은 알 수 없으나 교관 편성으로 보아 교원훈련반과 유사한 것으로 추정된다. 훈련 프로그램이 종료되자 훈련생은 각지의 화교연합회에 파견되어 위원장이나 조직과장 등의 요직을 맡았다. 그 가운데 송위구이宋玉貴는 중공 간부 왕쉬정의 후임으로 평안남도 및 평양시 화교연합회의 위원장, 왕정챈王正乾은 중공 간부의 후임으로 함경북도 및 청진시 화교연합회의 위원장으로 각각 발탁되었다(宋達. 1988, 89).

1947년 7월 평양 화교소학교에서 두 번째 특별 연수반인 '교원훈련반'이 개최되었다. 각지 화교연합회의 추천을 받은 송다宋達, 뤼신呂欣, 쉬위앤취앤徐源泉, 리청샹李承祥, 린성쥬林聖久, 류치앤劉倩을 비롯한 화교소학교 교원 50여 명이 평양에 소집됐다. 교원훈련반의 지도교관은 공농훈련반과 똑같이 주임은 추이청즈, 대대장은 주즈팡, 지도원은 딩옌이 각각 맡았다. 이 가운데 추이청즈는 교육내용 전반을 관리했고, 주즈팡은 사상이론 교육에 중점을 두고 마르크스·레닌주의와 마오쩌둥의 신민주주의혁명이론을 가르치면서 국민당과 장제스의 비리를 파헤치고 국공내전의 성격과 목적에 대해 강의했다. 한편, 딩옌은 훈련생의 생활면을 돌보며, 그들의 애로사항을 상담하는 역할을 담당했다(劉倩. 1990, 170-172). 그 외에 딩쉐송은 정기적으로 훈련반을 찾아 강의를 진행했다.

훈련생이었던 송다는 훈련반의 교육내용과 그 성과에 대해 다음과 같이 회고했다. "훈련반에서는… 첫째로 장제스 국민당에 대한 환상과 맹목적인 정통관념에 대해, 둘째로 8년간의 항일전쟁 성과는 국민당과 공산당의 어느 쪽에 있었는지, 셋째로 중국 국내 해방전쟁의 본질과 목적 등의 주제를 놓고, 교관의 강의와 훈련생의 학습과 토론이 이루어졌다. … 3개월간의 학습을 거쳐 우리는 위대한 중국공산당의 역사를 배우고, 중국 해방전쟁의 본질과 그 의의를 깨달았으며, 마르크스·레닌주의와 마오쩌둥의 혁명이론이야말로 전인류를 해방할 수 있다는 확신을 하게 됐다."(宋達. 1988, 89).

훈련생은 특별 연수를 받은 후 평양 화교연합총회에 일부만 남고 그 나머지는 각 도, 시, 군의 화교학교에 배치되었다. 화교연합총회는 그들을 통해 각지 화교학교의 복구건설을 본격적으로 전개해 나갔다.

Ⅳ. 북한 화교학교 건설의 본격화

1. 화교소학교의 재건

1946년 당시 신의주를 비롯한 화교인구가 많은 지역에는 화교소학교 '교동회'의 노력으로 화교학교가 점차 재개됐다(吉林省帰國華僑聯合會 외. 2018, 200), 그러나 북한 전역에서 보면 폐교된 지역이 대부분이었다. 화교학교는 운영자금을 확보하지 못해 교원 채용이 어려운 상황이었다. 중공 해방구의 중공 파견원은 이 무렵 화교학교의 교원을 겸임했다. 예를 들면, 1946년 초 산둥山東지역에서 파견된 중공 간부 샤슈펑과 주즈팡이 해주에서 활동을 개시했다. 그들은 북한에서 국공내전에 필요한 군수물자를 사들이는 데 목적이 있었지만, 현지 화교와 연계를 하면서 주즈팡을 중심으로 해주화교소학교를 재건했다(慕德政. 2001, 95).

1946년 10월 화교연합총회가 업무를 시작할 무렵 중국 둥베이 지역에는 전황의 변화에 따라 중공 랴오둥군구遼東軍區 후방 담당자와 지방 정부의 인원이 북한으로 철수했다. 그들 가운데 일부가 신의주, 평양, 용암포, 남포, 중강 등지의 화교소학교에서 학생을 가르쳤다(楊昭全 외. 1991, 310). 한편, 1947년 3월부터 9월까지 두 차례의 훈련반 프로그램이 종료되자, 다음 단계로 화교소학교의 재건이 북한 전역에서 전개되어 1947년 말까지 35개의 화교소학교가 개교됐는데 학생 수는 총 1,855명, 교원은 55명에 달했다. 1948년 6월에는 화교연합총회 내에 교육부가 설치됐으며 같은 해 여름방학을 이용하여 각지의 화교학교 교원 120명을 대상으로 두 차례의 집중 연수가 시행됐다. 그리고 학생 수가 20명을 넘는 지역에 연이어 화교소학교가 설립됐다(余以平. 1984, 98). 이러한 화교소학교 재건 결과 1948년 말 현재 화교소학교는 89개교로 증가했고, 학생 수는 학령 아동의 82.6%에 달하는 5,986명으로 확대됐다. 하지만 교원의 수는 149명에 불과, 교원 1인당 평균 학생 수는 40명에 달했다(『民主華僑』. 1949.3.21, 2면).

〈표 2〉는 1949년 초 각지 화교연합회가 작성한 자료와 『民主華僑』(1948년 11월-1949년 3월)에 게재된 화교소학교 관련 기사에 근거하여 정리한 것이다.

〈표 2〉 북한 화교소학교 72개교의 실태(1948년 9월~1949년 3월)

<table>
<tr><th rowspan="2">지역/
1947년
화교인구</th><th rowspan="2">학교명</th><th rowspan="2">학생수</th><th rowspan="2">교원수</th><th colspan="2">북중아동연환회</th><th colspan="2">학부모간담회</th></tr>
<tr><th>회수</th><th>참가자수</th><th>회수</th><th>참가자수</th></tr>
<tr><td rowspan="7">평양시/
3,921명</td><td>평양화교소학교본교</td><td>129</td><td rowspan="7">-</td><td rowspan="7">6</td><td rowspan="7">238</td><td rowspan="7">14</td><td rowspan="7">1,822</td></tr>
<tr><td>평양화교소학교제1분교</td><td>86</td></tr>
<tr><td>평양화교소학교제2분교</td><td>73</td></tr>
<tr><td>평양화교소학교제3분교</td><td>44</td></tr>
<tr><td>평양화교소학교제4분교</td><td>65</td></tr>
<tr><td>평양화교소학교제5분교</td><td>30</td></tr>
<tr><td>평양화교소학교제6분교</td><td>54</td></tr>
<tr><td>평안남도/
3,736명</td><td colspan="2">남포110명, 강서40명, 용강22명, 개천31명, 안주44명, 평원13명, 숙천22명, 순천34명, 양덕17명</td><td>-</td><td>-</td><td>-</td><td>-</td><td>-</td></tr>
<tr><td>신의주/
약7,000명</td><td>본교, 제1, 제2, 제3, 제4, 제5, 제6분교</td><td>약1,000</td><td>-</td><td>-</td><td>-</td><td>-</td><td>-</td></tr>
<tr><td rowspan="15">평안북도/
약13,000명
(신의주이
외지역)</td><td>용암포화교소학교본교</td><td>153</td><td rowspan="5">8</td><td rowspan="15">-</td><td rowspan="15">616</td><td rowspan="15">-</td><td rowspan="15">1,285</td></tr>
<tr><td>용암포화교소학교북분교</td><td>43</td></tr>
<tr><td>용암포화교소학교양분교</td><td>49</td></tr>
<tr><td>용암포화교소학교남분교</td><td>34</td></tr>
<tr><td>용암포화교소학교□분교</td><td>31</td></tr>
<tr><td>벽동화교소학교</td><td>28</td><td>1</td></tr>
<tr><td>강계화교소학교</td><td>146</td><td>2</td></tr>
<tr><td>(강계)별평동화교소학교</td><td>83</td><td>1</td></tr>
<tr><td>만포화교소학교</td><td>61</td><td>1</td></tr>
<tr><td>대유동화교소학교</td><td>31</td><td>1</td></tr>
<tr><td>운산북진화교소학교</td><td>124</td><td>3</td></tr>
<tr><td>초산화교소학교</td><td>31</td><td>1</td></tr>
<tr><td>삭주화교소학교</td><td>139</td><td>3</td></tr>
<tr><td>희천화교소학교</td><td>34</td><td>1</td></tr>
<tr><td colspan="2">자성군중강, 자성군삼풍, 후창, 의주, 의주군위화, 선천, 정주, 총375명</td><td>-</td></tr>
</table>

지역/ 1947년 화교인구	학교명	학생수	교원수	북중아동연환회		학부모간담회	
				회수	참가자수	회수	참가자수
함경북도/ 5,470명	나진화교소학교	68	2	1	80	1	46
	나남화교소학교	73	-	1	1168	3	184
	길주화교소학교	37	1	0		3	173
	성진화교소학교	32	-	0		1	32
	종성화교소학교	23	1	0		1	10
	유선화교소학교	31	-	0		4	137
	회령화교소학교	77	-	1	150		
	웅기화교소학교	68	2	1	70	-	-
	청진화교소학교	178	4	1	62	3	112
	무산화교소학교	35	-	1	400	2	80
	경흥화교소학교	-	-	-	-	3	95
함경남도/ 2,753명	혜산화교소학교	84	2	0		1	150
	흥남화교소학교	152	-	3	1,000	2	84
	함흥화교소학교		2	0		1	50
	원산화교소학교	94	3	-	-	-	-
	원산화교소학교갈마분교	46	1	-	-	-	-
	함주41명, 장전11명		-	-	-	-	-
황해도/ 3,546명	해주화교소학교본교	61	2	11	4,642	21	609
	해주화교소학교분교	49	1				
	안악화교소학교	35	1				
	송림, 신천, 재령, 신막, 사리원, 신평군남천, 송화, 총382명		-				
40,863명	학교수 72개	4,753 +	44+	26+	8,426+	60+	4,869+

출처: 平壤特別市華僑聯合會.1949; 咸鏡北道華僑聯合會.1949; 平安南道華僑聯合會.1949; 朝鮮華僑聯合総會教育部.1949; 咸鏡南道華僑聯合會.1949; 平安北道華僑聯合會.1949; 黃海道華僑聯合會.1949; 『民主華僑』.1948.11-1949.3; 이정희 외. 2019, 311; 국사편찬위원회. 1990a,436.

먼저 화교소학교에 관한 기본 상황을 보도록 하자. 지역별 소학 수는 평안북도 28개교, 함경북도 11개교, 황해도 10개교, 평안남도 9개교, 평양시 7개교, 함경남도 7개교였다. 평양, 신의주, 용암포, 남포, 강계, 삭주, 운산북진, 청진 화교소학교의 학생 수는 모두 100명을 넘었으며, 학생 수 20명 미만의 화교소학교도 있었다. 〈표 2〉의 23개 화교소학교의 교원 1인당 학생 수는 평균 42명이었고, 가장 많은 곳은 강계의 별평동화교소학교(83명), 가장 적은 곳은 종성화교소학교(23명)로 교원 배치가 지역별로 큰 차가 존재했다.

다음으로 도별 화교인구에서 학생이 차지하는 비율을 보도록 하자. 평양시는 12.27%, 평안남도 8.91%, 평안북도(신의주 제외) 10.48%, 황해도 14.86%, 함경북도 11.37%, 함경남도 15.55%였다. 전체적으로 9%부터 16% 사이에 걸쳐 있어 평균인 12.24%와 큰 차이가 나지 않았다. 즉, 해방 초기 북한 지역 화교학교 재건은 모든 지역에서 거의 동시기에 전개되었다고 말할 수 있다.

셋째로 〈표 2〉의 화교소학교 29개교의 '북중아동연환회'와 '학부모 간담회'의 시행 상황을 보도록 하자. 실시 횟수는 연환회(교류회)가 26회, 간담회가 60회, 참가자는 연환회 8,426명, 간담회 4,869명이었다. 다만, 연환회의 참가인원에는 북한 학생도 포함되어 있었고, 나남, 무산, 흥남 등 지역에서는 북한 측 주최 축하 행사에 현지 화교 학생이 참가한 경우도 연환회의 일종으로 포함했기 때문에 연환회 참가자 수가 과장되어 있을 것이다. 학교별 실시 상황을 비교해 보면, 흥남화교소학교를 제외한 모든 화교학교는 연환회보다 간담회에 더 적극적이었으며, 연환회 자체가 개최되지 않은 학교도 적지 않았다. '북중아동연환회' 등 화교학교와 북한사회와의 교류에 대해서는 3절에서 논하도록 하고, 다음 절에서는 화교중학교의 실태에 대해 살펴보고자 한다.

2. 북조선화교중학교의 설립과 교육 상황

해방 직후 북한지역에는 화교 중학교가 없었다. 1947년 이후 화교 소학교가 증가하자 화교연합총회는 평양에 화교중학교의 설립계획을 세웠다. 다만, 중학교 설립에는 교사 대지와 자금, 교육 설비의 확보가 필요했기 때문에 북한정부와 중공 동북국의 지원이 필수적이었다. 북한정부는 평양 대타령(보통강 구역 내) 소재 교사 대지를 제공했고, 중공 동북국과 북한정부가 건설 자금으로 각각 150만 원을 지원했으며, 북한화교가 100만 원을 모금했다. 또한 다롄카이둥공서大連開東公署가 교육 설비의 물자를 기부했다. 교사 건설은 1947년 7월부터 시작되었고, 같은 해 9월 15일 개교했다.[11] 새로 설립된 화교 중학교는 1948년 8월까지 반년제의 단기교육을 시행했다.

1947년 9월 15일 개교한 '북조선화교중학교'에 입학한 학생은 각지에서 선발된 82명이었다. 신입생은 12세~13세부터 20세 이상까지 연령차가 심했다. 화교 중학교 교장은 화교연합총회 위원장인 왕징예가 겸임했고, 부교장은 추이청즈, 교무주임은 주즈팡이 각각 취임했고, 위의 훈련반 교관이 그대로 화교 중학교의 교육 운영을 주도했다. 화교 중학교의 교육방침은 학생들이 가지고 있던 국민당에 대한 정통관념을 불식시키고 식민지시기 받은 교육의 영향을 일소함과 동시에 그들의 정치적 자각을 높이는 데 있었다(『民主華僑』. 1949.12.3, 4면). 이러

11) 『民主華僑』 1948.12.7, 3면. 이 신문 기사에는 북한정부가 북한 화교중학교의 설립을 위해 150만 원을 제공했다고 기재되어 있지만, 다른 자료인 吉林省帰國華僑聯合會 외(2018, 201)에는 당시 북한정부는 학교 건설 용지만을 제공했다고 언급되어 있다. 따라서 북한정부가 액면으로 150만 원의 토지를 제공했는지 또는 건설 용지 외에 별도로 지원금 150만 원을 지급했는지는 더 확인할 필요가 있다.

한 방침에 따라 화교 중학교는 '학용일치(이론과 실천의 일치)'를 원칙으로 정규수업을 줄이고 학생들의 자습이나 토론에 의한 교육방법이 강조되었다(手稿資料. 추정년1948, 8-13). 또한, 학생들은 과외활동으로 화교연합회가 전개하는 계급투쟁이나 선전 활동에도 참여했다. 화교 중학교는 1947년 겨울, 학생을 중심으로 극단을 조직하여 혁명연극인 '혈루의 원한血淚讐' 공연 연습을 시작했다. 이 극단은 1947년 말부터 음력설이 끝날 때까지 평양, 남포, 사리원, 해주, 신의주 등 북한 서부의 주요 도시를 이동하면서 10회의 순회공연을 했다. 이 순회공연에는 연 1만여 명의 화교가 관람했다(吉林省帰國華僑聯合會 외. 2018상, 203).

제2기(1948년 3월 1일-7월 15일) 학기의 학생은 92명, 교원은 5명으로 각각 늘었다. 이 시기 북한 체류 중공 간부가 본국으로 점차 소환되자 그 자리를 메우기 위한 교원 양성이 긴급한 과제였다. 화교 중학교는 선전 활동과 교원 양성을 동시에 추진하게 되었고 학급편성을 문화반, 사범반, 보통반의 3개 반으로 바꿨다. 제2기생에 대한 교육방침은 제1기 때와 마찬가지로 정치교육 위주였고, 특히 문화반 학생은 혁명연극 '혈채血債' 공연연습을 했다. 이들은 1948년 7월 16일부터 한 달 동안 북한 동부지역인 웅기, 나진, 청진, 함흥, 원산 등지를 돌며 6회의 순회공연을 했다. 참관한 화교는 연 3,000명에 달했다. 순회공연이 끝나자 문화반의 학생 20명은 추이청즈의 인솔하에 중국으로 귀국했다. 사범반 졸업생 23명은 각지의 화교소학교에 배치되었다(吉林省帰國華僑聯合會 외. 2018, 203-205).

화교 중학교는 1948년 9월 1일 시작된 학기부터 정규교육이 시행됐다. 제2기 졸업생 가운데 남은 20명이 2학년, 새로 입학한 46명이 1학년이 되었다. 학생교육의 중점은 기존의 정치교육에서 정규교육으로 바뀌었다(『民主華僑』. 1949.12.3, 4면). 정규수업 시행 후 같은 학년의 학생 간 교육 능력 격차가 커 심각한 문제로 대두됐다. 학생의 연령은 14세부터 27세, 이수한 교육도 4년부터 7년으로 큰 차이가 있었다. 화교연합총회는 이러한 문제를 해결하기 위해 1948년 10월 12일부터 학기 말까지 세 단계로 나눠 '모범창조운동'을 실시했다. 모범학생은 8개 항목이 기준으로 설정되었다. ① 역사와 사상에 대해 올바르게 인식하고 있는 자, ② 학업에 열중하고 솔선수범하며 남을 돕는 자, ③ 학교의 각종 활동에 적극적으로 참여하고 학업과 임무를 기일 내에 수행하는 자, ④ 학생 간의 우호단결을 촉진하고, 교사를 존경하며 학교를 사랑하는 자, ⑤ 남의 잘못에 대한 비판을 올바르게 하고 자신을 자각하는 자, ⑥ 새로운 학습방법을 모색하여 주위의 신뢰를 받는 자, ⑦ 규율 있는 생활과 절약, 인내심이 강한 자, ⑧ 예의 바르고, 특히 북·중 친선에 이바지한 자(『民主華僑』. 1948.11.29., 4면).

이러한 모범 학생의 기준은 공산주의 지지의 기본 원칙으로 학생이 재학 중에 지켜야 할 행동 규범을 망라한 것으로 화교연합총회의 화교학교 정규화 추진의 의지를 엿볼 수 있다. 특히 제8항에 "북중 친선에 이바지한 자"를 삽입한 것은 화교연합총회가 북한 측을 크게 의식하고 있었다는 것을 말해주는 것으로 주목된다. 왜냐하면, 위의 '북중 아동연환회'가 이 시기부터 전개되었기 때문인데 이에 대해서는 다음 절에서 북중 학생 간의 우호 활동을 중심으로 검토하고자 한다.

3. 화교학교와 북한 현지 학교 간의 우호 활동

1948년 9월 '조선민주주의인민공화국' 건국이 선언된 직후, 화교연합총회는 제3차 각 도의 화교연합회 위원장 회의가 개최됐다. 이 회의에서 새로운 화교연합회의 임무로 북한화교가 북한정부의 각종 정책을 적극적으로 지지하게 만드는데 노력할 것이 채택되어 그 일환으로 '중조우호中朝友好' 촉진을 위해 화교와 북한인 간의 간부, 교원, 학생 차원의 연환회(교류회)와 좌담회를 개최하는 것이 결정되었다(『民主華僑』. 1949.3.21, 2면). 이러한 새로운 방침이 설정된 데는 북한정부가 그동안 연합회의 임무가 중공 지원에 편중된 것을 시정하여 북한의 경제발전에 도움이 되는 방향으로 선회하려는 의도가 있었던 것으로 보인다. 1948년 들어 화교연합회 소속의 중공 간부가 중국으로 소환되자, 그들의 공백을 사상교육을 받은 북한화교가 메웠다. 당시 화교연합총회의 위원장을 맡고 있던 딩쉐송은 북한 측 간부이기도 했다. 그리고 이 장 제2절에서 서술한 대로 1948년 10월 12일부터 시작된 평양 화교중학교의 '모범창조운동'의 규정에 "특히 북중 친선에 이바지" 하는 활동을 하는 것이 명기되어 있었다. 이러한 분위기는 각지의 화교소학교에 전파되어 '북중아동연환회'와 같은 다양한 우호 행사가 개최되었다. 당시 연환회의 진행상황을 평양에서 개최된 북중 학생 연환대회를 사례로 살펴보도록 하자.

1948년 11월 20일 오후 5시 평양화교소학교 제1분교와 평양 제12인민학교(현지의 북한 학교)의 교직원 300여 명이 제12 인민학교에서 북중아동연환대회를 개최했다. 이 대회의 시작이 선언된 후, 제12 인민학교 소년단장인 전래선이 등단, "조선민주주의인민공화국이 수립된 오늘 우리가 이러한 전대미문의 연환대회를 개최하게 된 것은 중조中朝 간의 단결에 매우 중요한 의의가 있다."라고 말하고, 식민지시기 조선인과 화교 사이에는 앙금이 있었지만, 해방을 맞은 오늘날 "우리 중조 아동들은 단결, 친선, 협조, 우애의 정신을 영원히 발휘해야 한다."라고 강조했다. 그의 발언이 끝난 후 양 학교 학생 대표가 등단하여 굳게 악수를 했다. 이어 화교소학교 교사 딩꾸이량丁桂樑과 제12인민학교

교사 유치호가 축사를 했다. 축사의 내용은 위의 전래선의 발언과 비슷했다. 축사가 끝난 후, 화교 학생과 북한 학생이 각 민족을 상징하는 춤을 공연했다. 이어 화교학교 소년단장 이종근의 폐회사가 있었고, 북한 학생들은 '소년단의 노래'를 합창했고, 화교 학생들은 '공산당이 없으면 새 중국도 없다'沒有共産黨就沒有新中國라는 노래를 합창했다. 연환대회 폐회 후 북한 학생들은 회의장에서 정문까지 길 양옆으로 늘어서 화교 학생들과 악수하며 배웅했다(『民主華僑』. 1948.12.7, 4면). 연환회의 개최장소, 등단자의 순서 및 작별 프로그램 등으로 볼 때 이번 행사의 기획은 북한 측이 주도한 것을 확인할 수 있다. 〈표 2〉에서 확인되는 바와 같이 이러한 북중 학생 연환회는 각지에서 진행됐다. 1949년 초 각 도 화교연합회가 작성한 보고서에 의하면, 북중 아동연환회가 조직되어 북한학생과 화교 학생 간의 충돌이 감소했다거나(平壤特別市華僑聯合會. 1949; 咸鏡南道華僑聯合會. 1949; 平安北道華僑聯合會. 1949), 양측 학생 간의 교류활동이 많아짐에 따라 일정한 관계 개선이 이루어졌다고 한다.

V. 중공 간부의 귀국과 화교학교 관리의 변화

1. 중공 간부의 귀국과 화교학교의 혼란

1947년 중반 이후 국공내전은 중공군의 우세로 돌아섰다. 1948년 중공군은 둥베이 각 지역을 차례로 장악했고, 1948년 9월 12일부터 시작된 랴오선전역遼瀋戰役은 같은 해 11월 9일과 12일 국민당군이 진시錦西, 후루다오葫蘆島, 청더承徳로부터 베이핑 방면으로 철수하면서 중공군이 승리를 거두었고, 마침내 둥베이 전역을 점령했다. 상황이 이렇게 전개되자 중공군에게 북한의 전략적 중요성은 약화되었고, 중공은 점령한 둥베이 지역을 관리하기 위한 간부 확보가 긴급한 과제였다. 이러한 사정에서 북한에 파견된 중공 간부의 본국 소환이 시작되었다. 화교연합총회의 왕징예 위원장은 1948년 5월, '주조판사처'의 주리쯔 대표는 1948년 10월에 각각 귀국했다. 북한의 화교교육을 이끌어 온 중공 간부의 부재로 인해 각지 화교학교의 운영과 조직이 마비되고, 교사 부족으로 큰 혼란에 빠졌다.

또한 자금문제도 여전히 화교학교의 운영을 압박했다. 해방 후 북한화교의 학교 사업을 담당해 온 화교연합회는 학교 운영자금의 확보를 위해 학비 징수 대상을 재학 학생이 아닌 모든 화교로 바꾸었고, 그래도 부족한 자금은 '교동회'가 염출했다. 그러나 학생 수 급증과 화교 유력자의 월남으로 인한 감소로 인해 화교의 학비 부담액은 날로 증가해 각지 화교의 불만은 커져만 갔다(咸鏡北道華僑聯合會. 1949). 이러한 상황을 타개하기 위해 화교연합회는 화교학교의 운영을 북한정부에 이관하는 방안을 내놓고, 이를 둘러싼 교섭에 들어갔다.

2. 북한정부의 화교학교 관리 접수

1949년 3월 11일 북한정부는 내각 부수상 김책, 교육장관 대리 부상(차관) 남일의 명의로 조선민주주의인민공화국 내각 결정 제30호 '중국인 학교 관리에 관한 결정서'를 채택했다. 결정서는 "학교(필자 주: 화교학교)의 물질적 토대와 관리에 있어서 또는 교육 교양 사업의 내용에 있어서 많은 애로와 결점이 존재하고 있는 현상에 비추어 이를 타개하고 중국인학교 교육사업의 충실과 발전을 보장하기 위하여 조선민주주의인민공화국 내각은 중국 동북행정위원회와 북조선화교연합총회의 요청을 접수하고 다음과 같이 결정한다."라고 발표했다. 즉, 화교학교의 이관은 중국 동북행정위원회와 북한 화교연합회가 이를 제안한 것으로 명기된 것이다.

한편, 북한 정부의 의도를 드러내는 내용은 결정서 첫 부분에 나타나 있다. "일본 제국주의의 식민지 통치 정책은 조선 재주의 중국인들의 자녀에게 교육을 받을 조건을 보장하지 않았을 뿐만 아니라 그들의 교육열을 억압하고 자유로운 수학의 길을 저해하였다. 그러므로 해방 이전에는 … 약 30개소의 학교에서 1,000여 명의 학생이 공부하는 데 불과하였다. 그러나 해방 이후에는 교육문화부문에 있어서도 중국인들의 자유 발전의 모든 조건이 조성되어 올해부터 87개소의 초등학교에서 약 6,000명의 학생이 수학하게 되었으며, 북조선인민위원회의 방조로 중학교의 설립까지 보게 되었다." 즉, 식민지시기 북한화교는 조선 민족과 같이 일제의 억압을 받아 왔지만, 해방 후에는 북한 정부의 우호 속에 각종 혜택을 받고 있다는 점이 강조되었다. 이 문맥을 위의 '북중아동연환회'와 관련지어 본다면, 북한정부가 화교의 북한경제 건설 참여와 화교를 통한 북중관계의 우호, 일본 식민지 정책에 대한 규탄, 북한정책의 우월성 과시 등을 목적으로 화교학교에 대한 관리를 받아들인 것으로 보인다.

이 결정서에 의해 1949년 4월 1일부터 38선 이북 지역 소재의 모든 화교학교를 화교연합회로부터 인수하여 북한 교육성에서 이를 관리함에 따라(제1조), 북한 정부는 1949년 7월 말까지 각지 화교학교의 교사 및 교육시설을 갖추고(제2조), 화교학교 교원과 사무원에게 북한인과 같은 대우를 하며(제6조), 화교학교의 관리에 필요한 예산을 전액 지출하게 됐다(제7조). 그리고 화교학교를 관리하는 기관으로 북한 교육성 보통교육국 내에 정원 5명의 중국인교육부를 신설하고, 각 도 교육부에 화교교육을 전담하는 장학사를 1명씩 배치(제3조)하도록 했다.

또 교육성 편찬관리국 내에 편수 5명을 증원하여 화교소학교와 중학교의 교과과정 및 교수 요강을 제정하고 교과서의 지정과 편집을 맡아(제3조, 제5조) 교육방침을 지도하게 됐다. 평양 화교 중학교 내에 중국인 교원양성소를 설치하여, 현직 화교 교원의 질적 향상을 위한 재교육 사업을 1949년 8월부터 실시(제4조)하는 동시에, 1949년 7월 말까지 신의주에 화교 중학교를 증설하도록 규정했다. 결국, 북한정부는 1949년 8월까지 화교학교가 안고 있는 모든 문제를 해결해 주는 대신, 학교 관리에 관한 모든 권한을 행사한다는 것이었다(국사편찬위원회. 1990b, 363-365).

3. 화교학교 증설 및 교육시설 개선

1949년 3월 16일 조선중앙통신은 북한정부가 북한 역내 화교학교의 관리를 이관한다고 보도하면서 향후의 계획을 다음과 같이 전했다. ① 1949년 3월 20일까지 평양과 신의주에 있는 화교 소학교 교사의 신분을 보장할 것, ② 같은 해 7월까지 모든 화교학교의 교사와 교육시설 문제를 해결할 것, ③ 같은 해 8월까지 평양 화교중학교 내에 교원양성소를 개설할 것(『民主華僑』. 1949.3.21, 1면). 북한정부는 이 계획을 차례로 실천에 옮겼다. 그 결과 1949년 12월 현재 북한의 화교학교는 화교소학교 101개교, 화교중학교 2개교, 학생 총수 6,738명, 교원 약 300명으로 증가했다(楊昭全 외. 1991, 312). 화교학교의 증설 및 교육시설의 개선에 관한 문제는 각 도 교육부의 장학사가 앞장서서 해결해 나갔다. 장학사는 도내 화교학교를 순시하면서 교사, 운동장, 책상, 의자 등 교육시설 현황조사를 하고 현장에서 관련 부서의 책임자들을 모아 미비점을 해결하기 위한 계획을 세웠다. 화교연합회 기관지인 『民主華僑』는 당시 화교학교 관련 소식을 집중적으로 보도했다. 〈표 3〉은 그러한 기사 가운데 1949년 3월부터 같은 해 12월까지 동 신문에 게재된 38건의 기사를 정리한 것이다.

〈표 3〉 화교학교 증설 및 교육시설 개선 현황(1949년 3월~12월)

지역	학교명	학교 건설 사항	실시일	학교 건설 분담 상황
평양/ 2개교	평양중국인 제1인민학교	교사 이전(2층 건물, 이전 평양제5인민학교), 운동장, 교육시설, 비품	9월1일	평양 북한 학교
	강남중국인 인민학교	교사 신축	11-12월	건축자재(약80만원)는 북한정부, 화교는 노무 제공
평안 남도/ 9개교	강선중국인 인민학교	교사 이전(교실4개, 이전 민청위원회 회의실), 기숙사(3개방,이전 제강소사택), 보수, 비품	봄	교사, 기숙사, 건축 자재는 북한정부 및 지방업체, 비품은 북한학교, 화교는 보수노무제공
	재동중국인 인민학교	학교 신설	봄	북한정부
	남포중국인 인민학교	교사 신축(혹은 이전)	봄/ 여름	북한정부
	강서중국인 인민학교	교사 신축(혹은 이전)	봄/ 여름	북한정부
	안주중국인 인민학교	교사 신축(혹은 이전)	봄/ 여름	북한정부
	신안주중국인 인민학교	교사신축(혹은 이전)	봄/ 여름	북한정부
	개천중국인 인민학교	교사신축(혹은 이전)	봄/ 여름	북한정부
	평원중국인 인민학교	교사신축(혹은 이전)	봄/ 여름	북한정부
	순안중국인 인민학교 (대동군)	교사 보수	10-12월	보수비 총6만원을 북한정부와 화교, 화교연합회가 공동으로 분담

지역	학교명	학교 건설 사항	실시일	학교 건설 분담 상황
신의주/4개	신의주중국인 제1인민학교 (전 본교)	교사 이전(교실 6개, 전 제3초급중학교), 운동장, 운동도구, 기숙사	4월1일	신의주 북한학교
	신의주중국인 제3인민학교 (전 제4분교)	이전 신의주화교소학교 제3분교와 통합	4월1일	화교학교
	신의주중국인 제2인민학교 (전 제1분교)	신의주의 타 화교소학교와 통합	4월1일	화교학교
	신의주중국인 제4인민학교 (전 제5분교)	이전 신의주화교소학교 본교 교사로 이전	4월2일	화교학교
평안북도/3개	정주중국인 인민학교	교사 신축	10월말	북한정부
	용암포중국인 인민학교 (전 남시분교)	교사 이전, 보수	가을	교사와 보수자재는 북한정부, 화교는 5,000원 모금과 노무
	후창중국인 제3인민학교	교사 이전(전 후창초급중학교), 운동장, 보수, 비품	가을	교사와 운동장은 후창북한 학교, 화교는 보수와 비품
함경북도/6개	북청중국인 인민학교	학교 신설	봄	북한정부
	무산중국인 인민학교	교사 이전(건물의 절반 사용), 보수	봄/여름	교사는 북한정부, 보수는 화교
	나남중국인 인민학교	교사 이전, 운동장, 비품	6월2일	교사와 운동장은 북한정부, 비품은 화교
	웅기중국인 인민학교	교사 신축(혹은 이전), 비품	가을	교사와 비품은 북한정부, 화교 모금 2만원
	직하중국인 인민학교	교사 이전, 보수	가을	교사는 북한정부, 보수는 화교
	길주중국인 인민학교	교사 보수, 기숙사 증축	9-11월	화교 모금 83,500원과 노무

지역	학교명	학교 건설 사항	실시일	학교 건설 분담 상황
함경남도/8개	장전중국인 인민학교	교사 이전(제2층), 1층은 화교연합회	4월	북한정부
	갈마중국인 인민학교	교사 신축(교실 2개)	7월	화교
	원산중국인 인민학교	교사 신축	7-8월	화교, 화교학교 학생과 교원
	흥남중국인 인민학교	교사 보수	8월	건축자재는 북한정부, 화교는 모금 3만원과 노무제공
	갑산중국인 인민학교	학교 신설	봄/여름	북한정부
	함흥중국인 인민학교	교사이전(교실4개, 이전 함흥제3인민학교의 일부), 운동장, 운동기구	9월1일	함흥 북한학교
	영흥중국인 인민학교	학교 신설	9월	북한정부
	단천중국인 인민학교	학교 신설	가을	북한정부
자강도/4개	운봉중국인 인민학교 (자성군삼풍면)	운동장 보수, 사무실건물증축, 비품	봄	화교 모금 3,400원, 화교와 화교 학생 노무제공
	위원중국인 인민학교	교사 이전, 보수	봄/여름	교사는 북한정부, 보수는 화교
	강계중국인 인민학교	교사 신축, 비품	7월	화교
	자성중국인 제4인민학교	교사 이전(전 북한 인민군 식당), 운동장, 비품	여름	교사와 운동장은 북한 인민군시설, 화교는 보수와 비품 제공
황해도/2개	해주중국인 인민학교	교사 신축(교실11개, 사무실), 운동장1,000m^2, 농지2,000m^2, 운동장 보수	봄/여름	교사, 운동장은 북한정부, 화교는 모금 5만원과 운동장 보수
	사리원중국인 인민학교	교사 보수, 비품	가을/겨울	화교 모금 9만원

출처 :『民主華僑』. 1949 4월~12월의 기사를 근거로 필자 작성.

먼저 교육시설의 개선이 확인된 38개교의 화교학교를 지역별로 구분하면 다음과 같다. 평양 2개교, 평안남도 9개교, 신의주 4개교, 평안북도 3개교, 함경북도 6개교, 함경남도 8개교, 자강도 4개교, 황해도 2개교였다. 이 가운데 26개교는 1949년 봄부터 여름 사이, 나머지 12개교는 가을부터 겨울 사이에 새 교사 이전, 신축, 보수 등이 이루어졌다. 또 1950년 1월 이후의 『民主華僑』에서는 화교학교의 시설 관련 기사를 찾아볼 수 없으므로[12], 북한정부의 화교학교 교육시설 개선 계획은 북한 전역에서 2개 학기에 걸쳐 단계적으로 추진된 것으로 보인다.

다음으로 교육시설의 개선 항목은 네 가지로 분류할 수 있다. ① 학교 신설과 통합, ② 기존의 교사, 숙소, 운동장의 이양, ③ 교사, 숙소, 운동장 건설 또는 보수, ④ 교육 비품 보충. 이 가운데 ①, ②, 그리고 ③의 필요 건축자재는 북한정부 및 현지 학교와 업체가 이를 담당했고, ③과 ④에 필요한 노무와 일부 자금은 화교가 부담했다. 또한 ④에 관해서는 현지 북한 학교로부터 지원받는 일도 있었다. 일련의 개선사업에 대한 북한화교의 참여와 공헌도는 화교인구가 많고 경제력이 있는 지역일수록 기부금이 많이 모였고, 학교 건축공사에도 적극적으로 참여했다.

1949년 9월 새 학년을 맞아 신의주에 화교 중학교가 설립됐고, 평양 중국인중학교 내에 중국인 교원양성소가 증설됐다(이정희 외. 2019, 221-222, 505-506). 위에서 확인한 바와 같이 일부 화교소학교에 대한 교육시설의 개선은 1949년 말까지 지연되기는 했지만, 북한정부는 화교학교 인수 당시에 결정한 계획을 기본적으로 완수했다.

---

12) 다만, 1950년 4월의 『民主華僑』(1950.4.26, 3면)기사에 북한정부가 강서군 화교학교에 숙소를 갖춘 건물을 배정했다는 것이 한 차례 나온다. 그러나 이것은 2차 배정에 관한 내용이기 때문에 분석 대상에서 제외했다.

4. 화교학교 조직기구 및 교육방침의 변화

북한정부의 화교학교 인수사업은 교명 변경에서 시작됐다. 북한의 화교학교의 교명은 식민지 시기부터 지역명에 '화교학교'를 붙이는 형식이 주를 이루었고, '지명'과 '화교학교' 사이에 '시, 군, 면' 등의 행정구역 용어를 사용하는 곳도 있었다. 1949년 4월 1일 이후 화교학교의 명칭은 '화교소학교'는 '중국인 인민학교'로, '화교중학교'는 '중국인 중학교'로 바뀌었고[13], 지역명 뒤에 행정구역 용어는 붙이지 않는 것으로 통일되었다. 또한, 평양이나 신의주와 같이 본교와 분교로 구분되어 있던 지역의 화교학교는 '중국인'과 '인민학교' 사이에 순번을 끼워 넣었다. 예를 들면, '평양화교소학교 본교'는 '평양 중국인 제1인민학교'로 바뀌었다(이정희 외. 2019, 622-627).

이어 북한의 각 지방정부는 관내 화교학교 교원에게 임명장을 수여했다. 평양시의 경우, 1949년 4월 18일 평양특별시 인민위원회 교육부는 시내 화교학교의 교원에게 임명장을 수여하는 행사를 개최했으며, 수여식 개최 전 북한인 과장과 장학사가 화교 교원을 개인 면담하고 심사했다. 전 화교 교원에게 임명장이 수여되었지만, 교원의 임명이 북한정부에 의해 이뤄졌다는 것을 확인할 수 있다(『民主華僑』. 1949.5.16, 4면). 북한정부는 같은 시기 각 화교학교에 북한인 교원을 파견하면서 1년 사이에 북한 역내 화교학교 교원은 300명으로 급증했다. 다만, 화교학교의 모든 수업은 북한정부 이관 이전과 같이 중국어 강의가 보장되고 있었기 때문에 해방 후 중국 둥베이 지역에서 귀국한 북한인들이 화교학교 교원으로 배치되는 사례가 대부분을 차지했다.

13) '중국인학교'의 명칭은 북한 측이 1949년 3월 말부터 이미 사용했고, 『民主華僑』는 1949년 7월 18일 처음으로 '자강도 희천중국인인민학교'의 명칭을 사용했다(『民主華僑』. 1949.3.21., 1면; 1949.7.18., 4면).

화교학교의 조직도 1949년 9월부터 변화가 나타났다. 먼저 평양화교중학교를 예로 들어보자. '서기'書記 라는 직위가 새롭게 설치됐다. 또한 화교 학생의 학부모가 참가하는 '학부형회'와 학교경영의 최고기관인 '평의회'가 신설되었다. 이러한 조직상의 변화는 북한 현지 학교의 관리제도를 화교학교에 적용한 것으로, 종래의 '교동회' 기능은 약화했다. 같은 해 12월 각지의 화교소학교에도 '학부형회'가 연이어 설립됐고, '아동단'은 '소년단'으로 교체됐다. 1949년 12월 3일『民主華僑』에 실린 평양화교중학교의 추이청즈 교장의 기고문에 "전체 교직원과 학생들은 조선민주주의인민공화국 정부의 지도로 마르크스·레닌주의의 이론과 마오쩌둥 사상을 배우고, 소련의 선진적인 문화와 건설, 조선민주주의인민공화국의 민주 건설을 공부하고 있다."라고 했다(『民主華僑』. 1949.12.3, 4면). 또한 1950년 7월 15일『民主華僑』에 게재된 평양중국인중학교 모집 요강에 학교의 교육이념을 "조선민주주의인민공화국의 교육방침에 따라 과학지식과 민주 사상을 가진 조국과 민주 조선을 위해서 헌신할 수 있는 인재 육성"에 두었다(『民主華僑』. 1950.7.15, 2면).

이처럼 이관 후에 화교학교의 교육시설과 조직구조에 여러 변화가 일어났고, 교육방침은 중국어 교육을 유지하는 한편, 북한에서 생활하는 화교 학생으로서 자기 조국뿐만 아니라 북한의 사회발전을 위해 헌신하는 방향으로 바뀌고 있었다.

VI. 결론

본고는 해방 초기 북한정부와 중국공산당의 화교정책과 그로 인한 북중관계의 여러 단면을 검토하려는 시도의 하나로 북한 화교학교의 재건 과정에서 북한 화교연합회가 작성한 각종 자료와 관련자들의 구술자료 등을 활용하여 살펴보았다. 위의 논의를 정리하면 다음과 같다.

첫째, 중일전쟁 시기 왕징웨이 정권과 현지 중화상회의 자금지원, 그리고 조선 주재 중화민국영사관의 강력한 지도하에 각지에 화교학교가 증설되었다. 해방 이후 북한에 진주한 소련군은 왕징웨이 정권 영사관의 정당성을 인정하지 않았기 때문에 영사관원은 조만식 등 북한의 민족주의자들과 유대관계를 강화했다. 북한에선 1945년 말 반공, 반소 세력에 대한 탄압이 시작됐는데 그러한 과정에서 왕징웨이 정권의 영사관이 폐쇄되고, 영사관원은 시베리아로 추방되었다. 게다가 중화상회의 일부 중요 인사가 체포되는 사건까지 터져, 다수의 화교 상인이 서울로 월남했다. 그러한 사정은 화교학교의 재건을 불가능하게 만들었다. 북한정부의 입장에서도 4만여 명의 화교를 관리하던 영사관이 폐쇄되고, 화교 유력자가 부재함에 따라 화교사회와 연락할 수 있는 수단을 상실했다.

둘째, 일본의 패전 이후 중국 대륙은 국공내전이 발발했는데 이 사태는 북한의 화교학교에 많은 영향을 미쳤다. 중공 중앙 동북국은 1946년 6월 북한을 둥베이 전장의 후방 기지로 자리매김하고 평양과 신의주 등지에 판사처를 설립했다. 북한정부는 판사처에 북한화교의 관리 조직 구축에 협력해 달라고 요청했다. 판사처는 중공 동북국의 허가를 받아 새로운 화교 조직의 개설에 참여했다. 그 결과 평양에는 중공 간부와 북한인 간부로 구성된 북조선화교연합총회가 발족하였고, 각 도, 시, 군에는 화교연합회가 설립됐다. 연합회의 임무는 북한화교를 중국공산당의 지지기반으로 만드는 것과 북한의 사회건설에 참여시키는 것이었다. 해방 초기 화교연합회의 핵심 간부는 중국공산당에서 파견된 인사였기 때문에 중국공산당 지지기반 구축사업에 임무가 편중되어 있었다. 화교연합회는 사업 전개의 첫 단계로 각지 화교학교의 재건에 힘썼다. 그리고 화교학교의 교육은 화교들 속에 존재하는 국민당에 대한 기대를 불식시키고, 중국공산당의 정당성을 고취하는 방향으로 이뤄져, 상당한 수업이 사상교육에 배당되었다. 또한, 화교 학생으로 구성된 연극단이 조직되어, 각지의 화교에게 혁명연극을 공연, 그들에게 계급의식을 높이는 활동에도 참여했다.

셋째, 1948년 들어 중국 둥베이의 국공내전이 중국공산당에 절대적으로 우세해지면서 북한에 파견된 중공 간부의 소환이 시작됐는데 이것은 화교학교의 교육에 적지 않은 영향을 주었다. 중공 간부의 소환으로 화교연합총회의 요직은 북한인 간부와 북한화교에 의해 채워졌다. 그리고 화교연합회의 업무는 화교를 북한의 사회건설에 참여시키는 방향으로 바뀌었다. 1948년 9월 새로운 학년이 시작되자 화교학교는 정규교육을 중시하는 한편, 북한정부의 주도로 현지 북한 학교와의 사이에 '북중우호'를 촉구하는 '북중아동연환회'를 개최했다. 다만, 화교학교 운영경비는 여전히 북한화교가 충당하고 있었는데 화교학교와 학생 수의 증가에 따라 그들의 부담이 커지는 문제가 발생했다. 게다가 중공 간부의 귀국으로 인해 화교학교의 교원 부족까지 겹쳐 화교학교 운영이 위기에 처했다. 화교연합회는 이러한 문제해결을 위해 화교학교의 운영을 북한정부에 이관하는 방향으로 조정이 이뤄졌고, 중공 동북국과 화교연합총회가 이 방안을 정식으로 북한정부에 의뢰했다.

넷째, 화교학교 이관 직전에 북한정부가 발표한 결정서에는 북한정부가 화교학교 운영에 필요한 모든 자금을 부담하는 한편 학교교육과 운영관리 관련 모든 권한을 가진다는 내용이 명기되어 있었고, 북한정부는 1949년 8월까지 모든 화교학교에 필요한 교육시설을 갖춰줄 것을 약속했다. 각 도 교육부의 장학사가 중심이 되어 같은 해 12월까지 이러한 계획과 약속은 완료되었다. 화교학교의 교육시설 확충과 동시에 학교 내부에 제도개혁이 시행되어 1949년 9월 이후 '학부형회'와 '평의회', '소년단'과 같은 조직이 만들어졌다. 또한, 교육방침도 화교학생에게 북한의 사회건설을 위해 헌신해야 한다는 점이 강조되기 시작했다.

이상의 내용을 북한화교, 북한정부 및 중국공산당 각각의 입장에서 재검토한다면 다음과 같다. 해방 초기 북한화교는 학교 설립의 필요가 컸지만 운영자금의 확보와 교사진 부족으로 자생적인 학교 재건이 불가능한 상황이었다. 이 때문에 그들은 중공 간부를 중심으로 하는 화교연합회의 학교 설립사업에 적극적으로 참가했고, 교원 부족의 문제도 해결할 수 있었다.

다음으로 북한정부의 입장에서 본다면 4만여 명의 북한화교를 현지의 사회건설에 참여시킬 필요성이 있었다. 그러나 왕징웨이 정권의 영사관원들이 체포되고, 화교 유력인사의 월남으로 인해 화교를 효과적으로 관리할 수 있는 조직이나 수단을 상실한 상태였다. 중공 측의 협력을 얻어 화교연합회를 만든 것은 이러한 배경 때문이었다.

한편 중국공산당의 측면에서 보면, 그들이 북한에서 사업을 전개하는데 화교의 참여와 지지는 매우 유익했다. 다만 화교연합회를 통해 북한화교를 이끌어가려는 북중 양측의 의도는 달랐다. 하지만 어느 쪽에서도 북한화교 가운데 존재하던 낡은 체제에 대한 의존 관념을 시정하는 일이 급선무였다. 화교연합회는 각지 화교사회와 접촉하는 방식의 하나로 북한 전역에서 화교학교를 재건해 나갔는데, 그 과정에서 중국공산당의 정당성이 강조되었다. 1948년 중반, 둥베이의 국공내전에서 중공군이 승리를 거두자 북한에 파견된 중공 간부의 소환이 시작됐다. 그러자 화교연합회는 북한인 간부와 화교가 그들의 공백을 메우면서 업무 내용은 북한정부의 의향이 강하게 반영됐다. 화교학교와 현지 북한학교 간의 '북중아동연환회'가 대대적으로 전개되었고 북중 우호의 분위기가 조성된 것은 그러한 영향 때문이었다.

반면 화교학교는 중공 간부의 귀국으로 인한 교사 부족과 해방 전부터 지속되어 왔던 자금난에 시달렸다. 화교연합회는 그 타개책으로서 화교학교를 북한 정부에 이양하는 방안이 추진되었고, 중공 측도 이것에 동의했다. 북한정부는 화교학교의 이관을 통해 북한화교에게 정부의 혜택을 실감하게 함으로써, 그들을 북한의 사회건설에 적극적으로 참여시키려 했다. 그리고 화교학교의 교육방침도 거주국인 북한의 존재를 강조하는 방향으로 바뀌기 시작했다.

이상과 같이 해방 초기 북한지역은 화교의 자력에 의한 학교 재건이 어려웠던 상황에서, 중국공산당이 국민당과의 내전을 유리하게 전개할 목적으로 북한화교를 그들의 지지기반으로 만들기 위해 각지에 화교학교의 재건을 본격화했고, 이에 대해 새로 건국된 북한정부도 국가건설을 추진하는 데 있어서 북한화교의 참여가 필요했기 때문에 화교학교의 재건사업에 적극적으로 나섰으며, 나아가 화교학교를 전면적으로 이관했다.

참고문헌

1. 간행자료

국사편찬위원회. 1990a, *北韓関係史料集·第9巻*, 서울.

국사편찬위원회. 1990b, *北韓関係史料集·第21巻*, 서울.

김학준. 1996, *북한50년사*, 서울: 두산동아.

와다하루끼 저·남기정 역. 2014, *와다하루끼의 북한 현대사*, 서울: 창비.

왕용진·송승석 역·왕칭더. 2017, *그래도 살아야 했다*, 서울: 學古房.

이정희. 2007, "중일전쟁과 조선화교: 조선의 화교소학교를 중심으로", *중국근현대사연구 제35집*, pp.107-129.

이정희·송승석·송우창·정은주. 2019, *한반도화교사전*, 서울: 인터북스.

曲曉範·劉樹眞. 2000, "當代朝鮮華僑的帰國定居及其安置史略", *華僑華人歴史研究 2000(4)*, pp.45-54.

吉林省帰國華僑聯合會·吉林省政協文史資料委員會. 2018, *朝鮮帰來: 朝鮮帰僑口述資料(上)*, 長春.

吉林省華僑歴史學會 編. 1986-1990, *吉林省華僑歴史學會論文討論會資料匯編 第1回-第3回*, 長春.

戴茂林. 2017, *中共中央東北局 1945-1954*, 沈陽: 遼寧人民出版社.

慕德政. 2001, "朝鮮華僑教育的歴史回顧", *華僑華人歴史研究 2001(4)*, pp.58-67.

慕德政. 2003, "旅朝華僑與朝鮮経済", *韓華學報(韓華史料篇) 第2輯*, pp.307-310.

撫順市社會科學院 編. 2001, *撫順市誌·第9-10卷, 軍事·政法卷, 人物卷*, 瀋陽: 遼寧民族出版社.

宋達. 1988, "旅居平壌的幾件事", 遼寧省華僑歴史學會, *遼寧僑史 創刊號*, 瀋陽, pp.88-90.

宋霖·吳殿堯. 2007, *朱理治傳*, 北京: 中共黨史出版社.

滕松傑. 2002, "帰僑王瑞琴先生", 山東省高密市政協文史委員會 編, *高密文史選粹*, pp.779-786.

沈誌華. 2018, "中朝關系史研究中的幾個重要問題", *清華大學學報(哲學社會科學版) 2018(1)*, pp.120-127.

楊紹権. 1962, "日本投降前夕蔣介石與重光葵的一次談判", 政協広東省広州市委員會文史資料研究委員會 編, *広州文史資料 第6輯*, pp.13-19.

楊昭全·孫玉梅. 1991, *朝鮮華僑史*, 北京: 中國華僑出版公司.

楊韻平. 2007, *汪政権與朝鮮華僑(1940-1945): 東亜秩序之一研究*, 台北: 稲鄉出版社.

汪朝光. 2000, *中華民國史 第三編第五卷*, 北京: 中華書局.

劉少奇. 1985, *劉少奇選集·上卷*, 北京: 外文出版社.
劉倩. 1990, "朝鮮華僑的第一個革命揺籃", 中國人民政治協商會議遼寧省委員會文史資料研究委員會 編, *遼寧文史資料選輯:第28輯帰僑的記憶*, pp.169-172.
呂明輝. 2013, *朝鮮支援中國東北解放戦爭記実*, 沈陽: 白山出版社.
余以平. 1984, "朝鮮華僑教育初探", 暨南大學華僑研究所, *華僑教育 第2輯*, 広州: 暨南大學出版社, pp.87-112.
愛新覚羅毓嶦. 2005, *愛新覚羅毓嶦回憶録*, 北京: 華文出版社.
李盈慧. 1997, *華僑政策與海外民族主義(1912-1949)*, 台北: 國史館.
莊國土. 1992, "新中國政府対海外華僑政策的變化(1949-1965年): 新中國政府僑務政策研究之一", *南洋問題研究 1992(2)*, pp.1-11.
張文傑·王懐安·郭曉平 編. 1993, *記念朱理治文集*, 鄭州: 河南人民出版社.
丁曉春·戈福錄·王世英 編. 1987, *東北解放戰爭大事記*, 北京: 中央黨史資料出版社.
丁雪松·楊德華. 2000, *中國第一位女大使丁雪松回憶録*, 南京: 江蘇人民出版社.
鄭奕鈞. 2005, *帰僑彭光涵的往事·今事*, 香港: 香港社會科學出版社有限公司.
周南京 編. 2005, *境外華人國籍問題討論輯*, 香港: 香港社會科學出版社有限公司.
朱理治金融論稿編纂委員會·陝甘寧辺區銀行記念館 編. 1993, *朱理治金融論稿*, 北京: 中國財政経済出版社.
中共中央黨史資料徵集委員會 編. 1988, *遼瀋決戰·上*, 北京: 人民出版社.
中共中央文獻研究室 編. 2000, *陳雲年譜·上卷*, 北京: 中央文獻出版社.
華僑問題研究會 編. 1956, *華僑人口參考資料*, 北京.
菊池一隆. 2005, "戦時期朝鮮における華僑学校教育の実態と特質: 神戸中華同文学校との相互比較", *神戸華僑の国際ネットワークに関する研究報告会資料*, 神戸.
森田芳夫. 1964, *朝鮮終戦の記録: 米ソ両軍の進駐と日本人の引揚*, 東京: 巖南堂書店.
宋伍強. 2010, "朝鮮戦争後における朝鮮華僑の現地化について: 1958年前後における華僑聯合会と国籍問題を中心に”, *華僑華人研究 第7号*, pp.7-29.

安井三吉. 2005, *帝国日本と華僑: 日本·台湾·朝鮮*, 東京: 青木書店.

王恩美. 2008, *東アジア現代史のなかの韓国華僑: 冷戦体制と「祖国」意識*, 東京: 三元社.

李正熙. 2010, “南京国民政府期の朝鮮における華僑小学校の実態: 朝鮮総督府の『排日』教科書取締りを中心に”, *現代中国研究 第26号*, pp.19-40.

鹿島平和研究所 編. 1987, *現代国際政治の基本文書*, 東京: 原書房.

Kraus, Charles. 2014, “Bridging East Asia's Revolutions: The Overseas Chinese in North Korea, 1945-1950.”, *The Journal of Northeast Asian History 11(2)*, pp.37-70.

2. 미간행자료

北朝鮮華僑聯合総會. 1949, *學校正規化教育部表1: 咸鏡南道, 平安北道, 黃海道*.

北朝鮮華僑聯合総會教育部. 1949, *北朝鮮各道華僑小學校月終調查報告*.

手稿資料. 1948, *北朝鮮華僑中學校報告書*.

中国駐朝鮮大使館. 1958, “関於在朝鮮華僑情況資料”, *中國外交部檔案館 106-01130-03*.

中華民国外交部亜東司. 1945, “為請核辦偽政府駐朝鮮領館人員見復由”, *韓國僑務案*, 臺灣國史舘, 05000-0670-4460.

平安南道華僑聯合會. 1949, *平安南道華僑聯合會: 教育部総填寫表*.

平安北道華僑聯合會. 1949, *平北道華僑聯合會報告書*.

平壤特別市華僑聯合會. 1949, *平壤特別市華僑聯合會教育填寫表, 西平壤學校*.

咸鏡南道華僑聯合會. 1949, *咸鏡南道華聯會工作総結*.

咸鏡北道華僑聯合會. 1949, *咸北道教育工作総結*.

汪政権駐鎮南浦辦事處. 1944, “僑民教育”, *汪政権大使館檔案*, 東洋文庫 2-2744-37.

朝鮮総督府. 1943, *朝鮮総督府統計年報*.

朝鮮総督府. 1944, *人口調査結果報告, 其ノ一*.

3. 신문자료

“劉馭萬談朝鮮僑情”, *新聞報*, 2면, 1948.5.19.
“華僑中學校掀起創模競賽”, *民主華僑*, 4면, 1948.11.29.
“華僑中學成立一周年盛大挙行記念會”, *民主華僑*, 3면, 1948.12.7.
“平壌大駝嶺中朝児童聯歓大會盛況”, *民主華僑*, 4면, 1948.12.7.
“居住在北半部中國人之教育対策,内閣決定由國家保障”, *民主華僑*, 1면, 1949.3.21.
“丁委員長的総結要點”, *民主華僑*, 2면, 1949.3.21.
“各地教育消息”, *民主華僑*, 4면, 1949.5.16.
“教育消息”, *民主華僑*, 4면, 1949.7.18.
“対華僑教育小感片斷”, *民主華僑*, 3면, 1949.8.15.
“二年以來的平壌中國人中學校”, *民主華僑*, 4면, 1949.12.3.
“簡訊”, *民主華僑*, 3면, 1950.4.26.
“平壌中國人中學校招生簡章”, *民主華僑*, 2면, 1950.7.15.
民主華僑. 1949.4-12.

제6장

경합과 통합의 정치

베트남 분단체제의 형성과 화교·화인 경관

심주형

Ⅰ. 들어가며
: 베트남 '분단체제'와 '화교·화인'에 관한 문제설정

이 글은 베트남 독립 이후 탈식민 전쟁과 냉전적 국제질서의 영향 그리고 서로 다른 민족-국가 건설에 관한 전망이 교차하며 형성된 분단체제가 베트남의 화교·화인 정책을 두고 경합하며 체제적 통합을 도모하는 과정을 비교적 관점에서 접근해 보고, 분단체제가 화교·화인의 삶과 사회변화에 끼친 영향과 정치적 함의를 이해해 보고자 하는 시도이다. 베트남 '분단체제'라는 문제설정과 '베트남 화교·화인'이라는 개념적 범주는 그 자체로 도전적이며 논쟁적인 이론적 과제이다. 전자가 정치적 관점뿐 아니라 사회·역사·문화적 측면에서 '분단'을 이해하고 '체제'의 형성과 작동방식 즉 경합과 통합이라는 배타성과 상호의존성을 해석하는 방식에 관해 문제를 제기하는 것이라면, 후자는 역사적으로 형성되고 변화하며 재구성되는 화교·화인의 정체성을 베트남 사회의 맥락에서 어떻게 규정할 것인가라는 논점들과 마주하고 있다.

구체적인 논의에 앞서, 베트남 분단체제를 단순한 역사적 시기 구분을 위해 사용하는 수사가 아니라 베트남의 역사와 사회문화적 경험을 특징지으며 분석하는 방식으로서 문제설정problematization하기 위해 '분단체제론'이라는 기존 담론에 대한 검토가 필요하다. 먼저, 분단체제론이라는 담론의 기원적 성격에 관한 문제이다. 주지하는 바와 같이 분단체제론은 한반도 현실을 이해하기 위해 분단 상황을 규명하려는 과정에서 등장한 "자생적 이론"[1]이다. 1980년대 한국 사회에서 격렬했던 이른바 '사회구성체론'을 둘러싼 논쟁의 맥락에서 역사적으로 구조화된 체제의 주요모순으로서 분단모순의 문제에 대한 새로운 이해와 실천적 극복을 위한 논의의 전화를 시도하는 과정에서 등장하였다.[2] 이 분단체제론이 베트남 분단 상황과의 차이에 대한 인식을 이론적 바탕으로 삼고 있다는 점은 논쟁적이다. 즉, 베트남의 분단은 "제국주의 군대의 분할점령이라는 점에서 기본적으로 민족모순에서 비롯"되었고 베트남민주공화국(북베트남)과 베트남공화국(남베트남)이 "어떠한 성격을 지녔든지 간에 각각의 사회체제를 이룰 여유도 없이 전 국토에서 장기간 지속된 정규·비정규의 전쟁은 남과 북이 두 개의 사회구성체로 굳어지기에는 유동적인 상황이었다"는 관점[3]에 기반하고 있다. '전쟁'의 영향을 결정적으로 바라보는 관점은 현재까지도 베트남 분단을 분석하고 이해하는 여러 관점들에 지배적 영향을 미치고 있다. 베트남은 분단을 경험하긴 했으나 한반도에서처럼 분단체제로까지 발전하지는 않았으며 그 때문에 전쟁을 통해 분단문제를 해소할 수 있었던 본질적으로 다른 '분단 경험'을 가지고 있다는 것이다. 이러한 인식이 지닌 맹점은 분단을 전 세계적 냉전체제라는 외적 질서가 이식되어 지역화한 것만으로 이해할 뿐, 탈식민주의적 민족-국가건

1) 김종엽. 2017, 40.

2) 백낙청. 1992, 289.

3) 고세현. 1992, 60.

설에 대한 다양한 전망과 정치적 실천이 경합하는 역사적 조건의 공통성과 구체적 과정에 대한 비교의 관점을 간과할 수 있다는 데 있다. 그러므로, "전쟁을 다른 수단에 의한 정치의 연속"으로 이해하는 지배적 관점에서 벗어나 "정치가 다른 수단에 의한 전쟁의 지속"이라는 관점[4]으로의 전환이 필요하다. 만약 국가권력과 냉전체제가 합작하여 20년 동안 급속한 속도와 압축적 방식으로 북베트남에서 진행한 사회주의화와 남베트남의 자본주의화 과정을 단지 "유동적인 상황"으로만 규정한다면, 베트남인들의 삶과 탈식민주의적 미래를 두고 경합했던 국가 통치성의 문제와 '1975년 4월 30일' 종전終戰 이후의 상황, 즉 분단의 극복 혹은 해소 이후 베트남 사회체제의 질곡과 변화 양상에 대한 이해를 단순히 사회주의 실패와 냉전체제의 균열과 해체로 환원하게 될 것이다. 그러므로 낡은 사회구성체론의 경직성에 기반해 체제와 비체제를 사회질서와 통치성의 안정성과 지속성에 대한 자의적 판단을 통해 이분법적으로 범주화하기보다는 분단체제를 권력에 의한 배제적 혹은 적대적 통합 및 이데올로기적 복수성과 다양성의 경합이라는 관점에서 바라보고 접근하는 관점이 필요하다.

다음으로 분단체제론이 통일체제론을 전제하고 있다는 점에 대한 문제이다. 두 체제론을 연결하는 주요한 문제는 민족 그리고 정치체의 상황과 조건이다. 분단체제론은 민족의 삶을 억압하고 가능성을 제약하며 정치체의 자율성과 주권적 전망을 제한하는 조건으로서 분단을 인식하며, 통일체제로의 이행을 위한 실천적 모색을 골간으로 하고 있다. 그러나 베트남을 냉전시기 전쟁을 통해 분단문제를 극복하고 통일을 이룬 대표적 사례이며,[5] 남베트남을 제국주의 "점령지역"으로

4) Foucault. 2003, 48.

보고 "외세축출운동"을 통해 "해방 = 통일에 성공했다"는 인식[6]은 종전 후 50년을 향해가는 현재까지도 여전히 논쟁적[7]이다. 두 '공화국'이 전쟁을 치르고 한쪽의 항복을 통해 통일을 이루고 단일 정치체를 수립했지만, 탈식민 민족-국가의 정치적 정당성과 대표성을 둘러싼 분단체제의 경합상이 극복되기보다는 새로운 양상으로 전화하고 있다. 그러므로 분단시기 베트남인들의 삶에 작동했던 정치체제에 관한 이해를 민족문제에 대한 외세의 개입과 영향력을 중심으로만 바라보는 것은 다분히 일면적이며 외부자적 시선에 머무를 수 있다. 무엇보다 베트남이 다종족 사회에 기반하고 있으며, '복수성plurality'에 관한 뿌리 깊은 사회적 인식이 존재해 왔기에 단일민족 혹은 민족적 동질성에 대한 손쉬운 상상을 통해 반외세라는 민족문제를 설정하기는 쉽지 않다. 역사적으로도 베트남이 복수형의 서로 다르고 분리된 "베트남들Vietnams"[8]로 존재했다는 점을 상기해 보면, 근대적 민족-국가 건설은 탈식민적 통합과 경합의 정치적 기획으로 보는 것이 더 유용한 관점일 수 있다. 통일체제로의 전화가 실현됐음에도 분단체제에 대한 기억이 지속적으로 정치적 긴장을 불러일으키는 상황을 이해하기 위해서는, 민족/국민-국가 건설을 위해 북베트남과 남베트남 정권이 서로 다른 전망을 현실화하려 했던 구체적 시도들이 냉전과 분단체제라는 조건 속에서 경합하며 어떤 공통성과 차이를 드러냈는가를 인식하는 것이 필요하다. 두 개의 베트남은 명백한 이데올로기적 적대관계에도 불구하고 탈식민적인 근대적 민족-국가를 건설하려는 궤

5) 백낙청. 1992, 304.
6) 고세현. 1992, 60.
7) 심주형. 2017, 137-140.
8) Goscha. 2016, 1-11.

도 위에 함께 마주하고 있었고, 베트남 민족주의의 탈식민주의적 전망의 분화와 전유 위에 기반하고 있었다. 외세의 개입과 영향력에 대한 문제와 관련해 분단체제하의 두 개의 베트남이 10세기 이후 계속되었던 지난한 '독립' 시도의 역사[9]적 맥락에서 정권의 정치적 정당성을 찾았다는 점을 상기할 필요가 있다. 북베트남은 미국의 남베트남에 대한 개입을 비판하고 남베트남은 북베트남의 중화인민공화국에 대한 의존성을 비판하며 독립된 민족국가 건설 열망과 정면 배치되는 정치체로 상호 비방 선전전을 펼쳤다.

분단체제론에 대한 이상의 비판적 검토는 '분단'이 초래한 역사적 부정성을 단순화하거나 근본화하지 않고 부정적 생산성의 측면까지 함께 바라보는 관점을 통해 분단체제의 다양한 작동방식과 그 유산들을 함께 바라보고 더 나아가 비교를 통한 성찰적 인식의 지평을 열어내기 위함이다. 분단체제론이 분단 상황의 유사성만을 고려하는 즉자적 비교를 거부하고 차이를 인식하며 체제론의 관점에서 보다 구체적이고 정밀한 분석과 이해의 틀을 마련하고자 시도한 것은 냉전체제가 생산한 '지식의 구조들'에 비판적 관점을 제안하고 환기했다는 점에서 큰 의의가 있다. 냉전체제의 내재화와 장기지속 – 그것이 탈냉전적 질서로 포괄되며 이행하는 형태일지라도 – 에 대한 새로운 비판적 지식체계와 실천이 필요하기 때문이다. 이 글에서 분석의 틀로 제안하는 베트남 분단체제라는 문제설정은 지역적 혹은 사건사적 측면에서 과거사에 대한 단순한 관심을 넘어서려는 기획이다. 이는 제2차 세계대전 이후 탈식민적 상황과 냉전적 정치질서 하에서, 정치 – 이데올로기적 이해관계에 따른 배타적 민족 – 국가 건설nation-state building을 둘

9) Papin, 2011, 15-80.

러싸고 역사적 경합의 '기표'로 생산된 분단이 생활세계의 정치적, 인식론적 경계로 증식하는 양상을 비판적으로 이해하려는 담론적 실천으로서 의의가 있을 것이다.

베트남 화교·화인은 역사적으로 가장 규모가 큰 외국인 이주자 집단으로서 분단체제의 형성과 지속의 과정에서 '민족/국민적 귀속national belonging'에 관한 '민감한 문제vấn đề nhạy cảm'의 대상이 되어 왔다. 프랑스 식민지 시대에는 특권ưu quyền을 부여받은 외국인 이주자라는 정체성을 지녔던 베트남 화교·화인[10]은 탈식민지적 상황에서 북부지역의 일본군 무장해제와 치안 유지 활동을 담당한 '열강' 중화민국의 국민으로서 정체성을 지녔고, 1949년 중화인민공화국(이하 중국) 수립 이후에는 이른바 '양안 관계'라는 냉전체제 하에서 국적 선택의 기로에 서게 되었으며, 1955년 이후 베트남 분단체제 형성 이후에는 베트남민주공화국과 베트남공화국의 동화와 배제의 정치적 대상이 되는 등 그 사회·문화적 지위와 일상의 경관이 급변하였다. 즉, 베트남 분단체제의 형성과 지속의 과정에서 모국과 이주국 양자의 정치적 변화와 상호관계 재편에 따라 귀속적 지위가 재구성되며, 탈식민과 냉전체제의 중첩된 경합과 통합의 정치에 노출됐던 주체들이다.

한편, 베트남 화교·화인을 범주화하는 것은 사회문화적 측면에서 정체성을 구성하는 유·무형적 속성들의 절합양식a mode of articulation과 외적관계 그리고 수행성performativity 등과 관련되어 있지만, 보다 직접적으로는 권력과 제도에 의해 선별되고 특정화되거나 근본화하는 특질들에 의해 법적 형태로 규정되기도 한다. 오늘날 베트남에서 화인, 즉 "응으어이 호아Người Hoa"는 국적을 취득한 중국인 이주자

10) Tsai. 1968, 49.

와 그 가족이라는 시민권의 차원에서, 또한 인구통제와 정책의 대상으로서 소수민족이라는 두 측면에서 규정된다. 1995년 11월 8일 자 베트남 공산당 중앙비서국의 지시 "새로운 국면에서 응으어이 호아에 대한 과업을 강화하는 것에 대하여"[11]에 따르면, "응으어이 호아는 베트남으로 이주한 한족에 속한 사람과 한족화된 중국의 소수민족, 그리고 그들의 자손으로서 베트남에서 출생, 성장하며 베트남 국적을 취득했지만, 주로 한족의 풍습과 관습, 언어와 같은 문화적 특징을 보존하며 스스로를 응으어이 호아라고 인식하는 사람들"이다. 베트남 국적 취득 여부를 기준으로 삼는 이 규정은 화인을 베트남 국적자가 아닌 화교와 구분하고, 소수민족 범주의 하나로 규정해 관리·통제하겠다는 의미를 담고 있다.

베트남 화교를 의미하는 "호아 끼에우 비엣남Hoa kiều Việt Nam"은 베트남 전쟁 종결과 통일 직후부터 공식어에서 차츰 자취를 감추기 시작했다. 이러한 변화는 한편에서는 남베트남 지역의 화교들을 대상으로 한 강제적인 동화정책의 실행과 다른 한편에서는 베트남에서 중국 국적자의 '특권'을 박탈하려는 정책적 노력과 맥을 같이했다. 종전과 통일 이후 베트남과 중국의 관계가 급격히 악화하면서, 중국은 베트남 화교들을 정치적으로 핍박받는 '난교難僑; Nạn kiều'로 간주하며 자국민으로서 보호권을 행사하고자 시도했다.[12] 1970년대 후반 이른바 '보트 피플boat people'이 되어 베트남을 '탈출한' 이들의 대부분이 베트남 화교·화인이었으며, 그들의 행선지는 제3국만이 아니었고 중

11) Chỉ thị số 62 CT/TW ngày 8/11/1995, Về tăng cường công tác người Hoa trong tình hình mới.

12) 노영순. 2020, 111-141; 중화민국의 '난교' 문제와 관련해서는 다음의 논의를 참조. 이정희. 2020, 362-363.

국으로도 약 20만 명이 넘는 베트남 화교들이 '귀환'했다고 추정된다. 오늘날 베트남 화교는 '외국인người nước ngoài'이라는 일반범주에 포함되어 있는데, 분단체제와 냉전 시대 베트남 국적을 취득하고 이후 제3국으로 이주했던 화교·화인은 스스로를 '비엣 끼에우 곡 호아Việt kiều gốc Hoa(중국계 베트남 교포)'로 호명하며[13] '혼성적 정체성hybrid identity'을 공식화하고 있다. 이 중국계 베트남 교포라는 범주는 한편에서는 '도이머이Đổi mới' 이후 베트남 당-국가가 추진해 온 '비엣 끼에우'의 귀환과 투자 우대정책의 대상으로서 지위를 획득하면서도 해외 화교 디아스포라와의 연결성을 유지하려는 '전략적 정체성'의 표현이자, 다른 한편 분단체제와 통일 이후 사회주의화 과정에서 베트남 화교·화인들에게 발생했던 정체성의 혼란과 역사적 난맥상을 드러내고 있다.

앞에서 언급한 1995년 당 중앙위원회의 지시문의 제목에서 언급된 '새로운 국면'에도 주목할 필요가 있다. 베트남 공산당 중앙비서국이 베트남의 54개 종족 중 특정 소수민족을 선정해 '과업 강화' 지시를 하달하는 것은 일반적이지 않으며 당이 화인 문제에 특별히 관심을 가지게 된 시기도 베트남의 정치사회적 변화와 맞물려 있기 때문이다. 1995년은 베트남이 미국과의 외교 관계를 정상화하고 탈냉전적 세계 질서로 본격적으로 편입되던 시기였다. 대외 관계의 새로운 국면이 펼쳐지는 상황에서 화인에 대한 과업 강화 지시는 과거 '난교' 혹은 '보트 피플'이 되어 베트남을 떠났던 화교-중국계 교포-들의 귀환 혹은 친지 방문이 베트남 화인 사회에 불러일으킬 영향과 변화에 대응해야 한다는 불안감을 드러낸다. 사실상 베트남에서 화교·화인 문

13) Chan. 2013, 528.

제는 18세기 이른바 '밍흐엉Minh Hương; 明鄕'14)의 대규모 베트남 이주가 시작된 이래 통치 권력의 주요한 시험대였으며, 분단체제와 '통일 베트남' 체제에서도 여전히 가장 '민감한 문제' 중의 하나가 되고 있다.

이상의 논의를 종합해 보자면, 베트남 분단체제에서의 화교·화인이라는 문제설정은 탈식민화/사회주의화, 민족-국가건설, 냉전적 이데올로기 경합 그리고 폭력과 전쟁이라는 다층적인 정치 상황의 교차점 위에 놓여 있던 화교·화인의 삶을 이해하고 '분단체제'의 유산과 정치적 함의를 추적해 보는 데 그 목적이 있다. 북베트남과 남베트남 정부의 화교·화인정책은 또 다른 냉전질서인 중화인민공화국 수립과 '양안 관계兩岸 關係'의 형성과 경합의 자장磁場에 영향을 받았고, 더 크게는 이른바 '도미노 이론domino theory'으로 표상되는 아시아 냉전질서를 둘러싼 국제적 긴장이 표출되는 '각축장arena'이 되었다.

이글에서는 먼저 베트남 분단체제 형성의 역사경관을 탈식민지적 상황에서의 분할과 냉전적 분단체제 구축 과정을 중심으로 살펴보고자 한다. 제1차 인도차이나전쟁이 '분할체제'에서 기인하고 결국 '분단체제'를 낳았다고 할 때, 분리partitioning의 질서가 탈식민과 냉전체제의 중첩으로서 베트남에서 어떻게 구성되었는지를 조명해 보고자 한다. 다음으로 북베트남과 남베트남으로 나뉜 '분단 화교·화인' 경관을 시민권 정책과 국민성 형성의 측면에서 상호 경합과 통합의 정치

14) 밍흐엉의 역사적 의미 변화에 관한 설명은 김현태, 김현재. 2018, 106. 각주 4. 참조; 밍흐엉은 베트남으로 이주한 명나라 사람이라는 의미와 베트남인과 결혼해 정착하고 베트남 국적을 지닌 중국인 이주자라는 의미를 모두 갖는다. 청(淸)대 이후 이주자인 '타잉(Thanh)'과는 이주 시기와 문화적 특징으로 구분된다.

라는 관점에서 비교 검토해 보고자 한다. 탈식민과 냉전질서의 중첩으로 형성된 베트남 분단체제가 화교·화인 문제를 전유하는 방식으로 국내외 질서를 재편하고 전유해 왔던 과정을 추적하고 재고再考하는 작업이 될 것이다. 결국, 분단체제 형성의 역사적 경관과 '분단 화교·화인' 경관을 겹쳐봄으로써, 즉 베트남 화교·화인의 역사를 오늘날 베트남을 이해하는데 여전히 논쟁적인 역사적 맥락 위에 '위치시켜situating' 포괄적인 이해방식을 모색해 보는 것이 이글의 목적이다.

II. 베트남 분단체제 형성의 역사경관 : 탈식민과 냉전질서의 중첩

1. 북위 '16 도선' – 탈식민의 그늘

제2차 세계대전의 종전이 현실화하고 있던 1945년, '비엣밍Việt Minh(베트남 독립 동맹회의 약칭)'은 일본이 패망한 후 프랑스가 되돌아와 베트남을 재식민화하는 상황에서 벗어나고자 이른바 "8월 혁명Cách mạng Tháng Tám"을 일으켰다. 베트남 전역에서 비엣밍의 봉기가 성공하고 응우옌 왕조Nhà Nguyễn의 마지막 왕 바오다이Bảo Đại에게 퇴위를 요청한 직후, 북부 산악지대에 머물던 호찌민은 하노이Hà Nội로 이동했다.[15] 생애 최초로 하노이 입성에 성공한 그는 베트남 사람들에게 널리 알려진 "응우옌 아이 꾸옥(Nguyễn Ái Quốc; 阮愛國)"이라는 필명 대신에 1942년 중국 방문시 신분을 위장하기 위해 사용했던 "화교 신문기자 신분증" 상의 호찌민胡志明이라는 이름으로,[16] 프랑

15) Duiker. 2000, 312-320.

스 식민지 정부가 "광동廣東인들의 거리Rue des Cantonnais; 현재의 phố Hàng Ngang"[17]로 이름 붙였던 베트남 화교·화인 거주지의 한 저택[18]에 몸을 숨겼다. 그곳에서 호찌민은 "모든 인간은 평등권을 지니고 태어난다"라는 문장으로 시작되는 역사적인 "독립선언문Tuyên ngôn Độc lập"의 초안을 작성하고 베트남민주공화국 임시정부 수립을 준비했다.

하노이의 바딩Ba Đình 광장에서 독립선언식이 개최되던 1945년 9월 2일, 남부 사이곤Sài Gòn의 득바Đức bà; Notre Dame 성당 뒤편 대로에도 수많은 인파가 라디오로 중계되는 호찌민의 독립선언문 낭독을 듣기 위해 운집했다. 그러나 라디오 생중계 계획은 실패하고 말았고, 운집한 군중들은 혹시라도 독립선언식이 방해받지 않았는지 질문하며 술렁였다.[19] 독립선언서 낭독의 역사적 순간을 함께 하지 못했지만, 남부지역 임시 행정위원회는 프랑스가 다시 베트남을 침략할 경우 절대로 협력하지 않을 것을 결의하는 대중집회를 성대하게 개최했다. 사이곤 중심가에서 개최된 독립기념식이 시가행진으로 마무리되고 있을 때, 갑자기 대로 주변 건물에서 군중을 향해 "프랑스인들이 총을 쏘기 시작"했고 베트남인들과 상호 총격전이 발생해 큰 인명피해가 발생했다.[20] 과거 프랑스 직할령었던 남부지역에서 개최된 독립선언

16) Duiker. 2000, 263-296.

17) Trần. 2014, 72.

18) 저택의 주인은 비엣밍의 동조자로서 "푹 러이(Phúc Lợi)"라는 상호로 실크(tơ lụa)를 여러 국가로 수출하던 찡반보(Trịnh Văn Bô)라는 성공한 자본가였는데, 그의 어머니는 중국인이었다. 이 저택은 1979년 "국가 사적(Di tích lịch sử Quốc gia)"으로 지정되었다.

19) Phan, Văn Hoàng. "Lễ độc lập 2-9-1945 tại Sài Gòn" Tuổi Trẻ, 02/09/2006.

20) Phan, Văn Hoàng. "2-9-1945: Súng nổ trong lễ độc lập" Tuổi Trẻ, 03/09/2006.

식 집회는 해산과정에서 발생한 무력충돌사건을 빌미로 비엣밍 세력에 대한 대대적인 검거와 탄압으로 이어졌고, 결국 프랑스에 대항하는 전면적 항쟁의 발화점이 되었다.

탈식민 독립과 근대국가 건설을 향한 임시정부 수립이 선언되고 베트남인들의 정치적 기대감이 고조되었지만, 곧바로 베트남의 정치 상황은 복잡하게 전개되었다. 제2차 세계대전 종전과 전후처리 문제를 논의했던 포츠담 회담에서 열강들은 이미 베트남을 북위 16 도선을 기준으로 나누어 북쪽에는 중화민국中華民國의 군대가, 남쪽 지역에는 영국군이 일본의 무장해제와 치안 유지 활동을 담당하기로 합의한 바 있었다. 그에 따라 독립선언식이 개최된 후 얼마 되지 않아 양국의 군대는 각각 북부 하노이와 남부 사이곤을 향해 진주하였다. 양국이 베트남에 군대를 파견한 데에는 각각의 정치적 의도가 있었다. 북부지역에 진주한 중화민국 군대는 베트남 국민당Việt Nam Quốc Dân Đảng과 베트남혁명동맹회Việt Nam Cách mệnh Đồng minh Hội의 민족주의 세력을 지원하며 호찌민의 비엣밍 세력을 정치적으로 압박하고 베트남에서 자신들의 정치·경제적 영향력을 확대하고자 했다.[21] 남부지역을 담당한 영국은 제2차 세계대전 종전 후 유럽국가들의 식민지 복원에 회의적인 태도를 보이던 미국에 맞서 프랑스 및 네덜란드와 극동지역에서 함께하는 것이 필요하다는 정치적 입장을 취했고,[22] 그에 따라 프랑스가 신속하게 재무장해 베트남에서 식민지 지배체제를 복원할 수 있도록 지원했다.

외국군대의 진주로 인해 재식민화의 위기가 현실화되고 국내정세

21) Neville. 2007, 119.

22) Neville. 2007, 181.

가 급변하고 있었지만, 독립을 선언한 베트남민주공화국 임시정부는 사실상의 정부de facto government로서 탈식민 민족-국가 건설에 본격적으로 나섰다. 1946년 1월에 실시된 총선거는 남부지역에서 프랑스의 투표방해로 인해 희생자가 발생하는 어려움 속에서도 베트남 전역에서 투표율 89%를 달성했고 초대 국회의원 333명을 선출하였다. 총선거를 통한 제헌의회 구성은 합법적 독립 국가로서 베트남민주공화국의 틀을 갖추고 독립을 기정사실화하는 것이었지만, '북위 16 도선' 북쪽 지역을 관할하던 장제스蔣介石의 국민당만이 이러한 정치 일정을 용인했으며 대부분 지역에서의 선거가 비엣밍 세력의 주도만으로 치러졌다는 점에서 한계가 있었다. 또한 이미 남부지역의 군사작전권을 프랑스가 모두 되찾은 상황[23]에서 베트남민주공화국이 실질적인 정치적 통치력을 확보했다고 평가하기는 어려운 상황이었다. 더 나아가 총선거 후 중국 국민당의 지원을 받는 비사회주의적 민족주의 정치세력이 투표를 통하지 않고 정치협상 압박을 통해 70석의 국회 의석을 확보하면서, 국가권력과 베트남민주공화국 건설을 둘러싼 강력한 경쟁 주체로서 기반을 형성하게 되었다.

단지 이데올로기적으로 이분화된 세력이 아니라 탈식민의 상황에서 다양한 주체들이 정치 권력을 둘러싸고 경합을 벌이고 있었다는 점에서 적어도 1946년까지의 베트남 분할상황은 냉전질서와는 거리가 있었다. 미국은 중국공산당의 홍군紅軍과 전투를 치르던 장제스의 국민당이 협상하길 원했고, 트루먼Truman과 장제스 모두 베트남민주공화국 수립에 대해 대체로 긍정적인 입장을 취하며 프랑스가 베트남 독립을 인정하고 민족주의자들이 더 큰 발언권을 갖게 되길 기대하는

23) Neville. 2007, 131.

입장을 취했다. 베트남 사회주의 세력의 경우에도 비엣밍 내외부에서 비사회주의적 민족주의 그룹과 경쟁하고 있었고[24] 이 시기 호찌민이 이끄는 사회주의 세력은 중국공산당과도 직접적인 관계를 맺고 있지는 않았다.[25] 불안정한 탈식민의 정치 공간에서 상대적으로 분명하게 드러나고 있던 사실은 프랑스가 베트남의 탈식민화와 독립국가 건설을 용인할 의사가 없으며, 인도차이나를 통치하는 제국으로서 복귀를 꿈꾸고 있다는 것이었다.

'16 도선' 분할체제는 독립을 선언한 베트남민주공화국의 영향력과 대표성에 대한 위협이었을 뿐 아니라 재식민화를 꿈꾸던 프랑스에게도 큰 정치적 걸림돌이었다. 남부지역에서는 손쉽게 영국의 묵인과 동의를 얻어냈지만, 북부지역은 상황이 달랐다. 중화민국의 동의 없이는 군대를 진입시킬 명분이 없었기 때문이다. 남부지역을 사실상 재점령한 프랑스는 '16 도선' 북쪽으로 진주하기 위해 곧바로 중화민국과 협상을 진행하면서, 동시에 중화민국의 지원을 받는 민족주의 세력으로부터 정치적 위기상황에 내몰리고 있던 호찌민과도 국민당군 철수와 관련한 협상을 이중적으로 진행했다. 중화민국과의 협상에서 프랑스는 중국 본토에 가지고 있던 모든 조차지와 특권을 포기하는 대신 베트남 북부 하이퐁Hải Phòng 항구에 대한 중화민국의 특권적 이용권을 보장하는 조건으로, 중화민국이 군대를 철수하고 프랑스군의 북부지역 점령을 인정하는 이른바 "중법관어중월관계협정中法關於中越關係協定, Hiệp ước Trung Khánh Hoa-Pháp(이하 충칭협정)"[26]을 1946년 2월

24) Tønnesson. 2010, 17.

25) 심주형. 2020, 458-459.

26) 이정희. 2020, 364.; 이 협정은 '중프협정'으로도 불리며, 베트남에서는 '중프 충칭협약' 혹은 다른 협약들과 구분하기 위해 체결 장소를 강조하여 '충칭협

28일에 체결하였다.[27)]

'충칭협정'을 통해 프랑스군이 북부지역까지 몰려오게 되었다는 소식은 베트남민주공화국의 정치적 생존과 지속가능성이 "한 올의 머리카락에 매달려 있는ngàn cân treo sợi tóc" 상황에 놓이게 되었음을 의미하는 것이었다.[28)] 협정이 체결되던 날 호찌민은 미국 대통령 트루먼에게 전문을 보내, 프랑스의 군사작전을 막아줄 것을 긴급히 호소하기도 했다. 사실상 중화민국이 베트남민주공화국의 독립을 부정하고 프랑스의 베트남 재식민화를 지지한 것과 다름없는 상황이 펼쳐지자 현실론이 대두되었다. 호찌민의 사회주의 세력은 강력한 반제국주의 독립 노선에서 선회해, 프랑스와의 잠정적 평화를 받아들이고 중화민국을 실질적인 위협으로 규정하는 입장을 채택하였다. 베트남민주공화국은 프랑스와 '베트남-프랑스 예비협정Hiệp định sơ bộ Việt-Pháp'을 체결해(1946년 3월 6일), 베트남이 인도차이나 연방과 프랑스 연합에 속한 "자유국가"로서 자치권을 가지며 베트남 전 지역에서 베트남민주공화국으로 통합할지를 결정하는 총투표를 실시하는 조건으로, 프랑스군 15,000명이 5년간 중국 국민당군을 대신해 북베트남 지역에 주둔하는 것을 수용하였다.[29)]

이른바 '충칭협정'과 '베트남-프랑스 예비협정'이 잇달아 체결되면서, 일본군 무장해제를 명분으로 베트남에 진주했던 중화민국과 영국의 군대가 모두 철수하고 북위 '16도선'을 기준으로 한 분할체제도

정'으로 통용되기도 한다.

27) Tønnesson. 2010, 52.

28) Đào, Thị Diến, "Chủ tịch Hồ Chí Minh từ Hiệp định Sơ bộ 6-3 đến Tạm ước 14-9-1946" *Trung tâm Lưu trữ Quốc gia I*, 12/09/2021.

29) Tønnesson. 2010, 39-42.

사라지게 되었다. 그 대신 프랑스 군대가 베트남 전역에 재배치되었다. '충칭협정' 체결이 뿌리 깊은 반중국 정서에 기반을 둔 베트남 민족주의를 부추긴 사건이었다면, 프랑스군을 받아들이고 프랑스 연합의 일원이 되는 협정에 서명한 비엣밍은 독립국가 건설 의지를 대중적으로 의심받는 상황에 빠지게 되었다. 비엣밍은 프랑스와의 협정체결이 현실주의에 바탕을 둔 실용적인 노선이자 베트남의 평화와 민족-국가건설을 위해 최소한의 시간을 확보하는 정치적 성과임을 강조했으나, 19세기 이래 급성장한 베트남 민족주의 정치세력의 도전과 분화는 더욱 거세게 일어났다.

베트남과 프랑스의 예비협정 체결 이후 정치 상황은 안정되기보다는 파국으로 치닫기 시작했다. 일부 민족주의 정치세력은 프랑스와의 협정체결을 비엣밍의 민족에 대한 배신이자 독립 포기로 비판하였고, 협정체결 직후 프랑스에 반대하는 독자적 투쟁에 나섰다. 특히 프랑스가 재점령한 남부지역에서는 격렬한 논쟁과 폭력투쟁이 확산되었다. 협정체결 직후 프랑스는 사이곤을 중심으로 한 남부지역에 과거 직할령 코친차이나와 유사한 형태의 "남부자치공화국Công hòa Tự trị Nam Kỳ"을 수립했다.[30] 이러한 조치는 남부지역 베트남인들로부터 프랑스에 대한 자발적 지지를 끌어내고 동시에 베트남민주공화국의 영토를 '북부지역Bắc kỳ'으로 제한하며, '예비협정' 내용 중 중요한 사안이었던 영토통합을 위한 총투표에 경쟁체제를 만들어 대응하기 위한 것이었다. 탈식민 상황에서 재식민화를 모색하던 프랑스에 의해 수립된 남부자치공화국은 결과적으로 베트남 분단체제 형성의 역사적 기원이 되고 말았다.

30) Tønnesson. 2010, 72.

'예비협정' 내용을 구체화하기 위한 베트남민주공화국과 프랑스 사이의 협상은 결렬을 거듭했고, 상호 충돌은 더욱 빈번해지고 격화되었다. 호찌민이 직접 프랑스의 퐁텐블로Fontainebleau에 가서 참여한 회담에서 가까스로 체결된(1949년 9월 14일) '베트남-프랑스 가조약Tạm ước Việt-Pháp(이하 가조약)'은 양측간 무력사용을 중단한다는 합의를 제외하면 대체로 베트남에서 프랑스의 정치·경제적 특권을 보장하는 내용을 담고 있었다. 그러나 가조약이 발효되기 전, 남부지역에서 프랑스에 반대하는 투쟁은 더욱 거세게 일어났고, 양측간 더 이상의 협상은 진행되지 못하였다. 악화일로에 있던 양측의 관계는 하이퐁 항구에서 벌어진 군사적 충돌로 인해 걷잡을 수 없게 되었고, 프랑스군은 하노이로 진격해 들어 왔다. 결국, 1946년 12월 19일 호찌민이 프랑스에 대항해 전국적인 항쟁에 나설 것을 선언하면서 '제1차 인도차이나 전쟁'이 발발했다.

약 1년여 동안 지속된 '북위 16도선'을 기준으로 한 공간적 분할partitioning과 외국군대 주둔의 역사는, 탈식민 상황과 혁명 그리고 독립선언과 함께 근대 민족-국가 건설이 시작되던 베트남에서 '치안유지policing'라는 명분을 통해 제국주의적 욕망이 부활하고 식민지 체제의 복원이 시도되는 양상을 보여준다. 중화민국, 영국, 프랑스는 각각의 제국주의적 욕망과 '전후질서' 재편 과정에서의 '공통'의 이해관계를 신생 독립국을 선언한 베트남에 투사하였다. 제2차 세계대전 종전 후 펼쳐진 탈식민의 상황에서 신생 독립국이 처한 제3세계적 불안정성은 '상상된' 민족 공동체의 형성과정에서 대타자로서 제국주의 국가의 존재와 정치적 종속화의 위기를 성찰하게 하는 것이었다. 또한 제국주의 질서의 재편과 전환이 함께 모색되던 탈식민적 정치 공간에서 민족-국가 건설을 둘러싼 다양한 전망들이 상호 경합하기 시작했다는 점에 주목할 필요가 있다. 탈식민 상황에서 민족주의적 정치전망이 단순히 반외세적 관점을 근본화 하는 것만으로 수렴되지는 않으며, 민족-국가의 '생성', '생존'과 '지속'을 위한 협상과 전유 전략이 복수적으로 펼쳐지는 계기를 촉발한다는 사실을 확인하게 한다.

2. 북위 '17도선'-냉전체제의 등압선等壓線

제1차 인도차이나전쟁이 발발한 이듬해인 1947년, 미국에서 이른바 '트루먼 독트린Truman Doctrine'이 발표되면서 냉전 시대가 본격 개막하였다. 주지하는 바와 같이 트루먼 독트린은 그리스와 터키 등 전후 유럽에서 벌어지고 있던 공산주의 운동과 소련 영향력 확산에 대한 대응의 성격을 지니고 있었다. 동남아시아의 경우, 미국은 필리핀과 인도네시아에 대한 정치적 관심이 지대했던 반면, 인도차이나에 대해서는 프랑스 식민지 주권의 영역으로 간주하고 상대적으로 거리를 유지했다. 호찌민은 베트남을 점령한 일본에 대한 항일투쟁 과정에서 미국의 전략정보국Office of Strategic Service; OSS과도 직접적인 접촉과 교류가 있었던 데다,[31] 미국 정부에 편지와 전문을 보내 민족주의자를 자처하고 있었고, 미국이 파악한 바에 따르면 비엣밍과 소련의 직접적인 접촉도 없어 보였다.[32] 오히려 미국은 인도차이나에서 전쟁을 불사하고 있는 프랑스를 탐탁지 않게 보고 있었고, 베트남을 프랑스가 재식민화하기 보다는 친서구적인 독립국가가 건설되는 것이 바람직하다는 입장을 취했다.

프랑스도 비엣밍과의 전쟁이 대외적으로 제국주의 전쟁으로 비추

31) Duiker. 2000, 282-294.

32) Hess. 1978, 333-334.

어질 수 있다는 점은 부담스러웠다. 전쟁 발발 후 막강한 전력 우위를 바탕으로 북부지역의 3/4 이상을 신속하게 점령하며 비엣밍 세력을 북부 국경 산악지역에 고립시키는 데 성공했지만 게릴라전을 펼치며 완강히 저항하는 비엣밍을 완전히 제압하는 데는 실패했다.[33] 또한 비엣밍을 추종하며 프랑스에 저항하는 수많은 베트남인을 통제할 수도 없었다. 이러한 상황에서 프랑스는 "식민지 전쟁이 아닌 내전으로 전환"할 방법을 모색했다. 이 전환을 위해서는 '남부자치공화국'의 실패 경험과는 다른, 보다 안정적인 국가체제를 갖추고 대중적 정치지도자가 이끄는 정부가 수립될 필요가 있었다. 프랑스는 자신들의 정치·경제적 이해를 대변해 줄 비사회주의적 민족주의 지도자를 물색했고, 퇴위 이후 비엣밍 세력에 대해 강한 정치적 반감을 가지게 된 바오다이와 접촉해 형식적인 독립보장을 약속하며 설득했다.[34] 마침내 1949년 3월 9일 이른바 '엘리제 협정the Elysée Agreement of March 1949'을 체결하고 프랑스가 특권적 지위를 누리고 외교와 국방을 담당한다는 조건을 달아, 프랑스 연합의 일원으로서 베트남의 독립국 지위를 공식인정하기에 이르렀다. 사실상 전쟁 발발 이전 비엣밍과 프랑스 사이에 체결됐던 '예비협정'과 '가조약'이 담고 있던 내용과 크게 다르지 않은 조건을 전제로 바오다이를 국장Quốc trưởng으로 한 독립국 지위가 보장된 베트남국Quốc gia Việt Nam이 수립된 것이었다. 한편, 베트남국 수립과 이에 대한 프랑스의 공인은 두 개의 베트남이 국내외적으로 경합하게 되었다는 것을 의미했다.

프랑스에 대항해 전쟁을 치르고 있던 비엣밍에게 베트남국의 수립

33) 심주형. 2020, 457-465.

34) Hess. 1978, 332-333.

은 적지 않은 정치적 충격을 가져왔다. 바오다이가 대표하는 독립국이 수립되자, 상당수 비사회주의적 민족주의자들이 공공연하게 비엣밍으로부터 이탈하였고, 정치적 대표성 측면에서도 탈식민주의적 민족주의 정치세력으로서 확고했던 지위가 흔들리게 되었다. 그러나 이웃 중국에서 국민당 정부가 타이완으로 패퇴하고 중화인민공화국(이하 중국)이 건설되자 상황 반전의 기회를 얻게 되었다. 중국은 1950년 1월 베트남민주공화국과 공식 외교관계를 수립하였고, 뒤이어 소련 등 '사회주의 형제국'들이 연달아 베트남민주공화국의 독립국으로서의 지위와 합법성을 공인해주었다. 한편, 중국 상황의 변화 그리고 무엇보다 소련과 베트남민주공화국의 수교는 프랑스의 이른바 '바오다이 해법'에 냉소적이던 미국이 입장을 전환하는 계기가 되었다. 미국은 반공 국가에 대한 지원정책에 따라 곧바로 베트남국을 무조건적으로 인정했고 동시에 경제·군사적 지원에 나섰다.[35] 베트남에 지구적인 냉전질서가 기입되기 시작하는 순간이었다.

베트남이 냉전질서에 급격히 편입되면서, '민족주의'를 내걸고 연합전술을 통해 독립을 꾀하던 비엣밍 세력의 노선에도 큰 변화가 일어났다. 비엣밍은 사회주의라는 이념적 정체성을 보다 공공연하게 드러내고 전쟁과 사회주의 혁명에서 성공한 '중국모델'을 적극적으로 받아들였다. 1951년에 개최된 제2차 인도차이나 공산당 대회에서는 코민테른Comintern; Communist International의 "1국 1당" 원칙을 수용해, 당명을 '베트남 노동당Đảng Lao Động Việt Nam'으로 개정하였고, '토지개혁' 등 사회주의 이념에 입각한 정책을 채택해 정치 노선을 대중적으로 보다 분명히 드러냈다. 통일전선체인 비엣밍은 민족주의 대중조직

35) Hess. 1978, 347.

의 연합체였던 베트남 국민연합회Hội Liên hiệp Quốc dân Việt Nam와 통합하여 훗날 베트남조국전선Mặt trận Tổ quốc Việt Nam의 모체가 되는 베트남연합전선Mặt trận Liên Việt으로 전화하였다. 사실상 당 중앙이 모든 정치·사회조직을 총괄하는 중앙집중적 질서와 체계로 조직을 재편한 것이었다. 중국의 베트남 노동당에 대한 직접 지도와 지원은 고립되어 있던 베트남민주공화국에게는 큰 힘이 되었지만, 다른 한편 중국에 대한 정치·경제적 의존성이 커지는 계기가 되었다. '중국 모델'을 따른 항쟁과 해방구 정책이 본격 도입되고 이후 1956년 베트남 노동당이 '중국식' 토지개혁정책을 추진하는 과정에서 발생했던 폭력과 인명피해 등 정책적 과오를 공개 사죄하고 '수정 운동chiến dịch sửa sai'을 펼치기 전까지, 사실상 베트남 사회주의자들은 "중국인 동지들의 보호감독 아래"에 놓여 있었다.[36)]

전쟁이 시작된 지 7년째인 1953년, 베트남 국내외 상황은 다시 크게 변화했다. 프랑스의 지원을 받은 베트남국이 군대를 양성하며 프랑스군과 함께 전쟁에 참전하면서 전력의 비대칭성이 급속히 커지고, '항불항쟁'은 점차 베트남인들 사이의 내전으로 전화됐다.[37)] 대외적으로는 스탈린Stalin이 사망한 이후 소련 내부와 사회주의 동맹국가들의 미래에 대한 불확실성이 증대했고, 한국전쟁에서 군사적으로 충돌한 미국과 중국이 휴전협정을 맺으면서 이들 두 국가가 인도차이나에서 벌어지고 있는 전쟁에 직접 개입할 가능성이 커져갔다. 전쟁의 당사자인 프랑스는 7년여 동안 지속한 전쟁에 대한 피로도와 베트남국의 수립 등 변화된 상황을 고려하여 베트남민주공화국과 협상을 통해 전쟁

36) Quinn-Judge. 2017, 64.

37) Asselin. 2011, 181.

을 종결하고자 하는 의사를 드러냈고, 호찌민도 평화협상에 관심을 드러내면서 정치적 해결을 모색할 수 있는 분위기가 조성되었다.

1954년 제네바 회담에서 인도차이나에 대한 문제에 대한 논의가 개시되기 직전에 베트남민주공화국은 디엔비엔푸Điện Biên Phủ 전투에서 승리하면서 회담 결과에 대한 기대감을 키울 수 있었다. 그러나 협상이 진행되던 중 반공주의자이자 천주교도이며 민족주의자인 응오딩지엠Ngô Đình Diệm이 또 다른 전쟁 당사국인 베트남국의 총리로 임명되면서 상황이 변화하기 시작했다. 베트남민주공화국은 지엠의 정치적 부상을 미국이 회담에 직접 개입하고 무산시킬 수도 있는 가능성을 시사한 것으로 판단하였고, 프랑스와 신속하게 회담을 마무리 짓기 위해 태세를 전환했다.[38] 그 결과 양측은 즉각적인 휴전과 평화를 위해 일시적으로 분단선을 설정하고 통일 국가건설을 위한 총선거를 실시하는데 합의하였다.

분단선을 어떤 기준으로 설정하고 언제 총선거를 실시할 것인가를 두고 이견이 존재했는데, 그 중 특히 분단선 설정 문제는 매우 민감한 정치적 사안이었다. 8년여의 전쟁을 치르며 북부 국경 산악지역으로 밀려나 있던 베트남민주공화국의 입장에서는 즉각적인 휴전과 더불어 정치적 거점이자 상징으로서 주요 대도시를 확보하고 동시에 남부 지역에도 영향력을 미칠 수 있는 정치 공간의 확보가 무엇보다 중요했다.[39] 호찌민은 제네바 회담에서 베트남민주공화국의 입장을 대변했던 중국의 저우언라이周恩来와 이 부분에서 이견을 보였다. 베트남민주공화국은 1945년의 '일시적 분단선'이었던 북위 '16 도선'을 기준

38) Asselin. 2011, 168-169.

39) 심주형. 2017, 146-148.

선으로 요구했으나, 중국은 외교적 협상과 협정체결을 위해 그보다 후퇴한 '17 도선'을 받아들일 것을 제안했다.[40] 결과적으로 베트남은 중국의 제안을 수용해야 했고, 제네바 회담은 즉각적인 휴전과 프랑스군의 완전한 철수를 통한 베트남의 독립, 2년 후 통일을 위한 총선거 실시에 합의했다. 이로써 북위 17 도선을 기준으로 북쪽은 베트남민주공화국, 남쪽은 베트남국으로 나뉘게 되었다.

'북위 17 도선'을 기준으로 한 분단은, 베트남민주공화국과 베트남국 양자 모두에게 문제적인 합의였다. 전자에게는 디엔비엔푸 전투에서의 '역사적 대승'에도 불구하고 1945년의 기준선이었던 '북위 16 도선' 보다 후퇴한 결과를 받아들인 합의가 정치적 부담이 되었다. 또한, 베트남 중부와 남부지역에서 '항불항쟁'을 펼쳐왔던 이들에게는 '북위 17 도선'을 기준으로 한 분단과 휴전 합의가 남부지역에서의 활동을 중단하게 하고 그동안의 항쟁 성과와 기반을 포기하게 할 수도 있는 합의로 이해되었다. 그에 따라 이른바 '하노이 중심주의'에 대한 불만이 노골화되었다. 후자인 베트남국의 입장에서는 베트남민주공화국을 정치적 실체로 인정하고 안정적인 정치 활동 기반을 보장해 준 것은 그 자체로 베트남국의 정치적 존립을 위협하는 것에 다름이 없었다. 베트남국은 '남부정권'으로 그 위치가 전락하게 되었고, 프랑스가 베트남에서 철수한 이후 실시하기로 한 총선거에서 현실적으로 베트남국을 중심으로 한 정치세력이 승리할 가능성도 희박하다는 것을 인지하고 있었다. 더 나아가, 디엔비엔푸 전투에서의 패배와 제네바 회담에서의 합의 결과로 볼 때 더 이상 프랑스에 기대할 것이 없다는 비판적 여론도 거세게 일어났다. 제네바 회담 결과를 "자유 세계의 재

40) Asselin. 2011, 169-170.

앙"[41]으로 평가한 미국의 입장도 이러한 남부지역 정치 상황을 뒤흔들기에 충분했다.

'제네바 회담'에 대한 미국의 입장은 협정서에 대한 최종 서명 거부를 통해 곧바로 공식화되었지만, 회담 막바지에 미국의 제안으로 협정서에 추가된 것[42]으로 알려진 제14조 d항은 결과적으로 '북위 17도선'을 분단선으로 '경험'하게 하고 분단체제를 형성하는 데 결정적인 역할을 했다. 제네바 협정서 제14조 d항은 협정서 발효 후 300일의 기간 동안 북위 17도선을 기준으로 "한쪽 편에서 통제하는 구역에 거주하는 민간인이 다른 편에 할당된 구역으로 이동해 살고자 하는 경우 해당 구역의 당국에서 허용해야만 하고 도움을 받아야 한다"라고 명시하고 있다. 이 조항에서 민간인은 사실 천주교도를 비롯한 반공주의자들을 전제하는 것이었는데, 정치적으로는 이주를 허용해야만 하고 도움을 받아야 한다는 강제 조항이라는 사실이 큰 의미가 있었다. 약 1년간[43]이라는 짧은 기간 동안 81만여 명의 사람들이 북부에서 남부로 이주했고, 그 중 75% 이상이 천주교도였다.[44] 예상하지 못했던 엄청난 규모의 난민 이주는 제네바 협정체결 이후 국내에서 정치적 위기 상황에 내몰린 지엠의 정치적 기반을 강화시켜주는 것이었다. 정치지도자로서 지엠의 천주교도이자 반공주의자라는 정체성은 남부 이주를 택한 이들에게 신뢰감을 주는 것이었고, 무엇보다 승리를 예상하기 힘든 총선거라는 정치 일정에 내몰리고 있던 지엠에게 불확실한 상황을 돌파할 가능성을 제공하는 것이었다. 한편, 미국은 난민들의

41) Quinn-Judge. 2017, 31.
42) Catton. 2015, 332.
43) 실제로는 1955년 7월까지 연장되었다.
44) Hansen. 2019, 178-180.

이주를 돕는다는 명분의 "자유를 향한 통로 작전Operation Passage to Freedom"을 통해 베트남 문제에 직접 개입하기 시작했다. 미美 해군이 난민 이송 작전을 직접 수행했고, 난민 이주와 정착 등의 문제를 두고 자연스럽게 지엠의 정치적 후견인으로서 관계를 형성했다.

'제네바 협정' 내용 중 모두가 주목했던 "2년 후 총선거를 통한 평화 통일"이라는 조항을 상기해 보면, 북부에서 남부로 300일 동안의 난민 이주 허용과 지원에 관한 규정은 그 실효성에 의문을 가지기 충분한 것이었다. 모든 자유 이주가 마무리된 1년 후에는 '북위 17도선'이라는 분단선은 사라질 것이고, 베트남은 하나의 국가가 될 것이었기 때문이다. 그런데도 실제로는 엄청난 수의 난민 이주가 '북위 17도선'을 가로지르며 외국군대의 지원을 통해 이루어졌던 것은 결과적으로 베트남민주공화국과 베트남국 사이에 일시적으로 보장되었던 이주가 분단체제의 고착화를 준비하고 실행에 옮기는 과정이었다는 것을 의미한다. 아이러니하게도, 미국과 지엠은 모두 제네바 협정의 폐기를 주장했으나, 민간인의 이주와 관련된 조항은 기간을 연장해가면서까지 추진했다.

'협정'에서 보장한 자유 이주 기간이 끝나고 프랑스군이 베트남에서 철수한지 얼마 되지 않아 지엠은 베트남국의 국장을 맡고 있던 바오다이의 퇴진을 위한 국민투표를 전격 실시했다. 지엠은 부정투표를 통해 압도적인 찬성표를 획득해 바오다이를 몰아낸 후, '봉건적'이며 프랑스에 종속된 국가체에 머물러 있던 베트남국을 해소하고 새로운 근대 민족-국가로서 베트남 공화국 수립을 선포하고 대통령직에 올랐다. 최소한 프랑스로부터는 완전히 독립한 최초의 근대적 공화국이 남베트남 지역에 수립된 사건이었다. 이 모든 과정에는 프랑스를 대체해 인도차이나 문제에 본격적으로 개입하기 시작한 미국의 지원이 있었다. 1945년 '8월 혁명'을 통해 비엣밍이 바오다이에 퇴위를 요구하는 방식으로 베트남민주공화국 임시정부를 수립했다면, 지엠은 비록 형식적이며 투표 부정이 개입되었지만, 국민투표를 통해 새로운 국가를 선포했다. 그렇게 탈식민 근대국가를 표방하는 두 개의 공화국이 경합하는 분단체제의 시대가 베트남에서 펼쳐졌다.

III. 베트남의 "분단 화교·화인" 경관

1. 탈식민의 정치와 '화교·화인'의 분화

1945년 비엣밍의 주도로 '8월 혁명'이 베트남 전역을 휩쓸던 격변기에, 주요 도시에 거주하고 있던 화교들은 집과 거리에 베트남인들이 혁명의 상징으로 사용하던 '금성홍기金星紅旗; Cờ đỏ sao vàng(현재의 베트남 국기)' 대신 중화민국 국기를 내걸었다. 하노이에서 발간되던 비엣밍의 기관지 '끼우 꾸옥Cứu Quốc; 救國'은 "당신들은 고의적이든 그렇지 않든 거주하고 있는 국가의 주권을 존중하지 않는 큰 실수를 저질렀다"라고 비판하며, 최소한 베트남 국기를 함께 내거는 것이 "당신들을 향한 베트남 대중들의 의심을 근절할 수 있을 것이다"(1945년 8월 31일)[45]라며 화교들에게 경고의 메시지를 내보냈다. 비슷한 상황은 북부지역뿐만이 아니라 남부 사이곤 지역에서도 벌어졌는데, 문제 제기의 주체가 일본에 의해 수립됐던 '베트남제국Đế quốc Việt Nam; 越南帝國'의 경찰이었다는 점이 달랐다. 한편, 사이곤의 화교 집단 거주지인 쩌런Chợ Lớn 지역에서는 화교 노동자들이 비엣밍이 주도하는

45) Marr, 1995, 512.에서 재인용.

집회에 참여해 "베트남어와 각종 중국어 방언으로 구호를 외쳤고", 시위가 벌어진 다음 날 쩌런의 관료들이 비엣밍에 권한을 넘겨주기도 했다.[46]

탈식민주의 정치 공간에서 표면화된 베트남 화교·화인의 다양한 정체성은 그들의 이주사와 현실의 삶 그리고 정치적 상황에 대한 불안감anxiety 등을 복합적으로 반영하고 있었다. 1943년 통계에 따르면 베트남의 화교 인구는 466,000명이었는데,[47] 이 수치는 중국 국적을 보유한 이주자만을 포함하는 것으로, 프랑스 식민지 치하에서 인두세 징수 대상이었던 '밍흐엉'과 같은 동화된 화인과 눙Nùng족 등 월경한 소수민족 이주자들은 포함하지 않은 것이었다. 베트남에서 화교는 1886년 이래 출신지와 언어에 따른 자치공동체이자 행정조직인 방幇에 속한 이들로 규정되었고, 영국이나 인도인 등 다른 외국인들보다 세금과 경제활동에서 특혜가 주어졌다.[48] 다시 말해, 베트남의 화교·화인이라는 범주는 고정적이지 않았고, 정체성도 단일하지 않았다. 실제로 1945년 '8월 혁명'이 일어나고, 베트남민주공화국 임시정부가 출범하던 시기 스스로 화교 정체성을 공공연히 드러내던 이들은 대도시에 거주하던 소수의 화교 자본가들이었고, 중국 국기를 내거는 행위는 베트남의 식민지 체제하에서 향유했던 그들의 특권적 지위를 내세우고 스스로를 방어하기 위한 것이었다. 반면, 1929년 대공황 이후 특히 심화된 화교사회 내부의 경제적, 계급적 양극화로 인해 노동자, 빈곤층 화교들도 상당수 존재했으며, 1940년 일본이 베트남에 진주한 이후에는 일본 제국주의에 대한 정치적 입장을 두고도 분화가

46) Marr. 1995, 462.

47) Trần. 2002, 92.

48) Tran. 1997, 273.

발생했다.

베트남 독립선언식이 열리던 날 호찌민은 특별히 "화교 형제들"에게 편지를 보냈다.[49] 원문이 한자로 쓰였다고 전해지는 이 편지에서 호찌민은 베트남과 중국의 특별한 관계와 프랑스와 일본 통치 기간 베트남인과 화교가 억압과 착취의 고통을 함께 견뎌내야 했음을 상기시키고, 임시정부가 수립된 순간부터 프랑스가 이전에 화교에게 강요했던 가혹한 법률들을 폐지하고 자유와 생명, 재산을 보호할 것임을 밝혔다. 그리고 "이전에 만약 오해와 불화가 있었다면, 앞으로는 어느 쪽이든 편견을 버리고 진심으로 우호적으로 협력하길 바란다"라며 독립과 베트남민주공화국 건설을 위한 상호 협력을 호소했다. 베트남 내 화교 인구의 도움이 없이는 사실상 베트남의 독립과 국가 건설이 쉽지 않으며, 혁명 후 사회통합의 대상으로서 화교 문제가 중요하다는 정치적 판단을 드러낸 것이었다.

베트남민주공화국 임시정부는 1945년 10월 국적법령[50]을 공표하고, 식민통치 시기를 거치며 복잡하게 얽혀있던 국적 문제를 정돈해 시민권을 새롭게 규정하려고 시도하였다. 이 법령은 전통적인 부계혈통에 기반을 두고 있음에도, 베트남 영토 내에 거주하는 모든 소수민족을 베트남 시민으로 포괄적으로 규정하여 속지주의적 관점을 취하고 있다. 무엇보다 이 법은 외국 국적자와 외국 정부를 위해 일하는 자 그리고 독립과 베트남민주공화국을 침해하려는 자의 국적 박탈 규정을 명시하고 있는데, 화교-특히 화교 자본가-와 소수민족으로서 화인을 구분하려는 첫 시도로 평가할 수 있다. 그러나 이 국적법은

49) Hồ. 2011, 4-5.

50) Sắc lệnh số 53, ngày 20 tháng 10 năm 1945.

'북위 16 도선' 북쪽 지역에 국민당군이 들어와 주둔하고 남부지역에서는 영국군의 비호를 받은 프랑스가 재점령하던 상황에서 그 실효성에 한계가 있었고, 제헌의회 선거에서 식민지 부역자의 출마와 중국 국민당의 정치적 영향력과 화교 자본가들의 역할을 제한하려는 의도가 강했다.

북부지역 관할을 맡고 있던 중화민국은 일본군의 무장해제라는 명분 외에도 신생독립국인 베트남민주공화국에 자신들의 정치적 영향력을 확대하고 특권적 지위를 구축하겠다는 의도가 있었다. 민족주의 정당을 표방한 베트남 국민당과 중화민국의 관할 하에 있던 화교조직은 그러한 정치적 의도를 실현하는데 중요한 협력자들이었다. 중화민국은 남부를 재점령한 프랑스가 '북위 16 도선'의 북쪽 지역도 재식민화하기 위해 군대 진주를 위한 협상을 제안하자 '충칭협정'을 통해 자신들의 이해와 요구를 관철시켰다.

중화민국 군대의 베트남 북부지역 관할 그리고 프랑스와의 '충칭협정' 체결은 화교·화인문제와 관련하여 크게 세 개의 유산을 남겼다. 첫째, 국민당군과 함께 베트남으로 이주했다가 중국으로 돌아가지 않고 정착한 새로운 화교들이다.[51] 국경을 넘어 북부지역에 진주한 20만 명으로 추산되는 국민당군은 이미 오랜 전투로 지쳐 있었고, 가족과 동행한 경우도 많았다. 그들 중 일부는 제2차 국공내전이 치열하게 전개되는 중국으로 되돌아가는 것을 포기하고 베트남에 정착하였고, 제1차 인도차이나전쟁이 발발하자 상당수는 남부지역이나 제3국으로의 재이주에 나섰다. 둘째, '충칭협정'은 베트남 화교에게 과거 식민지 시대보다 더 많은 정치·경제적 특권을 프랑스가 보장한다는 내용을

51) Trần. 2002, 92.

담고 있었다. '충칭협정'을 통해 베트남 화교들은 1930년 '난징 협약'을 통해 프랑스로부터 보장받은 세금 특혜와 사법적 권리 보장, 수출입업과 기술산업 참여권 등 여러 특권을 재확인하고, 새롭게 광산업과 부동산 매매 및 개발업에 관한 사업권을 보장받았다.[52] 중화민국 군대의 신속한 철수와 북부지역에 자국 군대 진주에 대한 동의를 원했던 프랑스가 중화민국의 요구 대부분을 받아들인 결과였다. 이에 따라 협정체결 이후부터 베트남이 다시 '북위 17 도선'을 기준으로 분단된 1954년까지 화교들은 베트남 국내 무역을 지배할 수 있게 되었다.[53] 마지막으로 '충칭협정'은 베트남인들에게는 식민지 기억과 반중·반화교 민족주의적 정서를 되살리는 계기가 되었고, 사실상 제1차 인도차이나전쟁 발발의 불씨가 되었다. 호찌민은 '충칭협정' 체결을 재식민화의 위기로 보았고, 전쟁 발발을 막고 베트남민주공화국의 독립과 건설을 위한 시간을 확보하고자 '베트남-프랑스 예비협정'과 '퐁텐블로 가조약'을 프랑스와 체결하였다. 베트남의 미래와 화교·화인을 사이에 두고 '중국-프랑스' 그리고 '베트남-프랑스' 사이의 이중적인 이해관계 구축은 결국 상호 충돌을 피할 수 없게 했다. 제1차 인도차이나전쟁 발발의 계기가 된 하이퐁 항구에서의 프랑스와 베트남 사이의 군사적 충돌은 베트남 화교 선박에 대한 베트남민주공화국의 억류와 세금징수에 대해, '충칭협정' 이행을 명분으로 프랑스가 항구 관할권과 세금징수권을 빼앗는 과정에서 발생했다.[54] 같은 날 북부 랑선 Lạng Sơn에서 벌어진 프랑스 조사단에 대한 공격 사건과 맞물려, 양측

52) Trần. 2002, 281-282.

53) Tran. 1997, 274.

54) Hammer. 1966, 183; Nguyễn, Văn Sư. "Ngày Toàn quốc Kháng chiến (19-12-1946)-60 năm sau Nhìn lại" *Quân đội Nhân dân*, 19/12/2006.

간 무력 충돌상황은 걷잡을 수 없는 전투로 발전하였다. 최소 6,000여 명 이상의 베트남인과 하이퐁 거주 화교가 인명피해를 입었고, 프랑스군은 하이퐁을 점령하게 되었다. 뒤이어 하노이를 향한 프랑스군의 진격이 시작되면서 '제1차 인도차이나전쟁'이 발발하게 되었다.

하이퐁 항구에서의 전투와 제1차 인도차이나전쟁의 발발은 베트남 화교·화인 사회에 큰 충격을 주었다. 특히 북부지역에 거주하고 있던 화교들은 항공기 폭격 등 대규모 군사작전과 전투가 북부지역에 집중되면서 생계와 생존에 위협을 느끼고 재산피해를 우려하게 되었다. 북부지역 화교 중의 일부는 남부로 이주했고, 다른 이들은 중국 본토로 귀환했다.[55] 남부지역에서도 사이공 항구를 통한 화교 출국자가 급증했다.[56] 전쟁이 발발하자 중화민국은 인도차이나에 대한 프랑스의 권한을 인정한다는 것을 재확인하고 베트남민주공화국과 외교 관계가 없다고 발표했는데,[57] 이는 한편에서는 베트남 화교들의 안전문제를 프랑스에 위탁하는 외교적인 행보였으나, 다른 한편에서는 화교들이 프랑스 편에 서야 한다고 확인해 주는 것이었다. 전쟁 발발 직후 중화민국의 프랑스지지 선언은 베트남 화교들을 독립에 반하는 세력으로 인식시키고 게릴라전을 펼치는 비엣밍 세력의 공격대상이 될 수도 있는 위험에 처하게 하는 것이기도 했다.

1949년 베트남국이 수립되고, 중화민국(이하 타이완)이 국공내전에서 패퇴하고 중화인민공화국(이하 중국)의 시대가 열리게 된 것은 베트남 화교·화인 정체성에 정치적 그리고 이데올로기적 성격을 더욱 강하게 부여하는 일련의 사건들이었다. 1950년 중국과 베트남민주공화

55) Marsot. 1993, 75-77.

56) 이정희. 2020, 370.

57) Hammer. 1966, 185.

국, 타이완과 베트남국은 각각 공식외교 관계를 맺었다. 냉전질서에 따라 국가 간의 관계가 재편된 것이었지만, 이러한 새로운 질서에 놓인 화교들의 상황은 간단하지 않았다. 북부지역에서 프랑스에 맞서 싸우는 화교들의 통합 단체였던 화교연합회Hội Liên hiệp Hoa Kiều, 그리고 남부지역에 설립된 화교해방연합회Hội Liên hiệp Giải phong Hoa Kiều는 모두 중국과 직접적인 관계를 맺으며 활동했다.58) 중국 남부지역까지 평정한 중국공산당이 베트남 전역의 화교를 독자적으로 조직하는 상황이 펼쳐지게 된 것이다. 화교들의 자산을 활용하고 지지가 필요했던 베트남민주공화국은 화교 관련 활동 대부분을 중국에서 파견된 이들에게 맡기게 되었고, 그에 따라 중국의 정치적 영향력은 더욱 커지게 되었다. 1951년 베트남민주공화국은 당시 대부분의 동남아시아 국가들이 화교에 대한 동화정책을 펼치고 있던 상황과는 궤를 달리하여, 화교에게 베트남 국민과 동일한 권리를 부여한다고 선언하며 평등과 관용에 입각한 정책을 공표했다.59) 중국과의 관계적 친밀성을 화교정책의 차이를 통해 강조하고, 동시에 사회주의적 국제주의 원칙을 드러낸 것이었다.

한편, 남부지역에서는 제1차 인도차이나전쟁이 발발한 이후 사이공-쩌런의 화교 인구가 급증했다. 이러한 인구급증 추세는 중국이나 여타 동남아 국가들로부터의 대규모 이주에 기인한 것이 아니라, 대체로 메콩델타 지역에서 비엣밍과 프랑스의 전투가 빈번해지자 상대적으로 안전한 도시로 피난 온 이들이 늘어났기 때문이었다.60) 중화민국은 1945년 이래, 남부지역 화교에 대한 직접적인 정치적 조직화를

58) Ungar. 1987, 598-600.

59) Han. 2009, 9.

60) Engelbert. 2008, 202.

시도하며 화교 인구와 거주지 통치 권한을 두고 프랑스와 경합했다. 중화민국은 영사관과 국민당 조직을 통해 프랑스의 지원을 받으며 운영되고 있던 방 조직이 아닌 상인회 등 통합조직에 대한 영향력을 확대하려 시도했다. 이러한 공간화된 화교 인구 관리와 통제시도는 남부지역 화교의 '외국인' 정체성을 강화하고, 화교 인구의 대표적 집단 거주지인 사이곤-쩌런지역을 '국가 안의 국가'로 만들어 화교와 베트남인들을 분리하는 효과를 낳았다. 도시지역에서 강력한 화교 '집단 거주지enclave' 형성을 지원하는 한편에서 중화민국은 남부지역의 비엣밍 세력과는 무역 관계를 맺고 있었다. 표면적으로는 비엣밍 세력이 장악한 해방구에 거주하는 화교 인구의 생계를 지원한다는 명분을 내세웠으나, 정서적으로는 "백인 식민주의"에 대한 반감과 남부지역에서 활동하는 비엣밍의 반식민주의에 대한 공감이[61] 프랑스와의 전면적 공조에 거리를 두게 했고, 현실적인 측면에서는 국공내전을 수행하기 위한 경제적 필요성에 따른 것이었다. 그러나 앞서 언급했듯이 1949년 중화인민공화국이 중국 남부지역을 장악하면서, 남베트남에서 중화민국의 정치적 영향력은 급속히 쇠락했다.[62] 베트남국이 수립된 이후, 즉 베트남의 화교 문제와 관련하여 기존의 프랑스와의 직접 협상과 공조 관계에서 탈피해 '자치국'과 공식외교 관계를 맺으면서 중화민국은 남부지역 화교에 대한 정치적 영향력을 회복해 갈 수 있었다. 여전히 프랑스의 정치적 영향을 강하게 받고 있던 베트남국이었지만, 중화민국의 대베트남 관계는 탈식민적 민족-국가간 외교관계로 재편되었고, 과거 민족주의적 경합 체제로 부터 반공 전선을 통해

61) Engelbert. 2008, 207.

62) Engelbert. 2008, 208.

구축된 냉전체제의 동맹 관계로 전환되어 베트남 화교에 관한 정책도 변화할 수밖에 없었다.

제1차 인도차이나전쟁(1946-1954) 동안 북부와 남부지역 화교는 거주 인구 규모의 차이가 더욱 벌어지고 정치적 상황과 생계조건의 차이도 커졌다. 북부지역에서는 하노이, 하이퐁, 남딩Nam Định 등 대도시에 거주하는 화교보다는 베-중 국경지역, 농촌과 해안선을 따라 거주하는 화교가 많았고, 이들 중에는 소수민족과 농업, 어업, 광업 등의 노동자 비율도 높았다. 반면 베트남 화교 인구의 8할 이상이 거주하던 남부지역(1943년 통계 기준)[63]은, 상업과 무역업 비중이 높고 그 중 대부분이 경제활동의 중심인 사이곤-쩌런 지역에 모여 살았다. 이러한 차이는 베트남인들과 화교 사이의 정치적 관계의 거리차로 드러나기도 했는데, 북부지역에서는 화교사회가 지역민들과 더 밀접한 관계를 맺고 비엣밍 세력과 공동 항쟁을 펼치는 경우도 많았던 반면 남부지역에서는 외국인으로서의 '화교 정체성'이 강화되고 프랑스와 중화민국 그리고 비엣밍 세력의 경합 속에서 '유동적인' 정치적 입장을 견지하는 경향이 강했다.

1954년 중국 인민해방군의 지원을 받은 북베트남군이 디엔비엔푸에서 승리를 거두고, 제네바 협정이 타결되어 북위 17 도선을 기준으로 분단이 결정되자 화교·화인사회도 직접적인 영향을 받았다. 치열한 전투가 벌어졌던 북부지역에서는 베트남 노동당이 '해방구'를 중심으로 토지개혁 등 사회주의 정책을 추진하였고, 베트남국은 그에 대항해 중국과 베트남민주공화국에 대한 '반공주의'와 민족주의적 비판 선전 활동을 활발히 펼쳤다. 제네바 협정에 따라 베트남민주공화국이

63) Stern. 1985, 6.

북위 17 도선 북쪽 지역의 대도시를 확보하고 안정적인 정치 활동을 보장받았다는 소식은 북부지역 인구의 10%에 달하는 천주교도와 지주, 상업·자본가, 프랑스에 부역했던 군인, 경찰, 지식인 등을 '반공주의'적 공포에 휩싸이게 했다. 이들에게 제네바 협정(제14조 d항)이 보장한 한시적 '자유 이주'는 생존을 위한 불가항력적인 선택이 되었다.

1954년부터 1955년까지 약 80여만 명의 북부지역 주민들이 남부지역으로, 약 15만 명이 남부에서 북부지역으로 이주하는 인구의 대이동이 벌어졌다. 이 대규모 이주 행렬에는 베트남 북부지역에서 남부지역으로 이주한 약 40,000~60,000여 명의 화교가 포함되어 있었다.[64] 이주 행렬에 함께한 베트남 북부지역 화교들에게는 베트남민주공화국이 중국과의 우호 관계를 강조하며 베트남인들과 '동등한 권리'를 제공하겠다는 정치적 약속에 대한 신뢰보다 냉전적 이데올로기 지형이 구축되며 강력해진 삶의 예측 불가능성과 정치적 공포가 훨씬 크게 다가왔던 것이었다. 제네바 협정 이후 남부로 이주한 상당수 화교는 1975년 베트남전 종전 시기 베트남을 탈출하던 인파 속에 다시 운명을 맡겼다. 식민지 시대의 베트남 화교 이주가 대체로 생계전략의 측면에서 경제적 기회를 찾아 이동하는 양상을 보여줬다면, 탈식민지적 상황에서의 전쟁과 분단은 정치적 요인으로 인한 이주를 강제하였다. 화교들의 이주를 압박했던 정치적 요인은, 다른 소수민족이나 외국인 이주자처럼 단순히 시민권적 지위를 동등하게 보장받을 수 있는가에 관한 문제라기보다는, 프랑스 식민지 치하에서 베트남 화교들에게 부여되었던 특권들에 대한 기억과 관련되어 있었고, 오랜 이주사에서 지속적으로 발생했던 화교공동체 내부의 정체성 분화와 결부되어 있었다.

---

64) 상이한 추산치는 Amer. 2006, 4.와 Han. 2009, 6-7. 참조.

2. 동화와 귀화 정책의 명암

1955년 제네바 협정에 따른 북베트남과 남베트남 사이의 이주가 마무리된 후 1975년까지 20년간 베트남의 화교·화인은 북위 17 도선을 사이에 두고 두 개의 공화국 체제에 속한 공동체로 나뉘었다. 이 두 화교·화인 공동체는 중국 및 타이완과의 관계에서 차이를 보였을 뿐 아니라, 인구 규모, 정치 이념적 지향, 정치·경제적 지위와 권력, 언어와 문화, 생계방식에서 그 차이가 전례 없이 벌어졌다. 어느 쪽이든 예전과 같은 생계방식을 지속하기는 어렵게 되었다.

북베트남에서 남베트남으로의 대규모 이주는 제네바 협상에 참여한 누구도 예상하지 못한 것이었지만, 협정서 제14조 d항의 '자유 이주'를 정치적으로 활용하고자 했던 남베트남 사회에 큰 변화를 가져왔다. 남베트남은 충분한 준비를 하지 못한 채 백만 명에 가까운 난민을 수용해야만 하는 상황이었고, 전체 이주자 중 75% 이상으로 추정되는 북부 천주교도들의 남베트남 이주는 종교적 긴장마저 불러올 만한 수준이었다.[65] 약 4만 명 이상으로 추정되는 화교 이주자들의 경우 대부분 혈연과 지연 그리고 방 조직을 중심으로 정착을 모색했는데 그 결과 사이곤의 대표적 화교 거주지인 쩌런지역이 과밀해져 대량 실업 문제가 발생하기도 했다. 1954년에서 1955년까지의 대규모 이주

---

65) 제네바 협정이 체결된 1954년 베트남에는 약 1,900,000명의 가톨릭 신자들이 있었고, 북위 17도선 남쪽 지역인 후에와 사이곤에는 단지 520,000여 명만이 거주하고 있었다. 이주가 끝난 이후에 이 두 지역의 가톨릭 신자들은 1,170,000명으로 증가했다(Hansen. 2019, 177). 이들 중 일부는 재정착 과정에서 전통적으로 메콩델타 지역에 강한 기반을 두고 있던, 호아 하오(Hoà Hảo), 빙 수옌(Bình Xuyên), 까오 다이(Cao Đài) 등 비기독교적 종교분파들과의 접촉을 거부했다(Hansen. 2019, 197).

사태는 분단된 두 베트남 사회에서 시민권 정립 문제를 긴급히 해결해야 할 문제로 만들었다.

분단체제가 형성되는 과정에서 화교의 시민권 문제는 냉전체제의 영향을 받는 정치적인 사안이었다. 미국 외교관들은 1950년대 초 동남아 화교들을 중국공산당의 스파이로 추정했다. 이후 이러한 관점은 점진적으로 개별국가 중심의 접근법으로 변화하였고, 중국 본토와 인적 접촉을 통해 강화된 화교·화인들의 통합과 정체성 문제를 해결하기 위한 해법으로 이주국의 동화정책이 제안되었다.[66] 1955년 베트남 공화국 건설을 선포한 응오딩지엠이 화교 문제에 접근한 방식은 바로 이 관점과 일치하는 것이었다. 지엠은 권력을 장악하자마자 신속하게 국적법을 통해 화교·화인들을 통제하고 동화시키고자 했다. 남베트남 지역에서 화교는 외국인으로서 식민지 시대 이래 특권적 지위를 누리는 주체였기 때문에, 베트남 국적 취득을 압박하는 국적법은 화교·화인의 특권을 없애는 것이었다.

1955년 당시 남베트남에는 약 80만 명의 화교가 있었는데, 그 중 57만여 명이 사이곤-쩌런지역에 거주했다.[67] 이들은 남베트남 경제 전반에 강력한 영향력을 행사하고 있었다. 남부 경제를 화교가 지배하고 있던 상황은 북베트남으로부터 이주해 온 난민들의 생계 문제를 해결하는데 큰 장벽이 되었다. 화교들이 대체로 식량, 생필품과 관련된 도소매업에 종사하고 있었기 때문이었다. '제네바 협정'에 따른 총선거 거부를 선언하고 '북위 17도선' 남부지역에 독자적인 공화국 건설에 나선 지엠 정부에게 일차 산업 중심인 남베트남지역의 경제구조

66) Engelbert. 2008, 210.

67) Châu. 1992, 38.

도 큰 문제였다. 당시 대부분의 산업시설은 북부지역에 집중되어 있었고, 남부지역 경제는 '베트남의 밥그릇'으로 불리던 메콩델타 지역에서 생산되는 미곡과 정미업 등의 산업과 사이곤 항구를 통한 수출입업에 대부분 의존하고 있었다. 오랜 역사를 거쳐 성장한 화교 자본가들이 이들 산업에서 오랜 기간 독점적 지위를 누리며 이윤을 획득해온 결과 다른 산업영역에 투자하려 하지 않는다는 것도 문제였다.

지엠 정부는 베트남공화국 건설을 선언한 직후 일련의 국적법을 공표해 국적 취득 여부에 따라 화교의 남베트남 거주와 경제활동 참여를 통제하고자 시도했다. 첫 번째 "제10호 칙령dụ"(1955년 12월 7일)의 제12조는 "어머니가 베트남인이고 아버지는 중국인인 베트남 출생자"를 베트남인으로 규정했다.[68] 제2차 세계대전 이후 해외에서 베트남 남부로 대규모 해외 이주가 없었고 그에 따라 당시 약 2/3 이상의 화교 인구가 베트남 출생자로 추산[69]될 수 있었기에 대부분 화교가 베트남 국적 취득의 대상이 되었다. 그러나 화교들은 베트남 국적 취득이 화교로서의 전통적 특권을 빼앗기고 의무만이 새롭게 부과되는 것으로 보았고, 타이완의 장제스가 베트남공화국이 국적을 부여하려는 시도에 직접 개입해 줄 것을 기대했다. 그러나 지엠 정부는 두 번째 "제48호 칙령(1956년 8월 21일)"을 공표해 국적법을 보다 강력하게 개정하였다. 이에 따르면, 베트남에서 출생한 모든 화교는 반드시 베트남 국적을 취득해야만 하고, 만약 국적 취득을 원치 않는 경우 타이완으로 '귀국'을 신청할 수 있었다. 그리고 타이완으로 귀환을 원하는 이들은 정부에 돈을 납부해야 했다. 뒤이은 세 번째 "제52호 칙령(1956

68) Trịnh. 2010, 135-136.

69) An. 1967, 14-15.

년 8월 29일)"에는 베트남 국적을 취득한 화교를 포함한 모든 베트남 시민들이 베트남 이름을 사용해야 한다고 규정하였다. 이 '개명 정책'은 마지못해 베트남 국적을 취득했으나 베트남어를 사용하지 않는 화교들에 대한 강제적인 문화 동화정책이었다. 네 번째 "제53호 칙령(1956년 9월 6일)"은 모든 외국인에 대한 경제활동 제한 조치를 담고 있었으나 사실상 화교가 "전체 외국인 인구의 99% 이상"[70]에 달하고 있었기에 화교를 대상으로 한 법령이었다. 이에 따르면, 화교는 다음의 11개 업종의 경제활동에 참여할 수 없었다[71]: 1. 생선과 육류 판매, 2. 생활 잡화 판매, 3. 숯 판매, 4. 석유, 기름(유류판매업), 5. 전당포, 6. 옷감, 비단, 면사 판매(10,000 미터 이하), 7. 철, 동, 놋쇠 조각 판매(철물업), 8. 정미업, 9. 5곡 판매, 10. 운송, 운수, 해운업, 11. 중개 수수료업 trung gian ăn huê hồng.

업종에 따라 6개월에서 1년의 폐업 유예기간을 명시하고 있었지만, 제53호 칙령은 기존 사업을 폐업하지 않을 수 있는 단 한 가지 방법만을 남겨 놓고 있었다. 그 방법은 베트남 시민에게 사업을 넘겨주는 것이었다.[72] 만약 이러한 내용을 준수하지 않는다면, 강제 출국 조치가 취해지고 당시 수준으로는 큰 액수의 벌금인 5만 동đồng~5백만 동을 징수하겠다는 내용도 담고 있었다. 이 칙령은 더 나아가 화교들의 편법과 칙령 회피에 대응하는 내용을 담고 있었는데, 베트남 시민들이 "응오아이 끼에우ngoại kiều(외국인)"와 결탁하는 경우에 적발 시 6개월에서 3년간의 징역형과 외국인과 동일한 벌금을 부과한다고 명시하였다.[73]

70) Fall. 1958, 65.

71) Trần. 2018, 73.

72) Amer. 2006, 8.

지엠 정부가 화교들의 반발과 타이완과의 외교적 문제에도 불구하고 이러한 강력한 조치와 압박 정책을 개진한 것은, 무엇보다 경제적인 측면에 대한 고려 때문이었다. 베트남공화국이 분단체제라는 현실에 대응하기 위해서는, 첫째, 국가 경제라는 새로운 관점에서 경제 주권을 분명히 할 필요가 있었고, 둘째, 시장 진입에 어려움을 겪고 있는 베트남인들이 화교 및 외국인 사업가들과 경쟁할 수 있게 하고, 셋째, 독과점의 폐해를 막고 시장에 생필품 분배를 안정적으로 지속시켜 일상을 안정화하고, 넷째, 화교를 통하지 않고 베트남인들 상호간의 상업 활동을 지원해 삶을 개선할 수 있는 조건을 마련하며, 마지막으로 화교 및 외국인 자본가들이 남베트남 경제가 필요로 하는 공업·기술 부문으로 투자를 전환하도록 하는 것이었다. 결국, 베트남 전역의 연결망을 통해 유지되던 국내 경제체제를 분단체제 형성에 따라 남베트남이 단일한 민족-국가경제체제를 스스로 구축할 수 있도록 재편하려는 것이었고, 이 목표를 위해서는 전통적인 '화교 경제'를 해체하거나 통제하는 것이 불가피했던 것이다.

남베트남에서 급속하게 추진된 강력한 대 화교정책에 대해 타이완과 중국은 함께 비판했다. 그러나 타이완은 과거와는 달리 베트남에 직접적인 정치적 영향력을 행사하기 힘들었고, 무엇보다 미국의 냉전질서 유지 정책을 존중해야만 했으며 동남아 각국의 화교 동화정책에 대한 정치적 지원에 공개적으로 반대하기 쉽지 않았다. 타이완은 남베트남의 국적법 관련 칙령에 대한 우려를 표명하고, 1957년 5월 7일 화교들 중 타이완으로의 '귀국' 희망자를 직접 접수하겠다고 발표했다. 그러나 기대와는 달리 단지 소수 화교만이 타이완으로의 귀국길에

73) Trịnh. 2010, 134-138.

올랐고 대부분의 화교는 베트남 국적을 취득하게 되었다. 사실상 국적법 문제와 관련하여 "두 개의 중국"은 한목소리로 화교를 대변하며 남베트남 정부에 항의 메시지를 보냈지만, 정책변화를 직접 만들어내지는 못했다. 그나마 타이완은 남베트남 정부와 외교적인 협상을 모색할 수 있었지만, 동남아시아 신생 독립국가들의 비동맹 운동에 영향력 확대를 모색하는 한편 냉전체제 하에서 남베트남 정부와는 외교적으로 단절된 상태에 있던 중국은 '내정간섭'이라는 정치적 비판에 민감할 수밖에 없었다. 결국, 중국은 '국적법 사태'로 경제적 어려움을 겪는 남베트남 화교사회에 10,000달러의 구호금을 제공하는 수준에서 대응하고 더는 문제를 제기하지 않았다.[74)]

타이완과 중국이 남베트남의 국적법 문제와 관련하여 전례 없이 무기력한 모습을 보이게 된 상황에서, 남베트남 화교들은 스스로 직접 집단행동에 나서 정부에 저항하며 정책변화를 끌어냈다. 베트남 화교들-특히 남부지역 화교들-이 베트남 국내정치문제에 대해서 거리를 두고 생활해 왔던 오랜 관행과는 다른 모습이었다. 1957년 여름, 남베트남 화교들은 은행에서 예금을 집단 인출하여 남베트남의 통화가치를 들썩이게 했고,[75)] 화교 학교와 상점의 문을 닫고 시위했다. 화교신문사 8곳이 국적 취득을 거부하는 베트남 출생 화교를 돕기 위한 기금을 조성하는 캠페인을 펼치다 기소되어 법정에 서게 되는 상황이 벌어지기까지 했다.[76)] 화교사회 전체가 공동행동에 나서면서, 베트남 국적 취득과는 별개로 화교로서의 집단 정체성은 전례 없이 강화되었다. 동남아 화교 상인 네트워크의 초국적인 집단 반발도 벌어졌는데,

74) Han. 2009, 27.

75) Fall. 1958, 67.

76) Goldstein eds.. 2001, 255.

홍콩과 싱가포르에서 기존의 화교 무역 네트워크를 통하지 않은 베트남 쌀에 대한 수입을 거부하면서 남베트남 경제는 큰 타격을 입게되었다.[77] 이러한 저항이 계속되자 남베트남 정부는 "제53호 칙령"에 대한 부분 수정과 보완책을 내놓고 국적법의 일부 규정을 화교에 대해서만 예외로 할 수 있다는 규정을 발표하여 화교의 '특권적 지위'를 형식적으로나마 복원시켰다. 그럼에도 불구하고, 지엠 정부와 화교 사이의 긴장과 갈등은 이후에도 계속되었다. 지엠 정부는 국적법과는 별도로 쩌런을 독립된 도시가 아니라, 남베트남 공화국의 수도 사이곤에 속하는 행정구역으로 귀속시켜 과거의 역사·문화적 상징성을 약화시키고 국가 행정 권력의 직접적인 영향력 안으로 편입시켰다.[78] 남베트남 정부는 집단행동에 나섰던 화교사회의 결속력을 무력화하고자 또 다른 칙령(1960년 6월 10일)을 통해 화교들의 자치 행정조직으로 기능하고 있던 방에 대해서 해산명령을 내리기까지 했다.[79]

남베트남 정부의 "제53호 칙령"은 비록 집단 저항과 경제위기 상황을 초래하기도 했지만, 전적으로 부정적인 결과를 낳지는 않았다. 몇몇 화교 자본가들은 기존 관행에서 벗어나 사업영역 전환을 모색했고, 이 시기 미국의 본격적인 베트남 개입과 함께 시작된 이른바 "전쟁과 평화 경제"[80]에 남베트남의 화교들이 적극적으로 참여하기 시작했다. 1963년 쿠데타로 지엠이 암살되면서 강력하게 추진되던 남베트남의 화교정책을 둘러싼 갈등은 더는 주요한 사회적 쟁점이 되지 않았다.

77) Fall. 1958, 70-71.

78) Nguyễn, Quang Duy, "Phục hồi Chợ Lớn góp phần phát triển Việt Nam" *BBC Tiếng Việt*, 14/06/2018.

79) Amer. 2006, 11.; Tran. 1997, 275.

80) Engelbert. 2008, 222.

새롭게 펼쳐진 남베트남의 '전쟁과 평화 경제'는 역설적으로 화교들을 정치적으로 유동적인 정체성을 지닌 존재로 되돌아가게 했다. 그리고 쩌런지역도 다시 독자적인 화교공동체의 공간으로서 면모를 되찾았다. 전쟁이 발발했지만, 제1차 인도차이나전쟁 때와는 전혀 다른 상황이 펼쳐졌다. 전쟁을 피하기보다는 홍콩과 타이완 등지에서 새로운 화교들이 '전쟁특수'를 좇아 남베트남으로 모여들었고, 국적을 취득하고 안정적으로 사업을 펼치기 시작한 화교 자본가들도 타이완과 여타 동남아 화교 자본들과 협업 관계를 활발하게 구축했다. 이러한 상황 변화 속에서, 남베트남과 미국에 협력하는 화교들이 북베트남의 지원을 받던 '남베트남 민족해방전선Mặt trận Dân tộc Giải phóng miền Nam Việt Nam'[81]의 감시와 공격목표가 되었다. 실제로 1968년 설을 기해 남베트남 전역에서 이른바 "무신년 설 총진공과 봉기Tổng tiến công và nổi dậy Tết Mậu Thân"가 일어났을 때, 쩌런지역에서 대규모 전투가 벌어져 큰 재산피해와 인명 살상이 화교를 대상으로 집중적으로 벌어졌다.[82] 다른 한편, 화교가 남베트남 경제를 지속적으로 지배하고, 국내외 금융, 물류 네트워크를 관할하게 되면서, 일부 화교들은 남베트남 민족해방전선의 해방구 지역에 '전쟁물자'를 공급하고 '공작자금' 이체·출금업무를 대행하는 등 조력자로서 역할을 수행하기도 했다. 이러한 상황은 과거 비엣밍 세력과의 관계, 중국의 조직화 그리고 남베트남 화교공동체가 지닌 독립적이며 자치적인 전통이 재전유된 결과였다.

사실상 지엠이 이끄는 남베트남 제1공화국 정부의 화교 동화정책과

81) 냉전 시대 미국을 위시한 이른바 '자유 진영' 국가들에서 이른바 '비엣꽁(Việt Cộng)'으로 부르던 세력.

82) Engelbert. 2008, 222.

국적법을 통한 귀화 정책은 제2차 세계대전 이후 독립 국가 건설에 나선 대부분의 동남아 신생국가들의 사례와 유사한 것이었다.83) 반면, 북베트남은 중국과의 '특수관계'를 강조하며 북베트남 화교에 대한 상대적으로 유연한 시민권 정책을 펼쳤다. 1955년 북베트남은 베트남 노동당과 중국공산당 사이의 합의를 통해, 점진적으로 북베트남의 화교들을 베트남 시민화하는 데 합의하였다.84) 이듬해 북베트남을 방문한 저우언라이도 화교들에게 베트남 사회에 통합될 것을 주문하기도 했다. 중국은 1955년 비동맹국가들이 참여한 반둥회의Bandung Conference에서 신생 독립국 - 특히 동남아시아 국가들 - 의 지지를 얻기 위해 화교에 대한 이중국적제도를 폐지한다고 발표하였다. 즉, 화교가 거주국의 국적을 취득하는 경우 중국 국적이 취소되며 거주국의 세관과 법을 존중할 것을 제안하였다.85) 중국은 1957년 광시좡족자치구廣西壯族自治區와 국경을 면하고 있는 북베트남 북서부 꾸앙닝Quảng Ninh성에 거주하는 소수민족인 응아이Ngái족을 중국인이 아닌 북베트남 국민으로 분류하는 데 합의하고 북부 다른 지역의 화교·화인들에게도 베트남 시민권을 적극적으로 획득하라고 설득하였다.

북부 화교의 시민권과 통치에 관한 결정적 사건은 1961년 중국이 하노이 주재 대사관에서 중국 국적을 유지한 화교들에 대한 비자발급 업무를 중단하고 북베트남에 권한을 이양한 것이었다.86) 이 조치는 북베트남 내 거주하는 화교에 대해서는 중국이 아니라 북베트남이 책임을 지고 관리하고 통치한다는 상징적인 의미를 담고 있었다. 중국이

83) Fall. 1958, 66.

84) Chang. 1982, 6.

85) Han. 2009, 9-10.

86) Chang. 1982, 10-11.

나서서 지원한 화교들의 북베트남 국적 취득 정책은, 사회주의적 국제주의라는 이념적 상징성이 있는 것이기도 했지만 다른 한편 국경을 서로 마주하고 있는 지정학적 특성상 인구통제와 이동에 대한 권한과 책임을 분명히 할 필요가 있기 때문이었다. 북베트남은 베트남 국적을 취득한 화인들에게 베트남인들과의 동등한 권리를 보장하면서도 병역의무를 면제해 주는 정책을 통해, 여타 소수민족과는 다른 화인 정체성의 특권적 지위를 재확인해 주었다.

분단된 두 개의 베트남은 국적법을 정비하며 복잡하게 얽혀있는 화교·화인 문제를 해결하고 그들을 포괄하는 새로운 시민권을 구성하고자 시도했다. 그러나 1960년대 중반 중국에서 시작된 문화혁명은 북베트남과 남베트남에 새로운 화교·화인문제를 불러일으켰다.

북베트남에는 중국의 지원을 통해 1954년부터 중국인 학교가 재개설되고 중국으로부터 교사가 직접 파견되어 교육을 담당하고 학생들도 중국에 유학을 다녀오는 교육 프로그램이 운영되었다. 1964년 북베트남에는 120여 개가 넘는 중국인 학교가 있었고, 만 8천여 명의 학생들이 공부하며, 양국정부가 함께 지원하고 관리하는 '우의hữu Nghị; 友誼' 관계의 상징으로 기능하고 있었다.[87] 그런데 중국에서 문화혁명이 격화되자, 북베트남 정부를 수정주의로 비판하며 마오쩌둥의 어록을 유포하는 활동이 중국인 학교와 언론 그리고 화교공동체를 중심으로 펼쳐지기 시작했다. 베-중 국경 지역에서는 문화혁명을 피해 무단으로 국경을 넘어오는 난민들이 사회문제가 되기도 했다. 북베트남은 점차 중국인 학교와 언론을 통제했고, 화교·화인 학생의 중국 유학 프로그램을 중단하고 베트남어 의무 교육을 강화하는 방식으로

87) Han. 29-30.

대응했다. 1960년대 후반부터 중국과의 관계가 악화하면서, 북베트남의 화교·화인 동화정책은 더욱 강화되었다. 1970년대 초에는 중국인 학교의 독립적 지위를 없애고 교육부의 직접 통제를 받게 했다. 또한 중국인 학교에 베트남인들의 입학을 허용하여 전통적인 화교 학교로서의 기능은 점차 희미해지고 일반 교육기관으로 성격이 바뀌게 되었다.

사실상 북베트남 화교에 대한 여러 특권들은 점차 폐지되어 화교의 지위는 일반적 시민권의 수준으로 재조정되었다. 문화혁명기간 중에는 화교들이 중국으로 귀환하기도 쉽지 않았다. 귀환 화교에게는 외국의 영향을 받은 첩자라는 의심과 차별이 덧씌워지는 경우가 다반사였기 때문이다.88) 양국 우의 관계의 상징이었던 호찌민의 사망도 북베트남과 중국 관계의 미래를 어둡게 하는 사건이 되었다. 결국 '형제' 국가로서 '우의' 관계의 상징으로 재현되고, 중국 본토와의 밀접한 관계를 유지하며 생활할 수 있었던 북베트남의 화교들은 양국관계의 악화에 따라 예상치 못한 고립과 방치 상태에 놓이게 되었다.

베트남 분단체제에서 중국인 학교의 설립과 지원은 화교·화인의 정체성을 재생산한다는 측면과 '양안 관계'로 표상되는 중국과 타이완의 냉전적 경쟁체제가 재생산되는 주요한 기제라는 측면에서 특별한 의미를 지닌다. 중국이 북베트남에서의 화교·화인 교육에 대한 지원을 펼쳤듯이, 남베트남의 경우에도 타이완이 1950년대부터 중국인 학교를 적극 지원하며 '국민당'을 따르는 화교·화인을 재생산하고 정치적 친밀도를 제고하려는 노력을 펼쳤다. 타이완은 교과서 지원 및 학교 운영 전반에 대한 매우 구체적인 학교 지원정책을 수립하고 집행했다.

88) Woodside. 1979, 406.

1955년 학기를 기준으로 남베트남에는 모두 172개의 중국인 학교에서 145,000명의 학생이 공부하고 있었다.[89] 이 학교들의 운영은 방 조직과 타이완 정부가 독립적으로 담당하고 있었는데, 중국과 남베트남민족해방전선도 남베트남 정부의 통제를 받지 않는 중국인 학교조직을 활용한 정치선전과 조직화 활동을 지속적으로 시도하였다. 이에 따라 남베트남 정부도 중국인 학교에 대한 관리를 강화하기 위해 1963년부터 '반공립화bán công hóa'를 제안하여 관리·감독을 강화하고자 시도했다.[90] '베트남 전쟁'이 발발하고, 문화혁명의 파고가 동남아시아 국가들을 휩쓸면서 '동남아 화교 네트워크'를 통해 남베트남에 마오쩌둥 사상과 사회주의 사상이 유입될 수 있다는 정치적 불안감이 커지면서 중국어 교과서 등에 대한 검열과 강사들에 대한 사찰이 강화되었다. 화교 교육에 대한 타이완의 지원은 한편에서는 '자유 세계'의 일원으로서 남베트남의 화교·화인사회에 대한 '이념적 방역' 활동으로 이해되었으나, 다른 한편 화교 교육문제는 중국의 영향과 남베트남 사회의 통합에 대한 문제가 함께 교차하는 정치적 경합의 장이었다.

1972년 미국 대통령 리처드 닉슨Richard Nixon이 전격적으로 중국을 방문하고, 1973년에는 파리협정이 베트남 민주공화국, 남부베트남공화국Cộng hòa Miền Nam Việt Nam[91], 베트남공화국, 미국 사이에 체결되었다. 이러한 급격한 상황 변화는 북베트남 화교·화인 사회에는 베-중관계의 미래를 둘러싼 정치적 긴장감을, 남베트남의 화교·화인들에게는 미래에 대한 불안감을 증폭시켰다. 특히, 1973년 파리협정을

89) Trịnh. 2013, 39.

90) Trịnh. 2013, 42.

91) 베트남 남부에 수립된 베트남 민족 해방 전선의 정치체로, 파리 회담은 이를 독자적인 정치체로 인정했다. 남베트남 임시혁명 정부라고도 부른다.

통해 미군의 베트남 철수가 공식화되면서 남베트남의 '전쟁과 평화 경제'에 적극 참여하던 상당수 화교들은 장기투자가 필요한 사업에서 손을 떼고 유사시 자산을 손쉽게 되찾을 수 있는 사업에만 투자하기 시작했다.[92] 1955년 지엠정권이 국적법을 통해 화교·화인을 남베트남 국가 경제의 일부로 포괄하려 하고, '전쟁과 평화 경제'의 특수가 남베트남 경제구조를 산업자본주의로 재편해 왔으나, 남베트남 상황은 다시 제네바 협정체결 직후로 되돌아가는 듯 했다. 여전히 남베트남의 화교·화인이 남베트남 경제를 독점적으로 지배하며 지탱하고 있었고, 귀화와 동화정책 영향으로 베트남 국적과 베트남 이름을 지닌 화교·화인 자본가들은 베트남 사회에 완전히 통합되지 않은 채로 남아 있었다. 베트남 분단체제가 지닌 불완전성과 한계들은 체제가 무너져가고 있던 시기에 더욱 현현하게 드러나게 되었고, 화교·화인 경관 위로 가장 거칠게 펼쳐지며 삶을 뒤흔들었다.

Ⅳ. 결론 : 경합과 통합의 정치 그리고 베트남 화교·화인의 역사적 유산

1975년 4월 30일 전쟁이 끝나고 베트남이 '통일'되었을 때, 남베트남의 수도 사이곤의 쩌런에는 중화인민공화국의 '오성홍기'가 내걸렸다. 남베트남 화교·화인 상당수가 이미 탈출해 제3국으로 이주했지만, 남아 있던 화교·화인들은 북베트남의 '금성홍기' 혹은 남부베트남 공화국의 '금성반홍반청기'로 '해방군'을 맞이하기보다는 스스로를 방어하는 상징으로서 중국 국기를 내걸고 화교 정체성을 드러냈다. 베트

92) Nguyễn. 1993, 96.

남민주공화국과 중국의 관계를 고려한 정치적 계산과 생존을 위한 절박함의 표현이었지만, 이미 북부지역 화교·화인들의 '특권'도 희미해졌다는 사실을 고려하지는 못한 것이었다. 그리고 몇 년 후 베트남과 중국의 관계가 파국을 맞이하고 전쟁으로 치닫자, 베트남 전역에서 화교·화인들이 중국으로 혹은 홍콩과 제3국으로 목숨을 건 탈출길에 나섰다.

이러한 상황을 단순히 냉전체제와 분단체제에 놓였던 베트남의 대외관계 문제로만 설명할 수는 없다. 동남아시아를 식민화했던 서구 제국주의 국가들, 제2차 세계대전을 일으키고 '민족주의'를 전유해 독립 열망을 왜곡시켰던 일본 제국주의, 그리고 전후 일본에 대한 무장해제와 치안 유지를 명분으로 탈식민의 정치 공간에 재식민화와 정치·경제적 이권 확보를 위한 분할과 분리선들을 손쉽게 그었던 열강들의 욕망과 탈식민 민족주의 정치세력의 경합이 복잡하게 얽혀있기 때문이다. 냉전체제는 탈식민적 과제를 여전히 미해결의 유산으로 남겨놓았고, 베트남에서 화교·화인의 문제는 그중 가장 민감한 문제로 작동했다. 북베트남에서 사회주의적 '형제애'의 상징이 되었든, 남베트남에서 자본주의적 '풍요' 혹은 '성공'의 상징이 되었든, 베트남의 화교·화인은 사회와 공동체의 일원으로 늘 호명되고 동원되어왔으나 민족주의의 주변부에 '자리없음의 상태'로 남겨져 왔다. 1975년 통일 이후 남베트남 화교 자본가들의 자산과 '생산수단'을 '적산敵產'으로 압류해 '전체 인민의 소유'로 전화한 후, 정작 그것을 관리하고 운용할 능력과 기술을 가진 이들을 찾지 못해 전후 경제 복구에 어려움을 겪었던 역사는 단순한 해프닝이 아니었다. 베트남 화교·화인의 역사와 성취를 베트남 민족사 혹은 민중사와 끊임없이 구분하려 시도했던 배타적인 민족주의적 인식이 초래한 안타까운 결과였다. 탈식민 민족주의를 표방하는 정치세력의 생존과 이데올로기적 목표 실현을 위해 펼쳐진 경합과 통합의 정치가 결국은 화교·화인에 의존하면서도 동시에 끊임없이 대상화하고 타자화하는 이중성을 탈피하지 못했던 것이다.

이 글에서는 베트남 분단체제의 형성과정을 탈식민과 냉전질서의 중첩이라는 관점에서 접근해 보고, 중첩된 질서가 지향했던 베트남의 분단체제가 화교·화인을 지속적으로 재전유하는 과정을 추적해 보았다. 베트남 화교·화인에게 특권적 지위를 부여하려는 시도이든, 그것을 폐지하고 동화와 귀화를 강제적으로 추진하려는 시도이든, 결국 함께 생활하고 역사를 만들어가는 주체로서 존중하는 방식과는 무관한 결과들을 만들어 왔다. 그러므로 탈식민과 탈냉전의 과제를 동시에 극복하기 위해서는 그것이 고통스럽거나 부끄러운 기억의 역사일지라도 '공통의 역사'로 새롭게 바라보는 관점을 마련하고, 상이한 관점들에 대한 성찰적 자세가 필요하다.

오늘날 중국계 베트남인 교포라는 표현은 분단체제 형성기의 동화정책의 기억과 1975년 이후 베트남을 '탈출한' 화교·화인의 정체성의 기표로서 중첩된 의미를 지니고 있다. 이글에서는 '분단체제'와 '화교·화인'이라는 문제설정을 통해 화교·화인의 역사가 지닌 또 다른 역사적 근본화의 위험성과 민족주의적 배타성의 인식론적 굴레를 벗어난 접근 방법을 모색해 보고자 했다. 화교·화인이라는 역사적 맥락에서 상상된 정체성을 지역사적 맥락에서 바라보고 이해하는 작업은 혼종적 정체성으로만 호명되는 화교·화인에 대한 이해의 지평을 확장시키는 시도가 될 수 있을 것이다. 탈식민의 상황과 냉전체제의 중첩이 전 세계 가장 많은 화교 인구가 거주하고 있는 것으로 알려진 동남아시아에서 화교·화인 경관을 민족-국가적 체제와 어긋나는 뒤틀림과 혼종성으로 구성해 왔다고 할 때, 앞으로 활발한 비교 연구와 새로운 문제설정이 지속적으로 시도되길 기대해 본다.

참고문헌

고세현. 1992, "통일운동론의 몇 가지 쟁점에 대하여" *창작과비평 제77호*, 창작과 비평사, pp.48-61.

김종엽. 2017, *분단체제와 87년체제*, 파주: 창비.

김현태, 김현재. 2018, "화인(華人)의 베트남 사이공 이주(移住)와 이주화인의 경제활동사(史) 고찰" *동북아 문화연구 제55호*, 동북아시아문화학회, pp.103-117.

노영순. 2019, "1978년 난교(難僑)송환선 사건을 통해 본 중국과 베트남난민" *중국근현대사연구* (81), 중국근현대사학회, pp.99-124.

백낙청. 1992, "분단체제의 인식을 위하여" *창작과비평 제78호*, 창작과 비평사, pp.288-309.

심주형. 2017, "정처없는 애도, 끝나지 않은 전쟁: 1968년 '후에학살'에 관한 기억의 정치", *한국문화인류학 제50-2호*, 한국문화인류학회, pp.135-187.

심주형. 2020, ""순망치한(脣亡齒寒; Môi Hở Răng Lạnh)"과 비대칭성의 구조 - 베트남·중국 관계와 국경의 역사경관(Historyscapes)" *중앙사론 제52호*, 중앙사학연구소, pp.447-499.

이정희. 2020, "제1차 인도차이나전쟁 시기 베트남 '난교(難僑)' 문제" *중앙사론 제52호*, 중앙사학연구소, pp.361-405.

An, Thomas S.. 1967, "The Overseas Chinese in South Vietnam: A Note." *Vietnam Perspectives, Vol.2, No.4,* pp.13-19.

Amer, Ramses. 2006, "A Demographic Study of the Ethnic Chinese in Vietnam since 1954." In *The Chinese in Vietnam: When Past and Future Converge. Aix-en-Provence: Institut de Recherche sur le Sud-est asiatique,* Université de Provence.

Catton, Philipe. 2015, “”It Would Be a Terrible Thing If We Handed These People over to the Communists”: The Eisenhower Administration, Article 14(D), and the Origins of the Refugee Exodus from North Vietnam,” *Diplomatic History, Vol.39, No.2,* pp.331-358.

Chan, Yuk Wah, “Hybrid Diaspora and Identity-Laundering: A Study of the Return Overseas Chinese Vietnamese in Vietnam,” *Asian Ethnicity, Vol.14, No.4*, 2013, pp.525-541.

Chang, Pao-min. 1982, *Beijing, Hanoi, and the Overseas Chinese*, Berkeley, CA: University of California.

Châu, Hải. 1992, *Các Nhóm Cộng đồng Người Hoa ở Việt Nam*, Hà Nội: Khoa học Xã hội.

Duiker, William J.. 2000, *Ho Chi Minh: A Life*. New York: Hyperion.

Engelbert, Thomas. 2008, “Vietnamese-Chinese Relations in Southern Vietnam During the First Indochina Conflict,” *Journal of Vietnamese Studies, Vol.3, No.3*, pp.191-230.

Fall, Bernard B.. 1958, “Viet-Nam's Chinese Problem,” *Far Eastern Survey, Vol.27, No.5*, pp.65-72.

Foucault, Michel. 2003, *Society must be Defended: Lectures at the Collège de France, 1975-76*, translated by David Macey, New York: Picador.

Goldstein, Robert Justin eds.. 2001, *Political Censorship*, Chicago and London: Fitzroy Dearborn Publishers.

Goscha, Christopher. 2016, *Vietnam: A New History,* New York: Basic Books.

Hammer, Ellen J.. 1966, *The Struggle for Indochina, 1940-1955*, Stanford, CA: Stanford University.

Han, Xiaorong. 2009, “Spoiled Guests or Dedicated Patriots? The Chinese in North Vietnam, 1954-1978,” *International Journal of Asian Studies Vol.6, No.1*, pp.1-36.

Han, Xiaorong. 2017, “A Community between Two Nations: The Overseas Chinese Normal School in Hà Nội, 1956-1972,” *Journal of Vietnamese Studies, Vol.12, No.4*, pp.23-63.

Hansen, Peter. 2009, “Bắc Di Cư: Catholic Refugees from the North of

Vietnam, and Their Role in the Southern Republic, 1954-1959," *Journal of Vietnamese Studies, Vol.4, No.3*, pp.173-211.

Hess, Gary R.. 1978, "The First American Commitment in Indochina: The Acceptance of the "Bao Dai Solution, 1950," *Diplomatic History, Vol.2, No.4*, pp.331-350.

Hồ, Chí Minh. 2011, *Hồ Chí Minh Toàn Tập - Tập 4: 1945-1946*, Hà Nội: Chính trị Quốc gia-Sự thật.

Marr, David G.. 1995, *Vietnam 1945: The Quest for Power*, Berkeley: University of California Press.

Marsot, Alain G.. 1993, *The Chinese Community in Vietnam under the French*, San Francisco: Edwin Mellen.

Neville, Peter. 2007, *Britain in Vietnam: Prelude to Disaster, 1945-6*, London and New York: Routledge.

Nguyễn, Văn Huy. 1993, *Người Hoa tại Việt Nam*, Costa Mesa, CA: NBC.

Papin, Philippe. 2011, *Việt Nam Hành trình một Dân tộc (VIET NAM Parcours d'une nation)*, Nguyễn Khánh Long dịch, Sài Gòn: Giấy Vụn.

Quinn-Judge, Sophie. 2017, *The Third Force in the Vietnam War: The Elusive Search for Peace 1954-75*, London, New York: I.B.Tauris.

Stern, Lewis M.. 1985, "The Overseas Chinese in Vietnam, 1920-75: Demography, Social Structure, and Economic Power," *Humboldt Journal of Social Relations, Vol.12, No.2*, pp.1-30.

Stewart, Geoffrey C.. 2017, *Vietnam's Lost Revolution: Ngô Đình Diệm's Failure to Build an Independent Nation, 1955-1963*, Cambridge, U.K.: Cambridge University Press.

Tønnesson, Stein. 2010, *Vietnam 1946: How the War Began*, Berkeley, CA: University of California Press.

Tran, Khanh. 1997, "Ethnic Chinese in Vietnam and Their Identity," *Ethnic Chinese as Southeast Asians*, edited by Leo Suryadinata, Singapore: Palgrave Macmillan, pp.267-292.

Trần, Khánh. 2002, *Người Hoa Trong Xã Hội Việt Nam (Thời Pháp Thuộc và dưới Chế độ Sài Gòn)*, Hà Nội: Khoa học Xã hội.

Trần, Thị Mai. 2014, *Diện Mạo Khu Phố Người Hoa ở Hà Nội Nửa Đầu Thế Kỷ XX Qua Tư Liệu Địa Chính*, Luận văn ThS. Khoa Lịch sử, Trường Đại học Khoa học Xã hội và Nhân văn, Đại học Quốc gia Hà Nội.

Trần, Thị Anh Vũ. 2018, *Đời sống Kinh tế Người Hoa ở Thành Phố Hồ Chí Minh*, TP Hồ Chí Minh: Văn Hoa-Văn Nghệ.

Trịnh, Mai Linh. 2013, "Chính Quyền Sài Gòn Với Trường Học Của Người Hoa Ở Miền Nam Việt Nam (1955-1963) Qua Tài Liệu Lưu Trữ," *Văn thư Lưu trữ Việt Nam, Vol.4*, pp.39-42.

Trịnh, Thị Mai Linh. 2010, "Tìm hiểu Chính sách đối với Người Hoa của Chính quyền Sài Gòn qua các Đạo du về Vấn đề Quốc tịch và Vấn đề Kinh tế Ban hành trong Hai Năm 1955-1956," *Khoa học ĐHSP TP. HCM, Vol.23*.

Tsai, Maw Kuey. 1968, *Người Hoa ở Miền Nam Việt Nam*, Pa Ri: Thư viện Quốc gia.

Ungar, E. S.. 1987, "The Struggle over the Chinese Community in Vietnam, 1946-1986," *Pacific Affairs, Vol.60, No.4*.

Woodside, Alexander. 1979, "Nationalism and Poverty in the Breakdown of Sino-Vietnamese Relations," *Pacific Affairs, Vol.52, No.3*, pp.381-409.

기타자료

Chỉ thị 62 - CT/TW ngày 8/11/1995 của Ban Bí thư Trung ương Đảng về tăng cường công tác người Hoa trong tình hình mới.

Đào, Thị Diến. "Chủ tịch Hồ Chí Minh từ Hiệp định Sơ bộ 6-3 đến Tạm ước 14-9-1946" *Trung tâm Lưu trữ Quốc gia I*, 12/09/2021.

Nguyễn, Văn Sư. "Ngày Toàn quốc Kháng chiến (19-12-1946) - 60 năm sau Nhìn lại" *Quân dội Nhân dân*, 19/12/2006.

Nguyễn, Quang Duy. "Phục hồi Chợ Lớn góp phần phát triển Việt Nam" *BBC Tiếng Việt*, 14/06/2018.

Phan, Văn Hoàng. "Lễ độc lập 2-9-1945 tại Sài Gòn" *Tuổi Trẻ*, 02/09/2006.

Phan, Văn Hoàng. "2-9-1945: Súng nổ trong lễ độc lập" *Tuổi Trẻ*, 03/09/2006.

Sắc lệnh số 53, ngày 20 tháng 10 năm 1945.

제7장

한국과 타이완 사이에서 한국화교의 ‘줄타기’

진유광秦裕光의 ‘한국화교’ 서사書寫를 중심으로

송승석

Ⅰ. 들어가며

진유광秦裕光(1917~1999)[1]은 평안북도 신의주에서 출생한 한국화교 2세이다. 유년시절과 학창시절은 선대의 고향인 중국 산동山東에서 보냈지만, 스무 살이 되던 해인 1937년 다시 한국[2]으로 돌아왔다. 이후로는 줄곧 수도 서울을 터전으로 중식당과 양조장 등을 경영하며 생활기반을 쌓았다. 또한 그는 청년시절부터 각종 화교 사단社團 및 조직에 적극적으로 참여해 활동했다. 해방 이후에는 한성화교자치구漢城華僑自治區 부구장副區長, 한화일보韓華日報 부사장, 한성화교학교漢城華僑學校 상무이사 및 부이사장, 중화요식업총회 감사장監事長 등을 거쳐 한성화교협회漢城華僑協會 회장을 두 차례나 역임했다.[3] 그가 평생 몸담았던 화교단체 및 조직이 도합 23개가 넘었다고[4] 하니, 한국화

1) 본 논문에서는 인명 표기 시, 한국화교인 경우에는 한국어 발음으로 표기했고 중국인이나 타이완인인 경우에는 중국어 발음으로 표기했다.

2) 엄밀히 말하면, 1937년은 한반도가 일제강점기였기 때문에 '식민지 조선' 정도가 비교적 합당한 표현이라 할 수 있다. 그러나 여기서는 편의상 '한국'으로 통일해 표기하도록 하겠다. 이점 양지 바란다.

3) 秦裕光. "華僑", *중앙일보*, 1979.9.17(5면), '필자소개' 참조.

4) 秦裕光. 1983, *旅韓六十年見聞錄 ― 韓國華僑史話*, 中華民國韓國研究學

교사회에서 차지하는 그의 비중과 위상에 대해서는 특별히 부언할 필요가 없을 것이다.

진유광이 한국 『중앙일보』에 "화교華僑"라는 제목으로 '한국화교이야기'를 연재하기 시작한 것은 그가 화교사회의 모든 공직에서 물러난 뒤인 1979년이다. 그의 나이 63세 때이다. "화교"는 1979년 9월 17일부터 12월 17일까지 3개월 동안 총 75회 연재되었고, 곧바로 이듬해인 1980년 10월부터는 당시 국내 유일의 화교신문이었던 『한중일보韓中日報』에 총 124회에 걸쳐 연재되었다. 물론 이것은 『중앙일보』에 연재되었던 "화교"의 중국어 번역본에 해당하는 것이었다. 내용상에서 일부 수정과 보완이 이루어지기는 했지만 전반적으로 볼 때, 두 개의 연재물은 대동소이하다고 볼 수 있다. 『한중일보』에 연재될 당시의 제명은 「60년 견문록六十年見聞錄」이었고 '한국화교의 변천사 겸술兼述旅韓華僑變遷史'이란 부제가 달려 있었다. 『중앙일보』의 "화교"에는 각 회回마다 소제목이 병기되었지만, 『한중일보』 연재에서는 각 회마다 별도의 제목을 부기하지 않았다. 이상 두 차례의 연재를 거쳐 진유광의 한국화교이야기가 단행본으로 출판된 것은 1983년 1월 타이완에서였다. 타이완의 중화민국한국연구학회中華民國韓國硏究學會가 학회총서 시리즈의 첫 번째 결과물로 진유광의 연재물을 출판하기로 결정한 것이다.[5] 출판된 단행본의 서명은 『여한60년견문록旅韓六十年

會, 「自序」 p. 1. 참고로 『견문록』은 2012년 5월 이용재에 의해 『중국인 디아스포라 - 한국화교이야기』(한국학술정보)란 서명으로 국내에서 번역 출간되었다. 본문에서 인용한 『견문록』의 내용은 이용재의 번역본을 참고했음을 미리 밝혀둔다. 그러나 필자는 이용재 번역본을 충실히 따르되, 일부 표현에서는 이와 다른 표현을 사용하기도 했다. 이용재, 2012, *중국인 디아스포라 - 한국화교이야기*, 한국학술정보(주), 진유광 자서(自序).

5) 張存武, 「編校記」, 秦裕光. 1983, *旅韓六十年見聞錄 — 韓國華僑史話* 참조.

見聞錄－한국화교사화韓國華僑史話』(이하, 『견문록』으로 약칭)였다.

사실, 진유광의 한국화교에 대한 기록이 한국에서 두 차례에 걸쳐 서로 다른 지면을 통해 연재되고 타이완에서 단행본으로까지 출판되었다는 것은 당시로서는 매우 이례적인 일이라 할 수 있다. 물론, 이와 비슷한 시기에 샤오위린邵毓麟의 『사한회억록使韓回憶錄』(1980)과 왕동웬王東原의 『부생간술浮生簡述』(1987)이 타이완에서 단행본으로 출간되기도 했지만, 이는 모두 주한대사駐韓大使를 역임했던 타이완 중화민국정부 관료들의 저작이었다. 따라서 엄밀히 말해 한국화교의 직접적인 저술이라 볼 수는 없다. 더군다나 이 두 편의 저술은 주로 한중 양국의 관계사 및 그에 얽힌 각종 비화로 구성되었기 때문에 정작 한국화교와 관련된 내용은 극히 제한적이었다. 1970년대 후반부터 1980년대 초반에 걸친 이 시기에 한국이나 타이완에서 이른바 한화韓華의 삶과 역사에 주목하는 흐름은 현저히 줄어든 상황이었다.

한국의 경우에는 화교에 대한 정부의 법적·제도적 규제의 강화 및 각종 경제적 차별로 인해 미국, 오스트레일리아 등 제3국 혹은 타이완 등으로 재이민再移民을 선택하는 화교의 수가 급증했고 이에 반비례해 국내에 거주하는 화교의 수는 갈수록 감소하는 추세였다. 더욱이 한국인의 뇌리에 뿌리깊이 박혀있는 화교 멸시관은 여전히 불식되지 않고 있었고, 심지어 화교에 대한 경계와 멸시의 단계를 지나 이제는 관심 밖의 영역으로 치부될 정도였다. 이렇듯 이 시기 화교들은 한국사회와 더욱더 격절된 삶을 살아야 했다(양필승. 2000, 151-153).

타이완의 경우에도 상황은 크게 다르지 않았다. 1960년대 초반까지만 해도 타이완은 해외에 거주하는 각 지역 화교사회에 물적·인적 지원을 아끼지 않았고 이에 준해 한국화교도 그 수혜대상에 포함되었다(송승석. 2010, 180을 참조). 이는 이른바 냉전적 진영논리에 기초한 중화인민공화국과의 국가정통성 경쟁에서 화교사회의 보다 많은 지지를 획득함으로써 상대적 우위를 점하고자 했던 당시 타이완 중화민국정부의 정치적·정책적 선택에 따른 의도적 조치였다. 그러나 1971년 유엔에서의 강제 퇴출 등으로 인해 타이완이 국제적으로 급속히 고립되고, 대내적으로는 타이완의식의 고조[6] 등으로 인해 심각한 내부분열에 직면하게 되면서 화교에 대한 관심도는 현격히 떨어지게 되었다. 즉, 중화민국이라는 국가적 정체성 및 정통성을 확립·보존하기 위한 노력이 대내외적으로 위협받게 되면서 그 일환으로 기획되고 추진되었던 화교에 대한 지원과 연구도 자연스레 혼란을 겪게 된 것이다. 이는 타이완 학계에서 비교적 활발하게 진행되었던 한국화교 연구가 이즈음에 이르러 거의 전무했다는 사실(송승석. 2010.12, 182 참조)에서도 능히 그 상황을 유추해볼 수 있다.

이렇듯 한국에 거주하는 중국인에 대한 한국과 타이완의 무관심이 그 어느 때보다도 팽배했던 시기에 화교의 한반도 거주역사를 기록한 진유광의 글이 양 지역에서 각기 신문연재와 단행본출판을 통해 연이어 등장했다는 것은 그래서 더욱 이례적이고 의외의 일이었던 것이다.

그런데 여기서 주목해야 할 사실은 한국의 『중앙일보』에 연재되었던 "화교"와 타이완에서 단행본으로 출판되었던 『견문록』이 편집체례뿐만이 아니라 실제적인 내용 기술에 있어서도 일부 차이가 드러나고 있다는 점이다. 즉, 언어와 발표공간의 차이 때문인지는 몰라도 이른바 원작과 번역본 사이에 상이점이 발견되고 있다. 그렇다면, 과연 중국어판이라 할 수 있는 『견문록』은 한글판 "화교"를 어떻게 첨삭하고

6) 1977년부터 1978년에 걸쳐 진행된 '향토문학논쟁'과 1979년 '메이리다오(美麗島)사건' 등을 거치면서 타이완 내부에서는 점차 '타이완의식'이 촉발되기 시작했다.

수정했을까? 또 이러한 차이가 발생한 데에는 어떠한 배경과 원인이 개입되어 있는 것일까? 그리고 번역의 과정 속에서 발생한 이러한 차이를 통해, 원작이라 할 수 있는 "화교"와 그것의 번역본이라 할 수 있는 『견문록』은 각기 다른 공간에 처해 있는 상이한 독자들에게 한국 화교의 어떠한 모습을 차별적으로 보여주고자 했던 것일까?

이러한 문제에 대한 정리와 고찰은 무엇보다 한국(한국인 혹은 한국정부)과 타이완(타이완인 혹은 타이완 중화민국정부)을 인식하는 화교들의 심리적 배경을 이해하는 데 도움을 줄 것이다. 이는 달리 말하면, 저자인 진유광이 수정과 첨삭을 통해 한국 독자와 타이완 독자들의 한국 화교에 대한 서로 다른 기대치를 충분히 반영하고 감안한 가운데 이 글을 쓰고자 했음을 반증하는 것이라 볼 수 있다. 더불어 이에 대한 고찰을 통해 우리는 〈한국화교〉[7] 속에 숨어 있는 화교들의 어떤 욕망 같은 것을 발견할 수 있을 것이다. 그것은 바로 '조국'[8]과 거주국이라는 공간적 차이가 빚어내는 복잡다기한 지정학적 환경 속에서, 다분히 정치적 기술記述이란 교묘한 방법을 통해 표출하고자 했던 화교들의 생존에 대한 갈망에 다름 아닐 것이다.

---

7) 앞서 언급했다시피, 진유광의 이 글은 상이한 지면에 상이한 제목으로 실렸다. 『중앙일보』에는 "화교", *韓中日報*에는 "六十年見聞錄 ― 兼述旅韓華僑變遷史", 그리고 단행본에는 *旅韓六十年見聞錄 ― 韓國華僑史話*란 제목으로 되어 있다. 따라서 여기서는 이 글 모두를 아울러 총칭할 때는 임의로 〈한국화교〉라 하겠다.

8) 엄격히 말해, 한국화교들에게 있어 타이완은 중화민국정부가 타이완으로 철수하기 전까지는 사실상 무연고 지역이었다. 타이완은 그들이 태어난 고향도 아니었고 그들의 조상들이 대대로 뿌리를 내린 조국도 아니었다. 그러나 사회주의 중국과의 교류나 왕래가 완전히 봉쇄된 상황에서, 타이완은 이른바 '조국' 즉, 상상의 '중국'이었고, 장제스(蔣介石)의 타이완 중화민국정부는 그 '중국'을 대표하는 유일한 합법정부였다. 적어도 한국화교에게는 그랬다.

Ⅱ. 회고록을 넘어 역사서사로

번역이란 과정을 거치면서 발생한 한글판 "화교"와 중국어판 『견문록』의 차이를 본격적으로 논하기에 앞서, 본 절에서는 먼저 진유광이 이 글을 쓰게 된 동기에 대한 소략한 검토를 통해 〈한국화교〉가 갖는 역사서사로서의 가능성과 그것의 역사적·학술적 가치를 짚고 넘어가기로 하겠다.

한국인의 의식 속에서 '화교'하면 가장 먼저 떠오르는 것이 '짜장면'과 그것을 파는 이른바 '청요릿집'이다. 지금까지도 짜장면은 한국인들의 대표적 외식메뉴 가운데 하나이다. 그만큼 한국화교들의 삶과 생업은 한국인의 생활과 밀접하게 연관되어 있다. 그러나 정작 한국인들의 눈에 화교와 화교사회는 "영원히 이해할 수 없는 사회"(秦裕光. 1983, 1.; 이용재. 2012, 21), "불가사의한"(『견문록』, 1쪽.; 이용재. 2012, 21), "만년 이방인"[9] 등으로 비쳐지는 게 사실이다.

이렇듯 한국사회와 밀착되어 있으면서도 "한 꺼풀 저편의 어른거리는 모습만 비칠 뿐 또렷한 실체를 볼 수 없는"[10] 것으로 생각되는 화교와 그들이 구성하는 공동체로서의 화교사회의 진면목을 공개하고 이를 통해, 거주국 사회와 동화되지 못한 이질적인 집단으로 비쳐질 수밖에 없었던 화교들의 삶과 그 이유를 한국인에게 이해시키고자 하는 데에서 진유광의 글은 출발한다고 볼 수 있다. 또한 이 글은 "선배화교들의 입을 통해 들었던"[11] 한국화교들의 "살아온 역사와 사건들"[12] 그리고 그 속에 담긴 "눈물겹고 감동적인 이야기들"[13]을 화교

9) 秦裕光. "華僑"(이하, "화교"), *중앙일보*, 1979.9.17.

10) "화교", *중앙일보*, 1979.9.17.

11) 『견문록』, 「前言」, p.1.; 이용재. 2012, 진유광 서언(序言).

사회에 소개하고 나아가 그 "피눈물 나는 노력"[14]을 화교 후대에게 전해주고자 하는 의도도 아울러 지니고 있었다. 다시 말해, 진유광이 이 글을 쓰게 된 동기는 한국과 타이완 사회에서 화교에 대한 관심이 현저히 줄어들고 있던 시점에 다시금 화교에 대한 관심과 지원을 촉발하고 아울러 화교 후속세대에게 조대祖代와 부대父代의 한국에서의 신산했던 삶을 전함으로써 화교로서의 자부심과 정체성을 일깨워주기 위함이었다.

〈한국화교〉가 처음 신문연재라는 방식으로 지면에 등장하게 된 데에는 한국 『중앙일보』 기자의 뜻하지 않은 내방과 집필 요청이 직접적인 계기가 되었다. 그러나 진유광은 이미 "40년 전부터 한국화교들의 실상에 대해 기록해보겠다는 마음을 품고"[15] 있었다. 그래서 그는 "신문스크랩, 사진수집, 일기쓰기"[16] 등을 통해 "화교들의 창업실적, 생활모습 그리고 감격적이거나 눈물겨웠던 사실들을 모두 기록해"[17] 왔던 것이다. 결국 진유광의 〈한국화교〉는 한국에 거주하는 중국인들의 삶을 역사화하고자 했던 그의 숙원의 결과물이라 할 수 있다.

〈한국화교〉는 기본적으로 진유광 자신의 삶에 대한 행적과 경험 그리고 개인의 가족사를 저변에 깔고 있는 자서전적 회고록 형식으로 되어 있다. 그러나 앞서도 언급했지만, 진유광 본인은 단순히 자신의 자서전이나 회고록을 집필할 목적은 아니었다. 이는 다음의 언급에서

12) 『견문록』, 「前言」, p.1.; 이용재. 2012, 진유광 서언(序言).
13) 『견문록』, 「前言」, p.1.; 이용재. 위의 책, 진유광 서언(序言).
14) 『견문록』, 「前言」, p.1.; 이용재. 위의 책, 진유광 서언(序言).
15) 『견문록』, 「自序」, p.1.; 이용재, 2012, 진유광 자서(自序).
16) 『견문록』, 「自序」, p.1.; 이용재, 2012, 진유광 자서(自序).
17) 『견문록』, 「自序」, p.1.; 이용재, 2012, 진유광 자서(自序).

보다 명확히 드러난다.

> "나는 이 책을 쓰면서 내 주관적으로 사건을 논하는 것은 가능한 한 피하고, 객관적 입장을 견지하고자 했다. 그러나 내가 직접 경험한 일의 경우는 비교적 상세하게 알고 있는 까닭에, 다소 장황하게 이야기한 측면도 있을 것이다. 잘 알지 못하는 사건의 경우에도 최대한 각 도서관을 찾아가 참고하고 증거를 대조함으로써 가능하면 본서의 기록에 오류가 없게끔 노력했다."[18]

만일 애초부터 개인의 자서전을 쓸 요량이었다면, "사실과 시간의 정확한 고증을 위해 한중일 삼국의 언어로 된 참고서적을 수없이 구독해 읽고" "틈날 때마다 도서관이나 관련 자료실로 달려가 증거를 찾는"(『견문록』, 「自序」) 수고는 특별히 하지 않았을 것이다. 무엇보다 주관적 개입은 가능한 한 지양하고 객관적 입장을 견지하고자 했다는 점에서, 진유광은 이 글을 통해 한국화교의 역사를 정리하고 기술하는 사가史家로서의 자기규정을 시도하고 있다 볼 수 있다. 이는 〈한국화교〉의 성격규정의 문제와 관련해 매우 중요한 사실을 우리에게 시사한다. 즉, 진유광의 〈한국화교〉는 단순히 자서전 성격의 회고록 차원을 넘어, 화교 당사자에 의해 직접 기술된 최초이자 유일한 근현대 한국화교의 역사기록물이라는 것이다.

이 글의 사료적 가치를 제일 먼저 인정한 사람이 바로 『견문록』의 추천사 겸 서문을 쓴 장시저張希哲이다. 당시 중화민국 입법위원[19]이기도 했던 장시저는 자신의 서문인 장서張序에서, 다음과 같이 언급하

18) 『견문록』, p.175.; 이용재. 2012, 345-346.

19) 한국의 국회의원에 해당한다.

고 있다.

> "저자는 한국에서 다양한 직종의 직업을 경험했으며 또 오랜 기간 화교사회의 활동에 참여하면서 선후로 몇 십 개의 화교단체 수장首長과 부수장副首長을 역임했다. 저자는 한국어에도 능통해 아주 많은 한국인 친구들과 교유했다. 따라서 본서에서 서술하고 있는 화교사회와 중한관계에 대한 많은 역사적 사실이 모두 저자가 직접 목격하고 들은 것이거나 몸소 경험했던 일들이다. 간혹 자세히 알지 못하는 부분이 있으면 저자는 또 두루 자문을 구하고 여러 사람을 방문했으며, 여러 곳을 돌아다니며 자료와 증거를 찾아내었다. 따라서 본서가 비록 한 개인의 회고를 기술한 것이라 해도 나는 이 책이 근대 한국화교의 역사와 중한관계사 방면에서 대단히 가치 있는 사료라 생각한다."(『견문록』, 「張序」, pp.2-3)

『견문록』의 최종 편집을 맡았던 타이완중앙연구원 장춘우張存武 박사 역시 자신의 편집후기에서, 이 글이 갖는 역사적·학술적 가치에 대해 간접적으로 언급하고 있다. 그의 견해에 따르면, 화교에 관한 역사적 사건을 일기형식으로 꾸준히 기록하고, 각종 사진이나 자료를 지속적으로 수집하는 진유광의 자세는 역사연구자와 전혀 다를 바가 없으며, 그가 자료조사와 각계각층의 자문을 거쳐 제시한 한국화교 관련 각종 통계들은 학술적 가치에 값하는 매우 귀중한 자료라는 것이다(『견문록』, 「編校記」, p.2 참조).

그러나 냉정히 말해, 이것은 중국어판 추천자와 출판담당자의 관점일 뿐이다. 〈한국화교〉의 역사적 사료로서의 가치와 학술연구 자료로서의 위상을 보다 객관적으로 입증할 수 있는 길은 바로 이 글이 국내외 한국화교 연구자들과 그들의 연구 성과물 속에서 얼마나 보편적으로 인용되고 있는지를 살펴보는 일이 될 것이다. 우선, 정량적으로 볼 때에 〈한국화교〉는 1980년 이후 국내외에서 발표된 거의 모든 한국화교 관련 학위논문이나 저서, 일반논문 등에서 빼놓지 않고 인용되고 거론되고 있다. 뿐만 아니라 하나의 단위 성과물 내에서 인용되는 횟수 역시 예사롭지 않다. 가령, 중국대륙에서 출판된 거의 유일한 한국화교 연구서라 할 수 있는 양쟈오취엔楊昭全·순위메이孫玉梅의 『조선화교사』[20]의 경우에는 총 9회, 야스이 산키치安井三吉의 『제국일본과 화교 – 일본·타이완·조선』[21]은 총 8회, 박은경의 박사논문 『화교의 정착과 이동 : 한국의 경우』[22]는 총 5회 그리고 왕언메이王恩美의 『동아시아 현대사 속의 한국화교』[23]는 총 23회나 진유광의 이 글을 인용하고 있다. 정량적 수치 외에도 인용되는 내용의 대부분은 소소한 일화에 대한 것은 거의 없고 대다수가 구체적인 수치나 통계 및 역사적 사건·사실에 대한 인용이다. 이렇게 볼 때, 진유광의 〈한국화교〉는 한국화교 연구에서 어느 정도 객관성을 확보한 하나의 교과서이자 1차 사료에 준하는 위상을 확보하고 있다 해도 크게 틀린 말은 아닐 것이다.

무엇보다 〈한국화교〉가 역사적·학술적 사료로서의 가치에 값할 수 있는 것은 그 안에 담긴 내용의 구체성에서도 확인할 수 있다. 진유광의 〈한국화교〉가 출현하기 이전에도 한국화교에 관한 기록이나 개략적인 보고는 종종 있어왔다. 그 가운데 대표적인 것이 일제식민통치시

20) 楊昭全·孫玉梅. 1991, *朝鮮華僑史*, 北京: 中國華僑出版公司.

21) 安井三吉. 2005, *帝國日本と華僑 — 日本·台灣·朝鮮*, 青木書店.

22) 朴銀瓊. 1981, "華僑의 定着과 移動: 韓國의 境遇", 이화여자대학교사회학과 박사학위논문.

23) 王恩美. 2008, *東アジア現代史のなかの韓國華僑: 冷戰體制と「祖國」意識*, 三元社.

기 오다우치 미치토시小田內通敏의 『조선에 있어서 지나인의 경제적 세력』[24)]이다. 물론 확인할 길은 없지만, 한반도 거주 초기의 한국화교를 서술하는 진유광의 기술방식과 구성 체례가 오다우치의 그것에 상당부분 의존하고 있는 것은 아닌가 하는 생각이 들 정도로 두 글은 상당히 닮아있다. 그러나 분명한 사실은, 그 내용의 구체성과 풍부함에 있어 양자는 비교가 안 된다는 점이다. 일종의 국외자 신분이라 할 수 있는 일본인이 1년 남짓한 짧은 기간에 진행한 실태조사를 바탕으로 작성된 일종의 보고서 성격의 글(송승석. 2010, 169 참조)과 평생을 화교사회 현장에서 당사자인 화교의 신분으로 살아온 인물의 생생한 삶의 이야기는 그 양적인 면이나 질적인 면에서 상당한 차이가 있다. 특히, 이 글이 담고 있는 역사적 사건에 대한 구체적인 사례나 통계수치 등은 한정된 문헌자료만으로는 알 수 없고 실제 삶의 경험과 각종 증언들 속에서 확인될 수 있는 것들이다. 따라서 문헌조사와 실지조사를 두루 겸비한 가운데 완성된 진유광의 〈한국화교〉는 그 역사적·학술적 가치에 충분히 값하는 객관적 역사기록물이라 할 수 있을 것이다.

III. 번역과 변이變異

모든 글은 의도적이든 혹은 결과론적이든 그 나름의 독자를 상정하거나 형성하기 마련이다. 『중앙일보』에 연재되었던 "화교"가 진유광 본인의 생동감 있는 언어와 실제 삶에서 우러나오는 다양한 삶의 이야기의 조합과 배치를 통해 한글독자와의 심정적 거리를 꾸준히 좁혀

24) 小田內通敏. 1926, 朝鮮における支那人の經濟的勢力, 東洋研究會出版.

나갈 수 있었다면, 『한중일보』에 연재한 "60년견문록"은 화교들의 공통된 열정과 유사한 집단의식을 견인함으로써 그들의 가치관과 정체성을 형성·확립하는데 상당한 영향력을 발휘했다고 볼 수 있다. 또한 그것은 타이완에서 출판된 단행본 『견문록』을 통해, 타이완 독자들의 격려와 그들과의 끊임없는 피드백의 가능성을 이끌어내었다.

그러나 한국화교를 연구하는 가운데 진유광의 이 글을 수시로 인용하는 연구자들조차 한글판 "화교"와 중국어판 『견문록』의 내용이 서로 일치하지 않고 서사의 기조에도 일부 차이가 있다는 사실을 애써 무시하거나 의식하지 못하고 있다. 어쩌면 당연한 이야기일지도 모르겠지만, 중국이나 타이완의 연구자들은 아무런 의심 없이 중국어판인 『견문록』만을 인용하거나 거론하고 있고, 한국의 연구자들은 예외 없이 한글판 "화교"만을 인용하는데 익숙해 있다. 이에 필자는 중국어판과 한글판의 비교와 대조를 통해, 진유광이 각기 상이한 언어와 지역의 독자들에게 한국화교의 어떠한 모습을 차별적으로 보여주고자 했던 것인가를 고찰하고자 하는 것이다. 구체적으로는 글의 장절章節구조, 번역의 방식 및 개역改譯 과정 그리고 이 두 가지 측면에 공히 개입되어 있는 정치이데올로기와 자기검열 그리고 화교들의 욕망을 살펴볼 것이다.

1. 장절章節 편집의 정치적 함의

앞서도 밝혔듯이, 진유광은 『중앙일보』와 『한중일보』에서 관용적으로 사용하던 분회分回 방식을 단행본인 『견문록』에서는 더 이상 채택하지 않고 있다. 즉, "화교"는 본래 75회(「60년견문록」은 124회)로 나뉘어 있었는데, 『견문록』에서는 기존 내용에 대한 축소와 수정 그리고 새로운 내용에 대한 가필의 과정을 거쳐 총 19장(「自序」와 「前言」은 제외)으로 재편집되어 있다. 구체적으로 보면, 전자의 1회부터 8회('淸商', '先親과 고향', '슬픈 歸鄕', '호떡 雜貨商', '吳長慶제독', '德興號事件', '中華會館 설립', '李範晉事件')까지는 후자에서 「旅韓華僑」(제1장)로 묶여있고, 9회부터 13회('장꾸에이掌櫃', '華商의 成功秘訣', '中華商會', '中國人의 特長', '華韓輪船公司')까지는 「僑商」(제2장), 14회부터 16회('華僑農民', '華農의 생활', '華農의 販賣조직')까지는 「菜園業」(제3장), 17회부터 22회('쿨리', '쿨리의 生活', '쿨리幇', '쿨리의 影響', '쿨리의 貯蓄', '쿨리의 雇傭규제')까지는 「勞工」(제4장), 23회부터 25회('포목상', '양복점', '왕서방戀書')까지는 「綢緞行」(제5장), 26회부터 30회('호떡', '호떡 만드는 법', '만두', '聚泉樓 4代')[25]까지는 「火燒舖」(제6장), 31회와 32회('共和春', '中華樓')는 「餐館」(제7장), 33회부터 38회('雅敍園', '雅敍園의 全盛期', '雅敍園의 단골들', '雅敍園과 政客들', '雅敍園의 巨物단골', '김치값 시비')까지는 「雅敍園」(제8장), 39회부터 43회('雅敍園의 訟事', '雅敍園 문 닫다', '中國음식 얘기', '進雅春', '중국집의 쇠퇴')까지는 「奪産記」(제9장), 44회부터 48회('受難의 시작', '萬寶山사건', '中國人습격사건', '亂局의 수습', '되찾은 韓中友誼')까지는 「韓華劫」(제10장), 49회부터 52회('萬聚東', '中國式葬禮', '名節의 風習', '結婚風習')까지는 「僑風」(제11장), 53회부터 58회('全盛期', '6·25事變', '參戰', 'SC支隊', '休戰', '退潮海上침투작전')까지는 「韓戰中的S·C支隊」(제12장), 59회부터 68회('反共게릴라', '韓中反共青年團', '國軍 平壤入城', '中共軍 생포작전', '果川전투', '서울 再奪還', '碌磻里전투', '수색대 解體', '포로 宣撫공작', '戰後에 남은 것')까지는 「中國人搜索隊」(제13장), 69회

25) 여기에서 28회 '華僑節'은 제외되어 있다. 28회의 내용 일부는 『견문록』 16장 「華僑社會的變遷」에 수록되어 있다.

부터 74회('避難移民', '教育熱', '韓國語공부', '中國語新聞', '協會창설', '2~3世들')까지는 「文教事業」(제14장)으로 각각 편제되어 있다. 연재물의 결론이자 후기에 해당하는 75회 '펜을 놓으며'는 16장 「華僑社會的變遷」과 19장 「結語」 부분에 나뉘어 실려 있다.

이렇게 볼 때, 75회에 걸쳐 『중앙일보』에 연재된 "화교"는 사실상 『견문록』의 전체 19장 가운데 14장까지를 구성하고 있음을 알 수 있다. 내용적으로 볼 때에도 『견문록』의 14장까지는 일부 난삽하고 두서가 없는 절이나 저자 스스로 정치적으로 예민하다고 생각한 부분들을 들어내거나 수정한 것을 제외하고는 대체로 원작에 충실한 편이다. 그러나 나머지 15장부터 19장까지는 "화교"의 극히 일부 내용이 산재되어 실린 것을 감안하더라도 전반적으로 볼 때, 타이완 출판 당시에 저자 본인이 완전히 새롭게 추가한 내용이라 볼 수 있다. 특히, 새롭게 추가된 다섯 개의 장章 가운데 15장 「僑團組織」과 16장 「華僑社會的變遷」 같은 경우는 주목할 만하다. 15장은 진유광 스스로 밝혔듯이, 한국화교를 이야기할 때 매우 핵심적인 내용임에도 불구하고 한글판 "화교"에서는 미처 다루지 못한 화교사회의 단체 및 조직[26] 그리고 그것에 실제적으로 참여한 인물들에 대한 상세한 설명을 담고 있다. 또한 16장은 내용적으로 사실상의 결론에 해당하는 것으로 한국화교의 현재적 진단과 아울러 미래적 전망을 함께 다루고 있는 부분이다. 다시 말해, 이 두 개의 장은 "화교" 연재를 통해 한국화교의 개척기, 발전기, 쇠퇴기[27]를 일괄적으로 정리하고자 시도했던 진유광의 애초의 의도 속에서 미진했던 부분에 대한 최종적 보완이라 할 수 있다.

26) 『견문록』, p.148 참조.; 이용재. 2012, 291. 참조.

27) 『견문록』, 「自序」, p.2 참조.; 이용재. 2012, 진유광 자서(自序) 참조.

동시에 그것은 한정된 연재지면과 연재기간 탓에 자칫 말끔하게 마무리 지을 수 없었던 결말에 대한 완결이기도 하다.

반면, 필자가 보기에 나머지 17장과 18장[28]은 어찌 보면 사족에 해당하는 것으로 〈한국화교〉의 전체적 맥락에서 볼 때에 필수불가결한 부분이라 생각되지는 않는다. 그럼에도 진유광은 『견문록』에 특별히 이 두 개의 장을 신설했다. 17장 「駐韓使領與使館」은 해방이후 현재(1983년 현재)까지 중화민국에서 한국에 파견한 9명의 대사와 일부 총영사에 대한 인물평 및 대사관 관사의 건축 역사에 대한 소개로 구성되어 있다. 그리고 18장 「韓國歷任政府」에서는 "한국의 역대 대통령과 헌법 개정의 상세한 정황을 서술"[29]하고 있다. 그런데 사실, 진유광의 언급에서는 이 부분을 추가로 삽입한 결정적 이유를 찾을 수 없다. 그는 다만, 근 100년에 달하는 한국화교의 역사는 "이미 서술"했으나 한국에 파견된 주한대사 및 영사들에 대해서는 "아직 상술하지 않았고"[30] "우방인 대한민국의 해방 후 33년간의 정치상황과 동향에 대해서는 아직 언급하지 않았기에"[31] 이 부분을 추가한다고 했다. 이를 달리 해석하면, 자신이 목표했던 한국화교에 대한 역사서술은 사실상 16장까지로 완결되었고, 이 두 개의 장은 일종의 보론補論 내지 부록에 지나지 않는다는 말이 된다. 그렇다면, 본래 원작인 "화교"에도 없었고 추가로 들어간다고 해서 글 전체의 내용이나 맥락과 딱히 밀접한 상관관계도 갖지 못하는 이 부분을 굳이 삽입한 이유는

28) 19장 「結語」는 사실상의 저자 후기에 해당하는 것으로 여기서는 특별히 언급하지 않겠다.

29) 『견문록』, p.172.; 이용재. 2012, 339.

30) 『견문록』, p.163 참조.; 이용재. 2012, 321.

31) 『견문록』, p.172.; 이용재. 2012, 339.

무엇일까?

추측컨대, 저자 스스로의 판단에 따라 이 두 개의 장을 한국화교와 관련된 주변 상황 및 환경으로 간주하고 이에 대해 보완적으로 설명하는 것이, 한국과 한국화교에 대한 구체적 정황을 파악할 수 없는 타이완독자들의 이해를 조금이라도 돕는 차원이 될 것이라는 게 하나의 이유가 될 것이다. 두 번째 이유는 화교들이 한국에 거주하면서도 한국의 정치상황 및 현대사 즉, "제1공화국부터 제5공화국에 이르는 각 시기를 잘 모르는 사람이 있어"[32] 이에 대해 간략히 기록함으로써 화교들의 한국에 대한 이해와 한국생활에 대한 적응력을 조금이라도 제고하기 위함이었을 것이다.

그런데 필자는 이렇듯 표면적으로 드러나는 순수한 의도 외에도 이 두 개의 장을 통해, 진유광의 삶과 뇌리 속에 잠재되어 있는 어떤 정치적 의식 혹은 무의식을 직감하게 된다.

앞서도 말했지만, 17장에서는 주한 중화민국대사 및 총영사에 대한 소개와 대사관 관사의 건축 이력에 대해 설명하고 있다. 진유광의 표현대로라면, 역대 주한대사 및 총영사를 역임했던 인물들은 하나같이 "풍채가 비범했고" "외모가 수려했으며" "패기가 넘치고 대담한 인물"[33]들이었다. 또한 그들의 노력으로 증축과 신축을 거듭했던 대사관은 "고풍스럽고 우아한 중국 고유의 형식을 갖춘"[34] 한국 주재 외국대사관 가운데 최고의 건물이 되었다. 나아가 진유광은 대사관 정원 안에 위치한 국부國父 순중산孫中山의 동상이 한국화교 모두의 성금으로 제작된 것임을 특별히 강조하고 있다.

---

32) 『견문록』, p.174.; 이용재. 2012, 342.

33) 『견문록』, pp.163-166 참조.; 이용재. 2012, 321-326 참조.

34) 『견문록』, p.166.; 이용재. 2012, 327.

그렇다면 역대 주한대사 및 외교관 그리고 그들이 한국에 주재하는 동안 이룩했다고 하는 업적과 성과에 대해 이렇듯 과분하다 싶을 정도의 찬양으로 일관하고 있는 이 17장을 통해 진유광이 이야기하고자 했던 것은 과연 무엇일까? 필자가 보기에 여기에는 진유광의 정치적 숨은 의도가 있다고 생각된다.

왕언메이는 일찍이 제2차 세계대전 이후 중국대륙을 고향으로 하는 한국화교가 타이완 즉, 중화민국을 '조국'으로 인식하게 되는 역사적 과정을 규명하는 가운데, 다음과 같이 말한 바 있다.

> "당초 한국화교의 중화민국에 대한 '애국심'은 중화민국으로부터 강제된 측면도 있지만, 한국화교 스스로 중화민국을 필요로 했고 한국화교 스스로 중화민국에 귀속되는 것을 강력히 원한 측면도 있었다."(王恩美. 2008, 21)

그녀의 관점에 따르면, 1945년 이전까지만 해도 한국화교들의 이른바 '중국인' 의식은 특정한 정부나 정권을 향한 정치화된 의식은 아니었다. 그것은 오히려 한국인(당시 조선인)이나 일본인과는 차별되는 전통이나 관습을 가지고 있음을 자각하는 문화의식에 가까웠으며 중국대륙 그 중에서도 산동에 대한 귀속감이 강조되는 일종의 향토의식이라 할 만한 것이었다. 그러나 제2차 세계대전이 종식됨과 동시에 한국과 중국이 사실상 내전상태에 돌입하게 되고 그것이 다시 동아시아 냉전체제를 고착화하는 분단과 분열이란 결과를 가져오게 되면서 한국화교의 중국인의식은 특정 국가나 정부를 선택하고 그곳에서 새로운 자기정체성을 가름해야 하는 정치의식으로 변화하게 된다. 다시 말해, 한국화교는 반공이라는 단선적 스펙트럼만을 강요당하는 진영논리에 함몰되어 고향(중국대륙)을 등진 채 정권(타이완 중화민국정부)을 선택해야 하는 곤경에 빠져들 수밖에 없었던 것이다. 이는 일종의 강요된 체제의 부름이기도 했고, 동시에 한국화교들의 생존을 위한 불가피한 자기선택이기도 했다. 더욱이 순혈주의를 기반으로 하는 국민국가 형성과정에서 한국정부가 가해오는 법적·제도적 압박으로부터 이방인으로서의 존재적 위기감을 절감하게 된 한국화교에게는 자신들의 생명과 재산을 보호해 줄 수 있는 공식적인 대한對韓 창구가 절실히 필요했다. 타이완 중화민국에 대한 한국화교의 국가의식 내지 국민의식은 사실상 이렇게 탄생한 것이다. 이런 상황에서 중화민국에 대한 애국심과 충성심은 곧바로 한국화교의 안전과 권익을 담보해줄 수 있는 하나의 척도로 기능했다. 따라서 한국화교는 한국과 중화민국의 우호적 관계를 해칠 수 있는 그 어떤 돌출행위도 삼가야 했고, 나아가 중화민국의 정부시책에 적극적으로 호응하는 자세를 취해야 했다. 그들이 당시 한국정부와 중화민국정부 공히 체제수호의 핵심적 보호막으로 내세우고 있던 반공이란 이념적 슬로건을 수용하는 과정에서 보여주었던 적극적인 태도나 타이완 내 각종 자연재해 및 인적재난에 즈음해 적극적이고도 성공적인 기금모금활동을 전개한 것은 결코 이와 무관치 않을 것이다.

진유광이 『견문록』에서 손중산의 동상이 한국화교 전체의 성금으로 건립되었음을 특별히 강조한 것도 동일한 맥락이라 할 수 있다. 즉, 그는 타이완독자들에게 한국에 거주하는 동포들도 중화민국정부의 정통성을 전혀 믿어 의심치 않고 있고 나아가 그러한 정부가 전개하는 각종 시책에 자신들이 얼마나 적극적으로 부응하고 있는지를 일깨워줌으로써 타이완인 및 타이완 중화민국정부가 자신들의 이러한 충성도를 인정하고 그에 준한 보호책과 지원책을 지속적으로 화교사회에 제시해줄 수 있기를 호소하고 있는 것이다. 마찬가지로 이러한 상황을 감안한다면, 중화민국정부에서 파견한 외교 관리들 그리고 그들의 행적에 대한 비판적 글쓰기는 자신들의 애국심과 충성도를 해하는 하나의 흠결이 될 수 있기에 더욱 더 삼가야 하는 일이 되었을 것이다. 아니 오히려 진유광은 비판적이거나 혹은 객관적이라 할 수 있는 평가의 회피라는 소극적인 자세에서 벗어나 찬양일색이라는 적극적인 방법을 통해 자신들의 충성도를 부각하고 있는 것이다. 더욱이 당시 열악한 국내외적 정치상황 속에서 화교 특히 한국화교에 대한 관심이 현저히 줄어들고 있던 시점에 있던 타이완의 정황을 고려해 볼 때, 이는 매우 절실한 의도와 당연한 바람에서 비롯되었다고 볼 수 있다.

다음은 한국의 역대정부와 그들의 통치철학을 소개한 18장을 새롭게 추가하게 된 진유광의 정치적 의도에 대해 살펴보도록 하겠다.

진유광은 18장 서두에서 이렇게 말하고 있다.

> "중국과 한국 두 나라는 지리적으로나 역사적으로 볼 때, 형제지국이자 서로 도움을 주는 국가라 할 수 있다. 또한 상호 의존하는 밀접한 관계를 맺고 있다. … (중략) … 중국의 성쇠는 한국의 흥망성쇠에도 자주 영향을 미쳤으며, 한국과 중국 두 민족은 서로 분리될 수 없다."[35]

또 이런 말도 덧붙이고 있다.

> "어쨌든 중국과 한국 간의 밀접하고 순수한 관계는 세계사에서도 보기 드문 경우라고 논자들은 말한다. 게다가 한국정부는 줄곧 화교들을 외국인으로 취급해오지 않았기 때문에, 중국정부도 한국의 독립을 서둘러 성사시키기 위해 온 힘을 기울였던 것이다."[36]

35) 『견문록』, p.167.; 이용재. 2012, 331.

결론부터 말하면, 이 역시 진유광의 소망과 바람인 담긴 한낱 정치적 수사에 불과하다. 물론, 역사적으로 한국과 중국은 상호 밀접한 관계를 유지해온 것은 사실이지만 그것이 곧 항상 서로 도움을 주고받는 우호적인 관계만은 아니었음은 주지하는 바이다. 또한 냉전적 진영논리가 지배하던 당시의 국제정치면에서도 볼 때, 한국과 타이완(중화민국)은 분명 우방이자 맹방이었음은 틀림없는 사실이다. 그러나 그로부터 불과 10년 후에 양국이 국교를 단절한 냉엄한 국제현실에서도 알 수 있듯, 한국과 타이완의 관계가 진유광의 생각처럼 "세계사에서도 보기 드문" 순결하고 순수한 관계라고는 볼 수 없다. 뿐만 아니라 "한국정부가 줄곧 화교를 외국인으로 취급하지 않았을" 정도로 "두 민족이 서로 분리될 수 없는" 것은 더 더욱 아니었다. 한국사회에서 화교는 지금까지도 법적으로 '국내 체류 외국인'에 지나지 않는 게 엄연한 현실이기 때문이다. 아마도 이와 같은 현실은 한국사회에서 평생 화교로 살아왔던 진유광 본인이 그 누구보다도 절감하고 있는 일이었을 것이다. 그럼에도 불구하고, 한국의 역대정부 특히, 당시의 집권세력에 대한 찬양 일변도로 구성된 이 장을 추가한 것은 과연 무엇 때문이었을까?

주지하다시피, 제1공화국부터 제5공화국에 이르는 한국현대사의 주요 흐름은 권위주의적 독재와 인권탄압으로 점철되어 있는 왜곡과 굴곡의 역사이다. 한국에 거주하는 화교들에게도 이 시기는 한국사회로부터 철저히 배제된 채, 차별과 억압을 경험해야 했던 매우 엄혹한 시대였음은 두말할 나위 없다. 그럼에도 불구하고 진유광은 이 시기를 평가함에 있어 '정치적 안정', '경제적 번영', '사회적 정화'의 시대로

36) 『견문록』, p.169.; 이용재. 2012, 334.

일관하고 있다. 여기에서 필자는 다시 한 번 진유광의 다분히 정치적인 언어와 수사 속에서 하나의 역설을 발견하게 된다. 우선, 그는 정권의 정통성을 부정하거나 백안시하는 세력을 결코 용인하지 않는 한국정부 내지 한국정치현실을 충분히 감안했다 할 수 있다. 만일 그가 한국정치의 비민주적 현실과 한국정부의 화교에 대한 차별과 억압에 대해 조금이라도 비판적 입장을 견지하고자 했다면, 그것만으로도 한 개인의 차원을 넘어 한국 전체 화교사회의 생존 나아가 삶의 터전 자체에 대한 위협을 감수해야만 했을 것이다. 설사 그것이 한국 밖에서의 발언이라 할지라도 말이다. 더욱이 이는 소위 한중친선이라는 양국관계를 해하는 그 어떤 행위에 해당하는 것이니 더더욱 삼가야 하는 일이었을지도 모르겠다. 한마디로, 입은 있되 말을 할 수 없었던 시대가 이방인인 화교에게 가해오는 심리적 압박은 거주국 국민의 그것보다 더하면 더했지 결코 덜하지는 않았을 것이다. 이는 능히 짐작할 수 있는 일이다.

또한 여기에는 한국화교사회에 던지는 진유광 본인의 절절한 메시지가 담겨 있다. 1970년대를 거쳐 1980년대로 넘어오는 이 시기는 한국정부의 법적·제도적 차별이 일반화·공고화됨으로써 한국에 거주하는 화교들이 미국 등 제3국으로의 재이민을 선택하는 경우가 급격히 늘고 있던 당시였다. 따라서 그는 한국화교들에게 이렇게 호소하고 있는 것이다.

> "한국은 정국이 평온을 되찾고 시국도 태산처럼 안정되었으니, 화교동포들에게 충고컨대, 이민을 가야겠다는 생각은 절대 품지 않기를 바란다. 미국은 결코 천당이나 낙원이 아니다!"[37]

37) 『견문록』, p.172.; 이용재. 2012, 339.

한국사회의 혼란과 화교에 대한 차별과 억압 등 각종 부정적 이유로 인해 한국을 떠나고자 하는 화교들이 급증하고 있는 상황에서, 그의 충언이 얼마나 호소력을 지니고 있었는지는 의문이다. 그러나 분명한 사실은 그의 이 말 속에는 재이민 등으로 그 수가 급감함으로써 화교사회의 존립마저 심각히 위협받고 있는 현실을 결코 좌시할 수 없는 한국 교령僑領으로서의 진심어린 바람이 담겨있다는 것이다.

그러나 이 글이 발표된 후에 예상되는 한국정부의 반응과 그로 인한 후과에 대한 두려움 그리고 화교사회의 소멸에 대한 교령으로서의 우려만으로는 이 장이 『견문록』에 신설된 이유를 온전히 설명할 수 없다. 그가 이 18장의 내용을 한국 연재 시에는 넣지 않고 유독 타이완 출판에 맞춰 추가하게 된 데에는 나름의 이유가 있을 것이라 추정된다. 우선, 그로서는 한국의 정치사 및 정치현실에 대한 자신의 견해와 관점을 한국의 신문지면에 소개하는 것은 타당하지도 그렇다고 필요성도 특별히 없었을 것이다. 둘째, 이 부분을 타이완 단행본 출판 시에 새롭게 가필해 추가한 데에는 당시 한국의 역대정권과 유사한 정치행적을 밟아오고 있던 타이완 중화민국정부에 대한 간접적 지지가 숨어 있는 것으로 보인다. 한국과 타이완은 공히 일본의 식민통치를 경험했고, 해방 이후에는 줄곧 권위주의적 군부통치에 신음해야 했다. 그런데 1970년대 이후 타이완은 장제스蔣介石, 장징궈蔣經國로 이어지는 이른바 부자세습 정권이 국내외적으로 정치적 정당성과 정권적 정통성을 상실할 위기에 처하게 되었고 이는 다시 타이완의식, 타이완민족주의의 발흥으로 발전해나갔다. 진유광이 보기에, 이러한 국민당 정권의 위기 및 중국의식과는 다른 별도의 타이완의식의 흥기는 곧 화교사회가 고수해왔던 이른바 중국적 정체성에 대한 위기이자 위협으로 받아들여질 소지가 충분했다. 따라서 설령 권위주의적 독재정권이라 할지라도 중국적 정체성을 유지하고자 했던 국민당 정부에 대한 그의 지지가 유사한 정치적 경험을 가지고 있는 한국정부에 대한 찬양으로 이어진 것은 아니었을까 하는 것이다. 아니, 오히려 이른바 민주주의에 대한 경험과 학습을 사실상 제대로 받아본 적이 한 번도 없었다고 볼 수 있는 진유광을 비롯한 반공세대에게는 양 정부의 권위주의적 통치방식은 어쩌면 극히 당연한 것이고 그에 반하는 행위는 모두 혼란으로 비쳐졌을지도 모를 일이다.

2. 개역改譯 과정 속의 정치적 글쓰기

오랜 기간 삶의 경험에서 나온 말인지는 모르겠지만, 한국인들은 "되놈은 의심이 많다."라는 말을 흔히 한다. 그리고 어느새 이 말은 한국사회에서 중국인 전체의 국민성을 일반화하는 하나의 상징적 기호처럼 되어버렸다. 그럼, 실제로 중국인은 천성적으로 '의심'이 많은 사람들일까? 물론 그럴 수도 있겠지만, 그렇지 않다고 보는 게 보다 타당할 것이다. 더군다나 국민성이나 민족성이라는 말 자체가 이미 일반화의 오류를 범하고 있기에 사실 그것은 허구에 가깝다 할 수 있다. 그렇다면, 중국인에 대한 한국인들의 이러한 일방적 재단 내지 평가는 과연 어디에서 연유한 것일까?

추측컨대, 이 말이 횡행하게 된 데에는 한반도라는 동일한 지역에서 이웃해 살고 있는 화교들에 대한 한국인들의 인식과 경험 그리고 기억에서 비롯된 바 크다 할 수 있다. 그런 의미에서 본다면, "되놈은 의심이 많다."라는 말은 전혀 근거 없는 허언이라 할 수도 없겠다. 실제로 한국사회에 거주했고 거주하는 화교들의 삶과 행동을 떠올리면, 그러한 빌미를 충분히 제공하는 측면이 존재한다. '의심'은 달리 말하면 타인에 대한 '경계'이자 '눈치 보기'이고 이는 궁극적으로 '어울릴 수 없음'을 뜻한다. 130년이란 장구한 한반도 이주역사에서 화교들이 자연적으로 터득한 삶의 방식은 늘 그렇듯 한국인들을 경계하고 수시로 그들의 의중을 살펴야 하는 것이었다. 그리고 결과적으로 한국의 주류사회와는 격절된 '차이나타운'이라는 협소하고 폐쇄적인 공간 안에 숨어들어 자신들만의 공동체를 이루며 집단생활을 하는 것이었다. 이는 상당부분 한국인들의 섣부른 오해와 협애한 아량이 빚은 결과일 터이지만 한편으로는 폐쇄적인 화교사회 스스로 자초한 측면도 없지 않다. 사실, 이러한 의심과 경계와 눈치 보기는 비단 화교뿐만이 아니라 해외로 나가 이방인으로 살아야 하는 사람들이라면 누구나 가질 수밖에 없는 일상사라 볼 수도 있다. 반면, 그들이 고국으로 돌아가게 되면 해외에서의 지난했던 삶은 반대로 일종의 무용담으로 회자되기 마련이고, 타향에서 느꼈던 긴장, 위축, 불안은 고향에 돌아오는 순간 곧바로 해소의 탈출구를 찾아 여유, 평안, 안정으로 바뀌게 된다.

진유광이 한국에서 "화교"를 연재할 때와 타이완에서 『견문록』을 출판할 때를 비교해 보면, 이와 유사한 심리와 그 흔적들을 곳곳에서 발견하게 된다. 한국인 독자를 대상으로 한 신문지면에서 한국사회 내지 한국인에 대한 자신의 견해를 피력할 때는 신중함과 조심스러움을 넘어 비굴하기까지 할 정도였다면, 타이완 독자를 대상으로 한 『견문록』에서는 반대로 자부심과 과감성 그리고 확신에 찬 표현들로 넘쳐나고 있다. 아마도 이는 한국독자와 타이완독자들의 예상되는 반응과 기대치를 충족시키고자 하는 화교들의 일종의 '눈치 보기'에서 비롯된 것이자 동시에 자신들의 욕망을 분출하는 하나의 방법이었을 것이다.

이에 대해 본 절에서는 "화교"와 『견문록』의 동일한 내용에 대한 서로 다른 표현과 가필에 주목해 진유광 나아가 한국화교사회 전체가 한국과 타이완에 던지고자 하는 서로 다른 메시지와 그를 통한 화교들의 생존상의 욕망을 파악하고자 한다.

진유광은 한국 독자와 타이완 독자의 충분히 예감될 수 있는 반응에 매우 예민하고 민첩하게 대처하고 있다. 특히, 한국 독자를 대상으로 한 "화교"에서의 글쓰기는 사뭇 자기검열에 가까울 정도이다. 좀 더 구체적으로 말하면, 한국 독자들 대상의 "화교"에서는 화교에 대한 당시 한국사회의 일방적 편견이나 고정된 인식에 대해 정면으로 반박하지 못한 채 매우 조심스럽게 교정을 시도하고 있는 것을 볼 수 있다. 일례로, 문장 종결어미의 상당부분을 '~인 것 같다.' 혹은 '~인 것처럼 보인다.' 등으로 매조지하는 것에서 그의 신중함과 머뭇거림을 엿볼 수 있다. 또한 당시 한국의 정치사회적 상황이나 한국과 중국 간에 예민하게 얽혀 있는 각종 역사문제 그리고 정치적으로 다분히 논쟁의 소지가 될 만한 부분에 대해서도 내용상의 원초적 삭제와 애매한 표현 등을 통해 본질을 우회하고 있다. 반면, 타이완독자를 대상으로 한 『견문록』에서는 한국에서는 너무나 조심스럽고 신중해서 이상의 문제들과 관련해 미처 다할 수 없었던 자신의 속내와 진의를 수정과 가필 혹은 문장 중에 '결코 ~이 아니다.'와 같은 강한 부정형 표현을 자주 쓰는 방식을 통해 매우 과감하게 피력하고 있다.

1) 한국사회의 편견에 대한 대응

여기서는 우선, 화교에 대한 한국인들의 보편적 인식과 그에 대한 화교들의 항변이 "화교"와 『견문록』의 내용과 표현상의 차이를 통해 어떻게 드러나는지를 살펴보기로 하자.

가령, 중국인 단순육체노동자를 일컫는 이른바 쿨리들의 위생과 청결의 문제를 논하는 대목에서 진유광의 두 글은 아래와 같이 미묘한 차이를 노출하고 있다.

> "흔히 中國人들 특히, 노동자들은 목욕을 거의 하지 않는다고 전해지고 있지만 반드시 그렇지는 않았다.(이하, 굵은 글씨는 필자 강조) 이런 얘기는 日本人들이 中國人을 낮추기 위해 만들어낸 것 같다."38)

"화교"에 나오는 이상의 내용은 『견문록』에서는 다음과 같이 표현되고 있다.

> "한국인의 관념에는 중국인 대부분이 목욕을 잘 하지 않아 대단히 지저분하다고 알려져 있다. 그러나 사실은 결코 그렇지 않다. 단지 쿨리들이 하는 일이 최하급의 일이라 겉으로 보이는 그들의 의복이 단정하고 청결할 수 없었기 때문에 그렇게 보인 것일 따름이다. 또한 일본인들은 쿨리들이 일의 귀천을 따지지 않고 아무 일이든지 하는 것을 혐오해 고의적으로 악의적인 말 예컨대, 구사이姑塞(이 말은 일본어를 음역한 것으로, 중국인 몸에서 악취가 난다는 뜻)와 같은 말을 퍼뜨린 때문이기도 하다."39)

'중국인들은 불결한 족속'이란 속설은 한국인들 사이에선 일반적인 통념으로 자리잡아왔다. 이에 대해 진유광은 "화교"에서는 조심스러운 교정을 시도하고 있고, 「견문록」에서는 강한 항변을 개진하고 있

38) '쿨리의 貯蓄'(21회), "화교", *중앙일보*, 1979.10.12. 이하, "화교"에서 인용하는 문장은 모두 현재의 띄어쓰기 방식을 준용해 수정을 가했음을 미리 밝혀둔다.

39) 『견문록』, p.47.; 이용재. 2012, 102.

다. 즉, "화교"의 "반드시 그렇지는 않았다."라는 부분부정의 표현이 완전부정을 했을 시에 되돌아올 수 있는 한국독자들의 강한 반발을 충분히 예상하고 고려한 조치였다고 한다면, 『견문록』의 "그러나 결코 그렇지 않다."라는 전체부정의 표현에는 화교에 대한 한국사회의 부정적 통념에 대한 강력한 변호가 개입되어 있다. 그것이 쿨리들의 근면함에 대한 오해와 그에 대한 식민지 시절 일본인들의 악의적 선전에 기인한다는 점을 구구하게 설명하고자 하는 데에서도 볼 수 있듯이, 여기에서는 한국사회의 잘못된 통념에 대한 화교로서의 반발 심지어 분노까지도 읽어낼 수 있다.

'중국인은 더럽다.'라는 속설과 더불어 한국인에게 널리 퍼져있는 화교에 대한 또 하나의 통념은 '짱꼴라', '짱깨'라는 조롱 섞인 유행어와 이른바 '왕 서방 이미지' 등에서 엿볼 수 있다. 진유광은 이에 대해서도 인식의 교정을 요구한다.

> "요즘 韓國人들은 中國사람하면 곧 「짱꾸에이집」 즉 淸 요릿집 혹은 호떡집을 연상하는 것 같다. 「짱꾸에이」掌櫃的(지배인·가게주인의 뜻)가 음식점 주인만을 뜻하는 것은 아니다. 그런데도 한국인이 이런 생각을 갖고 있다는 것은 中國음식이 韓國에 얼마만큼 자리 잡고 있는가를 짐작케 한다. 이것은 또 다른 의미를 갖는다. 화교들이 초기에는 무역상과 大商會들을 중심으로 만만치 않은 경제적 힘을 자랑했었으나 이제는 대표업종이 음식점 정도에 그치고 있다는 점이다. 하지만 나는 이런 사실에 자부심을 느낀다."[40]

사실, '짱깨'라는 말은 '짱꼴라'라는 말과 더불어 화교와 그들의 주요 생업인 중국음식점 그리고 그곳에서 파는 짜장면을 바라보는 한국

40) '호떡'(26회), "화교", *중앙일보*, 1979.10.18.

인들의 부정적인 시각을 대변하는 대표적 유행어라 할 수 있다. 이 말들 속에는 사회적 마이너리티에 대한 한국사회의 옹색한 비아냥거림과 무시 그리고 시기와 질투가 복잡하게 착종되어 있다고 볼 수 있다. 그러나 뜻 없이 연못에 던지는 조그만 돌멩이라 할지라도 그것을 맞게 되는 개구리에겐 치명적일 수 있듯이, 한국인이 아무렇지 않게 내뱉는 한마디가 그것을 듣는 화교에게는 깊은 상흔으로 자리할 수 있는 법이다. 진유광에게도 위의 속어들은 내내 마음 한 구석을 아프게 차지하고 있었을 것이다. 그래서일까? 그가 "화교"에서 묘사하는 '짱께'에 대한 건조한 뜻풀이와 나름의 해석은 오히려 의미심장하게 들린다. 이 말이 한국사회에서 어떤 의미로 사용되고 있는지 그 자신이 누구보다도 잘 알고 있었음에도 불구하고, 그는 이에 대해 어떠한 반응도 어떤 부정적 내색도 하지 않는다. 오히려 그는 가치중립적 차원에서 '짱께'의 어원을 설명하고 동시에 그 말의 유행을 한국사회 내에서의 짜장면의 상식화常食化로 해석해낸다. 그리고 거기에서 자신은 "자부심'을 느끼고 있음을 강조한다. 물론 지금으로선 그 "자부심"이란 말 이면에서 역설적으로 그가 품고 있는 억울함과 분노를 읽어내기란 그리 어렵지 않지만, 당시 상황에서 한국의 신문독자들이 동일하게 느꼈는지는 의문이다.

반면, 『견문록』에서는 위와 동일한 내용이 매우 다르게 표현되고 있다.

> "한국인들은 개개의 화교들을 모두 '짱께'라 불렀으며, 최근엔 일반 청소년이나 고등학생들이 놀랍게도 중국집에서 파는 자장면을 '짱께'로 바꿔 부르고 있다. 이들이야 그 단어의 의미를 제대로 알지 못한 채 멋대로 부르는 것이겠으나, 어떤 때는 이 말을 들으면 정말 반감이 일기도 한다. 그렇지만 학생들은 그 단어의 원래 의미를 전혀 알지 못하는

데다, 속담에서 말하듯 "모르는 사람에게는 죄를 물을 수 없는 법이다." 게다가 '짱께'의 어원인 '장구이'라는 말 자체는 원래 존칭어이므로 그들을 탓하지도 않는다. 오늘날 화교경제는 이미 발전기만큼 흥성하지는 못하며, 점점 쇠락해가고 있다. 화교들이 종사하고 있는 직업의 종류도 예전만큼 다양하지 못하고, 대부분이 식당을 운영하며 생계를 꾸려가고 있다."41)

'자부심'이라는 역설적 표현 속에 잠재되어 있던 분노의 감정은 "이 말을 들으면 정말 반감이 일기도 한다."는 노골적 표현 속에서 그대로 노출되고 있다. 오히려 그는 "모르는 사람에게는 죄를 물을 수 없는 법"이니 "그들을 탓하지 않겠다."는 짐짓 대범한 자세를 취하고 있지만, 여기에는 말의 어원도 제대로 모른 채 함부로 떠들어대는 한국인의 무지함과 경솔함에 대한 조소와 측은함이 배어 있음을 어렵지 않게 발견할 수 있다.

한국인이 갖고 있는 화교에 대한 또 다른 추형은 바로 '왕 서방 이미지'이다. 김동인의 단편소설 「감자」에서 보듯, 초기의 '왕 서방'은 긴 손톱에 검은 창파오長袍를 걸친 채 암흑 속에 똬리를 틀고 있는 한마디로 두렵고 패악스런 지주의 이미지였다. 이는 근대 초기 조선사회에 등장한 화교 즉, 안하무인격 상국신민上國臣民의 모습 그대로의 바로 그 '공포의 화교'이다. 그러나 19세기 말, 20세기 전반을 지나면서 국세國勢가 저물기 시작한 중국처럼 한국에서의 '왕 서방'은 어느새 유행가 가사에 나오듯 한낱 조롱거리 신세로 전락하고 말았다. 이는 한국인들의 의식 속에서 '공포의 존재에서 조롱의 대상'으로 바뀌어버리는 화교 이미지의 변천사와 꼭 겹친다. 1930년대 말에 발표된

41) 『견문록』, P.57.; 이용재. 2012, 123-124.

김정구의 「왕 서방 연가」는 그러한 이미지 변화를 가장 극명하게 보여 주는 하나의 사례라 할 수 있다. 그러나 화교들의 입장에서 볼 때, '비단 장사 왕 서방'의 이미지가 그리 달가울 리 없음은 당연하다. 진유광 역시도 화교가 한국사회에서 그러한 이미지로 고정화되는 것이 자못 우려스러웠던지 상당한 지면을 할애해 그에 대한 억울한 소회를 표하고 있다.

아래에 제시한 장문의 인용문은 '비단 장사 왕 서방'에 대한 동일한 내용이 "화교"와 『견문록』에서 각기 어떻게 다르게 표현되고 있는지를 알아보기 위한 것인데, 이 두 글을 상호 비교하면 매우 흥미롭다.

> "한국사회에 널리 퍼진 「비단 장사 王서방」이란 말이 華商의 한 유형을 말하게끔 된 것도 당시 中國옷감의 유행정도를 말해주고 있다."[42]

> "中國옷감 특히, 비단과 이를 취급하는 中國人 상인들이 방방곡곡에 퍼지면서 「비단장수 王서방」이란 말이 유행하기 시작했다. 「비단장수」는 淸요릿집과 함께 中國人을 상징하게 됐다. 특히, 30년대 말 한국인 인기 가수 金貞九씨의 『王서방 戀書』란 요 노래가 크게 「히트」하자 「王서방」과 「띵호아」란 말은 일대 유행어가 돼버렸다. 짓궂은 아이들은 길거리에서 中國人을 보면 「띵호아, 띵호아」를 소리치며 도망가곤 할 정도였다."[43]

> "이 노래로 華僑들은 한때 싫건 좋건 관심의 초점이 됐었다. 中國옷을 입고 길을 가다 보면 여기저기서 '딩호아', '王서방'하는 소리가 들리곤 했다. 물론 철없는 아이들의 짓이었다.

---

42) '포목상'(23회), "화교", *중앙일보*, 1979.10.15.

43) '양복점'(24회), "화교", *중앙일보*, 1979.10.16.

(중략) 사실 이 노래의 내용은 그리 기분 좋은 것만은 아니었다. 韓國기생에 빠져 애써 모은 재산을 날리는 中國人을 그린 데다, 中國人의 서투른 韓國말을 흉내 낸 가사와 억양 등 반발할만한 여지도 없지 않았다. 특히, 「띵호아, 띵호아」는 華僑들을 부를 때뿐 아니라 韓國人들끼리도 장난조로 널리 써, 아주 천박한 말처럼 돼버렸던 것이다. 참고로 밝히자면, 「띵호아」는 漢子로 「頂好呀」 즉, 아주 좋다는 말이다. 그러나 많은 華僑들은 이런 점에 별로 개의치 않고 오히려 이 노래를 즐겨 부르기까지 했다. 나도 이 노래에 별다른 악의가 없어보였고 韓中 양국민의 친선을 위해 좋은 의미로 쓰인 것이라고 생각했기 때문에 즐겨 불러 아직 가사를 기억하고 있을 정도다. 그러나 아무래도 中國人들의 반발이 마음에 걸렸는지 해방 후, 특히 요즘에 와선 金貞九씨의 이 노래를 거의 들을 수 없다."[44]

이상은 "화교"에 실린 내용이다. 사실, 19세기 말까지만 해도 한반도에서는 영국산 면제품의 수입원을 두고 일본과 청나라가 각축을 벌였다. 초기에는 일본이 조선에서의 영국산 면직물 수입을 독점하고 있었으나 점차 화상華商들이 그 자리를 대신하게 되었다. 이에 일본이 청일전쟁에서의 승리를 기화로 화상의 면직물 수입을 제한하게 되자, 화상들은 수입품목을 중국산 견직물로 대체하게 된다(王恩美. 2008, 47-51 · 56-62 참조). 이로부터 중국산 견직물 즉, 비단이 조선 상류사회의 애호품으로 자리하기 시작했고 더불어 이른바 화교 '비단장사'들이 조선 상계를 주름잡게 되었다. 진유광은 바로 이 중국산 비단의 유행과 그것을 파는 비단장수들의 경제적 성공을 '비단 장사 왕 서방'(원제는 '왕 서방 연가')이란 유행가의 인기 원인과 결부시키고 나아가 화교의 대표적 유형으로까지 자리매김하고자 시도하고 있다. 그렇다면 과

44) '王서방 戀書'(25회), "화교", *중앙일보*, 1979.10.17.

연 이 노래는 진유광의 말처럼, 화교에게 "별다른 악의가 없는" 것이고 단지 "한중 양국민의 친선을 위해 좋은 의미로 쓰인 것"이었을까? 주지하다시피, 이 노래가 한국사회에 널리 알려지게 된 것은 분명 진유광의 생각과는 다른 이유에서였다. 가사의 내용과 "띵호아"라는 특유의 익살맞은 후렴구에서 유추할 수 있듯이, 이 노래는 필시 화상 나아가 화교 전체에 대한 조롱과 비웃음을 담고 있다. 물론 진유광 스스로도 이러한 사실을 충분히 인지하고 있었을 것이다. 그럼에도 불구하고 그는 이 분명한 사실을 애써 무시한 채, 거론하는 것조차 두려워하고 있다. 왜 개구쟁이 아이들이 자신들을 보고 "땅호아"를 외치곤 내처 도망을 가야하는 것인지, 왜 중국인의 성공 사례가 "천박한 말"로 희화화된 것인지 그는 설명을 피하고 있다. 그가 이렇듯 명확한 해답을 주지 못하는 이유는 아마도 "한중 친선"이란 말에서 찾아야 할 것이다. 그것은 말 그대로 한국과 중화민국 간 선린관계의 지속을 바라는 충정일 수도 있을 것이고 더불어 한국인과 화교 자신들의 관계 악화를 더 이상 바라지 않는 마음이기도 할 것이다. 그래서 그는 "그리 기분 좋은 것만은 아닌" 내용의 가사와 어설픈 중국어 "억양"에 "반발할만한 여지도 없지 않지만" 한국과 중국, 한국인과 화교 간의 우의를 위해 참을 뿐이고 이 노래가 더 이상 확산되어 불리지 않기만을 바랄 뿐이다. 바로 여기에 마이너리티로서의 화교의 고뇌와 생존에 대한 갈망이 잠재되어 있다.

그러나 『견문록』에서는 이와 동일한 내용이 사뭇 다르게 표현되고 있다.

> "한국사회에서 한때 "비단이 장수 왕 서방" 노래가 매우 유행했는데 이를 통해, 당시 화상들이 판매한 비단이 얼마나 인기가 있었는지를 짐

작할 수 있을 것이다. 이 노래에 등장하는 왕 서방은 바로 뛰어난 성공을 거둔 사례의 하나이다."[45]

"앞에서 간단히 언급했지만, 한국에서 중국산 비단이 가장 잘 팔리던 시절에 항간에서는 "비단이 장수 왕 서방" 노래가 유행했다. 중국인들 중에는 왕王씨가 상당히 많은데, 이 때문에 한국인들은 왕 서방(한국어 서방은 '선생'이라는 의미)이라는 말로 중국인을 대변한다. 물론 유행가 속의 주인공 성이 왕씨였다는 것도 그 한 원인이 되었다. 이 노래는 당시 명가수였던 김정구 선생이 불러 크게 유행했는데, 어느 왕씨 화교가 비단을 팔아 돈을 벌었지만 기생집의 한국기녀 명월이에게 푹 빠져 고생해 모은 돈을 이 여인에 몽땅 탕진하고도 화교 왕씨는 사랑에 너무 깊이 빠져 돈이 있고 없음에 개의치 않았다는 내용이다. 이 노래에 중국인을 악의적으로 비방하거나 폄하하려는 의도는 결코 없다. 그렇지만 한국인들은 중국인의 발음을 배우려고 이 노래를 중국인의 말투를 흉내 내어 불렀고, 그래서 화교들이 이 노래에 반감을 갖게 된 것이다. 특히 노래 가사에 '띵호아'라는 말이 나오는데, 이 말은 순식간에 유행어가 되었고 짓궂은 한국 아이들은 중국인만 보면 큰 소리로 "띵호아! 띵호아!"라는 노래구절을 부른 후 재빨리 도망치곤 했다. 이러한 모습을 보고 화교들은 화가 나기도 했고 또 웃음이 나오기도 했고 이러지도 저러지도 못해 난감해하기도 했다."[46]

"이 자매결연 행사에는 주한 중국민국 대사관측 인사와 화교 대표들도 많이 참석했다. 당시의 인기 가수들도 많이 참석했는데, 영화배우 양훈, 송해, 가수 현미 등이 참석했다. 자매결연 행사가 끝난 다음에는 연회를 준비해 여흥을 돋우었다. 양측에서 서로 대표자를 추천해 노래를 부르자고 했고, 양훈 씨가 추천되어 노래를 부르게 되었다. 그는 연

45) 『견문록』, pp.50-51.; 이용재. 2012, 110.
46) 『견문록』, p.54.; 이용재. 2012, 115-116.

회장에 중국인이 많이 참석하고 있다는 점을 감안해 특별히 "비단이 장수 왕 서방"을 불렀는데, 우스꽝스러운 태도로 중국인의 음조를 모방해 노래를 부르기 시작했다. 그 순간 많은 화교들이 즉시 불만을 표시했고, 양훈 씨를 질책하려고 했다. 당시 한성화교협회 회장이었던 나는 쌍방이 불쾌해질까봐 걱정되어 모든 노력을 기울여 사태를 진정시켰고, 그 덕에 연회는 즐겁게 마무리될 수 있었다. 하지만 내 자신은 온몸에 식은땀을 흘려야 했다. 이 일화를 통해 화교들은 "비단이 장수 왕 서방" 노래에 대해 결코 호감을 갖고 있지는 않았다는 것을 알 수 있을 것이다."[47]

예상되는 바와 같이, 진유광은 "화교"의 서사기조와는 달리 '왕 서방 연가'에 담긴 부정적인 '왕 서방 이미지'에 대해 화교들이 "결코 호감을 갖고 있지 않았음"을 명시함으로써, 이 노래에 대한 분명한 반감을 표출하고 있다. 그러나 그는 여기서 한 발 더 나아가 화교 자신들이 생각하는 '왕 서방'은 "뛰어난 성공을 거둔 사례의 하나"임을 특별히 적시하고 있다. 만일 이 구절을 "화교"에서도 동일하게 기록했다면, 필시 한국독자들의 적지 않은 반감과 조롱을 불러일으켰을 것이다. 그러나 주지하다시피, 『견문록』은 타이완독자들을 대상으로 한 것이다. 따라서 그는 오히려 화교의 한국에서의 성공과 이에 대한 자신들의 긍지와 자부심을 과시함으로써, 타국에서의 자신들의 고생과 노력이 성공의 결실을 맺고 있음을 타이완독자들에게 전할 필요성이 있었다. 한국인들이 이 노래를 즐겨 부른 이유가 단지 중국어를 배우려는데 있지 않음에도 불구하고 굳이 "중국인의 발음을 배우려는"데 있다고 강변 아닌 강변을 늘어놓는 것에서도 한국인의 조롱거리로 전락한 자신들의 상황을 타이완독자들에게는 알려지지 않기를 바라는 고

47) 『견문록』, p. 55.; 이용재. 2012, 117.

육지책이 엿보인다. 이는 아마도 자신들의 성공적인 삶을 타이완사회에 알림으로써 타이완 정부와 주민들의 지속적인 성원과 지지를 촉구하고자 하는 의도는 아닐까 생각된다.

2) 화교의 역사인식과 한국사회 바라보기

진유광의 말처럼, 한국과 중국은 고대로부터 지금까지 지속적인 관계를 유지해오고 있다. 그러나 그에 비례해, 양국 간에는 역사적·현실적으로 충돌과 알력이 개입된 많은 문제들이 산적해 있는 것도 사실이다. 정치·경제적인 문제뿐만이 아니라 영토와 이념 심지어 역사해석의 문제와 관련해서도 양국은 첨예한 대립각을 형성하고 있다. 조국과 거주국 사이에 끼어있는 화교들에게 이러한 예민한 문제들에 대해 명확한 입장표명을 요하는 것은 어찌 보면 매우 잔인하고 고약한 일이 될 것이다.

한국에 연재된 "화교"와 타이완에서 출판된 『견문록』을 보더라도, 화교들이 이러한 문제들에 대해 얼마나 난감해하는지를 읽을 수 있다. 가령, 고대 역사문제와 관련해 진유광은 양 지역의 독자들에게 서로 다른 정보를 제공하고 있다.

> "韓國에 中國人이 처음 들어와 산 것은 上古시대인 殷나라때부터라고 『尙書大典』이나 『漢書地理志』 등의 史書에 나와 있다."[48)]

> "『상서·대전尙書·大典』 및 『한서·지리지漢書·地理志』에 근거하면 중국인의 한국으로의 이주 역사는 상고 시기인 은·주殷周 교체기에 시작되었으며, 그래서 평양에는 지금도 기자箕子의 묘가 남아있다."[49)]

48) '淸商'(1회), "화교", *중앙일보*, 1979.9.17.

이 두 개의 인용문 가운데, 진유광이 중국식 교육을 통해 배워서 알고 있는 바는 아마도 후자일 것이다. 그러나 그는 후자의 마지막 구절을 "화교"에는 수록하지 않고 있다. 여기서 우리는 그가 한중 양국 간에 이른바 '기자동래설箕子東來說'을 두고 역사적 해석에 차이가 있다는 것을 이미 인지하고 있었음을 짐작할 수 있다. 또한 그것이 양국 간에 얼마나 예민한 문제인지도 직감하고 있음을 발견할 수 있다.

그러나 아래에 예시된 인용문의 내용과 같이, 한국사회에서 '기자동래설'은 인정되지 않는 지가 이미 오래되었다.

> "史記부터 殷 箕子의 東來說을 記하야 朝鮮에 잇서서 君으로 師를 兼한 聖王으로 傳해온 지가 오래다 그러나 史記原文을 가지고보면 箕子가 周武王에게 洪範을 傳한 뒤 武王이 箕子를 朝鮮에 封하고 臣下로 待遇하지 아니하얏다하고 또 말하되 그 뒤에 箕子가 朝周하던 길에 殷의 故墟를 지나다가 宮室이 毁壞하야 禾黍가 난 것을 보고 麥秀詩를 지어다하얏스니 箕子는 伯夷와 가튼 淸聖이라 周에 臣치아니하랴고 朝鮮으로 逃來하얏다면 모르되 武王의 封하는 것을 바들이가 아니오 箕子가 朝鮮에 왓다하면 그 目的은 周室과 關係를 끈차는 것이니 朝會라는 것은 더구나 可當한 말이 아니라 朝周一欵은 決코 箕子의 일이 아니오 微子가 宋에 封한뒤에 往朝하러 가던 일이니 이것은 尙書大典에 紀錄되얏다. … (중략) … 그때 朝鮮은 周의 敵手이니 두렷한 臣土오 大族이라 武王이 남의 땅을 自己의 맘대로 준다는 것도 우숩고 箕子가 심드릴것없이 가젓다는 것도 우숩다."[50]

그러나 진유광이 『견문록』에서 굳이 가필을 통해 "기자묘"의 실체

49) 『견문록』, p.2.; 이용재. 2012, 23.

50) 鄭寅普. 1935.1.29., '五千年間朝鮮의 「얼」', "古朝鮮의 大幹」(四)", *동아일보*

를 인정하는 발언을 한 것은, 중국인의 오랜 한반도 이주 연원을 밝히고자 하는 의도 외에도 과거 한반도가 중화제국 질서에 포함되어 있었다는 이른바 종주국 국민으로서의 자부심을 타이완독자들과 공유함으로써, 한국사회에서 핍박받는 자신들의 역사적 우월감을 배설하고자 하는 하나의 욕망이라 볼 수 있다.

이는 다음의 인용문에서 보다 명확히 드러난다.

> "舊군대가 日本人을 살해하고 日本대사관을 습격하자 (중략) 日本은 (중략) 조선에 급파하는 사태로 발전했다. 韓半島를 사이에 두고 日本과 각축을 벌이던 淸國도 이에 자극을 받아 (중략) 군함을 仁川으로 보냈다."[51)]

> "당시 조선은 청국의 세력권 안에 있었고 청국은 조선을 보호할 책임과 의무를 지고 있었다. 이 때문에 청국도 가만히 앉아 보고만 있을 수 없어 (중략) 청군을 파견해 … "[52)]

이처럼 "화교"에서는 도저히 쓸 수 없었던 내용 즉, '조선이 중국의 속국'이었다는 자기 확신이 『견문록』에서는 버젓이 수록되어 있다. 역사적 사실의 정확성 여부를 떠나 필자는 이 한 구절 속에서 한국사회에 대한 서운함과 분노 심지어 한국인들을 낮추어 봄으로써 상대적 우월감을 느끼고자 하는 화교들의 힘겨운 숨결을 느낄 수 있다.

이러한 화교들의 심리는 한국사회를 바라보는 그들의 시각과 인식에서도 엿보인다.

---

51) '吳長慶제독'(5회), "화교", *중앙일보*, 1979.9.21.

52) 『견문록』, p.11.; 이용재. 2012, 37.

"1900년대 초의 韓國엔 아직 서민들이 부담 없이 이용할만한 요릿집이 별로 없었던 것 같다."[53]

"1900년대 초반까지만 해도 한국에는 서민들이 부담 없이 이용할 수 있는 음식점이 한 곳도 없었다."[54]

"요즘엔 전반적인 생활수준이 높아져 사정이 전혀 다르지만, 사실 50년대나 60년대까지만 해도 대부분의 손님들은 中華요리에 관해서 잘 몰랐던 것 같다.[55]

"한국의 사회생활 수준이 비교적 낮은 탓에 한국인들은 중국요리의 정수를 잘 알지 못했고, … "[56]

"화교"에서는 20세기 초 한국에는 일반 서민들을 위한 요릿집이나 음식점이 "별로 없었고" 현재의 생활수준은 과거보다 훨씬 "높아졌다"고 했지만, 『견문록』에서는 이와 달리 1900년대 초 서민이 이용할 만한 음식점이 아예 "한 곳도 없었고" 지금의 생활수준도 "비교적 낮다"라고 단정적으로 언명하고 있다. 아마도 전자는 후자에 대한 완곡하고 신중한 표현일 터이지만, 그렇다고 해서 진유광의 본의가 전적으로 후자 쪽에 있다고는 감히 단정할 수 없다. 그러나 분명한 것은 후자의 표현에는 필시 역사적 우월감과 대국적大國的 자부심에 기초한 '한국 경시'가 은연중에 배어있음을 예감할 수 있다는 사실이다. 그러나 이는 화교들의 가슴 속에 잠재되어 있기는 하지만 거의 희석되어버렸

53) '共和春'(31회), "화교", *중앙일보*, 1979.10.24.

54) 『견문록』, p.65.; 이용재. 2012, 139.

55) '中國음식 얘기'(41회), "화교", *중앙일보*, 1979.11.6.

56) 『견문록』, p.85.; 이용재. 2012, 176.

던 의식의 한 가닥이 외재적 요인으로 인해 다시금 소생한 것이라 볼 수 있다. 다시 말해, 이미 화석화되어버렸던 상대적 우월감과 자부심이 한국사회의 각종 차별과 억압으로 인해 분노라는 방법으로 재현되고 있는 것이다.

다음의 예는 그러한 분노가 극명하게 드러나고 있는 대목이라 할 수 있다.

> "吳제독 추모사당인 吳武壯公祠는 舊韓末에 현재의 서울 乙支路 7街 3번지 6백90여 평에 세워졌으며, 78년 말에 延禧洞 華僑중학교 뒷산으로 옮겨졌다."57)

> "1978년 말에 우창칭 공의 사당은 서울에서 도시계획이 추진되자, 부득이 연희동에 있는 한성화교중학교 내의 뒷산으로 옮겼다."58)

진유광은 "화교"에서 우창칭吳長慶 사당의 이전사실을 예삿일처럼 전하고 있지만, 『견문록』에서는 "도시계획 추진"이란 단 한마디를 삽입했는데도 불구하고 체감되는 발화의 톤은 전자와는 사뭇 다름을 느낄 수 있다. 진유광의 말처럼, 우창칭은 한국화교사회에서 화교에 대한 공헌도가 가장 높았던 인물로 추앙받고 있다. 그래서 그의 기일(5월 23일)에 맞춰 화교들은 그의 사당에 모여 성대한 제사를 올리며 그를 추모해왔다.59) 그런데 화교사회의 상징적 장소라 할 수 있는 바로 그 사당이 한국정부의 일방적 도시개발계획에 밀려 자신들의 의지와는 상관없이 타지로 이전될 수밖에 없었던 것이다. "부득이"란 말 속에

57) '吳長慶제독'(5회), "화교", *중앙일보*, 1979.9.21.

58) 『견문록』, p.11.; 이용재. 2012, 38.

59) 『견문록』, p.11.; 이용재. 2012, 38 참조.

그들이 느끼는 서운함과 불가항력에 대한 자괴감을 엿볼 수 있다. 더군다나 7, 80년대 대대적으로 시행되었던 서울의 도시개발은 화교들의 재산권을 상당부분 침해했고, 화교사회의 이산離散과 그로 인한 공동체의 위기 및 해체를 부추겼던 것이 사실이다.[60] 아마도 이러한 현실이 진유광으로 하여금 '도시계획'이란 말을 특별히 삽입하도록 한 것이 아닐까 생각된다. 그래서 그는 아래와 같이, 화교공동체의 황폐함에 더 더욱 "슬픔과 비애"를 느끼는 것인지도 모르겠다.

> "「차이나타운」은 근 한 세기가 지난 아직까지도 옛 모습을 그대로 간직하고 있어 이곳을 찾는 우리 華僑들에게 많은 추억을 불러일으키고 있다."[61]

> "이 지역이 바로 후일 일본과 한국인들이 말하는 '차이나타운'이다. 백여 년이 지난 지금도 당시의 유적은 남아 있지만, 과거에 누렸던 번영의 자취는 아무것도 남아 있지 않다. 화교들은 이곳을 지나며 옛날을 떠올릴 적마다 실로 솟구치는 슬픔과 비애를 참을 수 없다."[62]

이 대목은 한국의 대표적인 화교공동체로 자리하고 있는 인천차이나타운에 관한 서술의 일단이다. 인천에 거주하는 사람이라면 1990년대 이전 차이나타운의 그 황폐함과 퇴락함을 모두 기억하고 있을 것이다. 도시계획에 밀려 혹은 그 도시계획으로부터 소외된 채 쇠락을 거듭하고 있던 차이나타운의 모습이 "화교"에서 진유광이 말한 것처

60) 이에 대해서는, 남지숙. "서울市 華僑의 地理學적 考察(1982年~1987年)", 이화여자대학교석사논문, 1987, 69쪽 참조.

61) '「德興號」事件'(6회), "화교", *중앙일보*, 1979.9.24.

62) 『견문록』, pp.14-15.; 이용재. 2012, 44.

럼, "아직까지도 옛 모습을 그대로 간직하고 있어" 화교들에게 "많은 추억을 불러일으키는" 명소라고 한다면, 아마 인천 사람들 특히, 인천에 살고 있는 화교들은 헛웃음을 날릴 것이다. 실제 7, 80년대 차이나타운의 모습은 그가 『견문록』에서 밝혔듯이, 과거의 번영과 자취는 사라진 채 화교들의 울분과 비탄만을 자아내는 곳이 되어버린 게 사실이기 때문이다. 그럼에도 불구하고 "화교"에서 그렇게밖에 표현할 수 없었던 데에 진유광 아니, 화교들의 비애가 서려있다.

3) 타이완에 대한 호소

재언컨대, 『견문록』이 출판될 당시 타이완사회의 한국화교에 대한 관심은 현저히 줄어드는 추세였고, 그에 따라 타이완정부의 지원도 특기할만한 것이 없었다. 반면, 한국사회의 화교에 대한 법적 규제와 제도적 차별은 갈수록 강화되었다. 이제 화교들은 재이민을 고려해야 할 정도로 생존에 대한 위기의식을 체감하고 있었다. 이에 화교사회의 존립을 위해 한국화교사회의 대표적 교령으로서 진유광이 느끼는 책임의식과 심리적 부담감은 실로 지대했을 것이다. 거주국 한국의 사회적·경제적 지원이 무망한 상황에서 그들이 기댈 곳은 역시 타이완이 유일했다. 어쩌면 『견문록』의 출현은 바로 타이완의 지속적인 지원과 관심을 바라는 한국화교사회의 염원에서 기인했을지도 모르겠다.

이러한 차원에서 그는 과거 역대 중국정부들이 화교사회를 위해 시행했던 각종 정책과 시혜에 대해 『견문록』 곳곳에서 거론하고 있다.

> "(청군은) 淸國과 朝鮮 사이에 商民水陸貿易章程(1882) 등 각종 통상조약이 맺어져 華商들이 대거 집결, 이때부터 韓國華僑사회가 뿌리를 내리기 시작했다."63)

"이들(청군)은 청국과 조선이 〈상민수륙무역장정商民水陸貿易章程〉을 비롯한 각종 통상조약(1882)을 체결하도록 함으로써, 후대 화교들을 위해 평탄한 큰 길을 놓아주었고 많은 편의를 가져다주었다. 이는 또한 화교들이 대량으로 한국으로 이동하게 된 원인의 하나이기도 했다."64)

"華僑들이 본격적으로 정착한 지 반세기도 채 안돼 이룩한 경제적 기반은 이렇듯 튼튼했다."65)

"화교들이 한국으로 온 지 50년도 안 돼 경제력이 이처럼 빠르게 발전한 것은, 청군을 따라 한국에 최초로 왔던 군역상인들의 은덕과 혜택 덕분이라는 것은 사실이다. 하지만 화교들의 노력 역시 빼놓을 수 없다."66)

위 인용문 가운데 『견문록』의 강조부분은 모두 한반도 이주 초기 청淸 정부가 시행한 각종 정책적 조치가 화교의 안정적 정착에 매우 긍정적인 역할을 했음을 시사하는 대목이다.

그러나 해방 이후, 국민국가 형성과정에서 한국정부가 자행한 각종 차별적인 정책으로 한국에 거주하는 화교들이 상당한 불이익을 당하고 있음에도 불구하고 타이완 중화민국정부의 대對 한화정책韓華政策은 그리 만족스럽지 못했다는 게 진유광의 판단인 것 같다. 다음 두 개의 인용문은 그에 대한 불만을 간접적으로 표출하고 있는 대목이라 할 수 있겠다. 이는 "화교"에는 없는 것으로 『견문록』에 새롭게 추가된 내용들이다.

---

63) '清商'(1회), "화교", *중앙일보*, 1979.9.17.

64) 『견문록』, p.3.; 이용재. 2012, 24-25.

65) '호떡 雜貨商'(4회), "화교", *중앙일보*, 1979.9.20.

66) 『견문록』, p.10.; 이용재. 2012, 36.

"1950년대 화교 경제가 다시 한 번 중흥기를 맞이할 즈음 당시 한국의 집권당이었던 자유당의 이승만 대통령은 화교가 한국경제를 농단한다는 죄명을 씌우고 화교무역상들을 철저하게 봉쇄했다. 나아가 상품을 보관하고 있던 화교들은 전부 붙잡아 투옥시켰다. 이 때 50-60명의 화교가 체포되었고, …(중략)… 화교들이 본 손실은 약 2억여 원에 달했다. 담당 검사는 김항달이었는데, 대통령이 직접 지시한 사항이라 감히 대충 처리할 수 없었다. 화물 등을 몰수한 후, 화교 각 한 사람마다 20만원의 벌금을 부과했다. 심지어 서대문구치소에 잠시 구류拘留되었던 화교도 있었다. 당시 샤오위린邵毓麟 대사와 이승만 대통령은 화교문제로 의견충돌이 있었고, 그래서 이승만 대통령이 이와 같은 불법적인 명령을 내렸다는 소문도 있었다. 쉬샤오창許紹昌 총영사가 검찰총장을 방문도 해보았으나 아무런 도움이 되지 못했다. 이때부터 화교의 경제와 무역은 철저하게 몰락하게 되었다. 화교 경제는 여러 방면에서 심한 규제를 받았고, 이 때문에 부득이 음식점 경영으로 전향할 수밖에 없었다."67)

"근래 한국화교들의 경제상황은 날로 쇠락해가고 있으며, 주요 생계수단인 음식점 역시 앞날이 암담하다. 그래서 많은 화교들이 다른 나라로 이주하거나 타이완으로 가 정주하고 있다. 만약 이와 같은 상황이 계속된다면 한국화교들의 생활은 정말 문제가 심각해진다. 물론 화교 본인들도 문제 해결을 위해 모든 노력을 다해야겠지만, 한국 정부도 한국화교들을 각별히 보살펴주고 대책을 수립해 주어야 한다. 화교들이 점점 줄어들자 화교학교도 큰 영향을 받았으며, 각 지방에서는 중고등학교를 포함한 많은 화교학교들이 이미 문을 닫았다고 한다. 이 역시 화교가 안고 있는 문제의 하나이다."68)

특히, 두 번째 인용문은 화교사회의 경제와 후생을 위해 한국정부

67) 『견문록』, p.138.; 이용재. 2012, 271-272.
68) 『견문록』, p.140.; 이용재. 2012, 274-276.

에 대책마련을 촉구하는 내용이다. 그런데 여기서 의문이 드는 것은 만일 이것이 한국정부를 향한 호소라면 한국에서 연재된 "화교"에 실렸어야 마땅하다는 사실이다. 그렇지만 공교롭게도 이 내용은 "화교"에서는 찾아볼 수 없고 유독 『견문록』에서만 발견할 수 있는 내용이다. 더군다나 인용문 후반부의 내용은 대부분 화교학교와 관련되어 있다. 화교학교와 관련해서 실제적으로 한국정부가 할 수 있는 일은 그리 많지 않다. 오히려 이 학교 문제를 해결할 수 있는 주체는 교사校舍, 교원教員, 교재教材의 실질적 제공자인 타이완정부이다. 따라서 겉으로는 한국정부에 대책마련을 당부하고 있지만 실제로는 타이완정부에 대한 호소이자 일종의 경고라 할 수 있다.

그러나 이 정도의 간접적인 호소에 성이 차지 않았는지 진유광은 보다 적극적이고 아예 노골적으로 타이완정부의 지원을 요구하기에 이른다. 이는 아마도 지원과 대책마련이 너무도 시급하고 절실한 문제로 다가왔기 때문일 것이다. 1983년을 기준으로 보면, 한국화교사회는 근 백년의 이주·거주역사를 갖게 된다. 이 시점이 되면 당연히 문제가 되는 것이 거주국사회와의 동화를 통한 이른바 화교정체성의 위기이다. 7,80년대 화교사회의 주도세력이었던 화교 2대가 자신의 후대인 3대, 4대가 과연 중국적 전통과 정체성을 지속적으로 유지할 수 있을까를 걱정하는 것은 어쩌면 당연한 일일 것이다. 따라서 이들이 일차적으로 타이완정부에 특별히 요구하는 것은 중국적 정체성을 유지, 재생산할 수 있는 문화와 교육에 대한 아낌없는 지원이다.

화교들은 학교 설립을 위해 여유 있는 사람은 돈을 기부하고, 육체적 힘을 가진 사람은 노동력을 제공했다. 설립된 학교는 공동으로 운영되었다. 각 학교는 대부분 중화민국 정부가 훈시한 '예의염치禮義廉恥'를 공동 교훈으로 삼았다. 한국에서 최초로 설립된 화교학교는 국

부國父의 호를 학교명으로 삼은 인천의 중산화교소학교中山華僑小學이다.[69]

> “하지만 신문의 경우와 마찬가지로, 화교들의 수가 줄어들었기 때문에 구독자가 많지 않았다. … (중략) … 특히 화교 2·3세대들은 모두 정보가 빠른 한국어 잡지와 한국 신문을 보기를 좋아한다. 그러므로 중화민국 영사관이나 중화민국 정부가 만약 중국어 신문이나 잡지를 계속 유지해가고 또한 잡지들이 오랫동안 발행되기를 바란다면 먼저 이 문제를 해결할 대책을 강구해야 한다.”[70]

여기서 진유광은, 한국화교사회는 중화민국정부의 이른바 삼민주의 통치이념에 부응하기 위해 ‘예의염치’를 화교학교의 공동 교훈으로 삼았고 더군다나 인천의 화교학교는 아예 학교명에 국부의 호를 사용하기까지 할 정도로 하나같이 조국의 정책과 이념에 충실하고자 노력했는데, 정부는 과연 화교들을 위해 무엇을 했는지 되묻고 있다. 위의 두 번째 인용문은 이제 타이완정부가 대답을 해야 할 차례임을 강력히 요구하는 하나의 예일 것이다.

Ⅳ. 나오며

화교들과 이야기하다 보면, 이런 우스갯소리를 자주 하는 것을 들을 수 있다. “1992년 한중수교가 되면서 화교학교는 평소에는 청천백일기를 게양하고 있지만, 중국대사관에서 누군가 순시라도 오는 날이

69) 『견문록』, p.138.; 이용재. 2012, 272-273.

70) 『견문록』, p.144.; 이용재. 2012, 281.

면 냉큼 오성홍기로 바꾸어 달지. 그들이 돌아간 다음에야 다시 청천백일기를 올려.” 중화인민공화국과 중화민국 사이에서 위험한 줄타기를 하고 있는 화교들의 모습이라 생각하면 마냥 웃을 수만도 없는 일이다. 그러나 이러한 기묘한 줄타기는 한국에 거주하는 화교들에게는 아주 익숙하고 오래된 일이라 할 수 있다. 일제식민지 시기, 일본과 중화민국 사이에서도 그랬고 해방 이후, 한국과 타이완 사이에서도 이런 일은 비일비재했다. 그러나 숙명과도 같은 화교들의 줄타기는 그러한 경험을 할 때마다 매번 강한 심리적 압박을 동반하기 마련이고 이는 고질적인 트라우마로 남게 되는 법이다. 진유광의 번역과정 역시 필시 이러한 심리적 배경과 결코 무관하다고는 할 수 없을 것이다. 만일 진유광이 자신이 의도한 바를 전부 글로 표현해냈다면 아마도 한국연재는커녕 타이완출판도 담보하기 어려웠을 것이다. 그런 의미에서 철저한 자기검열을 거친 연재와 번역출판은 화교들의 욕망을 분출하는 최소한의 그러나 매우 지혜로운 책략이었을지도 모르겠다.

진유광은 상기한 한국연재물과 타이완출판단행본을 구성함에 있어 각기 한국독자와 타이완독자의 눈높이에 맞추기 위한 최대한의 노력을 기울였다고 볼 수 있다. 그리고 이러한 목표를 구체화하는 과정에서 그는 ‘빼기’와 ‘더하기’를 자유자재로 구사했다. 한국과 타이완 양국 간의 관계, 화교에 대한 양국민의 인식 그리고 양 지역 민족 간의 다각적인 경쟁과 충돌을 충분히 고려한 바탕 위에서 이루어진 이러한 수정전략은 한국에 거주하는 화교만이 체감할 수 있는 어떤 무형의 압력에 따른 철저한 자기검열 그리고 그러한 과정을 거친 정치적 글쓰기의 결과로 나타났다.

그러나 진유광의 〈한국화교〉는 한국 연재부터 타이완 출판에 이르기까지, 그 내용과 구성에 있어 일부 변용이 이루어지기는 했지만 그럼에도 불구하고 공통적으로 지향하는 바가 있었다. 화교에 대한 한국사회의 편견과 오해에 대한 불식, 해외에서 온갖 역경을 견디며 자신의 삶을 개척해나간 선대의 발자취와 심로역정에 대한 화교후대의 공감과 자부심 함양, 타이완사회의 화교에 대한 지속적인 관심과 지원에 대한 촉구 등이 바로 그것이다. 가령, 한국에서 가장 유명했던 중화요릿집 중의 하나였던 아서원雅敍園의 흥망과 완바오산사건萬寶山事件에 대해 상당한 편폭을 할애해[71] 기술한 것은 화교들이 한국사회에서 겪었던 시련과 고통, 성공과 좌절의 과정을 양 지역의 독자들에게 공히 알림으로써 화교후대에게는 공감을, 한국인에게는 반성을 그리고 타이완인에게는 더 많은 관심을 불러일으키고자 하는 간절함이 묻어 있다. 또한, 진유광은 S·C 지대支隊를 비롯해 한국전쟁 시기 한국을 도와 전쟁에 참여했던 화교들의 혁혁한 전과戰果를 소개하는 데에도 상당한 지면과 공을 들이고 있다.[72] 그동안 한국의 화교역사에 있어 그다지 중시되지 않았고 잘 다루어지지 않았던 이 부분에 대해 진유광이 특별히 공을 들여 기술하고자 한데에는 화교에게는 자긍심을, 한국인에게는 공감과 지지를, 타이완인에게는 한중우호관계의 첨병이

71) 아서원의 흥망성쇠와 관련된 내용은 "화교"에서 1979년 10월 26일부터 1979년 11월 6일까지 지속적으로 연재되었다. 『견문록』에서는 8장과 9장, 두 장에 걸쳐 수록되어 있다. 특히, 아서원의 소송사건과 관련해서는 「재벌과 국가권력에 의한 화교 희생의 한 사례 연구 : 아서원(雅敍園) 소송사건」(*중앙사론 제34집*, 2012)에 매우 상세하게 실려 있으니, 참조하기 바란다. 또한, 완바오산사건에 대한 내용은 "화교"에서는 1979년 11월 9일부터 1979년 11월 14일에 걸쳐 연재되었고, 『견문록』에서는 10장에 수록되어 있다.

72) 이에 관련된 내용은 "화교"에서는 1979년 11월 21일부터 1979년 12월 10일까지 연재하고 있고, 『견문록』에서는 12장과 13장에 수록되어 있는데, 이는 〈한국화교〉 가운데 가장 많은 부분을 차지하고 있는 것이다.

라는 인식을 전하고 싶은 진유광의 화교로서의 자부심이 깃들어 있는 것이라 볼 수 있다.

진유광은 "화교"와 『견문록』을 통해, 한반도 화교의 100년간에 걸친 이야기를 역사서술자로서의 소명감을 갖고 비교적 담담하고 객관적으로 서술하고자 했다. 그리고 일정부분 소기의 목적을 달성했다. 그러나 그것이 한국사회의 통념을 거스르지 않고 동시에 타이완정부의 시책에도 위반됨이 없는 그야말로 정치적으로 명확한 척도와 한계 내에서 요동치고 있는 것도 부정할 수 없는 사실이다. 물론 이러한 진단이 진유광의 〈한국화교〉가 갖는 객관적 역사기록물로서의 가치를 폄훼하고, 다분히 목적의식적인 정치물이라 비하하고자 하는 의도는 결코 아니다. 다만, 필자는 역사기록물 속에 내재된 화교들의 한줄기 희미한 욕망을 보고자 할 뿐이다.

참고문헌

〈한국어〉

남지숙. 1987, "서울市 華僑의 地理學적 考察(1882年~1987年)", 이화여자대학교석사논문.

朴銀瓊. 1981, "華僑의 定着과 移動: 韓國의 境遇", 이화여자대학교사회학과 박사학위논문.

송승석. 2010, "'한국화교' 연구의 현황과 미래－동아시아 구역 내 '한국화교' 연구를 중심으로", *중국현대문학 제55호, 한국중국현대문학학회,* pp.163-200.

양필승. 2000, "한국 화교의 어제, 오늘 및 내일－새로운 희망의 시대를 맞이하여", *국제인권법 3권,* pp.139-158.

이용재. 2012, *중국인 디아스포라－한국화교이야기,* 한국학술정보(주).

이용재. 2012, "재벌과 국가권력에 의한 화교 희생의 한 사례 연구: 아서원

(雅敍園) 소송사건", *중앙사론 제34집*, 중앙대학교 중앙사학연구소, pp.65-108.
鄭寅普. 1935.1.29, '五千年間朝鮮의 「얼」', "古朝鮮의 大幹」(四)", *동아일보*
秦裕光. "華僑", *중앙일보*, 1979.9.17.~1979.12.17.

〈중국어〉
秦裕光. 1983, *旅韓六十年見聞錄 — 韓國華僑史話*, 中華民國韓國研究學會.
邵毓麟. 1980, *使韓回憶錄*, 傳記文學出版社.
王東原. 1987, *浮生簡述*, 傳記文學出版社.
楊昭全·孫玉梅. 1991, *朝鮮華僑史*, 北京: 中國華僑出版公司.

〈일본어〉
王恩美. 2008, *東アジア現代史のなかの韓國華僑: 冷戰體制と「祖國」意識*, 三元社.
小田內通敏. 1926, *朝鮮における支那人の經濟的勢力*, 東洋研究會.
安井三吉. 2005, *帝國日本と華僑 — 日本·台灣·朝鮮*, 青木書店.

제8장

차이나타운 아닌 중국인 집거지

서울 화교 집거지의 변화와 동인에 대한 연구

정은주

Ⅰ. 머리말

한국사회가 글로벌화를 전격적으로 경험하기 시작한 1990년대 후반 이래 중화 경제권을 의식한 담론이자 한국화교의 현실에 대한 은유로 등장한 것은 한국은 '차이나타운이 없는 나라'라는 자체 평가였다. 중국의 경제 부상을 바라보며 1992년 한중수교, 1990년대 말 금융위기를 겪은 한국의 여러 지역자치 단체 및 사업체는 중국의 경제 부상을 바라보며 차이나타운 '개발' 계획을 내놓기 시작했고, 인천에 청관淸官거리가 화려하게 재현되기도 했다. 그러나 과거에 서울을 비롯한 한반도의 주요 도시에 중국인 이주자가 모여 살았던 '중국인거리'가 없지 않았던 한편, 현대에 개발된 차이나타운은 실제 이주민 중국인들의 삶을 담아내지 못하고 있는 현실이어서,[1] 현대 한국에서 차이나타운은 지리적, 역사적 자취는 존재하나, 실제 중국인 디아스포라

1) 김진영(2010)은 인천 차이나타운이 중식당에 집중되는 지엽적이고 단순한 콘텐츠를 지니고 있다고 지적했고, 부산 '상해거리'를 연구한 구지영(2011)과 김나영(2011)도 부산 화교의 일상과 괴리된 모습을 지적하며 이를 국가주의적 다문화 경관이 형성되는 현상으로 보았다. 2005~2007년, 2013년 인터뷰에 응했던 서울 거주 화교들은 인천 차이나타운에 대해 "극장 세트 같다"라거나 "화교들이 별로 없어서 옛날 청관이랑 다르다"라는 평가를 했다.

diaspora의 집거지라는 의미로 소통되고 있지 못하는 것이 사실이다.

소수민족 집단거주지ethnic enclave의 하나로서 차이나타운은 일반적으로 이주 1~2세대에는 실제 거주지로서 타지에서 본토의 연망으로 중국 혈통인들을 강하게 결속하며 발전하였으나, 이주가 보편화되고 교차이주trans-migration를 하는 중국인 이주민들이 증가하는 과정에서 전 세계적으로 그 성격이 변화되는 모습을 보인다. 즉 1960년대 이후 서구 이민정책의 변화와 함께 중국인 이주민 세대의 직업과 계급이 다양해졌고, 더는 고향의 혈연과 지연에 기초한 연망에 기대지 않아도 되는 중산층 중국인 이민자들을 중심으로 새로운 중국인 집중거주지역이 등장하고 있다(Li. 2000 참조). 이와 동시에 기존의 차이나타운은 관광지화되거나 지역 발전을 위한 경제적 기획안을 제시하는 경제특구로서 재조명되고 있음을 볼 수 있다. 해외 차이나타운들의 경우 이러한 재생운동적 성격 변화는 거주자의 계급 변화와 함께 거주자 종족성이 섞이는 모습을 드러내기는 해도 여전히 중국인 혈통의 거주자가 중심이 되고 있다. 반면, 한국의 '차이나타운'의 경우 외견상으로는 국적성이 상품화되는 현 시대의 소수민족 집거지의 보편적 성격 변화라는 맥락에 놓이며, 과거의 중국인거리와 현재의 차이나타운 간에 연속성을 발견하기 힘들다.

이 글은 한국의 수도 서울에서 중국인 디아스포라의 집단 거주지는 어떤 맥락에서 '차이나타운'이라는 명칭을 잃었으며, 어떤 형성과 변화의 과정을 거쳐 왔는지를 분석하려는 것이다. 이는 이주와 그 반향의 면모를 장소성을 통해 고찰하고자 하는 것으로서, 이주가 빚어내는 공간의 정치·경제적 역학을 살피며 중국인 이주자가 정착지 서울과 맺는 관계의 변화를 통해 근현대 서울의 역사를 다시 읽어내려는 시도이기도 하다.

한국화교 특히 서울 화교의 거주지는 이주국 조선의 주변부가 아닌 정치·경제적 중심부를 따라 형성되고 한동안 지속되었었다. 서울(한성)에서 중국인 거주지는 일반적인 이민자 혹은 이주노동자들이 소수민족 집거지를 형성할 때의 특성을 따르기보다는, 지배를 위한 유화된 softened 식민植民의 형태로 시작되었기 때문이다. 즉, 조선으로의 중국인 이주자들이 처음부터 한성 내 도성의 요지에 거주할 수 있었던 것은 동아시아가 제국주의의 요구에 강제 개방되던 19세기 말 개별 이주민의 동인에 의해서가 아닌 중국의 국가 이익을 위해 청의 군사력과 함께 민간 중국인의 이주가 추진되었기 때문이며, 이후 1970년대 서울 '화교촌'의 해체에 이르는 변화 또한 그에 맞서는 강력한 민족주의적 정책의 일환으로 주도되었음을 본고는 분석한다. 한국화교의 특성을 빚어내고 차이나타운의 불연속성을 초래한 것은 그와 같은 근대 한중관계, 즉 이민 송출국과 수용국 양자 간의 관계뿐 아니라 일제의 한반도 강점, 한국전쟁과 한·중 양측의 냉전적 분할, 그리고 대한민국 근대화 과정과 중국·타이완의 위상 변화 등 정착지 서울을 둘러싼 근현대 동아시아 정치·경제 질서의 흐름이라는 맥락에서 고찰할 것이 요구된다. 또한 국민국가의 경계를 넘어서는 초국적 흐름이 화교 집거지 지형에 미치는 영향과 더불어, 다문화 담론과 정책에 대한 서울 로컬 주민들의 대응 역시 현대 차이나타운의 면모와 다른 서울 화교 집거지의 모습을 주조하는 데 일조하였음에 주목할 필요가 있다. 이 글은 현대의 일반적 차이나타운의 모습으로 연속, 발전하지 못한 서울 내 화교 거주지의 변화를 조사하여 자료화하는 한편, 그 형성과 변화의 요인을 찾아 화교 거주지의 부침을 한국 근현대사와 국제관계, 그리고 현대 한국사회의 다문화적 인식의 흐름 속에서 맥락화하고자 한다.

한국화교의 거주지에 대한 심도 있는 연구, 특히 서울의 화교 거주지에 관한 연구는 매우 제한적이다.[2] 시기별로 볼 때, 경성부 및 조선총독부의 통계자료에 기반한 일제강점기까지의 화교 거주 양태에 대한 연구는 축적되었으나(김태웅. 2010, 2012; 손정목. 1980, 1982), 대한민국 정부 수립 후 화교의 인구와 주거에 대한 자료는 현재 대부분 유실되었고, 한동안 학계의 관심을 받지 못하여 통계자료를 구할 수 있던 시기의 주거 양상에 대한 분석이 거의 존재하지 않는다. 서울 화교 거주지에 관한 남지숙(1987)과 길상희(2003)의 지리학 석사 연구는 모두 1970년대 초 소공동 화교촌이 해체되기 전까지의 화교 거주지에 대해서는 비교적 상세한 기초 자료를 제공하고 있지만, 1970년대 이후의 거주지 이동에 이르는 자료와 분석은 간략히 다루어졌다. 이 연구는 기존 연구와 관련 기관의 통계에 기반하여 인구 이동의 추이를 추적하는 한편, 통계자료 누락과 화교에 대한 무관심으로 1970년대 이후 지워져 있던 화교의 환경을 파악하기 위해 언론자료 분석과 함께 과거와 현재 집거지에 대한 현지조사 및 구술 연구를 병행하였다.

2) 부산과 인천의 경우, 차이나타운 개발을 둘러싼 현재 상황과 그 역학에 대한 분석이 주를 이루고(이창호. 2008; 구지영. 2011; 김나영. 2011), 서울의 화교 거주지에 대한 연구(남지숙. 1983; 길상희 2003)는 1970년대 초 서울 소공동 화교촌이 해체되기 이전까지의 인구와 지리적 분포에 대해 계보적으로 서술하고 있다. 서울 화교 거주지에 초점을 두고 있지는 않으나 손정목(1982)의 개항기 도시변화에 관한 연구와 서울시 도시개발에 관한 연구, 김태웅(2010, 2012)의 일제하 군산 등지의 화교 정주 형태 연구는 해방 이전 화교 인구 및 주거지 관련 자료와 분석을 제공하고 있다. 그 외, 박현규(2011a)의 '오무장공사(吳武將公祠)'에 대한 연구와 이용재(2012)의 아서원 소송사건에 관한 연구, 그리고 박정현(2010)의 개항기 한중간 갈등 해결에 관한 연구 등은 거주지에 대해 직접 고찰하고 있는 것은 아니나, 서울의 화교를 둘러싼 사회적 정황들을 이해하는 단초를 제공한다.

1970년대 이전과 이후의 대표적 집거지인 소공동과 연희, 연남동의 현장조사를 통해 지역의 입지 특성, 주요 시설물의 분포를 조사하였고, 이전 연구에서 쌓은 서울 화교들과의 신뢰관계rapport에 기반하여 심층면접과 설문3)을 실시하여 화교 거주지의 면모를 추출하고자 하였다. 이와 같은 작업은 이주공동체와 정착지 사회 간 공존에 대한 다각적인 분석과 논의가 요구되는 현시점에 첫 이주자 집단인 화교의 삶의 구체성을 파악하는 데 기여하리라 전망한다.

Ⅱ. 중국인, 차이나타운, 화교

화교華僑라 통칭되는 해외 거주 중국인은 한동안 타자의 관점에서 중국과 중국인을 바라보아온 중요한 창구였다. 그러나 '중국' 혹은 중화 연망이 존재하는 공간들이 더 이상 하나의 중국이 아닌 것과 마찬가지로, 해외 각지의 중국인들은 혈통과 지연, 혹은 그에 기반한 단발적인 문화적 유사성만으로 더는 출신지 중국인을 그대로 비춰주지 못하며, 해외 중국인들 간의 일반적 특성을 함부로 가정할 수도 없다. 따라서 화교를 어떻게 규정할 것인가는 그 자체로서 중요한 의의를 지니고 연구수행의 방향을 달리하게 하는 결정적 범주가 된다. 세계

3) 2013년의 현장연구는 서울 화교에 대한 현장연구(2005~2007)에 기반하여, 과거 소공동 거주자들을 목적 표본추출(purposive sampling)에 의한 면접했다. 소공동에서 어린 시절을 보내고 연희·연남동에 거주하는 두 그룹의 화교(60대 여성 4명과 60대 남성 2명, 50대 남성 1명)들이 심층면접의 대상이다. 또한 연희·연남동의 화교 경영 중국음식점과 잡화상 등 10여 곳을 방문 면접하였으며, 연희·연남동에 거주하는 주 제보자들을 통한 눈덩이 표집(snowball sampling) 방식으로 30~50대 화교 20명에게 반구조화된 설문을 시행했다.

각지의 중국인 이주민들은 '화교'라는 범주로 통칭되지만, 세대가 진전되며 현지인과의 혼혈, 국적 전환, 한 지역 이상으로의 교차 이주 등으로 인해 혈통, 언어, 문화만으로 화교를 규정하는 기준을 삼기가 어려운 것이 보편적이다. 그러나 세대 간 차이, 지역적 특성에도 불구하고 중국인의 피가 흐르거나, 중국 국적을 지녔다는 근거 하에 중국으로부터의 다양한 이주민들이 여전히 대중적 일상 용례에서 "화교"라는 카테고리에 포함되곤 한다. 그런데 한국의 경우 "화교"는 한국사회의 글로벌화와 더불어 새로이 유입되는 다른 중국 혈통자나 중국 국적자와 단절되고 구분되는 특정한 운명 공동체를 지칭하는 용어로 소통된다. 즉, 한국에서 '화교'는 한반도에 3~4세대에 걸쳐 거주해 온 중국인 디아스포라 집단이 자신을 최근에 한국에 온 한족 중국인이나 조선족 중국 국적자와 구분하는 용어이기도 하다. 이 글의 주거지 분석 대상인 '화교'는 1882년 임오군란을 계기로 한반도에 거주하기 시작한 청대 중국인들의 후예로서 130여 년간 한국에 거주하면서 그 중 상당수가 중화민국 국적을 유지하며 초등부터 고등학교까지 화교학교에서 2세를 교육하는 이들을 지칭한다. 이들이 한국사회에서 겪어 온 경험의 역사는 이들을 여타 '중국인'들과 구분되는 행동양식과 사고방식을 형성했기에, 조선족이나 최근에 이주한 한족 중국인이 모여 살면서 중국인 마을로 알려지는 지역들과 구분하고자 한다.

'차이나타운'은 정착지 국가의 입장에서, 붉은 패루와 홍등, 갖가지 종이 장식과 인형 등의 외적 장치들이 지시하듯, 중국이라는 문화적 국적성을 현시하는 용어이다. 즉, 중국문화를 답지하는 이들의 거주지 혹은 그것이 상품화된 공간이라고 볼 수 있고, 따라서 화교 외에도 신화교라 일컬어지는 한족과 조선족 등 각 커뮤니티의 내적 경계 설정과 관계없이, 그들 모두의 거주지와 생업 활동 반경을 모두 지칭하는 용어가 될 수 있다. 면접에 응했던 서울의 화교들도 "가리봉동이 차이나타운에 더 어울린다"라든가 "(화교들이 모여 사는 곳이) 차이나타운으로 지정되면 조선족들이 몰려와서 싫다"라는 등의 언급을 통해 '차이나타운'과 화교 거주지를 다른 의미로 사용했고, 한족 중국인이나 조선족 중국 국적인과의 차별화된 종족성ethnicity을 표현했다. 이는 전술하였듯, 이주 중국인의 계급과 직업이 다양화됨에 따라, 서구에서 도심의 차이나타운을 벗어나 교외에 중산층 중심의 새로운 중국인 집중지역이 등장하면서도(Li. 2000), 여전히 차이나타운에 과거로부터의 중국인 연망緣網이 연속되고 있는 현상과 대조된다. 한국화교의 집거지를 차이나타운과 구분하며 연구의 범위를 그에 한정하는 것은 한국의 '중국인 거리'가 이처럼 불연속성을 특징으로 하기 때문이며, 한국화교가 한국사회의 역사를 함께하며 걸어온 여정이 그들의 거주지 변화에 투영되어 있고, 자연발생적인 중국인 거주지가 차이나타운으로 변화 발전하지 못한 "차이나타운 없는 나라"의 역사성을 잘 드러내기 때문이다.

서울 화교 집거지의 모습은 종족성과 거주지 격리에 대한 일반적 이론화에서 벗어나는 사례이기도 하다. 공간 동화 이론을 바탕으로 이민 집단의 거주 패턴을 분석한 로간 등(Logan, Alba and Zhang. 2002)의 연구는 이민국에서 자산을 축적하지 못한 이주자들이 경제적 사회적인 이유로 소수민족 저소득 지역 공간을 형성하다가 사회·경제적으로 안정되면서 이주국의 상류 거주지역으로 이주한다고 하였다. 서울 화교의 경우, 유입의 형태 자체가 달라서 처음부터 서울의 정치·경제적 중심지에 자리 잡게 되었고, 경제적 안정이 부분적인 이유가 되기도 하지만, 무엇보다 화교촌 해체라는 이주국의 강제적이고 정책적인 처우로 분산되기 시작했기 때문이다.

화교 집거지를 포함한 소수민족 밀집지역이 소멸할 것인지 지속될 것인지에 대해서는 마세이(Massey. 1985)의 주장과 같이 주류사회에 적응하게 되면 민족별 거주지 분화는 소멸하게 될 것이라는 동화론을 펼치는 학자들이 많다. 그러나 한국화교와 같이 주류사회에 동화되면서도 밀집 지역이 유지되고 정체성이 강화되는 이주 집단들은 여전히 존재한다(Kivisto. 2002 참조). 결국 소수민족 밀집 지역이 존속할지는 해당 이민 집단의 특성과 수용 국가의 정책 등이 복합적으로 만들어내는 특수성에 주목해야 함을 알 수 있다. 주지하듯, 민족집단의 거주지 분리 현상은 도시의 일반적 특성 중 하나로서 도시 내 특정 민족집단과 타 집단과의 관계를 규명해주는 지표가 되기도 한다(Bol. 1976, 57). 보울에 따르면 새로이 유입된 민족집단이 기존사회 집단과 갈등이 크면 특정 지역에 공간적으로 집중하게 되는데, 이는 도시 공간구조에 동화되기 위한 한 단계에 불과할 수도 있고, 장기적인 공간 집중 현상으로 나타나기도 한다. 한국화교의 경우 130여 년간 3~4세대에 걸쳐 거주하였음에도 여전히 상당수가 공간 집중 현상을 보이고 있어, 정착지인 한국사회와의 적지 않은 갈등의 역사가 존재했음을 드러내고 있다.

Ⅲ. 서울 화교 집거지의 형성

1. 청의 대 조선 정책과 한국화교의 특수성

중국인이 한성을 필두로 한 조선의 주요 도시에 거주하기 시작한 것은 1882년 임오군란을 계기로 청 정부가 군사와 함께 40여 명의 군역상인을 보내면서부터이다. 청말 실권자로 외교를 주관한 이홍장李鴻章은 이후 계속 청군을 주둔시키며 조선에서의 일본 세력을 약화시키기 위해 화상을 통한 경제적 지배력을 강화하는 데 초점을 두었고, 이는 화상의 진출을 장려하고 보호한다는, 중국으로서는 이례적인 정책의 시행으로 나타났다. 중국인의 해외 도항과 이주는 19세기 중엽 이전까지 금지되어 있었고, 14세기 무렵부터 남양南洋으로 이주했던 중국인들은 배신자 혹은 고향 땅을 저버릴 만큼 천한 존재로 취급되었었다. 해외 도항을 처음 인정한 것이 1860년이고, 새로운 국적법을 통해 외국에서 출생한 중국혈통자를 중국인으로 인정하기 시작한 것이 1909년인 것(박정현. 2010, 4-5)을 고려하면, 조선에서의 화상 보호 정책은 특수한 맥락에서의 전략적 실행이었다고 볼 수 있겠다. 이에 따라 세계 다른 지역의 화교들이 대체로 쿨리 노동자로 시작하여 도시빈민가에 차이나타운을 형성하기 시작했던 데 반해, 한성에 들어온 중국인들은 조선의 실질적 종주국이 되고자 한 청의 정책적 지원에 힘입어 한성의 요지와 상업 중심지에 거주하기 시작한 것이다.

1882년 8월 이홍장이 주도한 청-조선간 무역장정朝淸商民水陸貿易章程에 근거해 청국인은 거주 초기부터 거주·영업·여행에 있어 조선인과 다름없는 자유를 누릴 수 있었으며, 1880년경까지 외국인들의 거주가 금지되었던 한양의 도성 내부(손세관. 2001, 230)에서 토지와 가옥을 구입하고 소유할 수 있는 권리를 부여받아,4) 상점과 거주지를 확장할 수 있었다. 청군의 휘호와 무역장정이 부여한 권리를 누릴 수

4) 조청상민수륙무역장정 제4조에는 "청국의 상인은 조선의 개항지에서 통상에 종사할 수 있으며 토지를 영조하고 가옥의 임차 및 가옥 건축과 소유를 허용한다. … 조선에 입국하여 양화진과 한성에서 거래시설을 갖추어 상거래에 종사하는 것을 허용한다."라고 명문화되어있다(국회도서관 입법조사국. 1964, 396). 이는 이후 일본 및 서양 각국에서 공평한 처우를 요구하는 것으로 이어져, 1882년의 한성개잔은 세계사에 유례가 없는 수도 개방 사례로 평가될 정도로 한성 내 급격한 외국인 증가를 초래했다.

있었던 데다, 군란으로 한성 주민들이 피난을 떠난 후 집세가 싸진 것을 틈타(손정목 1982: 강진아 2003), 1883년 9월부터 이듬해 말까지 불과 1년 반도 되지 않은 짧은 기간에 47호의 청상淸商 중 12명이 13간의 건물과 대지 450간을 사들였다(신영철. 1972, 139; 손정목. 1982, 247).

1882년 임오군란시 광동수사제독 오장경吳長慶의 휘하에 한성에 입성한 약 4천여 명의 청군은 1885년까지 당시 훈련원과 훈련도감이 위치했던 을지로 6가(현 동대문역사문화공원 부근)에 주둔했는데(담영성. 1976, 62), 이 자리에는 오장경 사후 고종의 명으로 1885년 그를 기리는 사당吳武將公祠(당시 명칭 靖武祠)이 마련되었다. 오무장공사는 일제강점기에도 존속하여 해방 후 1979년 철거될 때까지 빈곤한 화교들의 거주지가 되기도 했다. 1970년대 동대문 일대에서 거주했던 화교 C씨(59세 남성)와 D씨(60세 남성)에 따르면 해방 후 한동안 "절간에 20~30집이 바글바글 모여살았"고, "딸린 식구들까지 합치면 상당히 많은 사람들이 동대문에 살았다."고 한다.

그런데 청군과 함께 온 초기 청상이 서울에 가장 먼저 집주한 곳은 수표교 남북 지역, 현재 중구 수표동과 관수동 일대로서,[5] 처음에 20호 가량이던(손정목. 1982, 30) 화상의 수가 증가하면서 남대문 일대에도 점포를 차리고 입주할 수 있게 되었다(경성부. 1934, 552-553). 수표동 지역은 종로의 조선인 상가와 가깝고 창덕궁 근처라 치안이 튼튼할 것으로 예상되어 택했던 자리로, 화상의 수가 증가하며 1885년까지

5) 『한국지명요람』에 따르면, 수표교 부근은 청계로 남쪽 長橋洞과 笠井洞 사이에 끼어있는 동이며, 행정동으로는 태평로1가동에 속한다. 1914년 4월 남부의 薰陶坊의 惠民洞, 井洞, 水標橋洞, 竹洞, 詩洞, 甲洞의 각 일부를 합하여 수표동이라 하였다. 세종 때 청계천의 수위를 측정키 위하여 세운 표석이 있었으므로 수표동이라 하였다. 지명요람은 해방 전에는 이 일대에 화란방, 요리집이 많았고, 중국인 거리를 이루었다(건설부국립지리원. 1982, 64)라고 기록한다.

수표교 일대 외에도 종로~남대문 사이, 단성사~돈화문 간으로 화상 거주지와 활동 범위가 확장되었다(남지숙. 1987).

1883년 주조선 상무위원으로 파견된 천쑤탕陳樹棠은 낙동(지금의 명동 2가 중국대사관 자리)에 있던 세도가 포도대장 이경하의 집과 일대의 땅에 상무공서를 설치하고, 청상을 보호하면서 인천과 상하이 간 정기 항로를 개설하여 청상의 조선 진출을 장려하는 정책을 실행하였다(손정목. 1980, 29-31). 각종 특혜에 힘입은 청국인은 1883년 한성에 88명 마포에 23명 등 총 101명이던 그 수가 1884년 352명으로 크게 증가했다(서울시 시사편찬위원회. 1979, 498). 청상의 수가 증가하자 1884년에는 상무공서 옆의 조선인 주택 142간을 사들여 중화회관을 설립하였는데(고대아세아문제연구소. 1967, 111-113), 중화회관 부지 매입을 둘러싸고 매매하지 않으려는 조선의 고위 관료가 청상에게 납치되어 몰매를 맞은 사건은 당시 청상의 기세와 토지 잠식이 어느 정도였는지를 짐작게 한다.6)

1885년 갑신정변을 진압한 공으로 후임이 된 위안스카이袁世凱도 상무공서 자리에 총리아문을 설립하여, 청상을 비호하고 조선을 경제적으로 예속시키는 정책을 더욱 강력히 추진하였다. 주찰조선총리교섭통상사의駐紮朝鮮總理交涉通商事宜란 직함을 가지고 위안스카이가 조선에 군림했던 1885~1894년의 10년간 한성에서 중국인 인구와 그 경제력은 엄청나게 커져서, 1885년 개항장 무역액의 18%에 지나지 않던 청상의 무역액은 1892년에는 45%로 급증했다(진유광. 1979). 위안스카이는 중국인 보호를 위해 현재의 을지로 입구 사거리 서남쪽에 청국경찰서를 지었고, 마포나루터에도 따로 파출소를 두었다. 청상의

6) 일명 '이범진 사건' 박정현. 2010 참조.

위세에 저항하는 조선 상인들과의 갈등이 빈번해지자 위안스카이는 시장 및 궁궐과 가까운 지역에 또 다른 화교집거지를 요구하여, 수표교 중심의 전 거주지 외에도 덕수궁 동남쪽과(현 플라자호텔 일대)와 서문(서소문)에 화교의 집단 공간을 확장시켰고, 청국인이 일대 가옥과 대지를 구매할 경우 가격에 대해 한성부에서 협조해달라고 요청했다.[7] 이 세 곳의 집거지로의 천이 과정에서 화교들은 출신지별로 집단화하여 산둥계는 수표교 부근, 저장계는 서소문 입구, 광둥계는 소공동 일대에 각각 모임 장소인 북방회관, 남방회관, 광둥회관을 설립하였고 그 회관을 중심으로 출신지별 거주지역을 형성하였다. 현재의 종로 - 명동 - 소공동 - 서소문을 연결하는 세 축으로서 회관을 중심으로 한 동향별 집거지가 19세기 말부터 오랫동안 화교의 삶을 구획해 왔음을 알 수 있다. 또 일부 청상은 한성의 전통 상가인 종로에까지 진출하여 상업에 종사했다.

1894년 청일전쟁에 승리한 일본이 조선에서 세력을 확장함에 따라, 청상의 세력권이었던 남대문 일대에는 일상日商이 주도권을 획득하게 되었다. 그러나 청상은 여전히 종로 2, 3, 4, 5가, 남대문 일부 지역과 명동 일대, 정동貞洞 및 수표교 일대 등 간선도로를 따라 광범위한 지역에 분포하였다(서울시시사편찬위원회. 1979; 길상희, 2003). 1894년 청일전쟁 발발과 함께 위안스카이가 본국으로 돌아가고 청은 종주권을 상실하였지만 몇 년 후 영사관의 형태로 교무僑務를 계속 지원하였다.[8] 화상은 일제강점 후에도 1920년대 중후반까지 계속 성장하였고,

7) 구한국외교문서 동상 문서번호 953-959-978호, 손정목. 1982, 203-205에서 재인용.

8) 1897년 대한제국 설립 이후 1899년 청국공사관이 들어오며 화교 업무를 관리하였다.

특히 만보산사건(1931) 등으로 규모가 큰 청상이 한반도를 떠나기까지 활발하게 상업활동을 펼쳤다. 이 시기에 형성되고 지속된 수표교－소공동－명동－서소문에 이르는 화교 집거지와 그 활동 영역은 이후로도 한동안 그 골격이 유지되었다. 이처럼 화교가 짧은 기간에 조선의 상권을 장악하고 한성의 도성 내 요지에 화교 집거지가 형성된 과정은 한국화교가 시작되던 때 전근대적 종주권을 근대 제국주의 지배로 전환하고자 했던 청 정부가 개입된 한반도의 역사를 여실히 보여준다.

2. 일제강점기와 해방 직후 화교 거주지의 지형

1) 일제강점기 화교인구 재편과 거주지 분포

1905년 을사조약이 체결되었으나 청은 자국인 보호를 위해 공관을 폐쇄하지 않고 영사관으로 격을 낮추어 종래의 위치에 잔류했으며,[9] 이에 따라 화교 인구 및 상권은 일제의 강점이 시작된 후에도 계속 증가했다. 1934년 경성부의 기록에 의하면, 1915년 12월 말 경성부의 화교 수는 451호 1,869명으로 1910년 이전의 3천여 명보다 약 1천 명 가까이 준 것으로 나타났다(경성부. 1936). 그러나 서울지역 인구 비율이 감소했을 뿐 1914년 일제의 청국거류지 폐지(손정목. 1982, 411-417)에도 불구하고 전체 화교 인구는 꾸준히 증가하였다(〈표 1〉, 〈표 2〉 참조). 이는 일제가 자국 상인의 이익을 위해 청상을 억제하는 정책을 펼쳤지만, 화교 농업에 대해서는 큰 제재를 가하지 않음으로써 서울(경성)에서 농촌지역으로 옮겨간 화교 인구가 많았기 때문으로 추정된다.

9) 명동의 총리아문 건물은 한일합방 뒤 잠시 일본인이 소유했으나 1920년대에 다시 중국인의 소유가 되었다. 1940년대 중일전쟁 와중에는 친일정권인 왕징웨이(汪精衛) 정권의 영사관으로 쓰였다.

〈표 1〉 일제강점 이전의 화교 인구와 서울(한성) 화교 인구 및 비율

연도	전국(명)	한성[10](명)	한성/전국(%)
1883	209	88	42.1
1884	254	99	28.0
1885	700	353	50.4
1909	6,568	2,292	34.9
1910	11,818	1,803	15.3

출처: 고승제. 1972, 146; 담영성. 1976, 15; 서울특별시사편찬위원회. 1981, 340.

〈표 2〉 일제강점 후 해방 직후까지 서울 화교의 인구 및 비율

연도	전국(명)	경성부(명)	경성부/전국(%)
1911	11,837	1,994	16.8
1915	15.968	1,869	11.7
1920	23,989	2,473	10.3
1925	46,196	4,309	9.3
1930	69,109	8,192	11.9
1935	57,693	6,839	11.9
1943	75,776	4,990	6.6
1949	21,885	6,902	31.5

출처: 조선총독부통계연보; 조희정. 1986, 16에서 재인용.

특히 1906~1930년 사이 화교인구의 남녀 성비를 보면, 1906년 27.8대 1, 1907년 47.5대 1, 1908년 25.4대 1, 등 극심한 남성 초과 현상을 드러내다가 1926년 7.3 대 1, 1927년 6.3 대 1, 1928년 5.3대 1, 1929년 5.0대 1, 1930년 4.7대 1로 여성의 비중이 점차 증가한 것(安井三吉. 2005, 136-140)을 볼 수 있다. 또한, 1930년에 들어와 남녀 성비가 균등해지는 한편 유소년 인구 비율이 증가했는데(김태웅. 2012 참조), 이는

10) 한성의 이 통계에는 외곽의 마포 등지의 인구수는 포함되지 않는다.

이 시기에 가족을 단위로 하며 화교의 정주성이 증가하고 있었음을 보여준다.

이전 시기에 이어 북방, 남방, 광둥의 동향별 연망이 지속되어,[11] 이들 동향 조직은 전국적 지점을 연결하는 청상들의 중심지 역할을 하였다. 1915년 인천 - 대련大蓮 - 지부芝罘(煙臺의 옛이름)간의 항로가 개설(朝鮮郵船株式會社. 1937, 149; 김태웅. 2010, 405 참조)된 데 힘입어, 1926~1927년은 여전히 경성 내 화상의 세가 가장 강했고, 경성부 관내 지적목록의 1917년과 1927년 자료에 따르면 중국인들의 토지 매입은 이전 시기에 이어 주로 청국영사관이 위치한 명치정(현 명동 2가)을 포함하여 도성의 서남부인 남대문통, 황금정, 종로정, 욱정, 북미창정, 남미창정, 서소문정, 태평정, 정동 등지에 집중적으로 이루어졌다(길상희. 2003, 26). 그러나 일제의 화상 억제책으로 대중국 무역 규모가 줄고, 1931년의 만보산사건, 1937년 중일전쟁을 겪으며 이러한 정치적 파동에 영향을 받을 수밖에 없는 상업 인구, 특히 대상인들은 그 수가 감소할 수밖에 없었다.

반면 일제가 농업에 대한 규제는 크게 하지 않은 연유로 1916년부터 10년 사이에 산둥 출신의 농민이 3배가량 증가하였다(한우근. 1970, 91-92), 이들은 기존 화상들의 집거지였던 종로 - 명동 - 소공동 - 서소문의 바깥 접점에 위치한 동대문 밖이나 연희동, 용산, 서대문 밖 공덕리 등에서 채소 경작에 종사하였다(서울시 시사편찬위원회. 1979). 이들 지역은 기존의 세 집거지를 중심으로 연결되는 주변 지역으로서 1970

11) 각 회관은 일제의 행정편제에 따라 명칭만 바뀐 채 - 북방회관은 수표정, 남방회관은 서소문정, 광둥회관은 태평정에 - 계속 존속하였다.

년대 이후 변화된 화교 거주지가 분포하는 모습과 맥을 같이 하고 있어, 현재의 분포가 이 시기의 지형에 어느 정도 뿌리를 두고 진행되었음을 짐작케 한다.

1920년대 이후 조선으로 유입된 화교의 대부분은 이처럼 일제의 제재를 받지 않으며 산둥과 허베이성 등지로부터 농촌 인구 과잉으로 인한 생활고와 어지러운 정세를 피해 고향을 등진 난민들이다(진유광. 1979). 중국의 내부적 요인과 더불어 일제 건설공사의 노동력 수요에 따라 노동과 농업 인구가 증가하는 동시에 1930년대 초부터 화상이 감소하면서 화교인구는 영세소상인과 화공을 중심으로 재편되는 과정을 겪는다. 동시에 화교 직업 분포의 재편은 한국화교 출신지 분포의 변화를 수반하였다. 즉 화교 유입 초기인 1880년대 중반에는 60%를 넘지 못했던 산둥성 출신이 농민 노동자의 유입과 화상의 이출을 통해 1931년에는 80%를 차지하게 되면서(이정희. 2010, 9), 한국화교의 편성이 산둥 출신의 영세상과 화공 및 화농으로 정착하게 되는 기초를 마련하였다. 이처럼 한반도의 일제 강점이라는 역사는 한국화교의 상업적 성장이 대한민국 정부 수립 이후의 억압적 정책 이전부터 이미 한 단계 꺾이고 중국인거리가 차이나타운으로의 상업적 번성을 지속하기 힘들게 한 인구적 요인의 기틀을 형성하였다.

한편, 1884년에 설립된 중화회관은 1901년 자치조직의 성격을 띤 중화상회中華商會로 재편되어 거류민단과 같은 역할, 즉 교민의 의사를 모으고 상업 쟁의를 조정하며 학교 경영에 관여하고 거주인구를 조사·기록하는 등의 역할을 하게 된다. 이는 출신지별로 갈라진 동향조직을 넘어서 화교들을 연계하는 역할을 했으며,[12] 광둥 출신의 화

12) 이와 관련한 논의는 馬敏 지음·신태갑, 후목 옮김, 2006, 184-191; 김태웅,

상이 감소하는 가운데 동향별 집거지로 흩어져있던 한국화교를 점차 명동과 북창동, 서소문에 이르는 지역에 모이게 하는 결과를 가져왔다. 경성부의 기록에 따르면, 1935년 서소문정에 거주하는 화교의 인구가 1,635명으로 경성부 여러 정丁·동洞 중에서 가장 많았는데, 특히 조선인과 일본인 거주자 인구가 각각 451명과 642명인데 반해 화교 거주자가 많아 서소문정은 중국인거리支那人街라 불릴 만하였다고 기록된다(京城附. 1936, 100-120). 이는 해방 후 1970년 이전까지 북창동을 중심으로 남대문로, 서소문로, 태평로, 을지로 등이 만나는 구역이 일명 '화교촌'으로 발전할 수 있는 토대가 되었다.

한국화교 인구 중 광둥계 화상 인구가 위축되고 산둥성 출신 위주로 재편된 데 이어, 이 시기를 통해 한반도뿐 아니라 중국에서 서서히 진행된 이념 대립은, 화교 내에 또 다른 균열을 생성했다. 화교 자치단체인 중화상회는 중국 국민당이 조선 각지에 국민당 지부를 설치하는 매개고리가 되며 이후 중화민국 중심의 한국화교 사회를 구축하는 토대를 만들었으나,[13] 국공내전을 겪는 과정에서 화교 내부에도 이데올로기적 분열이 없지 않았다. 또한 중일전쟁 후 1940년 상하이에 친일적인 왕징웨이汪精衛 정부가 수립되며 조선의 영사관도 접수함에 따라, 이에 저항하는 화교들이 떠나며 다시 내부 분열이 가속되고 화교 인구가 줄었다. 더욱이 해방과 더불어, 식민시대까지 하나의 집단이었던 한국화교는 남한화교와 북한화교로 나뉘게 되었다.[14] 한반도의 분

2010, 93을 참조.

13) 1947년 중화민국 대사관과 긴밀한 연계를 지니고 반민반관의 성격을 띠었던 화교협회로 연결되었다.

14) 한국화교의 인구는 1943년 75,776명에서 1949년 21,885명으로 매우 감소하는데, 이는 한반도가 분단됨에 따라 북한화교의 인구가 포함되지 않았기 때문이다.

단은 남한화교 인구를 급감시켰을 뿐 아니라, 출신지가 중국인 남한화교에게 고향이 속한 중국을 등진 채 중화민국 국적자로 살아가게 하였고 중화민국을 중심으로 한 삶을 구성하게 하였다.

2) 한·중의 이념적 분할과 미군정의 영향

한국화교가 광복을 맞은 한반도에서 중화민국 국적을 지니고 살아간다는 것은 해방 후 1948년까지 미소 분할통치로 남한이 미군정의 통치하에 있을 때 화교에게 유리한 환경을 형성하였다. 미군정은 연합국 국민의 재산과 생명을 보호한다는 방침을 가지고 있었고, 화교는 연합군 회원인 중화민국의 국적자로서 보호의 대상이 되었다. 그뿐만 아니라, 해방을 맞이한 한국경제에 대해 미군정의 기본방침은 신속히 일본경제권에서 분리시키는 것이어서(SWNCC176/8 제3조, 미국무성. 1984, 85 참조), 미군정은 한국의 대외무역을 통제하며 일본과의 무역을 배제하였다. 이에 따라, 1946년에는 중국으로부터의 수입액이 전체 수입액의 약 95%를 차지할 정도로(이정희. 2001, 8) 중국, 홍콩과의 무역액이 급증하는 결과가 나타났다. 화교는 이전 시대에 형성된 중국과의 무역 네트워크를 이용해 중국과의 무역에서 유리한 입지를 차지했고, 처음엔 몰려드는 중국 무역상들의 안내자 역할을 하다가 점차 독립하여 홍콩 상인과 대등한 세력을 지니게 되었다. 조선은행조사부(1949. 58)는 당시 무역총액의 70% 이상을 화교자본으로 추정하고 있다. 당시의 대규모 화교 무역상은 한국에 수입품을 보관하는 창고를 마련하고, 시세를 파악해가며 물품을 유출하는 방식으로 최대의 이익을 올렸고, 중소무역상들은 화교 잡화상을 통해 수입 물자를 판매하여 이로 인해 화교 잡화상도 호황을 누릴 수 있었다. 또한 당시 적산가옥의 불하도 화교자본을 확대하는 데 공헌했다. 중화민국이 중국대륙에 있을 때 가졌던 국민대회 중 두 번째인 제1회 국민대회(1948)에 한국화교는 대표를 파견하면서 외교부에 의견서를 제출했는데, 그 가운데에는 여러 다른 요구와 함께 '적산가옥의 사용 허가를 받은 화교가 우선적으로 구매하도록 미군정과 협의할 것'을 요청하는 조항도 있었다(왕은미. 2005 참조).

해방 후 미군정기는 이처럼 한국화교 사회가 중화민국을 중심으로 편성되며,[15] 경제적 호황을 누리던 시대였다. 그러나 화교경제의 호황은 한국사회 내 오랜 화상에 대한 경계에 더하여, 화교경제력이 확장되는 것을 막고 민족자본을 확립해야 한다는 여론을 재형성하게 되었다.[16] 이는 대한민국 성립 후 외국인 정책(대체로 화교에게 영향을 미친 억압적 사회경제 정책)으로도 표출되었으며, 한국정부의 규제 정책 외에도 일련의 국내·외적 변화로 인해 화교경제력은 다시 쇠퇴의 길을 걷게 된다. 1949년 중국 대륙이 공산화되고 왕래가 불가능해지면서 대중 무역의 범위가 크게 축소되었다. 동시에 한·미·일 동맹을 목표로 한 미국의 경제 정책 변화[17]에 따라 1949년 4월 한일무역협정

15) 미군정에 의해 1946년 왕징웨이 정권 영사관 관원들이 본국으로 송환된 후(동아일보 1946.11.30.), 영사관 업무는 미군정청 외무처 중국과와 중화총상회에서 대행했었고, 1947년 중화민국 총영사관이 대관하며 영사관은 한국을 48개 화교자치구로 분할해 각 자치구에 사무소(화교협회)를 설치했다.

16) 예를 들어, 『동아일보』는 "우리 무역은 완전히 화상들에 의해 농락되고 있다"(1948.10.24. "무역 거의 화상이 독점")라고 논했고, 『조선일보』는 밀무역을 금은이 유출되는 것을 보도하며 "해방 당시 조선에 거주하는 중국인들은 일본가옥과 부동산을 헐값으로 매매계약을 작성하야 자기 소유로 만들었다"라고 경계 담론을 내놓았다(1946.10.30."孤島서 物物交換, 痛嘆할 密貿易內幕").

17) 1949년 국공내전에서 중국이 우세를 점하게 되면서 미국은 일본을 아시아의

이 체결되었고, 일본과의 무역이 회복되면서 대중 무역은 더욱 타격을 받게 되었다. 또한 인구의 규모 면에서, 전술하였듯 한국전쟁을 전후로 화교인구도 남북한으로 분할된 것에 더해, 해방 후 한국정부의 외국인 이민 규제와 공산화 이후 중국의 해외이주 억제책으로 인해 본토로부터의 중국인의 이주는 사실상 종식되었다. 새로 유입되는 인구가 단절되었다는 것은 단순히 인구 정체로 그치는 것이 아니라, 동아시아 이데올로기 분열과 함께 한국의 화교가 이후 유입되는 중국인 인구와 사회·문화적으로 단절됨을 의미하기도 한다. 일제강점기를 거치며 대륙의 산둥 출신지로 압축된 한국화교는 이리하여 해방 후 한국에서 타이완 여권을 지닌 오래된 이방인으로서의 소수자적 삶을 공유하는 견고한 공동체를 형성하게 된다. 또한 일제의 강점과 이념대립, 한국전쟁을 겪으면서 거상보다는 영세상인과 화공, 화농을 주축으로 하는 인구 재편을 경험하게 되었고, 그러한 국제정세의 부침 속에 한국화교는 '차이나타운'을 지속하고 번성시킬 기반과 연망이 지속적으로 흔들리게 되었다.

Ⅳ. 대한민국 근대화와 화교 집거지의 변화

1. 서울도심재개발과 '화교촌'의 해체

1) 소공동 화교집거지의 모습

대한민국 정부 수립 이후 1970년대에 이르기까지 한국정부의 과제 중 하나는 자주적 민족경제를 확립한다는 것이었다. 일제의 경제 수탈

반공 본거지로 삼는다는 구상하에 한일 경제통합을 지지하게 된다.

을 겪은 후 독립한 한국정부에 그것은 당면한 과제였고, 특히 해방 후에도 미군정 기간 동안 자국민이 아닌 화교 집단이 당시 한국 대외 무역의 70%가량을 장악하며 경제적 급성장을 이루는 모습은 외국인에게 제한적인 경제 정책을 이끌어낼 만한 여론과 정황을 형성했다고 추정된다. 과거로부터 이어져 온 화상 및 화공에 대한 부정적 이미지, 즉 청 정부와 청군의 보호 아래 조선의 상권을 침탈해왔으며, 일제 식민지 정책이 만들어놓은 경쟁 구도 하에서 조선 노동계층의 일자리를 위협하는 존재라는 인식에 더해, 해방 후 정부 수립 이전까지 화교 경제가 최전성기를 이뤘던 모습은 이전부터 소통되어 온 화교경제력에 대한 경계를 더욱 심화시켰다. 정책상으로나 행정 집행 규칙으로 화교를 견제하고 차별한다는 것은 어떤 식으로도 성문화된 바 없으나, 이승만 정권(1948~1960)과 박정희 정권(1961~1970)에 걸쳐 지속된 다양한 규제들이 화교를 염두에 두고 있었다는 것은 수많은 사적私的 역사 담론 - 소문, 여론, 라디오 드라마 등 - 을 통해 드러났다. 1946년 서울시가 일본식 지명을 정비하면서 명동 북쪽을 가로지르는 도로의 이름을 을지문덕 장군의 이름을 딴 '을지로'로 지정한 것도 그 지역을 중심으로 활동해 온 화교의 기를 누르겠다는 의도가 있었다[18]는 이야기가 떠돌았던 것은 사적 담론과 공적 행정 실태 간의 연관성을 보여주는 일례라 하겠다. 일제가 황금정이라 명명한 시절부터 을지로 일대에는 유명한 화교경영 중국 음식점인 '아서원'이 호황을 누렸었고, 화교 간에 중국대사관 앞 길官前街이라 칭하며 "원세개의 기세에 눌려 조선인은 낮에도 그 앞을 감히 지나다니지 못했다."라고 회자되던 지역이 인접해 있다.

18) 을지문덕 장군은 수나라 양제의 30만 대군을 살수에서 몰살시킨 이다.

결과적으로 외국인 관련 각 정책이 모두 화교의 경제활동에 불리하게 작용하여 화교공동체가 급격히 쇠락해 간 점은 전근대 중국의 한반도 화교정책이 제국주의적인 국가 이익에 기반한 것과 비등하게 강력한 한국정부의 민족주의적 대응의 결과라 볼 수 있다. 1950년의 창고봉쇄령은 창고에 물건을 쌓아놓고 판매 시기를 조절하여 이익을 극대화했던 화교무역업에 큰 타격을 주었고, 두 차례에 걸친 화폐개혁(1953, 1962)은 "다락에 금과 현금을 쌓아놓고" 있다는 소문이 돌며, 실제로 외국인이 은행 신용 거래가 여의치 않은 시대에 현금 거래를 해야 했던 화교들의 자산에 큰 손해를 안겼다. 외국인 토지소유 제한[19], 외환규제 등 지속적으로 부과된 각종 규제로 화교 경제에서 무역업이 먼저 사라졌다. 이어 빼갈 공장, 간장 공장 등 점차 다른 업종도 점차 활기를 잃어, 특별한 연망이나 자본이 요구되지 않는 요식업만이 한국화교의 대표 업종으로 살아남게 되었다.

이전 시기에 이어, 대한민국 자립경제 수립 과정에서 위와 같은 여러 정책적 규제를 겪으면서 사업 규모가 비교적 크고 자산이 있는 상인들은 떠나고, 소상인과 노동계층이 남아 한국화교의 중심을 이루는 인구 재편이 반복되었다. 반복된 인구 감소와 재편에 따라 1950년대 이후 수표교와 서소문은 집거지로서의 응집력을 잃게 되었고 화교의 실제 집거지이자 중심지는 명동과 북창동, 그리고 서소문을 잇는

---

19) 부동산은 화교의 대표적인 재산증식 수단이었다. 전술했듯이 과거 동순태호의 譚傑生은 한국화교 중에서도 최대 토지 소유주였는데, 대표적인 소유지는 명치정의 토지와 명동 유네스코 건물 대지였다. 유네스코 건물 대지는 1966년 譚傑生의 6남인 담정택이 귀국하여 재산권을 주장하는 소송을 벌여 승소했다. 1961년 외국인토지법 제정 후 1990년대 제한이 완화되기까지 화교는 주거용 200평 영업용 50평 이상의 토지를 구매하거나 소유할 수 없도록 규제되었다.

소공동 일대로 압축되었다. 정부 수립 후 1970년대까지의 시기에는 명동에 국가 명의의 토지와 가옥들이 화교의 재량권 아래에 남아있었을 뿐 아니라, 이전 시기의 화상들이 구매한 소공동 주변의 토지와 가옥들이 소유권 변동은 있을지언정 여전히 화교의 소유로 남아있었다. 소공동에서 어린 시절을 보낸 화교들의 구술에 따르면, 소공동에 세를 얻어 사는 화교도 다수 있었지만 많은 이들이 "자기 집과 땅"을 소유하고 있었다. 소공동과 북창동에 부동산을 가진 이들이 적지 않아서 다음의 구술 내용이 전하듯, 한국전쟁 등을 겪으면서도 화교들이 다시 돌아와 모여 사는 '화교촌'을 형성할 수 있었다.

> "나는 북창동에서 태어나서 전쟁 때 부산에 피난 갔다가 다시 왔어요. 내 집이니까."(G씨 67세 여성. 연남동 거주)

토지와 가옥을 소유한 소상인과 자영업자들은 중국음식점 경영에 유리한 도심부 상가 밀집지역인 소공동 일대 지역에 집중적으로 거주하게 되었고, 이에 따라 소공동과 북창동에는 크고 작은 중국음식점과 음식 재료상, 잡화상이 밀집하게 되었다. 또한 과거에 출신 지역별로 따로 모여 살며 의사소통이 안 되었던 한국화교는 1920년대 이후 산둥성 출신이 증가하면서 1950년대 이후 북경관어로 통일되었다.

그리하여 소공동 일대는 현재 50~60대의 서울 화교들에게 "학교 가자~"라고 중국어로 고함치는 것이 불편하지 않을 만큼 '중국인'[20]이 많았던 서울 내의 '고향'으로 기억된다. 10대와 20대에 북창동과

20) 1990년대 이후 중국인과 중국 국적의 조선족이 한국에 유입되기 이전, 화교는 중국인을 대표했고, 스스로도 그렇게 불렀다. 현재는 전자와 구분해서 말하면서 화교라는 지칭어를 사용한다.

소공동 일대에 거주했던 화교들의 진술에 따르면, "앞집, 옆집, 뒷집, 아랫집이 다 중국 사람이었고," 그러한 1950~1960년대 명동과 북창동에는 화교소학교와 중등학교, 화교가 경영하는 소규모의 '짜장면집'과 고급 중화요리점이 즐비했으며, 중국인 양복점, 구두점, 목욕탕, 이발소, 책방, 선술집 등으로 채워져, 서울 내의 작은 중국과 같은 모습을 지니고 있었다. 다음의 진술들은 60대 후반의 화교 여성들이 기억하는 1950~1970년대 소공동의 모습을 보여준다.

> "소공동 큰 길가에 살았는데 ⋯ . 헌병대 짚차가 와서 우리 집 만두 잔뜩 사 가곤 했어요. 우리 뒷집은 책방 하다가 뒷골목으로 이사갔고. 앞에서는 만두집 했고, 뒷골목에는 태백? 인가 하는 술집 있었는데, 그것도 중국 사람이 하던 거구. 2층 뽀이만 한국 사람이었어요."(D씨 67세. 연남동 거주)

> "북창동에서 다 명동 학교에 걸어서 다녔죠. 동네에서 다 불러서 같이 가요, 중국말로 학교 가자~ 하구. 가까우니까 집에 와서 점심 먹고 아부지 엄마가 학교 가라 하면 또 뛰어서 학교 가고 ⋯ . 그때는 다 모여 살고, 화교가 많이 살아서 중국 말해도 뭐라 할 한국 사람 없었어요. 중국말만 해서 한국말 진짜 몰랐어요 ⋯ . 아, 우리가 말하면 길거리 신발 닦는 남자가 시끄럽다고, 웬 쏼라쏼라냐고, 그 말이 젤 듣기 싫었어요. 그때 주워듣고 아는 한국말이 개새끼밖에 없어서 분한 맘에 '개새끼!' 내지르고 냅다 도망쳤지요."(D씨 상동)

D씨의 진술에서 엿볼 수 있듯, 1950~1970년대의 소공동과 북창동 일대는 큰 길가에서부터 중국음식점이 즐비했고, 한국인과의 소통이 필요 없을 정도로 화교 커뮤니티 내에서 일상생활 전반이 해결됐다. 인구 감소로 인해 한국인들과의 접촉이 불가피한 지방의 화교들에 비

해 중년의 서울 화교들 가운데 아직도 한국어가 자유롭지 못한 이들이 종종 보이는 것도 이와 같은 집거 환경이 있었기 때문이다.

> "우리 아부지가 화교협회에서 뭐 하실 때 따라가서 들었는데, 우리 중학 다닐 때 남한에 화교가 7만이었대요 … . 소공동 살 땐 맨 부딪히는 사람이 다 중국 사람이었어요. 열 몇 살 때까지 한국 사람 소공동에 거의 없었어요. 경남극장 옆에 화교가 하는 목욕탕이 있었는데, 그 집 부인이 한국 사람이라, 목욕탕 여주인이 한국 사람이니까 때 미는 아줌마들 다 한국 사람이었지요."(D씨 상동)

> "소공동, 북창동, 서소문 안에서 생활이 다 됐어요. 외식 같은 거 하던 시절 아닌데 … . 한 달에 한 번 목욕탕 갔다가 갈비탕 사 먹고 남대문 가서 빤스 사고 고무줄 같은 것도 사고 … ."(D씨 상동)
>
> "옷은 다 맞춰 입었죠. 옛날엔 다 맞춰 입었어요, 기지 사다가."(W씨 68세. 연희동 거주)
>
> "목욕탕 바로 옆에 이발소 있었는데, 미용실 없어서[21] 남자 하는 데서 잘라주구."(G씨 상동)
>
> "치과는 명동 학교 옆에 아는 곳이 있어서 다녔고 … ."(D씨 상동)
>
> "병원은 어렸을 때 갈 일 없었어요. 안 아팠어(웃음). 아부지 엄마는 한약 먹었고 … . 바로 옆에 중국 사람 하는 한약방 있었거든."(W씨 상동)
>
> "나는 타이완에서 오빠들이 고약 갖다줬어."(G씨 상동)
>
> "그리고 이명래 고약이면 반창고 같은 거 필요 없어요."(W씨 상동)
>
> "옛날엔 감기도 안 걸렸어."(모두 동의)
>
> "걸리면 뜨신 물 먹고 이불 덮었죠. 병원 갈 일 별로 없었어요."(S씨, 58세. 연남동 거주)
>
> "우리 엄마 때 애기 낳을 땐 산파가 와서 받았죠, 중국 사람 산파"(모두)

---

21) 미용업은 화교에게 허가가 나지 않았다(2007년 면접, 60대 초 화교 여성 E씨).

이상의 언급에서 드러나듯이, 1950~1960년대 소공동 일대는 인구가 많지는 않았으나, 밀집도나 생활 여건 면에서 '화교촌' 혹은 작은 중국이라 불릴 만했다. 명동에 중국(중화민국)대사관과 한성화교협회, 국민당 지부가 있었고, 화교소학교와 중고등학교가 소재하고 있어서 왕래하는 중국인들이 많았다. 또한 길 건너의 북창동 일대에는 큰 길가에 중국음식점과 잡화상, 일상생활에 필요한 상점들이 밀집하며[22] 거주지가 형성되어 있어 명동과 소공동을 잇는 지역 내에서 교육, 상업, 일상생활이 모두 해결되었다. 상술한 면접자들 외에도 서울 화교들 가운데에는 과거에 소공동 근처에서는 "학교 뱃지를 숨기지 않아도 (한국 아이들과) 싸울 일이 없었을" 만큼 "길가에 중국인만 가득했다"라고 회고하는 이들이 많았다. 거주지와 일터가 대부분 일치하여 낮 동안 집에서 자녀와 이야기를 나눌 아버지가 있었고, 가정에서뿐 아니라 집 밖에서 중국어로 대화하는 것이 일상적이어서 한국어를 이해하고 자유롭게 구사하는 사람이 서울에는 드물었다.

이런 집중 현상은 1962년 중구 31.0%, 종로구 17.0%, 영등포구 15.0%, 서대문구 13.0%의 순으로 나타나는 서울시 화교의 구별 분포(〈표 3〉 참조)에서도 확인된다. 이 중 영등포구는 1945년 서울시로 편입되어, 영등포에 거주했던 농업을 생업으로 하는 화농이 서울 인구에 포함됨으로써 서울시 인구증가율을 높이는 요인으로 작용했다.[23] 과거 또

22) 박은경(1986. 247-254)은 명동에 공공기관, 양복 및 구두점 3개소, 인쇄소 5개소, 중국음식점 4개소, 한의원 1개소, 상점 4개소 등이 있었고, 북창동 일대에는 중국음식점 26개소 잡화상 6개소 인쇄소 10개소 사무실 6개소가 있었다고 기록한다.

23) 1943년에서 1949년 사이 전체 화교인구는 분단으로 인해 급감한 데 반해, 서울 화교인구는 1943년 4,990명(전체의 6.6%)에서 1949년 6,902명(31.5%)으로 증가했다(〈표 3〉 참조).

하나의 화교 집거지였던 종로구 수표동, 관수동, 관철동 일대는 소공동 다음의 화교동네라 하여 '이공동二公洞'이라고 화교 간에 불렀다(60대 화교 남성 D씨 진술)고 하는데, 이러한 용례가 시사하듯 화교가 모여 사는 동네의 기준이 될 정도로 소공동은 '화교 마을'로 통했음을 알 수 있다.

〈표 3〉 서울시 화교인구 구별 분포(1962-1986)

	1962		1986	
	인구	구성비(%)	인구	구성비(%)
중구	2,422	31.0	2,214	19.4
종로구	2,534	17.0	882	7.7
서대문구	1,048	13.0	1,600	14.0
영등포구	1,149	15.0	819	7.2
마포구	140	2.0	1,142	10.0
동대문구	438	5.0	566	5.0
성동구	418	5.0	565	5.0
성북구	258	3.0	487	4.3
용산구	709	9.0	683	6.0
			2,458	21.6
총계	7,136	100.0	11,416	100.0

출처: 구효경·김신자. 1963, 39; 박은경. 1986; 남지숙. 1987 참조하여 필자 작성.

2) 도심 화교촌의 해체

그와 같이 중국인 밀집 지역으로 알려진 소공동과 북창동 일대는 1970년 서울시 도심재개발 계획의 재개발 대상이 되어 해체되는 과정을 겪게 된다. 당시 서울의 모습은 새로운 면모를 갖출 새도 없이 해방과 한국전쟁 후 빈곤을 피해 밀려오는 인구로 인해 혼란과 과밀지대를 이루게 되어, 좁고 복잡한 도로와 슬럼 시가지, 노후한 건물이 무질서하게 밀집되어 있었다(김광중·윤일성. 2001; 이기석. 2001). 근대화 기치 아래 1970년대 초 박정희 정권이 단행한 서울시 도심재개발은 그와 같이 빈곤국가의 현실을 드러내듯 낙후되고 슬럼화된 시가지를 개선하려는 것이기도 했다. 당시 재개발계획 수행에 참여했던 손정목의 기록(2003)에 따르면, 소공동 중국인 마을은 1966년 존슨 미 대통령 방한 때 시청 앞에서의 대대적인 환영식을 통해 그 모습이 주목되면서 재개발의 대상이 되었다. 대표 슬럼 지역으로서 재개발 대상이 되었지만, 소공동 거주 화교들의 구술과 당시의 정황을 종합해보면, 소공동을 재개발 대상으로 선정한 데에는 반드시 빈곤 지역의 무질서에만 기준이 있었던 것은 아니었던 것으로 보인다. 당시 소공동 거주 화교들은 "한국이 그때 못살았다고 하지만 우린 못살았는지 몰랐다"라고 입을 모으며, 집은 작았어도 "(소공동) 화교들은 다 밥 먹고 살아서 부자"였다고 기억한다:

> "한국 다른 데에 비해서 괜찮았어요. 사는 건 어렵지 않았는데, 아마 겉으로 보기엔 그랬을지도 모르죠. 화교가 잘 산 이유가 중국 사람 정말 알뜰하고 절약해요. 100원 있으면 한국 사람 100원 쓰는데, 화교는 10원도 안 써요."(위의 60대 여성 화교 면접자 전원)

> "그때 왕십리 가면 다 허허벌판인데, 소공동은 중심이었죠. 한국은행, 상업은행 있고, 극동극장, 경남극장 있었고, 조선호텔도 있고…. 집에 일꾼들 많으니까 밥하는 아줌마 따로 있었어요. 그때는 식모가 다 있던 시절이긴 했지."(G씨 상동)

빈곤과 부의 기준을 면접자의 주관에 기대어 판단하기는 어렵지만, 대다수 한국의 중산층에게도 외식이라고는 중국 음식에 제한되어 있던 시기에 크고 작은 중국음식점을 경영하던 화교들의 살림살이는 최

악의 빈곤 슬럼가를 형성할 정도로 궁핍하지는 않았을 것이라 추정된다. 그런데 절약하며 소박한 모습으로 생활하는 것이 당시의 이민자 집단에 다소 보편적인 특징이었음을 고려할 때, 소공동의 모습도 대부분의 서울 도심 지역과 마찬가지로 재정비가 필요한 모습이었음은 짐작할 수 있다. 무엇보다 소공동이 도시근대화의 청사진 아래 서울 재개발 사업의 1호 대상이 되었던 것은, 위의 구술에서도 언급되었듯 서울의 얼굴이라 할 수 있는 시청과 마주하며 서울의 중심으로 인식되었던 까닭이다.

그리하여 서울시는 1970년 재개발을 통해 화교들의 상가와 한국인 소유 토지 일부가 밀집해 있던 자리에 화교회관을 짓겠다는 약속하에 1971년 시청 앞 광장 정면의 화교 상가 철거를 시작하고 화교 상인들을 이주시켰다.[24]. 서울시가 처음 화교 조합과 약속한 것은 1972년 10월까지 현대식 화교회관을 짓겠다는 것이었으나, 소공동 내 한국인 토지 소유주의 반대에 부딪혀 지연되었다. 결국 기다리다 지친 화교들에게 당시 토지가격의 최고시세를 제시했던 대기업 한국화약에 화교 소유의 땅 542.4평의 땅이 순식간에 매도되었고, 소공동 재개발 사업은 한국화약이 그 자리에 플라자 호텔을 짓는 것(1976)으로 마무리되었다(손정목. 2003 참조). 결과적으로 서울 재개발의 첫 과업은 소공동 중국인 마을을 해체하고 서울 도심부에서 화교 집단을 내치는 것이

24) 서울시 도심재개발과 관련된 기사가 처음 보도되었을 때는 재개발이라는 용어 대신 화교 상가 현대화라는 말이 쓰였다(『중앙일보』 1970.6.11., 손정목. 2003 참조). 당시 소공동 일대는 일부 화상이 이주했다가 다시 소공동으로 돌아오는 과정에서 토지 소유관계에 변동이 생겨 한국인 소유와 중국인 소유의 땅이 교차하여 있었다. 소공동 상가들이 철거되는 동안 화교들은 을지로 2가 구 내무부(현 외환은행 본점) 부지에 만두집 등을 경영했으나 장사가 잘 되지 않아 떠난 이들이 많았다.

되어버린 것이다. 대로변에 촘촘히 밀집해 있던 중국음식점과 잡화상들이 모두 철거되었고, '빌딩 세울 재력이 있지 않은 한, 땅 팔고 떠날 수밖에 없는' 상황이 전개되었다.[25] 화교들이 한국의 수도 서울 도심의 '노른자위 땅'을 잃고 이후 회현동이나 연희동 일대로 물러나게 한 소공동 재개발은 처음 제시한 청사진과 다른 결과를 이끌어내면서 화교들이나 개발에 참여했던 한국인 관리에게조차 "교묘하게 연출된 소공동 화교축출 작전"(손정목. 2003)이었다고 회고된다. 이는 제1차 경제개발계획을 마치고(1966) '보릿고개'란 말이 없어질 즈음 도심을 중심으로 도시 재개발을 시작한 서울의 모습, 정부의 재정적, 행정적 지원으로 대기업의 호텔과 최신식 건물들이 옛 건물을 대체하기 시작한 서울 도심의 모습을 반영한다.

소공동 재개발이 낳은 화교촌의 해체 이후 현 롯데호텔 자리의 고급 중국음식점 아서원의 폐업과 철거, 관수동에서 60여 년간 영업한 중국음식점 대관원의 철거[26], 1977년 현 동대문역사문화공원 부근의 오무장공사 철거, 서소문의 달마불교회 사무실과 제단 철거 등이 이어졌다. 화교 간에 '오공사'라고도 불렸던 오무장공사 건물은 대지만 2백 평이 넘는 큰 사당이었는데(D씨 60대 남성), 전술하였듯 6·25 때 피난 갔다 돌아온 화교들이 일종의 난민촌과 같은 주거를 형성했던 곳이었다[27]. 달마불교회[28] 사무실은 서울 화교의 민간신앙 묘우인 거

25) 면접에 응했던 소공동 거주 화교들은 "소공동에서 다 나가라 해서 딴 데 갈 수밖에 없었다. 땅 있는 사람은 집 지으라 하고 없으면 나가라 해서 … . 그땐 안 팔 수도 없었다고 들었다"라고 당시의 상황을 회상했다.

26) 대관원은 1910년에 설립된 중국음식점으로 아서원, 태화관 등과 함께 이름이 알려졌다. 아서원이 명망 있는 고객들이 찾는 곳이었던 반면 대관원은 서민층에게 인기가 있었다고 한다.

27) 철거된 후 오장경의 신위와 더불어 오무장공사 사당은 연희동으로 이전한 한

선당居善堂과 함께 명동의 전 중국대사관 근처 건물로 이전했다. 특히 한때 한국의 최고급 중국음식점이자 화교 경영 중화요리점의 상징적 존재였던 아서원이 1969년부터 1974년까지 5년간 대기업 롯데와의 법정 소송에서 패소하여 폐업하게 된 사건[29]은 100여 명이 넘는 아서원의 중국인 직원들의 삶과, 거래했던 많은 화교 상점들에 타격을 주면서, 한국이 화교에게 배타적이라는 인식을 심어주고 심화시킨 계기가 되었다.

도심부에 오랫동안 형성되어온 거처를 잃고 재산상의 피해를 본 화교들은 이처럼 연이은 서울 도심부 재개발계획에 의해 자연적 집거지의 해체가 아닌 강제적 해체의 계기가 있었다는 점에서 그 후 오랫동안 한을 품게 되었음을 회고하였다. 그런데 다른 한편 화교들은 그와 같이 강하게 민족 배타적이라 여겨질 만한 한국정부 초기의 대응에 대해 한국의 국가적 입장에서 필요한 것이었다는 의견을 내비치기도 했다.

> "옛날에 중국 사람 쨌죠…. 원세개가 칼 휘두르면서 옛날에 금싸라기 땅을 다 1원 주고 샀잖아요. 중국 사람한텐 안 좋지만, (이승만, 박정희 대통령이) 그렇게 하지 않았으면 지금의 한국 없었을 거예요…. 나, 한국 있지 않았으면 어쩔 뻔했어, 미국 간 울 오빠 여태 볶아요, 코리아타운에서."(W씨, 60대 여성)

성화교중고등학교로 이전했다.

28) 청방의 대외적 명칭으로 화교 간에 후원(patron-client) 관계에 상응하는 연망 조직으로서의 역할을 했다. 필자의 이전 연구조사(2005~2007)에 따르면, 달마불교회 회원들은 회원 간 직업 소개, 배우자 소개, 대출 등을 도왔다(Chung. 2012 참조).

29) 이와 관련된 자세한 논의는 이용재 2012 참조. 아서원이 철거된 자리엔 롯데호텔이 세워졌다.

"옛날엔 필리핀 같은 데 화교들 만나면 그렇게 부러웠어요. 근데 지금은 한국이 성장해노니 어딜 가도 어깨 펴고 살아요. 화교한테 한 건 참 그렇지만, 한국 입장에선 그렇게 할 수밖에 없었을 거 같기도 하고. 한국에서 왔다 하면 한국 사람이라 하니…. 화교한테 좀만 잘해줬으면 좋았잖아요, 우리한텐 어쩔 수 없이 한국 딱지가 붙어있는데."(T씨 대구 거주 58세 남성)

위의 언급을 통해 한국에 남아있는 화교들은 한국의 경제발전과 더불어 한국화교의 대외 위상이 달라졌음을, 화교들도 한국사회의 발전에 영향받는 주민임을 시사했다.

한편 면접 대상 화교들의 소공동 시절에 대한 소회에서도 다음의 진술에서 드러나듯 한국화교가 서울의 주민으로서 함께 겪어온 한국사회의 여러 모습이 엿보인다:

"우리 집에도 먹고 자고 하면서 요리 기술 배우려고 시골서 온 한국 애들 많았어요…. 우리 집 바로 앞에 조선호텔이 있었는데 밤에는 아가씨들이 좍 서 있었어. 담벼락 옆에 아가씨가 좍 서 있고, 미군 부대 군인 아저씨들 나오면 할로 할로 했는데, 우리는 옆에서 같이 할로 할로 그러고…. 그러면 껌주고 사탕 주고 그랬어요…. 태창 양복점 앞에 어떤 아저씨가 리어카에다가 사탕 팔았는데, 그거 하나면 그렇게 든든했지요."(D씨 상동)

"신발도 없어서 못 신고 다니는 사람들도 많았고, 차 타면 신발 누가 밟을까봐 벗어놨다가 다시 신고 그랬던 시절이에요."(W씨 상동)

무작정 상경과 '남의 집살이'를 했던 도시이주민들의 모습, 새로이 호텔이 들어서는 등 개발 중인 서울 시내 곳곳에 대한 기억과 미군정이 낳은 풍경들, 그리고 5·16 때 "탄알 들어올까 봐 아버지가 담요로 유리창을 가렸다"든가 "옥상에 총알 탄피가 많았는데 신기해서 줏으러 다녔다"라는 등 시청 근방 서울 도심지의 풍경이 그려졌다. 이는 집거지 내에서 '중국인'으로서의 일상이 완결되고 있었어도 화교들이 한국사회의 부침을 함께 겪은 흔적이기도 했다.

그런데 화교촌의 해체 이후 1970년대와 1980년대는 화교 인구의 상당수가 한국을 떠난 시기이다. 소공동 화교촌의 해체뿐 아니라 기타 억압적 사회·경제 정책들로 인해 새로운 기회를 찾아 미국, 타이완 등지로 재이주하는 화교들이 많았고, 자연히 집중거주지의 세가 약화되어 고립적인 거주 핵의 규모가 축소되고 시내 각 지역으로 분산하게 되었다.

2. 새로운 집거지와 '리틀 차이나타운'의 좌절

1) '고향'들의 변화와 새로운 집거지의 형성

현대 한국사회에서 화교는 인종적으로나 문화적으로 그 이질성이 드러나지 않는 이방인으로의 길을 걸어왔다.[30] 대한민국 건국 이래 여러 정책적 장벽을 겪으며 사회경제적으로도 소수자적 지위에 처한 화교들이 많아지면서 한국에서의 삶의 조건을 견디지 못한 재이주로 인해 인구가 감소한 것은 이들을 더욱 '보이지 않게' 만들었다. 이와 더불어 1970년대 도시재개발에 의한 화교 집거지의 해체로 인해 이미 적어진 인구가 분산되어 한국인들과 같은 공간에 거주하게 됨으로써 이들의 비가시성은 심화되었다. 상술한 것처럼 국제정세의 변

30) 최근 들어 한국 국적으로 전환하는 화교들이 조금씩 증가하고 있지만, 여전히 한국화교의 대부분은 타이완 국적을 지니고 있어, 이들은 법적 이방인의 지위에 있다.

화와 더불어 법적 이방인에 대한 정책적 규제들로 인해 화교 절대다수의 직업은 중국음식점을 경영하는 요식업으로 집중되었다. 그러나 1970~1980년대 같은 지역에서 오래 경영한 중국음식점에 중과세한다거나 '중국집'에서 쌀밥 판매를 금지하려 하는 등의 정책적 규제 외에도, 화교 경영 중국집에 대한 잦은 세무 시찰 및 위생 상태 검열, 그리고 한국의 법률과 정보에 취약한 화교들의 약점을 이용해 공무원, 경찰들이 무전취식을 하는 등의 화교 처우는 중국집 경영도 힘겹게 만들었다. 특히 1980년대 들어 관광업의 발전과 더불어 세련되고 호화로운 실내장식을 갖춘 한국인 경영의 중국음식점들이 등장하면서 화교는 '중국집' 경영에서도 불황을 면치 못하게 되었다.

서울 도심의 전통적 화교 집거지에서 밀려난 화교들은 기존 집거지 외연의 회현동, 연희동, 동대문, 이태원, 영등포 등지로 분산 거주하게 되었는데, 특히 '질척질척한 개천가'였고 '밭 천지'였던 서대문구 연희동과 마포구 연남동(연희·연남동에 20년 이상 거주한 화교들의 진술), 그리고 회현동 주변으로 80년대 거주 인구가 증가하였다. 이는 1980년대 생성된 화교 주요 직업군과 관련된 지역 이동 현상으로서, 1970년대 말부터 1990년대에 이르는 국제 정세 및 한국사회의 변화에 따라 중국음식점의 불황에 시달리던 화교들에게 보따리 무역과 포장업이라는 새로운 기회가 등장하는 것과 관련이 있다. 즉, 해외 중국인들과의 보따리 무역 중개에서 유리한 입지에 있는 화교들에게 남대문 도매시장 근처 회현동과, 김포공항에서 가까운 연희·연남동이 제공할 지리적 교통상의 편의점은 거주지 선정의 주요 유인 요인이 되었다.

1970년대 한국의 의류업이 성장하면서 한국화교 중에는 1980년대 초중반부터 일명 '보따리 장사'를 하기 시작한 이들이 생겨났다. 보따리 무역은 값싼 임금을 바탕으로 생산된 의류 등의 제품을 도매로 구입하고 해외 출국 시에 휴대 반출하여 판매하는 방식으로, 처음에는 타이완을 오가며 시작했는데, 1978년 중국 개혁개방, 1984년 홍콩반환 협정 등으로 중국으로의 접근 분위기가 무르익음에 따라 산둥성에 친척이 있는 한국화교는 1992년 정식 한중국교 성립 이전부터 고향인 산둥성 간의 왕래를 시작하였다. 특히 1990년 9월 인천과 산둥성 웨이하이威海를 오가는 정기 여객선이 취항하여 산둥과의 왕래가 쉬워지면서, 요식업계 불황에 시달리던 화교들은 대거 보따리 무역으로 몰려들었다. 또한 1980년대 한국사회의 관광산업을 위한 기반이 마련되면서 해외로부터 직접 물품을 구매하러 온 보따리 장수들을 도매 시장으로 안내하는 '가이드'[31] 및 그들이 주문한 옷을 박스에 담아 운송해주는 '포장업'이 화교 간에 성행하기 시작했다. 타이완 상인들 뿐 아니라, 1990년대 이후 중국 및 홍콩과의 거래량이 많아지면서 그들과 남대문 시장 및 동대문 시장에 동행하여 통역하고 안내하는 일은, 더 이상 '짱깨집'으로 낙인찍힌 가업을 계속하고 싶어 하지 않는 많은 화교 젊은이들의 용돈벌이 및 직업이 되었고, 그들이 대량으로 구매한 상품을 운송하는 데 김포공항과 차로 15~20분 사이 거리에 있는 연남동 일대는 도매시장이 위치한 회현동과 함께(이후에는 동대문 일대 포함) 포장업체가 들어서기 좋은 지역으로 떠올랐다. 그리하여 1996년경부터 연희·연남동은 새롭게 형성된 '차이나타운'으로 언론에 알려지기 시작했고[32], 1999년에 회현동과 연희동 일대에 포장 운송 센터는 100

31) 화교 간에 통용되는 이 명칭은 관광 가이드와 조금 다르다. 때에 따라 관광 안내를 부수적으로 하기도 하지만, 주요한 업무는 타이완, 중국, 홍콩 또는 동남아시아 화교 보따리 상인들을 새벽 도매 시장으로 안내하고 통역하는 일이다.

32) 『조선일보』, 1996.6.12.; 『연합뉴스』, 1996.8.10.

여 개에 달한다고 보도되었다(주간조선. 1999년 12월). 연남동 주위에는 이들을 위한 화교 전용 금융기관인 화교신용협동조합도 생겨났고, 회현동과 연남동에는 해외 보따리 상인을 위한 숙박업도 성황을 이루었다.[33]. 2003년부터의 서울시 통계 기록을 보면, 화교 최다 거주지는 서대문구와 마포구이고, 그중에서도 연희동과 연남동에 인구가 집중되어 있다(〈표 4〉와 〈표 5〉 참조). 2012년까지 10여 년에 이르는 기간 동안 인구 수에는 큰 변화가 없는데, 다만 마포구의 경우 인구가 소폭으로 증가하는 모습을 보이고 있다(2003~2012년 사이 156명 증가). 1986년의 구별 분포에서 서대문구-마포구 연합 지역 다음으로 대등하게 많은 분포를 보였던 중구(〈표 3〉 참조)의 거주율은 현저히 하락했다. 이는 사업체는 중구에 두더라도 실제 거주지는 연희·연남동이나 주변의 도심 바깥의 주거지역에 두는 경우가 많아서이다.

서대문구 연희동 및 인접한 마포구 연남동으로의 또 다른 주요 화교 유인 요인은 연희동으로 한성화교중고등학교가 이전된 것이다. 한국화교는 고등학교까지의 전면적 화교교육을 위해 국적 전환을 유보할 정도로 이례적인 화교 민족교육 실천을 지속하고 있고[34], 따라서 학교가 위치한 지역이 먼저 거주 대상이 되는 것은 자연스러운 일이었다. 실제로 한한령 전까지 포장업의 중심이 동대문으로 많이 이전되었음에도 여전히 연희동과 연남동이 가장 많은 화교 거주 인구수를 보이는 점(〈표 4〉, 〈표 5〉 참조)은 "아이들 학교 보내는 것 때문에 연희동으로 온 게 크다."라는 화교들의 진술을 뒷받침해준다. 그러나 화교중고등학교가 이전한 것은 1969년인데, 연남동에서 연희동으로 이어

33) 1999년의 보도에 따르면, 당시 회현동 남산파크호텔의 경우 객실의 80% 이상이 타이완, 홍콩 등의 상인으로 찼다고 한다(『조선일보』, 1999.10.22).

34) 이와 관련한 논의는 정은주. 2013 참조.

〈표 4〉 서울시 화교인구 구별 분포(2003~2012)

각구	연도	인구	비율	연도	인구	비율	연도	인구	비율	연도	인구	비율
종로구	2003	284	3	2006	263	3	2009	256	3	2012	251	3
중구	2003	757	8	2006	709	8	2009	644	7	2012	636	7
용산구	2003	462	5	2006	457	5	2009	407	5	2012	376	4
성동구	2003	484	5	2006	181	2	2009	165	2	2012	171	2
광진구	2003	142	2	2006	126	1	2009	134	2	2012	122	1
동대문구	2003	230	3	2006	231	3	2009	243	3	2012	292	3
중랑구	2003	56	1	2006	50	1	2009	65	1	2012	74	1
성북구	2003	263	3	2006	266	3	2009	298	3	2012	328	4
강북구	2003	99	1	2006	102	1	2009	107	1	2012	104	1
도봉구	2003	229	3	2006	66	1	2009	61	1	2012	47	1
노원구	2003	43	0	2006	120	1	2009	118	1	2012	111	1
은평구	2003	487	5	2006	498	6	2009	492	6	2012	522	6
서대문구	2003	2,323	26	2006	2,414	27	2009	2,347	27	2012	2,347	27
마포구	2003	1,341	15	2006	1,417	16	2009	1,473	17	2012	1,497	17
양천구	2003	119	1	2006	284	3	2009	258	3	2012	242	3
강서구	2003	101	1	2006	278	3	2009	270	3	2012	249	3
구로구	2003	147	2	2006	232	3	2009	221	3	2012	215	2
금천구	2003	56	1	2006	50	1	2009	54	1	2012	60	1
영등포구	2003	501	6	2006	468	5	2009	433	5	2012	427	5
동작구	2003	153	2	2006	129	1	2009	144	2	2012	140	2
관악구	2003	85	1	2006	111	1	2009	122	1	2012	117	1
서초구	2003	66	1	2006	140	2	2009	132	1	2012	140	2
강남구	2003	95	1	2006	185	2	2009	182	2	2012	162	2
송파구	2003	83	1	2006	105	1	2009	117	1	2012	123	1
총계	2003	8,908	100	2006	8,974	100	2009	8,819	100	2012	8,813	100

출처: 서울시 통계(2003-2012) 중 주민등록 국적별 외국인 인구 참조하여 필자 작성.[35]

〈표 5〉 2012년 서대문구·마포구 동별 화교 인구수

자치구	동별	인수(명)	자치구	동별	인수(명)
서대문구	천연동	49	마포구	용강동	45
	홍제1동	165		대흥동	48
	홍제2동	54		염리동	18
	홍제3동	26		신수동	33
	홍은1동	75		서교동	150
	홍은2동	227		합정동	26
	남가좌1동	17		망원1동	50
	남가좌2동	162		망원2동	29
	북가좌1동	28		연남동	701
	북가좌2동	63		성산1동	80
	충현동	50		성산2동	45
	북아현동	20		상암동	29
	신촌동	192		도화동	57
	연희동	1,219		서강동	53
				공덕동	71
				아현동	62
-	소계	2,347	-	소계	1,497

출처: 2012년 서대문구 및 마포구 통계연보(서울시 총 화교 수는 8,813명).

35) 통계에 나타난 인구는 타이완 국적자를 의미한다. 따라서 한국 국적으로 전환하였으나 화교사회의 반경에서 생활하는 이들, 즉 새로운 화교집거지에 여전히 거주하고 영업하는 이들은 포함되지 않는다. 또한 주민등록은 한국에 있으나 실제로는 산둥 등지에서 은퇴 후의 생활을 하는 이들도 있어서 인구통계와 현실은 정확히 일치하지 않는다. 서울시 통계에서 구별 인구수 파악은 1999년부터 이루어지고 있으나, 타이완 국적자의 경우 1999~2002년 사이는 누락된 부분이 많아 2003년부터 완결된 통계 수치를 볼 수 있다.

지는 이면도로의 중국음식점들과 화교 경영 상점들이 들어서기 시작한 시점은 대체로 1990년대 이후[36]이고, 1980년대보다 2000년대에 들어 더 많은 화교 거주인구가 보이는 점을 고려하면,[37] 화교학교와 인접해 있다는 요인만큼이나 직업적 요인을 비롯한 다른 요인이 먼저 작동했음을 추론할 수 있다. 〈표 3〉의 1986년 구별 분포에 중구의 거주 비율이 1962년에 비해서는 낮아졌으나 여전히 연희, 연남 지구(서대문구와 마포구 합쳐서 24%) 다음으로 크게 나타나는 것도 명동에 소재한 화교소학교 근처에 거주지가 재형성되었던 점을 설명해준다.

한성화교중고등학교는 1960년대 통학 인구가 증가함에 따라, 1969년 중국(중화민국) 대사관이 연희동 땅을 매입하고 화교들이 건물 건립 자금을 각출하여 명동으로부터 이전했다. 화교들의 진술에 따르면(2007년, 한성중고등학교 교사들 및 화교협회 대상의 면접) 학교 부지의 매입은 대사관이 재정 문제로 인해 1965년 명동 대사관 부지의 일부를 매각한 자금으로 이루어진 것이다. 학교가 이전된 후 1978년에는 오무장공사가 철거되어, 그곳의 신위와 사당이 연희동의 학교 뒷마당으로 옮겨졌고, 1992년 한-타이완 국교 단절 후에는 대사관에 있던 장개석의 동상이 연희동 학교로 옮겨져 손문 동상과 함께 정면에 보이도록 설치되었다. 이에 따라 한성중고가 위치한 연희동 지역은 오장경을 따라 조선에 들어왔던 청 상인을 조상으로 하며, 국민당에 동조하

36) 방문 면접한 연희·연남동 업체 10개소 중 6개소, 설문답변자 20명 중 15명이 1990년 이후 연희동으로 이전했다고 진술했다.

37) 1986년에는 서울시 화교의 약 3분의 1이 연희·연남동 지역에 거주했다면(주한 중화민국 대사관, 남지숙. 1987 재인용), 2012년 서울시 통계에 따르면(서울시통계연보. 2012, 〈표 5〉 참조), 전체 50%에 육박하는 화교인구가 이 지역에 거주 등록이 되어있다.

며 타이완 국적을 지닌 한국화교 정체성[38]의 상징성을 갖추게 되면서 더욱 자연스러운 주거 선택지역이 되었으리라 추정된다.

2) '차이나타운' 아닌 화교 집거지: '리틀 차이나타운'의 좌절

현재 연희·연남 지역에 거주하고 있는 화교들에게 그곳은 떠나기 힘든 '고향' 같은 곳이 되었다. 심층 면접과 방문 면접 대상의 대부분 화교에게 연희·연남 지역은 처음 거주지로 선택할 때의 구체적이고 실제적인 이유를 넘어서서 '화교가 있어서 좋은 곳'이 되었다. 자녀교육 및 직업과 관련된 이유 외에 50~60대 화교들에게는 "친구들이 있고 아는 사람이 있어서" 우선 고려 대상이 된 곳이고, 30~40대 화교들의 경우는 "부모님이 그곳에 사시거나 친지들이 있어서" 선택하였다. 화교들을 위한 노인정이나 여타 복지 시설이 있는 것은 아니지만, 늘 가까이에 "밥 같이 먹을 친구가 있고," "옷 신경 쓰지 않고 편하게 만나 밤에 운동도 같이 할 수 있다"라는 것은 큰 유인으로 작용했다. 이러한 이유로 면접과 설문에 응한 화교 대부분은 특별한 계기가 없는 한 이후 다른 곳으로 이사할 뜻이 없다고 밝혔다. 연희·연남 지역에 이사 온 후 자주 집을 옮기지 않고 이 지역을 떠나지 않는 화교들의 습성은 화교인구가 적음에도 소수 인구가 축적되어 연희·연남동이 화교의 새로운 집거지로, '리틀 차이나타운'으로 주목받게 하였다. 다음의 화교 여성들의 진술은 그 모습을 잘 보여준다.

---

38) 화교는 매년 화교협회의 주관으로 한성화교중고등학교에서 오장경을 기리는 제사를 지내고 있고, 2000년대 중반 타이완대표부와의 마찰이 있기 전까지 장개석의 탄생일과 서거일을 기념해왔다. 이에 관한 자세한 논의는 Chung, 2012 참조.

"이 동네 화교들 많이 사는 아파트 많아요. 코오롱, 임광, 대명…. 코오롱 같은데 진짜 집값 안 오르는데, 매매가 없어서 그래요. 근데, 하나 나오면 화교들 다 서로 달라 해요."(D씨 67세)

"중국 사람 한번 이사 오면 절대 이사 안 가요. 그래서 여기 부동산 아저씨들은 굶어 죽게 생겼다고, 니 안가면 내가 간다고 다 떠났어요. 사람들이 이사를 다녀야 부동산 수입이 있는데…. (웃음)"(W씨 68세)

"한번은 아파트 반상회를 갔는데 – 2000년 들어서 – 어떤 여자가 내가 화교인 걸 모르고 요즘 연남동을 때국놈들이 다 사 갔다고 하더라구요. 때국놈들 땜에 이 동네 집값 다 망했다고…."(G씨 67세)

이처럼 연희동 주변이, 홍제천 주변에 즐비한 포장업 사무실과 연남동 – 연희동을 연결하는 이면도로를 따라 늘어선 중국음식점들과 상점들, 그리고 중국어가 주변 아파트에서 자주 들리는 새로운 화교 집거지로 가시화되는 시기는, 한국사회가 '화교'의 존재에 주목하는 시기와 맞물린다. 1990년대 말 IMF 금융위기를 겪은 후 한국사회에서는 '동양의 유대인'이라 불리는 전 세계 화교의 경제적 잠재력에 대한 사회적 · 학문적 관심이 대두하기 시작했고, 미디어에서는 해외의 보따리 상인과 거래하는 화교들의 포장업과 그에 따른 부가 관광 수입에 주목하였다. 화교의 성장을 막았던 일련의 제도가 개정, 개선되었고,[39] 지방자치제의 실적주의 요구와 더불어 '차이나타운'의 경제적

39) 1997년 출입국관리법이 개정되어 2년마다 갱신해야 했던 비자 주기가 5년으로 연장되었고, 국적법 개정으로 양계혈통주의고 전환되어 부모 가운데 한 사람만 한국인이면 출생 시 한국 국적을 선택할 수 있게 되었다. 또한 1998년 외국인토지법 개정으로 토지 소유와 거래가 전면 허용되었으며, 2002년에는 영주권 제도가 도입되었다.

가치가 논의되면서 인천, 서울, 부산, 전주, 일산, 영종도, 무안 등 7개 지역에서 차이나타운 건립 계획이 수립되었다.

서울의 경우, 화교의 새로운 집거지로 떠오른 연희동, 연남동이 서울 내 차이나타운 건립을 위한 적격지로 선정되어 '리틀 차이나타운'이라 언론에 거론되기 시작했다. 그런데 2002년 대두된 차이나타운 건립 계획은, 연희동 지역이 번잡해질 것을 우려한 주민들의 반대로 무산되었다. 화교 상권이 활성화될 것을 기대한 화교들은 계획을 반겼지만, 지역 주민들은 "'차이나타운 결사반대'라고 플래카드까지 써 붙였고"(D씨 연남동 거주 화교), 당시만 해도 "정원 있는 단독주택이 많았던" "부유한 동네여서" 주민들은 울긋불긋 패루를 세우고 중국 문화거리로 꾸민다는 계획에 주변 환경 악화를 걱정하며 반대했다. 특히 연희동 주변은 한국 前 대통령 세 사람의 사저가 있는 곳인데, 그런 지역을 '차이나타운'으로 설정한다는 것은 어불성설이라는 담론도 등장했다.

외국인 관련 정책들이 완화되고 다문화 담론이 사회정책의 큰 화두가 되고 있던 즈음, 2006년에 다시 연남동에 차이나타운을 건립한다는 계획이 오세훈 서울시장의 주력사업 중 하나로 재등장했다[40]. 서울시는 연남동에 45억 원을 투입해서, 패루·중화 광장·쇼핑 거리를 조성하고, 식당·중국 마켓·상공회의소·여행사·환전소·화교센터·박물관·공연장·중국식 공원 등을 유치한다는 계획을 발표했고(『동아

40) 2006년부터 전국경제인연합회의 '차이나타운 활성화 방안'을 통해 차이나타운의 투자 및 소비 유발 효과를 역설했고, 2007년 6월 시정개발연구원은 연희동과 연남동을 포함하는 차이나타운 기본 구상을 확정했다. 그러나 연희동 주민들이 다시 거세게 반발하여 연남동만으로 축소한 새로운 계획을 마포구에 제시했다(『머니투데이』 2006.7.13).

일보』, 2008.2.29.), 베이징시가 마포구에 패루 등 중국 전통 상징 조형물을 기증한다는 방문 협약을 받기도 했다(『서울신문』, 2008.10.8.). 그러나 두 번째 차이나타운 계획도 2009년에 이르러 무산되었다.

2002년의 반대가 한국인 주민들의 주도에 의한 것이었다면 2009년은 사업 부지의 70%가량을 아파트 단지 건설로 바꾼 데에 대한 화교를 포함한 지역 주민들의 반대에 의한 것이다. 애초의 관광중심지 개발을 목표로 한 계획과 달리 아파트 단지 건설을 중심으로 한 주택재개발 사업으로 변질한 듯한 계획은 지역을 새로 유입될 '중국인'들을 위한 베드타운으로 만들 우려가 있을 뿐 아니라, 주거지역으로 구분되어 개발이 제한되기 때문이다. 화교들과의 면담에 따르면(2013), 일부 화교들은 유동 인구를 늘여 상권을 활성화한다는 취지로 차이나타운의 건립을 찬성했지만, 또 다른 화교들은 자신들의 거주지가 '중국 관광객을 위한 베드타운"이 되거나 조선족에게 잠식될 것을 경계했다. 특히 조선족은 화교의 가이드업과 포장업을 쇠퇴하게 하는 경쟁 상대이다. "중국말 잘하는 조선족이 와서 무조건 싸게 부르니까 당해낼 수가 없다,"라며 조선족과 대륙 중국인이 연희동 지역에 섞여서 "동네의 물을 흐리고 질을 떨어뜨려 놓을 것"을 걱정하는 화교들의 모습은 흡사 1920~1930년대 화공의 노동시장 잠식을 우려했던 조선인의 목소리를 연상시킨다.

이처럼 연희동 지역에 오래 거주한 화교들은 이제 "시끄럽고 번잡해지는 것을" 꺼리는 로컬 한국인의 마인드에 공감한다. 연희·연남동에 화교들이 모여 사는 것은 과거와 같이 말이 안 통하고, 혈통과 문화가 다른 사람들과의 접촉이 저어되고, 중국인 연망 속에서만 의식주가 해결되어서가 아니라, 서로의 법적 사회적 처지를 이해하고 한-중 혼성의 연망과 문화로 일상을 엮어온 사람들과의 터전이 되어 왔기 때문이다. 중국어를 이해하고, 한국인과는 다른 법적 처우를 감내해야 하고, 한국사회에 대한 오랜 회한을 아직 다 지우지 못하지만, 다른 한편 이들은 자신들의 보금자리를 선뜻 "중국인"들이 벅적거리는 차이나타운으로 내주지도 못하는 한국사회의 지역 주민이기도 한 것이다.

V. 맺음말

전 세계 각 지역에 이주하여 거주하는 중국인들이 세대를 달리하며 그 계급적 특성이 달라짐에도 불구하고 그들의 집중거주지가 '차이나타운'과 연결되는 반면, 한국의 화교에게 있어 '차이나타운'이 표방하는 이미지는 그들의 집거지와 연속성을 지니지 못한다. 화교 집거지가 현대에 이르러 차이나타운의 성격과 타협하지 못하는 것은 한국화교, 특히 수도 서울에 거주해온 화교의 역사적 특수성에 기인한다.

한국화교는 제국주의 쟁탈이 동아시아에 영향을 미치던 19세기 말 조선에서의 종주권을 획득하고자 한 청국 국민의 자격으로 거주하기 시작하여, 종로의 수표동 - 명동 - 소공동 - 서소문으로 이어지는 한성의 정치·경제적 중심지에 집거지 지형을 형성했다. 개항기와 일제강점기, 해방, 미군정, 한국 근대화 과정과 글로벌화 과정을 거치는 국내외의 정치·경제적 변화에 따라 화교의 거주지는 도심의 외연을 따라 확장되는 모습을 보이기도 했는데, 그 과정에서 한반도의 환경은 근현대 한국의 역사를 겪어온 한국화교에 있어 그들의 거주지가 '중국성'Chineseness으로 표현되는 차이나타운과 자연적으로 합체되기 어렵게 만들었다. 즉, 일제 강점과 한국전쟁, 한반도와 중국의 이데올로기 대립을 겪는 과정에서 화교인구는 출신지와 직업 구성이 재편되고 인구가 주기적으로 감소하는 과정을 겪으며, '차이나타운'이 포괄할 수 있는 상징적 중국인 됨과 결절되는 또 다른 특수성을 지닌 공동운명체로 재편되어온 것이다. 그 거주지가 차이나타운으로 연결되는 동력을 지속시키기 힘든 단절을 경험하게 된 것은 또한 대한민국 정부 수립 후 도시근대화 기획으로 과거로부터 지속되어온 도심의 화교 집거지가 해체된 데에 큰 계기가 있었다. 이후 한국화교에게 혈연, 국적, 혹은 문화적 정체성을 부여하는 잠재적 '고향' – 중국, 타이완, 한국 – 들의 변화는 그들에게 새로운 기회를 부여하기도 하였고 새로운 집거지를 형성하면서도 그것이 '차이나타운'과는 달리 소통될 수밖에 없는 특수성을 만들어냈다.

이주민의 특성을 표현하는 경계인이라는 특성은 다양한 역사적 부침을 겪은 서울 화교의 인구학적 지리적 통계를 더욱 부정확하게 만든다. 서울시 통계상의 거주 타이완 국적자에는 '화교'라 지칭되는 이들 외의 인구가 포함될 수도 있고, 한국 국적으로 전환하였어도 여전히 화교 집거지에 거주하며 화교의 생활반경 속에 살아가는 이들은 포함하지 않고 있다. 또한 노령인구가 많아지면서, 국내에 인구등록을 해놓았지만 실제로는 중국에 가서 여생을 보내는 사람들이 점차 증가하고 있어서, 현재 실제 거주인구는 출입국사무소에 주민등록이 된 인구수보다 5천여 명이 적은 1만5천여 명 정도로 추정되고 있다. 한국 법무부의 외국인 거류 인구 통계의 경우에도 타이완 국적자의 구별 동별 거주지 파악이 이루어진 것은 불과 2003년 이후이다. 특히 1992년 한 – 타이완 외교 단절로 인해 화교협회 업무가 단절되며 인구 호적 통계가 제대로 이루어지지 못했고, 갑작스러운 국교 단절을 통보받고 떠나면서 중화민국 대사관이 많은 화교 관련 자료를 소각한 탓에 구체적인 거주지별 인구 자료는 현재 국내에

남아있지 않다.

이 연구는 대략의 인구 통계와 분포를 파악함과 동시에 질적 연구 방법을 통해 통계로 엄격하게 구분될 수 없는, 이동하는 화교의 정체성과 그것이 그들의 집거지와 관련된 정황들에서 어떻게 표현되는가를 통시적으로 분석하고자 한 것이다. 인구 통계를 흐릿하게 하고 더는 지리적 추적이 어려울 정도의 분산 양상 자체도 오랜 중국인 이주민인 화교가 한국사회, 서울이라는 지역과 맺는 상호관계의 변화를 드러내는 단초가 된다고 보지만, 집거지와 관련된 구체적인 인구 수치는 시대별로 명확하지 못한 한계를 지니고 있다. 추후 타이완 현지의 외교 문서 등의 분석을 통해 더 구체적인 인구 및 거주지 자료의 분석이 뒷받침될 것을 기대한다.

참고문헌

1. 자료

고려대학교 아세아문제연구소. 1967, 구한외교문서 8(淸案1).

국회도서관 입법조사국. 1964, *구한말조약휘찬 하*.

마포구. 2012, *통계연보*

서대문구. 2012, *통계연보*

서울시 시사편찬위원회. 1963, *서울약사*.

서울시 시사편찬위원회. 1972, *서울통사*.

서울시 시사편찬위원회. 1977, *서울 육백년사* 제1권.

서울시 시사편찬위원회. 1981, *서울 육백년사* 제4권.

京城附. 1917, *京城府管內地籍目錄 大板十字屋*.

京城附. 1927, *京城府管內地籍目錄 大板十字屋*.

京城附. 1936, *朝鮮國勢調査*.

朝鮮郵船株式會社. 1937, *朝鮮郵船株式會社二十五年史*.

2. 논저

〈한국어〉

강덕지. 1973, "한국 화교의 경제에 대한 고찰", 성균관 대학교 석사학위 논문.

고동환. 2007, *조선시대 서울도시사*. 태학사.

고려대학교아세아문제연구소. 1967, *구한외교문서* 8(淸案1), pp.111-113.

고승제. 1972, "화교 대한이민의 사회사적 분석", *백산학보* 제13호, 백산학회, pp.135-175.

고승제. 1973, *한국 이민사 연구*, 장문각.

구지영. 2011, "동아시아 해항도시의 이문화 공간 형성과 변용-부산 초량동 '차이나타운'을 사례로-", *석당논총* 50집. pp.613-653.

길상희. 2003, "서울시 화교거주지의 형성과 변화", 고려대학교 대학원 석사학위논문.

김나영. 2011, "부산 차이나타운의 가로에서 나타나는 다문화성과 국가주의 간의 길항", *역사와 경계* 78, pp.35-63.

김은미·김지현. 2008, "다인종 다문화 사회의 형성과 사회조직", *한국사회학*, 제42집2호, pp.1-35.

김광중·윤일성. 2001, "도시 재개발과 20세기 서울의 변모", *서울 20세기 공간 변천사*, 서울시정개발연구원.

김종근. 2002, "서울중심부의 일본인 시가지 확산: 1885~1928년", *고려대학교 석사학위논문*.

김진영. 2010, "이주 공동체의 수용과 발전 방향", *글로벌문화콘텐츠* 4, pp.7-40.

김태웅. 2010, "日帝下 群山府 華僑의 存在形態와 活動樣相," *지방사와 지방문화* 13(2), pp.397-439.

김태웅. 2012, "일제하 조선 개항장 도시에서 화교의 정주화 양상과 연망의 변동: 인천, 신의주, 부산을 중심으로", *한국학연구* 제26집, pp.83-118.

남지숙. 1987, "서울시 화교의 지리학적 고찰: 1882-1987", *이화여자대학교 석사학위논문*.

담건평. 1985, "한국화교의 사단조직에 관한 연구", *서울대학교 석사학위논문*.

담영성. 1976, "조선 말기 청·일 상인에 관한 연구", *단국대학교 석사학위논문*.

박세훈. 2010, "한국의 외국인 밀집지역: 역사적 형성과정과 사회공간적 변화", *한국도시행정학회 도시행정학보*, 제23집 제1호, pp.60-100.

박정현. 2010, “1882~1894년 조선인과 중국인의 갈등 해결방식을 통해 본 한중 관계”, *중국근현대사연구* 제45집, pp.1-20.
서울시정개발연구원. 2001, *서울 20세기 공간변천사*.
손세관. 2001, “서울 20세기 주거환경의 변천”, *서울 20세기 공간변천사*, 서울시정개발연구원.
손승회. 2009, “1931년 식민지 조선의 배화폭동과 화교”, *중국근현대사연구*, 제41집, pp.141-165.
손안석. 2012, “대두하는 중국과 재일 중국인 커뮤니티의 변화”, *일본비평* 6호, pp.64-97.
손정목. 1980, “개항기 한성 외국인 거류의 과정과 실태”, *향토서울* 제38호, pp.27-82.
손정목. 1982, *한국 개항기 도시 변화과정 연구: 개항장, 개시장, 조계, 거류지*, 서울: 일지사.
손정목. 2003, *서울도시계획이야기 2 - 서울 격동의 50년과 나의 증언*, 한울.
심승희. 2004, *서울 시간을 기억하는 공간*, 나노미디어.
왕은미. 2005, “미군정기의 한국화교사회: 미군정, 중화민국정부, 한국인과의 관계를 중심으로”, *현대중국연구* 7(1), pp.66-89.
이기석. 2001, “20세기 서울의 도시성장: 전근대 도시에서 글로벌 도시로”, *서울 20세기 공간변천사*, 서울시정개발연구원.
이용재. 2012, “재벌과 국가권력에 의한 화교 희생의 한 사례 연구 - 아서원 소송사건 - ”, *중앙사론* 35집. pp.65-108.
이재정. 1993, “한국의 화교거주지 연구”, 경희대학교 지리학과 석사학위논문.
이정희. 2001, “해방 이후 한국화교 자본 축적과 그 의의”, 한국경제공동학술대회발표논문.
이창호. 2008, “차이나타운의 재개발과 의미의 경합: 인천지역의 사례를 중심으로”, *한국문화인류학*, 41-1, pp.209-248.
정은주. 2013, “디아스포라와 민족교육의 신화: 한국의 중국인 디아스포라 교육실천에 대한 민족지적 연구”, *한국문화인류학* 46(1), pp.135-190.
조선은행조사부. 1949, “한국화교의 경제적 세력”, 경제연감.
조희정. 1986, “재한 화교에 관한 지리학적 연구”, 상명대학교 지리학과 석사학위논문.

카세타니 토모오. 1998, “서울의 ‘차이나타운’: 배제와 동화 속의 한국화교 에스니스티”, *한국학연구* 9, pp.329-346.

한우근. 1970, *한국개항기의 상업연구*, 일조각.

〈영어〉

Boal, F.W. 1976, “Ethnic Residential-Segregation”, in Herbert D.T. & Johnston R.J. eds., *Social Areas in Cities*, Wiley, London, pp.57-95.

Castells, Manuel. 1996, *The Information Age: Society and Culture: The Rise of Network Society*. Blackwell Publishers, Inc.

Castels and Miller. 1993(2009), *The Age of Migration: International Population Movements in the Modern World*. New York: The Guildford Press.

Chung, Eun-Ju. 2012, “Learning to be Chinese: The Cultural Politics of Chinese Ethnic Schooling and Diaspora Construction in Contemporary Korea”, Ph.D. Diss., Harvard Univ.

Harvey, David. 1978, “The Urban Process under Capitalism: A Framework for Analysis”, *International Journal of Urban and Regional Research* 2, pp.101-131

Kivisto, Peter. 2002, *Multiculturalism in a Global Society*. Blackwell.

Li, Wei. 2000, *Ehnoburb versus Chinatown; Two Types of Urban Ethnic Communities in Los Angeles*, Department of Geography, University of Connecticut.

Logan, John, Richard D. Alba and Wenquan Zhang. 2002, “Immigrant Enclaves and Ethnic Communities in New York and Los Angeles”, *American Sociological Review* 67, pp.299-322.

Massey, D.S. 1985, “Ethnic Residential Segregation: A theoretical synthesis and empirical review”, *Sociology and Social Research* 69(3), pp.315-350.

Robertson, Pat. 1992, *The New World Order*, Thomas Nelson.

〈중국어 및 일본어〉

林明德. 1984, *遠世凱與朝鮮*, 臺灣中央硏究院近代史硏究所.

安井三吉. 2005, *帝國日本と華僑: 日本 臺灣 朝鮮*, 青木書店.

3. 신문 및 잡지

"무역 거이 화상이 독점", *동아일보*, 1948.10.24.
"서울 연남동에 차이나타운 조성", *동아일보*, 2008. 2.29.
"기획특집: 서울, 인천 기지개 켜는 차이나타운", *서울신문*, 1996.8.23.
"중, 마포 차이나타운에 조형물 기증", *서울신문*, 2008.10.8.
"서울 연남동에 새로운 '차이나타운'", *연합뉴스*, 1996.8.10.
"차이나타운, 서울 연남동에 새롭게 형성", *조선일보*, 1996.6.12.
"외국서 온 보따리상 - 관광객들 와글와글", *조선일보*, 1999.10.22.
조선총독부. 1934, *朝鮮總督府統計年報*.
"명동 차이나타운, 부활하나?", *주간조선*. 2003.4.15.
"태평로 2가, 소공동 일부 화교상가를 현대화한다", *중앙일보*, 1970.6.11.

원문 출처 및 저작권 관련 사항

제1장 이정희. 2022.3, "1927년 하이퐁(Hải Phòng) 화교배척사건의 발단, 전개, 대응의 제 양상 – 자료《民國十六年 八一七越南海防慘殺華僑案紀》를 중심으로", *동양사학연구 128*, 동양사학회, pp.327~365을 보완하여 수록했음.

제2장 李正熙. 2012, "補論Ⅰ 1931年排華事件の近因と遠因", *朝鮮華僑と近代東アジア*, 京都大學學術出版會, 2012, pp.417-477을 그대로 번역하여 수록했음. 단, 주(注)는 책 편집 원칙에 따라 재구성했음.

제3장 보민부. 2022, "제2차 세계대전기 일본의 베트남 화교정책 – 현지 정권을 통한 통제와 협력의 확보 시도 –", *비교중국연구 제3권 제1호*, 인천대학교 중국학술원, pp.3-38을 그대로 수록했음.

제4장 이정희. 2020, "제1차 인도차이나전쟁 시기 베트남 난교難僑 문제 – 중월국경지역을 중심으로", *중앙사론 52집*, 중앙대학교 중앙사학연구소, pp.361-405을 대폭 수정 보완하여 수록했음.

제5장 송우창. 2020, "해방 초기 북한의 화교학교 재건과 중국공산당 및 북한정부의 역할", *비교중국연구, 제1권 제1호*, 인천대학교 중국학술원, pp.7-51을 수록했음.

제6장 심주형. 2021, "경합과 통합의 정치: 베트남 분단체제의 형성과 화교·화인 경관", *중앙사론 제54집*, 중앙대학교 중앙사학연구소, pp.513-574의 일부 내용을 수정·보완하여 수록했음.

제7장 송승석. 2013, "화교(華僑), 번역, 정치적 글쓰기 – 진유광(秦裕光)의 한국 화교 서사(書寫)를 중심으로", *외국학연구 제24집*, pp.323-361을 저본으로 수정, 보완하여 수록했음.

제8장 정은주. 2013, "차이나타운 아닌 중국인 집거지: 근현대 동아시아 역학 속에 주조된 서울 화교 집단거주지의 지형", *서울학연구 53집*, 서울시립대학교 서울학연구소, pp.129-175을 수정하여 수록했음.

| 지은이 소개 |

이정희

인천대 중국학술원 교수. 일본 교토대 문학박사(동양사학 전공). 대표 저서에 『한반도화교사』, 『朝鮮華僑と近代東アジア』, 『한반도화교사전』(공저), 『베트남, 왜 지금도 호찌민인가』(역서) 등이 있다. 대표 논문에 「1927년 하이퐁 화교배척사건의 발단, 전개, 대응의 제 양상」, 「제1차 인도차이나전쟁 시기 베트남의 '난교' 문제」 등이 있다.

송승석

인천대 중국학술원 교수. 연세대 문학박사(중국현대문학 전공). 대표 저서에 『인천에 잠든 중국인들』, 대표 논문에 「중화의지中華義地의 역사와 그 변천」 등이 있다.

정은주

인천대 중국학술원 교수. 미국 하버드대 박사(사회인류학 전공), 대표 저서에 『태평양을 넘어서: 글로벌 시대 재미한인의 삶과 활동』, 『동아시아연구, 어떻게 할 것인가』 등이 있다. 대표 논문에는 「'이방인'에 대한 시선: 해방 이후 한국 언론 담론에 재현된 화교」, 「국민과 외국인의 경계: 한국 내 화교의 시민권적 지위에 대한 성격 분석」, 「이주 공간 연구와 이주민 행위주체성(agency) 담론에 대한 비판적 검토」 등이 있다.

심주형

인천대 중국·화교문화연구소 HK 연구교수. 미국 듀크대 박사(문화인류학 전공). 대표 저서에 『아시아의 보훈과 민주주의』(공저), 『세계화의 창 – 동남아: 사회, 문화의 혼종적 재구성』(공저), 『열린 동남아: 초국가적 관계와 새로운 정체성의 모색』 등이 있다. 대표 논문에 「"순망치한脣亡齒寒; Môi Hở Răng Lạnh"과 비대칭성의 구조-베트남·중국 관계와 국경의 역사경관Historyscapes」, 「탈냉전Post-Cold War 시대 '전쟁난민' 재미在美 베트남인들의 문화정치: 비엣 타인 응우옌의 저작들을 중심으로」 등이 있다.

송우창宋伍强

중국 광둥외어외무대廣東外語外貿大 일어어언문화학원日語語言文化學院 교수. 일본 효고현립대兵庫縣立大 경제학 박사(사회경제사 전공). 주요한 저서에 『한반도화교사전』(공저) 등이 있다. 대표 논문에 「朝鮮戰爭後における朝鮮華僑の現地化について - 1958年前後における華僑聯合會と國籍問題を中心に」, 「改革開放初期朝鮮華僑歸國問題硏究」, 「북한의 산업 집단화와 북한화교(1954-1966)」 등이 있다.

보민부Võ Minh Vũ

베트남 하노이국가대학 인문사회과학대학 일본연구학과 교수. 일본 도쿄대 박사(학술). 대표 논문에 「中日戰爭前期前日本的對華僑政策: 以切斷華僑與重慶關係的合從政策爲中心」, 「A study of Overseas Chinese Community in French-Indochina during World War Two, in Vietnam-Indochina-Japan Relations during the Second World War: Document and Interpretations」, 「アジア·太平洋戰爭期の佛領インドシナにおける三井物産會社の活動」, 「アジア·太平洋戰爭期の佛領インドシナにおける文化工作」 등이 있다.

중국관행연구총서 20

베트남화교와 한반도화교 마주보기

초판 1쇄 인쇄 2022년 4월 1일
초판 1쇄 발행 2022년 4월 10일

인천대 중국학술원 중국 · 화교문화연구소 기획
위 원 장 | 장정아
부위원장 | 안치영
위 원 | 김지환 · 송승석 · 이정희 · 조형진

지 은 이 | 이정희 · 송승석 · 정은주 · 심주형 · 송우창(宋伍强) · 보민부(Võ Minh Vũ)
펴 낸 이 | 하운근
펴 낸 곳 | 學古房

주 소 | 경기도 고양시 덕양구 통일로 140 삼송테크노밸리 A동 B224
전 화 | (02)353-9908 편집부(02)356-9903
팩 스 | (02)6959-8234
홈페이지 | http://hakgobang.co.kr
전자우편 | hakgobang@naver.com, hakgobang@chol.com
등록번호 | 제311-1994-000001호

ISBN 979-11-6586-446-0 94910
978-89-6071-320-8 (세트)

값 : 31,000원